Hans Rosenthal
Zwei Leben in Deutschland

Hans Rosenthal

Zwei Leben in Deutsch- land

Gustav Lübbe Verlag

© 1980 Gustav Lübbe Verlag GmbH, Bergisch Gladbach
Schutzumschlag: Roberto Patelli, Köln
Bildnachweis: Alle Bilder des Tafelteils
stammen aus der Privatsammlung Hans Rosenthals.
Wo bekannt, sind die Namen der Photographen
in den Bildlegenden aufgeführt.
Gegentitel: Jakoby, Berlin.
Zwischentitel: Ullstein Bilderdienst.
Rückseite: Dietrich, München.
Satz: Satzstudio Keßler, Köln-Porz
Druck, Einband: Ebner Ulm
Printed in West Germany
ISBN 3-7857-0265-5

Inhalt

Vorwort

Lieber Leser!

Der Verdacht liegt nahe, daß ich dieses Buch geschrieben habe, um mich, wie so mancher andere aus den Bereichen der Bühne, des Films und der Show, vor einen Spiegel aus Papier und Druckerschwärze zu stellen, um meinen Namen noch bekannter zu machen. Ich würde einen solchen Verdacht sogar gegen mich selbst richten, wenn es bei mir irgendeinen Anhaltspunkt dafür gäbe. Aber ich schrieb dieses Buch aus anderen Gründen.

Jenseits der Fünfzig neigt man dazu, hin und wieder sein Leben zu überdenken. Auch ich dachte so zurück – an meine Kindheit, an meine Jugend, an mein Erwachsenenleben und an die Zeit beginnenden und dann wachsenden Erfolges.

Beim Nachdenken über meinen Lebensweg erkannte ich einen scharfen Kontrast zwischen meinem Leben als Kind und Jugendlicher und meinem Dasein als Erwachsener. Beim Schreiben dieses Buches wurde mir dann etwas ganz Wesentliches klar: Es waren eigentlich zwei Leben, die ich geführt hatte. Das erste lag schon bald unter tiefen Schatten und dann in großer Dunkelheit. Das zweite war übersonnt und hell. Mit der Helligkeit meine ich nicht nur das Licht der Scheinwerfer, in dem ich plötzlich stand, sondern auch die erhellende, für mich so ungewohnte Geborgenheit, die ich gefunden hatte. Im Grunde ist es wohl das Glück gewesen, von dem Walter Rathenau sagte, es liege in der Befreiung von Furcht. In der Vorkriegszeit, der Zeit meiner Kindheit, wurden meine Angehörigen und ich selbst in jener sich mehr und mehr verdunkelnden Phase deutscher Geschichte zu Menschen zweiter Klasse.

Im Kriege dann wurde ich zur »Unperson«. Meine Existenz war nicht nur gefährdet, sie war offiziell überhaupt nicht mehr vorhanden. Jede Stunde, die ich in der Verborgenheit verbrachte, war eine Stunde der Angst und gleichzeitig des Erstaunens darüber, daß es mich überhaupt noch gab.

Nach dem Kriege ging es dann auf eine überraschende Weise aufwärts. Es war wie auf einer Drehbühne, die sehr schnell zu einem totalen Szenenwechsel bewegt wird. Ich fühlte mich – vor dem Hintergrund überstandenen Unglücks – als »Hans im Glück«.

Und noch etwas fiel mir beim Schreiben dieses Buches auf: Mein eigenes Leben – meine zwei Leben in Deutschland – war wie ein verkleinertes Spiegelbild dessen, was diesem Lande widerfahren ist, das ich – trotz oder gerade wegen der Leidenszeit, die mir auferlegt war – als Vaterland empfinde.

Aus der Zeit totaler Verdunkelung ging der Weg der Deutschen in helles Licht. Es war manchmal grell und nicht immer wärmend. Aber es war ein Glücksfall vor dem Hintergrund der Kälte, aus der es keinen Ausweg zu geben schien.

Das war es, was meinen Entschluß bestärkte, dieses Buch zu schreiben. Es gibt so viele Menschen, die fast nur in der Gegenwart leben und doch einmal zurückschauen und klar sehen möchten, was da gewesen ist, wie es gewesen ist und warum es so gewesen ist. Gerade junge Menschen sind häufig verwirrt von allem Für und Wider bei der Erörterung des Vergangenen, das sie nicht miterlebten. Auch sie wollen wissen, wie es denn nun wirklich war.

Meine zwei Lebenswege in Deutschland sind für die Leser meines Buches wahrscheinlich spannend und unterhaltend. Denn spannend ist es ja immer, wenn ein Mensch um sein Überleben kämpft. Und unterhaltend ist es gewiß, die Sicht auf das zu öffnen, was von einem Leben in der Öffentlichkeit, von einer Arbeit im Rampenlicht normalerweise verborgen bleibt.

Siebenmal bin ich vor dem fast sicheren Tode gerettet worden. Ein Mensch, der das hinter sich hat, wird nicht ein Buch schreiben können, ohne damit eine Hoffnung, einen Wunsch zu verbinden:

Ich hoffe und wünsche, daß die Leser nach der Lektüre meiner zwei Leben in Deutschland sich sagen: Man darf nie aufgeben. Man darf vor allem sich selbst nie aufgeben. Nach einem Tunnel kommt wieder ein Licht, nach tiefem Tal eine Höhe, nach Verzweifelung Zuversicht und nach dem Kummer Glück.

Ich wünsche Ihnen und mir, daß dieses Buch eine ernste und heitere, eine spannende und nachdenklich stimmende, eine kritische und eine versöhnende Lektüre sein wird.

Ihr

Hans Rosenthal

Das erste Leben

Ein Sommerabend in Brüssel

Es war auf dem Frankfurter Flughafen. Im Sommer 1979. Der Flug von Berlin war wie jeder andere gewesen. Ein kleiner Steppke hatte mich erkannt und »Dalli-Dalli« gerufen, einer mitreisenden Dame hatte ich ein Autogramm gegeben. Meine Frau – still neben mir sitzend – hatte verlegen gelächelt – wie immer, wenn es in der Öffentlichkeit ein Publikumsecho auf mein Fernsehdasein gab.

Dennoch war dies ein ganz und gar ungewöhnlicher Flug für mich – ein Flug in die Vergangenheit. Brüssel war das Ziel. Ich wollte Florent Loffet wiedersehen, meinen alten Freund Florent.

Jahrelang hatte ich ihn gesucht, Briefe geschrieben, nachgefragt – vergebens. Florent war unauffindbar gewesen. Nie war eine Antwort gekommen, nie eine Auskunft. Florent ist tot, hatte ich gedacht und traurig die Suche aufgegeben.

Ich hätte ihn niemals wiedergesehen, wenn nicht die Mattscheibe geholfen hätte. Denn eines Tages kam Post ans ZDF: Ob ich der Hans Rosenthal sei, der damals in Torgelow . . . Ja! Der war ich und der bin ich. Florent hatte mich, in Belgien vor der Flimmerkiste sitzend, wiedererkannt und geschrieben. Ich schrieb zurück: »Endlich!« Und: »Auf Wiedersehen!«

Nun flog ich zu ihm. Meine Gedanken gingen in die Vergangenheit, genauer: 36 Jahre zurück – schlimme Jahre und gute Jahre. 1942 gehörte zu den schlimmen. Zu den schlimmsten gehörte es noch nicht.

Ja, 1942. Siebzehn Jahre war ich damals alt, verwaist, Sohn jüdischer Eltern und vom jüdischen Arbeitsamt zur Zwangsarbeit in den Betrieb von Alfred Hanne vermittelt.

Hanne war SA-Mann und machte ein gutes Geschäft mit alten Konservendosen. Seine Blechemballagenfabrik kaufte sie waggonweise. Sie kamen in hohen, geschlossenen Wagen auf dem Güterbahnhof Weißensee an. Ich mußte sie auf »Tempo«-Lieferwagen umladen, dreirädrige »Autos«, die knatternd die scheppernde Last auf das Fabrikgelände karrten. Zuerst wurden die alten Büchsen in scharfer Lauge gewaschen. Dort stand ich und wusch; riß mir die Haut von den Fingern an den aufgeschnittenen Dosendeckeln; spürte, wie die Lauge sich in die Wunden fraß. Dann wurde sortiert. Auch das gehörte zu

12

unseren Aufgaben. Ich galt als flink bei dieser Arbeit, die einiges Geschick erforderte, denn es gab deutsche, belgische und französische Normgrößen. Und die großen Zweikilodosen.

Nach dem Trocknen wurden die Grate abgeschnitten. Aus alten Marmeladeeimern durfte ich dann die neuen Druckdeckel ausstanzen. Nach abgeschlossenem »Recycling« wanderten die erneuerten Büchsen, für die Herr Hanne 25 Pfennig pro Stück erhielt, zu Tausenden vom Hof. In einer anderen Fabrik wurden sie mit Hartspiritus gefüllt, um an die Front geschickt zu werden. Damals standen die deutschen Soldaten schon in Rußland, und mit dem Hartspiritus aus unseren Dosen wärmten sie ihr Essen. So arbeitete auch ich für den »Endsieg«, das heißt, für das, was man damals so nannte . . .

Unser Stundenlohn betrug 35 Pfennig. Etwas mehr als eine Büchse also. Als der Chef eines Tages zu uns vier jungen Zwangsarbeitern an den Stanzen sagte: »Wenn jeder von euch fünftausend Stück am Tage schafft, bekommt ihr fünf Mark extra«, legten wir uns ins Zeug und schafften das. Nach drei Tagen brachte es jeder auf sechstausend Stück und bekam wieder fünf Mark. Wir landeten schließlich mit unserer Akkordleistung bei zehntausend Deckeln pro Tag.

Alfred Hanne war begeistert. Er glaubte wohl damals schon nicht mehr an den »Endsieg« und war – vielleicht auch deshalb – sehr nett zu uns. Sein Geschäftserfolg beflügelte ihn. Eines Morgens rief er mich zu sich und sagte: »Rosenthal, ich habe die Absicht, einen Zweigbetrieb in einer alten Eisengießerei in Torgelow zu eröffnen. Wollen Sie mitkommen?«

Obwohl ich keine Ahnung hatte, wo Torgelow lag, sagte ich zu. Ich hatte ja keine Eltern mehr und war von meinem kleinen Bruder Gert getrennt. Tatsächlich gab es nichts, was mich in dieser Zeit des Krieges und der Bedrängnis in Berlin gehalten hätte.

Plötzlich verdüsterte sich seine Miene: »Es wäre da noch eine Bedingung – daß Sie diesen Stern abmachen.« Er meinte den Stern, den wir damals tragen mußten, den gelben »Judenstern«. Wer ihn entfernte, wurde streng bestraft – wie streng, das konnte man nur ahnen. Und man ahnte, daß es das Leben kostete.

Ich war erschrocken. Noch bevor ich etwas antworten konnte, trat Hanne auf mich zu: »Sie fahren mit mir im Auto, da kann Ihnen nichts passieren.« Und so fuhren wir nach Torgelow ins Pommersche.

Das Fabrikgelände war von einem Zaun umgeben. Ich schlief in einem Verschlag in der Halle der alten Eisengießerei. Zwar hatte ich kein Bett, aber dafür einen Schlafsack und so fühlte ich mich fast geborgen – was damals nicht nur für mich ein relativer Begriff war. Und dort war Otto. Ein nicht mehr ganz junger Wehrmachtssoldat, dick, gemütlich und von echter Herzensgüte. Er bewachte dreihundert belgische Kriegsgefangene, die auch dort wohnten und in Eisengießereien arbeiteten. Einer von ihnen war Florent Loffet.

Otto hatte nichts dagegen, wenn ich mit den Gefangenen sprach. Und so freundete ich mich mit Florent an. Er war zehn Jahre älter als ich, schlank, mit vollem Haar und einem schmalen Gesicht, aus dem mich wache und sanfte Augen ansahen. Obwohl er Wallone war, sprach er ganz gut deutsch. Er gab mir, durch die vielen Gespräche, die wir miteinander führten, Halt und nahm mir das Gefühl der Einsamkeit. Außerdem ließ er mir gelegentlich Knochen zukommen, die er aus dem Pferdefleisch herausgelöst hatte, mit dem die Gefangenen verpflegt wurden – und das war wichtig, denn man hatte Hunger, der einem den Schlaf raubte.

Als ich mich dann entschlossen hatte, von Torgelow zu türmen, versprachen wir uns beide: Wenn wir den Krieg überleben, wollen wir uns wiedersehen. Florent war in Verviers zu Hause, und ich trug seine Adresse bei mir, durch alle Gefahren, die noch kommen sollten – bis der Spuk, der uns zusammengeführt und wieder getrennt hatte, vorüber war.

*

An diese Zeit dachte ich während des Fluges nach Brüssel. Auch an die Geschichte mit den Russen ... Aber die Stewardeß riß mich aus meinen Gedanken. Es gab Drinks. Mein Gott, wie weit lag das alles zurück: »Drinks« – damals hätte ich nicht gewußt, was das ist, und hätte nie geglaubt, eines Tages zu Florent fliegen zu können und fremde Menschen zu erleben, die mir wohlwollen.

Florent war nun schon über sechzig Jahre alt. Er lebte nicht mehr in Verviers, weil sein Haus im Kriege abgebrannt war. Deshalb hatten ihn meine Briefe nicht erreicht. Jetzt wohnte er mehr als hundert Kilometer von Brüssel entfernt, und am Tage nach unserer Ankunft wollte er mit uns zusammentreffen.

Ich saß in meinem Hotelzimmer und wartete mit meiner Frau.

14

Auch er wollte mit seiner Frau kommen. Um 17 Uhr klingelte das Telefon. Der Portier meldete sich: »Monsieur Rosenthal, ein Monsieur Loffet möchte Sie sprechen. Möchten Sie herunterkommen?« Und ob ich wollte! Dann lagen wir uns in den Armen. Wir hatten uns sofort wiedererkannt. Sein Haar war grau, sein Gesicht noch schmaler geworden – aber ich sah durch die Veränderung hindurch meinen Florent, den Freund aus jener Zeit in Torgelow, die wir beide so wenig vergessen hatten wie unsere Freundschaft.

Wir gingen mit unseren Frauen essen. Und erzählten. Und erinnerten uns. »Du warst der Lustigste im Lager, Hans, auch in der schlimmsten Zeit«, sagte er zu mir, und: »Weißt du noch, wie vergnügt du immer warst – trotz allem?« Das allerdings hatte ich vergessen.

Dann sang er mir die Lieder vor, die ich ihm damals beigebracht hatte. Die Gäste im Lokal sahen verwundert zu uns herüber. »Es klopft mein Herz, bumm – bumm, es schlägt so stark, bumm – bumm.« Und: »Komm zurück, ich warte auf dich!« Ja, auch wir hatten auf unser Wiedersehen gewartet und waren uns mit klopfendem Herzen in den Armen gelegen.

Mit geheimnisvoller Miene zog Florent aus seiner Brieftasche ein altes, vergilbtes Foto. »Kennst du den?« fragte er lächelnd. Ich kannte ihn. Das Foto zeigte mich, als siebzehnjährigen Jungen im Lager. Er hatte es über die Jahrzehnte bewahrt, um es mir einmal zurückzugeben. Nun war ich an der Reihe: Ich hatte einen alten Zehn-Pfennig-Schein seines Kriegsgefangenen-Geldes über all die Jahre aufgehoben. Ungläubig betrachtete er ihn, hielt ihn gegen das Licht und seufzte tief. Ich glaube, ich habe ihn verstanden.

Ja, und dann kam die Geschichte mit den Russen ...

Alfred Hanne, der Chef, brauchte, weil das Geschäft auch in Torgelow fabelhaft lief, neue Arbeitskräfte. So stand er eines Tages vor mir und sagte: »Rosenthal, Sie fahren jetzt nach Stettin und holen dort zehn russische Gefangene ab. Die bringen Sie auf die andere Seite von Torgelow – jenseits der Bahnlinie – ins Lager, damit sie dann bei uns arbeiten können. Und Sie, Rosenthal, werden sie beaufsichtigen.«

Ich schien Karriere zu machen. Aber so einfach war die Sache nun doch nicht. Es war Winter, und ich hatte nicht einmal einen Mantel – und dann mein gelber Stern, den ich ja wieder tragen mußte.

Alfred Hanne war der Situation gewachsen. »Sie nehmen meinen

15

Mantel – ohne Stern.« Ich nahm ihn. Aber Hanne war ein Riese von 1,82 und ich war nur 1,70. Recht seltsam sah ich in seinem Mantel aus. Auffällig seltsam ...

Als ich hörte, daß die Russen aus einem von der SS bewachten Lager abzuholen waren, wurde mir mulmig zumute. Sollte ich das Schicksal so herausfordern? Der Chef klopfte mir auf die Schultern. »Hier sind die Papiere. Da steht drin, daß Sie Russen abholen und hierherbringen müssen. Das schützt Sie.«

Also fuhr ich nach Stettin. Ich sollte mich als Deutscher ausgeben, hatte Herr Hanne gesagt. Juden galten ja damals nicht als Deutsche. Ich nahm allen Mut meiner siebzehn Jahre zusammen, meldete mich beim SS-Posten und sagte: »Heil Hitler!« und der Posten sagte auch: »Heil Hitler!« und: »Was wollen Sie?« Ich zog die Papiere aus der Tasche meines überlangen Mantels. »Ich soll hier zehn Russen abholen und nach Torgelow bringen«

Der Posten schickte mich ins Büro. Ich passierte die Wache – man schien mir die Angst nicht anzumerken. Allmählich wuchs mein Selbstbewußtsein. »Tja«, sagte der SS-Mann im Büro, »es ist jetzt erst zwölf Uhr, um sechs geht der nächste Personenzug. Im D-Zug dürfen Sie mit Kriegsgefangenen nicht fahren. Wo wollen Sie so lange mit den Russen bleiben?«

»Auf dem Bahnhof kann ich kaum sechs Stunden mit ihnen herumstehen«, sagte ich, »kann ich vielleicht später wiederkommen?« »Gut«, sagte der SS-Mann, »um fünf stehen die Russen für Sie bereit. Heil Hitler!«

Was sollte ich nun mit meinen fünf Stunden unverhoffter Freiheit anfangen? Ich folgte meinem Hunger und ging zum Bahnhof zurück. Im Bahnhofsrestaurant gab es eine Suppe ohne Marken. Denn Lebensmittelmarken hatte ich ja nicht. Ich nahm also Platz, bestellte meine Suppe und begann mit Hingabe zu löffeln. Daß die Kriminalpolizei damals auf Bahnhofswartesäle ihr besonderes Augenmerk richtete, wußte ich nicht. Aber ich erfuhr es bald.

Plötzlich setzte sich ein Mann in einem Ledermantel zu mir, der offenbar keinen Grund sah, seinen Hut abzunehmen. Statt dessen zog er eine Polizeimarke aus der Tasche und sagte: »Ihren Ausweis bitte!« Meine Antwort war nicht sehr einfallsreich: »Ich bin aus Berlin und habe keinen Ausweis. Aber hier, die Papiere: Ich hole zehn Russen ab.«

Der Ledermantel staunte. Die Papiere waren in Ordnung. »Hm«, sagte er, »daß Sie Deutscher sind, hört man. Aber ...« Er musterte mich mißtrauisch. »Woher haben Sie diesen Mantel?«

Das also war es: Der überlange Mantel, der um meine schmächtigen Schultern schlotterte und meine Knöchel bedeckte, hatte mich verdächtig gemacht.

»Von meinem Chef«, sagte ich, da mir nichts anderes einfiel. »Ich habe keinen eigenen.« Jetzt lächelte der Mann unter seinem Hut hervor. »In Ordnung«, sagte er.

Nun ritt mich der Teufel: »Einen Moment noch bitte – vielleicht können Sie mir helfen. Ich bin nämlich in einer unangenehmen Lage: Ich soll heute abend mit zehn Russen und ohne Waffe im Personenzug nach Torgelow fahren. Und ich finde, daß das gefährlich ist, gerade wegen der Dunkelheit! Könnten Sie mir nicht eine Genehmigung für den D-Zug geben, der noch bei Tageslicht fährt?«

Er ging mit mir zur Bahnpolizei. »Heil Hitler« hin und her. »Ein siebzehnjähriger Junge mit zehn Russen und ohne Waffe – kann man da nicht was machen?« Man konnte.

Man rief im Lager an. Und schließlich hatte ich die Erlaubnis, holte meine zehn Russen ab, fuhr mit ihnen um drei nach Torgelow – und brauchte keine Waffe.

*

Florent und ich lachten im schönen, eleganten Brüssel noch einmal herzhaft über diese Episode. Über eine andere lachten wir nicht so sehr: die Sache mit den Mohrrüben und Kartoffeln.

Alfred Hanne kam eines Morgens zu mir und sagte: »Hans, ich habe einen Waggon Mohrrüben und einen Waggon Kartoffeln organisiert. Die schließen wir drüben in dem Verschlag ein. Sie nehmen den Schlüssel in Verwahrung und geben jeden Morgen an die Russen je einen Marmeladeneimer davon aus, verstanden?« Und so waltete ich meines Amtes.

Die Russen hungerten fürchterlich bei ihrer schweren Arbeit. Ihre Essenrationen waren einfach nicht genug. Eines Tages sagte ich zu Nikolai und Sergej, mit denen ich mich schon bekannt gemacht hatte: »Heute nacht – Schlüssel steckt – ihr holt mehr Kartoffeln – Vorsicht! Verstanden?« Sie verstanden es nur zu gut.

Einige Tage ging es glatt. Dann ging es schief. Wie jedesmal hatten sie sich zu dem Kartoffelberg geschlichen und einen Sack voll abgeholt. Auf dem Rückweg in ihr Lager wurden sie geschnappt.

Ein Polizist in Zivil kam zu uns. Es gab ein Verhör, bei dem ich mich ahnungslos stellte. Am anderen Morgen kamen sie zu zweit wieder. Da ich die Aufsicht über die Russen hatte, wollten sie mich weiter auspressen. Sie hatten erfahren, daß ich jüdisch war. In einer Vorahnung drohenden Unheils versteckte ich mich hinter einem Berg von Blechbüchsen, die zum Sortieren aufgehäuft waren. Einer der Männer richtete seine Pistole auf mich. Der andere kroch durch die Blechbüchsen, um mich zu verprügeln. Aber er konnte nur mit einer Hand in mein Versteck reichen, und mit der schlug er zweimal zu.

Offenbar wurde den beiden die Lächerlichkeit ihres Tuns bewußt – sie zogen ab, unter schrecklichen Verwünschungen. Ein anderer Junge bekam dann Prügel, obwohl ich der »Schuldige« gewesen war. Irgendwo mußten sie wohl ihr Mütchen kühlen . . . Manthey und Lemke hießen die beiden Polizeischläger. Wie man sich so etwas merkt, über mehr als drei Jahrzehnte hinweg. »Weißt du noch, Florent?« Er wußte es noch. Auch das mit dem Kino und dem Mädchen.

Da Alfred Hanne nachsichtig und Wachsoldat Otto ein Gemütsmensch war, wagte ich etwas in meiner Lage Ungeheuerliches: Ich schlich mich eines Abends in die Stadt, um ins Kino zu gehen. Welcher Film lief, wußte ich vorher nicht. Zuerst lief die »Wochenschau« – Fanfaren, Frontberichte, Siegespropaganda. Dann lief »Jud Süß«.

Das war schlimm für mich. Nie zuvor hatte ich so eindringlich erlebt, wie die Menschen gegen die Juden aufgehetzt und welche perfiden Mittel des Hasses angewandt wurden. So also versuchte die Nazi-Propaganda das Volk gegen uns in fanatische Feindschaft zu treiben! Ich saß da, hatte meinen gelben Stern in die Tasche gesteckt und zitterte. Ich konnte nichts anderes tun, als vor diesem widerlichen Film die Augen zu schließen.

Da spürte ich, daß neben mir jemand saß. Aus dem Augenwinkel erkannte ich das Profil eines hübschen, etwa sechzehn Jahre alten Mädchens. Nach Schluß der Vorstellung sprach ich sie an. Die Kleine war sehr aufgeschlossen. Und ich war es auch.

Schließlich brachte ich sie nach Hause und verabredete mich mit ihr für den nächsten Abend. Ein Wahnsinn! Aber ich konnte ja durch den Zaun hinaus. Durch Otto ging das.

In der Eile hatte ich ganz vergessen, in welcher Lage ich war. Mir kamen Bedenken: Rassenschande! Zuchthaus! Todesstrafe! Begriffe, die jeden Tag in der Presse zu lesen waren, schwirrten durch meinen Kopf. Ich, ein Rassenschänder! Nein. Lieber nicht. Ich nahm alle Kraft zusammen und sagte dem Mädchen, wer ich war: ein jüdischer Junge aus dem Lager. Ich dürfte sie nicht wiedersehen.

Ihre Reaktion war überraschend: »Ich mag dich. Du kannst mit mir nach Hause kommen. Alles andere ist mir ganz egal. Aber wenn du nicht kommst, zeige ich dich an.«

Was sollte ich tun? Ich ging zurück, kroch in meinen Schlafsack im Verschlag und verstand die Welt nun gar nicht mehr. Am anderen Morgen erzählte ich Florent mein Erlebnis und bat ihn um Rat. Er besprach sich mit einem anderen belgischen Kameraden, und der kam auf die rettende Idee: »Du gibst mir deine Zivilsachen, Hans, und ich gehe zu ihr.«

Nun, er war ein gestandener Mann, und ich war ein unerfahrener Junge. Gesagt, getan. Er zog sich abends heimlich um, Otto drückte beide Augen zu, das Rendezvous fand statt – und das Mädchen erwies sich als durchaus zufrieden mit dem Ersatzmann. Alle drei bis vier Tage kam er von nun an zu mir, um meinen schäbigen Zivilanzug auszuleihen. Es scheint sich für ihn gelohnt zu haben. Mir war es recht. Er hatte sein Vergnügen und ich meine Ruhe.

»Weißt du noch, Florent?« Natürlich. In Berlin wird er mich bald besuchen, und wir werden uns wiedersehen. Abschied in Brüssel. Aber kein Abschied von der Vergangenheit.

Eine fast unbeschwerte Kindheit

Die Jahre meiner Kindheit und frühen Jugend, die zur Zeit von Torgelow hinter mir lagen, waren zur Hälfte fast sorglos und hell, zur anderen Hälfte bedrückend und verfinstert verlaufen. Denn als ich sieben Jahre alt war, kam Adolf Hitler an die Macht. Und diese Macht griff – fast hätte ich geschrieben »natürlich« – auch in das Leben unserer kleinen jüdischen Familie ein.

Mein Vater war, was man damals einen »Mischling« nannte: Sohn eines jüdischen Vaters und einer »arischen«, also nichtjüdischen Mutter, die aber bei ihrer Heirat zum jüdischen Glauben übertrat. Daher galt mein Vater uneingeschränkt als Jude. Er war Bankkaufmann und war mit sechzehn Jahren in die »Discontogesellschaft« eingetreten, die später mit der »Deutschen Bank« vereinigt wurde. »Deutsche Bank und Discontogesellschaft« hieß das dann, später fiel die »Discontogesellschaft« weg und es blieb – bis heute – die »Deutsche Bank«.

Mein Vater war ein echter Preuße: pünktlich, zuverlässig, bereit zum Dienen, fleißig und korrekt. Aber auch musisch begabt. Er spielte wunderbar Klavier – doch davon später.

Ich kam im Jüdischen Krankenhaus zur Welt, in der Exerzierstraße im Berliner Bezirk Wedding. Heute heißt sie Iranische Straße.

Am 2. April 1925 wurde ich geboren, und dieses Krankenhaus, in dem ich das Licht der Welt erblickte, blieb für mich ein schicksalhaftes Gebäude. Dort kam auch mein Bruder Gert zur Welt, dort starb mein Vater und auch meine Mutter, dort starben meine beiden Großeltern mütterlicherseits, und dort wurde ich behandelt, als ich Diphtherie hatte und in Quarantäne mußte.

Es existiert heute noch, dieses Krankenhaus. Aber da Hitlers Massenmord die Jüdische Gemeinde in Berlin auf einen Bruchteil dessen reduziert hat, was sie einmal gewesen ist, blieben von diesem nunmehr Städtischen Krankenhaus eigentlich nur der Name, die Beteiligung zweier Mitglieder der Gemeinde im Kuratorium und nur wenige jüdische Patienten.

Unsere Familie wohnte in der Winsstraße im Bezirk Prenzlauer Berg, nahe der Immanuelkirchstraße, zwischen der Prenzlauer Allee und der Greifswalder Straße. Heute liegt das hinter der Mauer und gehört zu dem, was der SED-Staat »Hauptstadt der Deutschen Demokratischen Republik« nennt, was wir Ost-Berlin nennen und was zur Schattenseite der geteilten Stadt gehört.

Hansi wurde ich genannt, von der ganzen Familie. Wir lebten bei meinen Großeltern mütterlicherseits. »Oma Klara« war »eine bildschöne Frau«, wie »Opa Willi« immer sagte. Ich fügte der Anrede meiner Großeltern immer ihre Vornamen hinzu – das war so eine Familieneigenheit. Ja, bei uns zu Hause war es schön . . .

»Opa Willi« kannte ich eigentlich nur als Rentner. Sein Vater, mein

Urgroßvater, den ich nicht mehr erlebte, war wohlhabend, hatte siebzehn Kinder und vererbte jedem von ihnen etwas in der Größenordnung einer Existenzgrundlage.

»Opa Willi« hatte eine Häckselfabrik geerbt, in der Stroh gehäckselt wurde. Leider verfiel er der Spielleidenschaft, und da ihm das Glück per saldo nicht hold war, verspielte er die Häckselfabrik. Sie gab es also nicht mehr – nur noch als kleines familiäres Trauma einer weniger vorteilhaften Episode unserer Familiengeschichte: Der Verlust verschlug »Opa Willi« dann nach Berlin.

»Oma Klara« konnte wunderbar kochen und stand für mich kleinen Jungen immer ebenbürtig neben meiner geliebten Mutter. Abends, bevor ich zu Bett gebracht wurde, stellte sich »Oma Klara« mit dem Federbett an den großen, gemütlichen Kachelofen und wärmte es für mich an. Das Gefühl der Geborgenheit, der Nestwärme und der kindlichen Glückseligkeit, das sich für mich damit verband, ist mir heute noch ganz gegenwärtig.

Mein Vater hatte aus seiner musikalischen Begabung einen kleinen Nebenerwerb gemacht: Mit einem Geiger und einem Schlagzeuger tat er sich zu der Dreimannkapelle »Rosé« zusammen. Sie spielten an Wochenenden in verschiedenen Berliner Lokalen, und Vater kam dann meist erst gegen zwei Uhr nachts nach Hause.

Auch daheim spielte er oft und gern, besonders an Familienfesten, zu denen er auch seine beiden Musikantenfreunde einlud. Mir hatte er ein Lied beigebracht, das ich dann vorsang. Es war jedesmal ein Heiterkeitserfolg, denn es hatte eine »Bezüglichkeit«, um nicht zu sagen, Anzüglichkeit, die ich damals noch nicht verstand. Der Text lautete:

»Das macht der Jüngling, das Mägdelein,
das kann man nicht allein, nur zu zwein.
Fühlt man ein zärtliches Sehnen beim Mondenschein,
dann kommt das andere ganz von allein«.

Harmlos heiter war das und keine Wolke schien das kleine Familienglück verdunkeln zu können, zu dem auch ein Schlager der späten zwanziger Jahre belustigend beitrug, den damals alle Spatzen von den Dächern pfiffen: »O Donna Klara, ich hab dich tanzen gesehn, o Donna Klara, das war wunderschön«. Alle dachten dabei an »Oma Klara«, sahen zu ihr hin, lachten und empfingen ein wohlwollendes

Zur Silber=Hochzeit
unserer lieben Eltern
Agnes und Max Rosenthal
Berlin, den 15. Februar 1925
gewidmet von
Kurt ∾ Ernst ∾ Heinz

Melodie: Ich bin ein Preuße.

Viel innige Wünsche strömen Dir entgegen
Geliebtes Jubelpaar aus Aller Brust,
An diesem Tage, der in stillem Segen
Dich froh erfüllt mit neuer Lebenslust.
Wir wollen dem Schicksal danken,
Daß es mit Silberranken
Geschmückt Dir heute Deinen Lebenspfad
Und bis hierher Dich treu geführet hat.

Da's nun an solchem Freudentage Sitte,
Daß von dem Jubelpaar man immer plauscht,
So wollen auch wir in dieser trauten Mitte
Hier kund tun, was wir heimlich uns erlauscht.
Die Agnes wußt' als Mädel,
Zu dreh'n sich wie ein Rädel,
Sehr schmuck und niedlich war sie immerdar,
Daß sie ein Inder freien wollte gar.

Der hatte sie bei Wertheim einst gesehen
Und sie gefiel dem fremden Manne so,
Daß es um ihn damals sofort geschehen,
Sein Herz, es brannte für sie lichterloh.
Doch ward er nicht genommen,
Erst mußt' der Richt'ge kommen,
Freund Amor traf für sie dann einst die Wahl,
Und diese fiel auf den Max Rosenthal.

Mit ihm wurde der Herzensbund geschlossen
Und beide lebten glücklich, Jahr um Jahr,
Die Zeit, grad' wie ein Traum ist sie verflossen
Seit sie gestanden vor dem Traualtar.
Dann, eh' man es sich dachte,
Der Meister Langbein brachte
Ihnen so nach und nach drei Söhne an,
Kurt, Ernst und Heinz, die wuchsen bald heran.

Die Agnes, sie war streng in ihrem Walten
Und hatte oftmals eine lose Hand,
Doch Vater Max hätte zu gern gehalten
Die Söhne alle stets am Gängelband.
Sport ließ er sie nicht treiben,
Der mußte unterbleiben,
Kein Schwimmen, Rudern, Turnen gab es, ei
Aus Angst, es könnt' passieren was dabei!

Doch Mutter Agnes hat es übernommen
Es durchzusetzen trotzdem bei dem Mann,
Daß ihre Jungens Turnunterricht bekommen,
Max ließ es ruhig auch geschehen dann.
Er tat ihr ihren Willen
Trotz seiner schnurrigen Grillen,
Weil sie gesprochen ziemlich aufgebracht:
„Es sind doch keine Mädchen, 's ist gelacht."

Waren des Abends einmal nicht zu Hause
Etwa die Söhne zur gewohnten Zeit,
Dann lief der Max herum in seiner Klause
Meistens vor Angst, als wär' er nicht gescheit.
Er ging ohn' Überlegen,
Wohl gar ihnen entgegen
Auch auf die Straße manches liebe Mal,
Natürlich war den Söhnen das fatal. —

Daß mein Vater Humor hatte – und außerdem ganz passabel reimen konnte –, zeigt dieses augenzwinkernde Grußgedicht zur Silberhochzeit meiner Großeltern väterlicherseits. Besonders hübsch die dazu ausgewählte Melodie: »Ich bin ein Preuße«. 1925.

Schmunzeln – denn daß sie wirklich wunderschön war, galt als unbezweifelbare Tatsache in der Familie.

Mit meinem Aussehen war die Familie ganz zufrieden – nur meine Ohren schienen ihnen zu groß. Also entschloß man sich zu einem damals populären Mittel: Ich mußte nachts ein Stirnband tragen, das meine Ohren andrückte. Allerdings nur eine Zeitlang – denn wie die meisten populären Mittelchen half das Band überhaupt nicht; außer daß ich mich in jenen Nächten wie ein Indianer fühlte, was einen ganz eigenen Reiz darstellte.

Das Problemchen Nummer zwei, das man an mir entdeckte, war mein gelegentliches Stottern. Wenn es mich überkam, war ich in großer Verlegenheit: Wörter wie »Butter«, »Kakao« oder das höchst wichtige »Mittelstürmer« dehnten sich zu endlosen Stakkatos. Damals entwickelte ich eine Fähigkeit, die mir noch heute überaus nützlich ist: Ich erfand blitzschnell Synonyme, bei deren Aussprache ich keine Schwierigkeiten hatte. Wenn es für ein Wort allerdings keine Synonyme gab – und »Butter«, »Kakao« und »Mittelstürmer« waren leider solche Wörter –, dann war guter Rat teuer.

Dennoch sollte ich ihn bekommen. Ein sehr verständnisvoller Lehrer in der zweiten Klasse empfahl mir, bevor ich mit dem Sprechen begänne, immer tief Luft zu holen – also eine künstliche Verzögerung meines an sich reichen Wortflusses. Er hatte erkannt, daß ich falsch geatmet hatte und beim Sprechen in Atemnot kam, die sich dann als Stottern äußerte.

Noch heute, wenn ich sehr aufgeregt bin, fühle ich diese Anlage in mir. Dann atme ich tief durch – und die Rede fließt auch über die schwersten Klippen mühelos hinweg.

*

Getrübt wurde meine frühe Kindheit zunächst nur durch die Krankheit meines Vaters. Er war schwer nierenleidend, und natürlich empfand ich die Sorge, die alle bedrückte, und spürte die Angst, die in meiner Mutter aufzusteigen begann.

Damals beschloß ich in kindlicher Naivität, Arzt zu werden. Das würde praktisch sein, dachte ich, denn dann könnte ich ja meinem Vater selber helfen – was den anderen Ärzten offenbar nicht oder nur unzureichend gelang.

Trotz seiner preußischen Eigenschaften empfand ich meinen Vater nie als streng. Er war eine Autorität für mich, aber keine, die ich fürchtete. Daß er perfekt Englisch, Französisch und Spanisch sprach, zur Leitung der wichtigsten Filiale der Bank gehörte und seiner Sprachkenntnisse wegen ausländische Kunden betreute, erfüllte mich mit Stolz. Ich bewunderte ihn.

Punkt fünf Uhr nachmittags hatte er Feierabend. Vom Spittelmarkt fuhr er im Bus nach Hause. Pünktlich fünf Minuten vor halb sechs entstieg er dem Bus an unserer Haltestelle. Halb sechs Uhr, auf die Minute, hatte meine Mutter das Essen fertig. Vater aß – und dann war es an mir, preußische Pflichterfüllung und Pünktlichkeit zu beweisen: Ich mußte ihm gleich nach dem Essen meine Schularbeiten vorlegen.

Solange er lebte, war ich kein schlechter Schüler, obwohl das Fußballspielen mich mehr anzog als der pädagogische Lehrplan. Nach seinem Tode verfielen meine schulischen Leistungen dann rapide.

Meine Eltern hatten sich durch den Bruder meiner Mutter, Onkel Alfred, kennengelernt. Er ging mit meinem Vater in eine Klasse. Und da mein Vater ein ganz vorzüglicher Schüler war, während Onkel Alfred nur wenig schulisches Interesse zeigte, entwickelte sich eine Freundschaft zwischen den beiden, die auf seiten Onkel Alfreds von einer gewissen Abhängigkeit begleitet war: Mein Vater gab ihm öfter von schriftlichen Arbeiten eine Kopie. Aber er mogelte zwei bis drei Fehler hinein, denn einen gewissen Leistungsabstand wollte er doch bewahren – auch zur eigenen Sicherheit. Und schließlich, 1924, heiratete der Musterschüler die Schwester seines Freundes, meine Mutter. Im Jahr darauf wurde ihr erster Sohn geboren, den sie Hans nannten.

*

Es hatte in vielen deutschen jüdischen Familien – vor allem während des Ersten Weltkrieges – einen ausgeprägten Patriotismus gegeben. So auch in unserer Familie. Die älteste Schwester meiner Mutter, Tante Hanna, hatte einen Herrn Maschke geheiratet. Sie besaßen ein Schuhgeschäft in Berlin. 1904 war die Familie Maschke von Amerika nach Deutschland zurückgegangen – aus Vaterlandsliebe.

Mein Onkel Georg, Tante Hannas Mann, war als junger Amerikaner also ins Kaiserreich zurückgekommen. Und beim Ausbruch des Ersten Weltkrieges meldete er sich freiwillig, diente im kaiserlichen

Heer als Frontsoldat, bekam das Eiserne Kreuz Erster Klasse für Tapferkeit vor dem Feinde, mußte – nachdem 1917 Amerika in den Krieg eingetreten war – gegen seine amerikanischen Landsleute kämpfen und verlor so automatisch seine bisherige amerikanische Staatsbürgerschaft.

Nun galt er als staatenlos. In den zwanziger Jahren war das nicht problematisch. Aber nach dem Ausbruch des Zweiten Weltkrieges, als das Schuhgeschäft enteignet und Onkel Georg als Gleisbauarbeiter »eingesetzt« wurde, erwies sich der Verlust der amerikanischen Staatsbürgerschaft als katastrophal. Sein Patriotismus wurde ihm durch die Nazi-»Patrioten« zum Verhängnis. Juden, die Amerikaner waren und zu jener Zeit in Deutschland lebten, wurden interniert und hatten eine Überlebenschance. Mein Onkel wandte sich deshalb an die Botschaft der Schweiz, die nach dem Eintritt der USA in den Zweiten Weltkrieg deren Interessen wahrnahm. Er bat um Vermittlung bei den Amerikanern und um die Gunst, ihm die amerikanische Staatsbürgerschaft wieder zuzuerkennen. Wenige Tage später wurde er von der Gestapo abgeholt. Sein Brief scheint fotokopiert und den Nazis zugespielt worden zu sein. Es bedeutete den Weg in den Tod. Schon drei Wochen nach seiner Einlieferung in das Lager Buchenwald bekam meine Tante die Nachricht von seinem Tode: »Herzversagen«.

Das war die Formel damals, das Stichwort für die Totenscheine der Ermordeten. Herzversagen – ein beziehungsreicher Begriff, denn es hatten die Herzen der Mörder auf eine unmenschliche Weise versagt.

Der Originalbrief meines Onkels muß später doch in die rechten Hände gelangt sein, denn für meine Tante, die nun Witwe war – jedoch nie in ihrem Leben die USA besucht oder Englisch gesprochen hatte –, bedeutete dieser verhängnisvolle Verlauf die Rettung. Sie wurde abgeholt und in ein Internierungslager gebracht – als Amerikanerin. Diese Lager »feindlicher Ausländer« wurden vom Roten Kreuz versorgt, und es gab gut zu essen. Und eines Tages wurde Mutters Schwester überraschend mit anderen Amerikanern gegen Deutsche ausgetauscht und nach Amerika verfrachtet. Dorthin war schon 1938 ihr Sohn gegangen.

Es hatte damals nämlich einen Austausch für jüdische Kinder und Jugendliche gegeben, nachdem amerikanische Familien sich bereitgefunden hatten, sie aufzunehmen. Diese Erlaubnis für jüdische Kinder und Jugendliche, Deutschland zu verlassen, war die große Chance, der Ermordung zu entgehen.

Nur wußten unsere Familien 1938 noch nicht, was sie in der Zukunft erwartete, und viele versäumten diese Gelegenheit, wenigstens ihre Kinder vor dem Tod in den Gaskammern zu bewahren.

*

Auch bei uns war die Rede davon, daß mein Bruder Gert und ich in die Neue Welt gehen könnten, und ich war eigentlich nicht abgeneigt – nicht aus Angst vor dem Kommenden, von dem ich nichts ahnen konnte, sondern aus Abenteuerlust. Die Schiffsreise, das große unbekannte Land, die weite Welt . . .

Aber es kam nicht dazu. Vater war ein Jahr zuvor gestorben, und Mutter wollte sich nicht von uns beiden trennen. So blieben wir.

Für meinen kleinen Bruder bedeutete es den Tod. Rudi, der Sohn Tante Hannas, sollte und wollte – »wenn alles vorüber war« – zurückkehren. Er lebt noch heute in den USA, ist Verleger und ein erfolgreicher Mann. Zurückkehren wollte er nicht mehr . . .

Doch ich eile den Ereignissen voraus. Zunächst besuchte ich die Volksschule, war ein bißchen frech, überwiegend aber brav und hatte keine nennenswerten Kindheitsprobleme, solange die Krankheit meines Vaters nicht ihre Schatten auf uns warf.

1932 erwartete meine Mutter ihr zweites Kind. Daß ihr Leibesumfang zunahm, war mir, dem Siebenjährigen, nicht aufgefallen. Aber ich spürte, daß etwas Wichtiges sich ankündigte. Und eines Tages sagte mir die Großmutter, ich solle fleißig Zucker aufs Fensterbrett streuen, damit der Storch mir ein Geschwisterchen bringt.

Ich war schon damals von besonderem Eifer, wenn mir etwas wichtig war. Und das, was mir da in Aussicht gestellt wurde, war mir außerordentlich wichtig: So streute ich Zucker, daß es nur so rieselte und das Fensterbrett bald einen Zuckerguß hatte. Und tatsächlich war meine Aktion eines Tages von Erfolg gekrönt – in Gestalt eines kleinen Brüderchens.

Meine Vorstellungen waren aber der Realität in manchem voraus gewesen, so daß mich zunächst Enttäuschung überfiel: Dieses winzige Etwas, mit dem man nicht spielen konnte, das man kaum anfassen durfte und das andauernd heulte, sollte ein Bruder sein?

Die Enttäuschung wandelte sich aber bald in Vergnügen, als ich das Baby später im Kinderwagen ausfahren durfte. Mit meinen acht Jahren empfand ich das als Vertrauensbeweis, allerdings auch als eine Möglichkeit, meinen »Spiel«-Raum zu erweitern: Ich benutzte den Kinderwagen samt lebendigem Inhalt als Rennwagen, schob ihn in rasendem Tempo über Stock und Stein, nahm Kurven rechts und links herum in einem Affenzahn und vergaß dabei, daß es eines Tages bei diesem Spiel auf der Rennstrecke halb sechs geworden war.

Halb sechs kam mein Vater nach Hause. Halb sechs schlug die Stunde Preußens und der Autorität. Und an jenem Abend um halb sechs schlug noch mehr: Mein Vater sah mich mit dem Kinderwagen um eine Linkskurve rasen, und die rechten Räder hoben gerade vom Pflaster ab. Als ich Vater sah, versuchte ich eine Vollbremsung. Sie half mir nicht mehr. Es gab fürchterliche Dresche.

Ab und zu eins hinter die Ohren – das war ich gewöhnt, das gehörte dazu und wurde nicht tragisch genommen. Aber an diese Prügel, die über das gewohnte Maß an »körperlicher Züchtigung« erheblich hinausgingen, erinnere ich mich noch heute mit einer gewissen Mulmigkeit.

Dennoch – es sollten die einzigen bleiben, die mir mein Vater verpaßte.

Als die Synagogen brannten

Ein Jahr später überwältigten die Nazis Deutschland. Ich spürte die Nachdenklichkeit meiner Eltern, erlebte das Grübeln meiner Großeltern, ahnte, daß eine Gefahr in der Luft lag. Die Gespräche, die in der Familie über die »Machtergreifung« geführt wurden, verstand ich natürlich noch nicht. Aber so viel weiß ich noch: Man beruhigte sich und sagte, so schlimm würde das nicht werden. Auch könnten sich die Nazis nicht allzu lange halten. So zog man die Köpfe ein und wartete darauf, daß alles wie ein böser Spuk vorübergehen würde.

Wenn ich mit meinem Vater durch die Straßen Berlins ging, und die SA-Kolonnen marschierten uns entgegen mit »klingendem Spiel«, dann zog er mich in einen Hausflur oder in irgendeine Nische, bis der Zug vorüber war. Er wollte seinen Arm nicht zum »deutschen Gruß« recken, nicht den Fahnen und Standarten der »braunen Bataillone« Reverenz erweisen.

Im übrigen ging zunächst fast alles seinen gewohnten Gang. Auch in der Schule. 1935 kam ich in die jüdische Mittelschule. Von meinen früheren Schulkameraden wurde ich gefragt, warum ich sonnabends – also am Sabbat – nicht zur Schule ging, während ich sonntags, wenn sie frei hatten, gehen mußte. Es begann das Gefühl in mir aufzusteigen, daß ich »anders« war, »draußen« bleiben mußte.

Zwar wurde unser jüdischer Glaube in der Familie ernst genommen, aber auf eine recht liberale Weise. So gab es bis Weihnachten 1933 für mich auch einen Christbaum und kleine Geschenke, obwohl das nicht der jüdischen Religion entsprach. Meine Eltern wollten verhindern, daß ich in Konflikte käme, und bemühten sich deshalb, die von der Umwelt uns vorgeworfene »Andersartigkeit« mich nicht zu sehr spüren zu lassen.

Mein Vater, seine zwei Brüder und mein Großvater Max waren leidenschaftliche Skatspieler. Jeden Sonntag trafen wir uns bei Opa, und es wurde Skat gespielt. Ich durfte das Geld meines Vaters verwalten. Wenn er viel gewonnen hatte, leisteten wir uns ein Taxi, statt mit der Straßenbahn zu fahren. Das hat natürlich Eindruck auf mich gemacht. Seit der Zeit kenne ich die Spielregeln und reize gern einen Grand mit vieren.

*

Weil mein Onkel Ernst, wie es seinerzeit hieß, eine »Arierin« geheiratet hatte, glaubte er, den Stern nicht tragen zu müssen. Mehrere Male bekam er Verwarnungen von der Polizei. Später wurde er dann abgeholt und nach Sachsenhausen gebracht. Nach drei Wochen erhielten wir die Nachricht, Onkel Ernst sei an »Herzversagen« gestorben.

Der dritte und jüngste Bruder meines Vaters, Heinz, kam, nachdem er festgenommen worden war, zwei Wochen lang nicht von der Gestapo zurück. Dann kam er doch nach Hause. Er starb drei Tage später.

Meine Großeltern väterlicherseits hatten also ihre drei Söhne verloren. Bei ihnen zu Hause war nur noch die Tochter des jüngsten Sohnes, Margit. Sie wurde schließlich auch verhaftet. Einmal hat sie sogar mit Adolf Eichmann gesprochen. Wie sie an den herankam, weiß ich nicht. Sie hat die Nazizeit zum Schluß im Lager Bergen-Belsen überlebt und ging nach der Befreiung nach Israel. Dort hat sie dann geheiratet. Ihre beiden Kinder haben in der israelischen Armee gedient und sprechen kein Wort Deutsch mehr. Mit ihnen kann ich mich nur auf Englisch unterhalten.

Margit gehört heute politisch der Richtung Menachem Begins an, ist also für mich, der toleranter ist und eher den Ausgleich und die Versöhnung sucht, fast ein bißchen zu radikal. Dennoch kann ich es ihr nicht verdenken.

Als ich ihr einmal sagte, wie sehr Begin die Welt mit seinem harten Kurs vor den Kopf stößt, so daß immer mehr gegen Israel sein werden, antwortete sie: »Ich fürchte, das läßt sich nicht vermeiden. Ob wir das so machen oder so, es findet sich immer ein Grund, um gegen uns zu sein.«

*

1934 erkrankte mein zweijähriger Bruder Gert an spinaler Kinderlähmung. Es gab noch keine Schutzimpfung damals, und Gert kam ins Berliner Virchow-Krankenhaus, das auf die Behandlung von Kinderlähmung spezialisiert war. Seine linke Körperseite war gelähmt, und es gab damals viele Tränen bei uns zu Hause. Für mich bedeutete das Unglück allerdings schulfrei für lange Zeit – wegen der Ansteckungsgefahr für andere Kinder.

Und da passierte die Sache mit dem Kreisel, eine böse Sache. Unsere Spiele waren ja damals noch »altmodisch«. Viele Kinder kennen heute den bunten, hölzernen Kreisel nicht mehr, den man mit einer kleinen Peitsche antrieb und über den Asphalt tanzen ließ. Es war ein herrliches Spiel, das mir die Zeit, die ich durch die Befreiung vom Schulunterricht gewonnen hatte, kurz werden ließ.

Als ich einmal im Eifer des Spiels meine Peitsche schwang, bemerkte ich nicht, daß ein Passant hinter mir ging – ich traf ihn voll ins Auge. Der Zwischenfall endete für ihn im Krankenhaus, wo ich ihn täglich – voller Schuldgefühle darüber, daß ich einen Menschen verletzt hatte – besuchte. Zum Glück verheilte die Verletzung, aber mir hat sie sich tief ins Gemüt gegraben.

Eines Tages wurde mein Bruder aus dem Krankenhaus entlassen.

Man behandelte ihn weiter mit leichten Elektroschocks, und er galt als fast vollkommen geheilt. Nur waren sein linkes Bein und sein linker Arm noch nicht so kräftig.

Damals hatte man eine neue Heilmethode gefunden: Aus dem Blut Geheilter stellte man ein Serum her, das frisch Erkrankten inijziert wurde. Und so mußte meine Mutter öfter mit dem kleinen Gert ins Virchow-Krankenhaus, wo ihm etwas Blut entnommen wurde.

Von einem Tag auf den anderen endeten diese Besuche. Die Nazis hatten die »Nürnberger Gesetze«, die Rassen-Gesetze, erlassen; von nun an gab es »reines arisches Blut« und »unreines jüdisches Blut«. Dem Arzt war das Ganze sehr peinlich, denn er mußte meine Mutter mit dem kleinen Gert wieder nach Hause schicken – sein Blut war nicht mehr erwünscht.

Ich war damals zehn Jahre alt und empfand den Vorgang als schmerzliches, demütigendes Erlebnis, verstand aber nicht seinen Sinn. Wer verstünde den auch? Wir wollten doch, daß anderen Menschen geholfen wurde! Warum stieß man uns zurück?

Von dieser Stunde an wußten wir alle und ich wußte es auch: Wir waren Ausgestoßene im eigenen Vaterland! Wir hatten uns zu Hause als Deutsche gefühlt. Bei uns wurde zwar immer SPD gewählt – das weiß ich ganz genau –, bei Präsidentenwahlen aber wählten wir Hindenburg. Ich durfte dann mit dem Vater hinübergehen in die Kneipe in der Winsstraße, die unser Wahllokal war.

Dennoch: Vater und Mutter waren keine parteipolitischen Menschen. Sie engagierten sich nicht politisch – im Gegenteil.

In den ersten zwei Jahren Volksschule habe ich am christlichen Religionsunterricht teilgenommen, weil meine Eltern der Meinung waren: Das Alte Testament ist sowieso gleich, warum soll er da nicht? Später habe ich dann natürlich jüdischen Religionsunterricht gehabt. Viele Jahre. Es sollte mir einmal paradoxerweise das Leben retten. In der Städtischen Volksschule wurde ich von meinen Mitschülern akzeptiert. Wir waren vier jüdische Schüler, die dann später beim Religionsunterricht jeweils Freistunde hatten oder nach Hause gehen durften.

An den hohen Feiertagen gingen die Eltern zum Gottesdienst. Ich ging zum Jugendgottesdienst und habe, als ich zwölf Jahre alt war, dann zwei Jahre im Chor mitgesungen. Das war in der Großen Hamburger Straße.

In jener Zeit waren überall politische Anschläge und Parolen angebracht. Und diese Transparente – »Die Juden sind unser Unglück«, »Juden unerwünscht«, »Juda verrecke« – waren für jeden, der lesen konnte, und ich hatte es gerade gelernt, unmißverständlich. Dann gab es noch die Kennzeichnung der Schaufenster mit einem besonderen Hinweis, so daß man wußte: Das ist ein jüdischer Laden.

Die Spannung wuchs kaum merklich, für mich aber noch nicht bedrohlich, an. Die Eltern sagten: »Wir haben einen anderen Glauben, wir glauben nicht an Jesus als den Messias.« Sie versuchten, das Problem religiös zu erklären. Ja, sie versuchten zu erklären, wo es nichts mehr zu erklären gab ...

Bis 1935 kam niemand in der Familie auf den Gedanken, auszuwandern, endgültig wegzugehen. Statt dessen glaubten alle in unserer Familie, daß die »anderen« bald zur Vernunft kommen würden.

Es wurde eigentlich erst ernster, als mein Vater 1937 entlassen wurde. Er hatte von der Deutschen Bank das großzügige Angebot bekommen, nach Kairo in eine Filiale der Deutschen Bank oder zu einer Art Tochtergesellschaft zu gehen. Aber mein Vater war überzeugt, daß er das mit der Nierenkrankheit klimatisch nicht aushalten würde. Wir sind also nicht nach Ägypten gefahren.

*

Schon als kleiner Junge war Fußball mein Lieblingsspiel. Mit unseren Fahrrädern sind wir dazu entweder nach Heiligensee in die Sandberge oder nach Pichelsberg geradelt. Das waren die Gegenden, wo wir gern »knödelten«. Knödeln ist der Berliner Ausdruck für Fußball.

Ich spielte meistens »Stürmer«, obwohl ich natürlich vorne und hinten zu tun hatte, weil meistens nur vier, fünf »Mann« beisammen waren. Dann wurden ein Hemd und eine Mütze in gleichem Abstand voneinander hingelegt – das war die Torbegrenzung.

Ich war ein großer Anhänger von Hertha BSC. Noch heute kann ich die Meistermannschaft aufsagen, die seinerzeit spielte: Schwarz, Bilek, Krause, Wilhelm, Schneider I, Schneider II, Hanne Sobeck, Menne Hahn ... Ich lebte mit ihnen, meinen »Helden«, und kaufte mir auch jeweils am Montag die »Fußballwoche«.

Nichts war damals wichtiger für mich als die sofortige Lektüre dieses Blattes. Da meine Mutter mich immer zum Einholen schickte, mußte ich einen Trick anwenden: Um drei Uhr ging ich schon ins Bett und las mit Feuereifer – damit meine Mutter mich nicht mehr zum Einholen schicken konnte. Dieser Trick gelang fast immer.

Ich kam dann 1935 auf die jüdische Mittelschule, Große Hamburger Straße, da es ein Gymnasium zu der Zeit für uns noch nicht gab. Später wurde der Versuch gemacht, ein jüdisches Gymnasium in der Wilsnackerstraße zu gründen. In meiner neuen Schule gab es in der gleichen Klasse ebenfalls einen Hans Rosenthal. Dieser hieß Hans Alfred, war also im Alphabet vor mir, denn ich heiße mit dem zweiten Vornamen Günter.

Diese Namensvetterschaft hatte große Vorteile, zumal wir uns ganz gut verstanden. Rief der Lehrer »Rosenthal«, guckte der eine den anderen an, und wer die Antwort parat hatte, stand dann schnell auf. Manchmal merkte es der Lehrer, fand es aber so komisch, daß er sich damit zufriedengab. Wenn er es nicht merkte – um so besser!

Hans Alfred erzählte mir einmal, er habe erst, als er von der Volksschule mußte, erfahren, daß er jüdisch war. Vorher hatte er das gar nicht gewußt. Dennoch hat er den Krieg überlebt. Wie, weiß ich nicht.

Zu meinem Erstaunen schloß er sich der Kommunistischen Partei und später der SED an. Später diskutierten wir oft und heftig und kamen in der Nachkriegszeit völlig auseinander. Unsere politischen Wege ließen sich nicht mehr miteinander vereinbaren.

Er hat »drüben« große Karriere gemacht und ist heute Professor, hat eine sehr schöne Wohnung an der Spree und auch ein Ferienhäuschen. Er ist Biologe, kommt dann und wann auch ins westliche Ausland, darf aber nicht nach West-Berlin.

Ich habe ihn nach dreißig Jahren, als ich in Ost-Berlin war, noch einmal angerufen, und er bat mich, sofort vorbeizukommen. Er zeigte mir stolz seine Wohnung, die wirklich eine Prachtwohnung ist. Ich glaube, daß er vorführen wollte, was sein System fertigbringt. Er erklärte mir immer wieder, daß er stolz sei, Kommunist zu sein. Aber ich wollte mit ihm die Diskussion nicht wieder von vorne anfangen.

Er erzählte mir, sein Vater wäre auch in der Kommunistischen Partei gewesen, hätte sich für ihre Ideale aufgeopfert, und es sei sein Ziel und seine Überzeugung, daß der Kommunismus eines Tages der Welt Frieden und Wohlstand bringen werde – wenn auch im Augenblick der Sozialismus noch nicht verwirklicht sei und Mängel aufweise . . .

1947 hatte er uns besucht, als wir in der Wustermarker Straße in Spandau wohnten. Ich erinnere mich noch: Er stand am Kachelofen, wärmte sich die Hände und sagte mir, in den kapitalistischen Ländern würde es einige wenige Bevorzugte, »Privilegierte«, geben, und alle anderen würden ausgenutzt und ausgebeutet, während im Kommunismus zwar alle von unten anfangen müßten und es eben noch keinen Wohlstand gäbe – aber ich könne mir an den Fingern abzählen, daß innerhalb von zehn Jahren im Kommunismus ein solcher Wohlstand herrschen würde, daß der Kapitalismus den Vergleich nicht mehr bestehen könnte.

Ich bezweifelte das, denn ich hatte eigene Erfahrungen gemacht, Erfahrungen beim Einmarsch der Russen, Erfahrungen im Berliner Rundfunk, die es mir unmöglich machten, den schönen Worten von der Gleichheit aller Glauben zu schenken. Und ich sollte erleben, wie sich eine neu herrschende Kaste im Kommunismus etablierte und die anderen ausnützte und ausbeutete.

Ich habe ihm dann gesagt: »Eines ist dir doch klar: Du kannst im Kapitalismus jederzeit sagen, der Kapitalismus ist schlecht, ohne daß du ins Gefängnis kommst. Du kannst aber drüben nicht sagen, der Kommunismus ist schlecht. Ich wüßte dort nicht, ob ich am nächsten Morgen noch in meiner eigenen Wohnung aufwachen würde.« Er verabschiedete sich unbekehrt.

*

1937/38, ich war zwölf Jahre alt, habe ich im jüdischen Sportverein gespielt. Es gab in Berlin vier jüdische Sportvereine: »Hakoah« – ha ist der jüdische Artikel wie im Englischen »the«, Koah heißt »Kraft« –, und es gab »Hagibor«. Und den JSK, das ist der Jüdische Sportklub, und die JSG, die Jüdische Sportgesellschaft. Während »Hakoah«, »Hagibor« und JSK dem Weltverband »Makkabi« angeschlossen, also zionistisch waren, war die JSG nur deutsch ausgerichtet und wollte nichts vom Zionismus wissen. Auch in der Hitlerzeit nicht, als ich dem JSK beitrat, weil mein Cousin Rudi Maschke, der später nach Amerika ging, dort spielte. Unsere Kleidung war grün-rot, wir sahen aus wie menschliche Papageien, und ich war Spielführer der dritten Schülermannschaft.

Nicht nur im Sport gab es national ausgerichtete jüdische Vereine. Es gab zum Beispiel den Reichsbund Jüdischer Frontsoldaten. Mein

Vater war zu jung, um dort Mitglied zu sein. Aber mein Onkel Georg war es. Ich kann mich erinnern, daß mein Vater bei den Bällen des Reichsbundes Jüdischer Frontsoldaten öfters Musik machte. Schon der Name sagte, wie national diese jüdischen Gruppen in Berlin und ganz Deutschland eingestellt waren. Der JSK spielte am Schäfersee, wo es heute noch Sportplätze gibt. Damals war das ein jüdisches Gelände. Auch im Grunewald gab es jüdische Sportplätze. Durch diesen Sportklub bin ich in die Bewegung des »Makkabi« gekommen und damit auch zum Zionismus, dessen Devise lautete: Wir müssen auswandern, wir müssen unser eigenes Land schaffen, denn wir sind immer nur eine Minderheit und werden überall verfolgt.

Wir besuchten, bevor wir zur Jugend-»Aliyah« in ein Sammellager der zionistischen Jugend aufs Land kamen, die Vorlehre in Sigmundshof an der Spree. Heute ist dort ein Studentenheim. Eines Tages sollten wir eine Mathematikarbeit schreiben. Die Spree floß dicht an unserem Haus vorbei. Ich hatte mich nicht vorbereitet und überlegte, was zu tun war, um dieser Stunde, die für mich furchtbar werden mußte, zu entgehen. Da sah ich, daß der Schlüssel in der Tür des Klassenzimmers steckte. Ich schloß von innen ab und warf den Schlüssel in die Spree.

Der Lehrer kam und rüttelte an der Tür. Alle krümmten sich vor Lachen und riefen: »Ein Schabernack! Man hat uns eingeschlossen! Jemand von draußen muß es gewesen sein!« Die Klasse hielt glücklicherweise dicht. Es dauerte leider drei Stunden, ehe der Schlosser, der erst gerufen werden mußte, die Tür aufbrachte. Wir durften auf diese Weise alle eine Stunde länger dableiben. Aber um die Arbeit war ich herumgekommen.

*

Die Bank, in der mein Vater arbeitete, hatte ihn zunächst an seinem Platz belassen. Aber 1935 war er in die Zentrale versetzt und mit geringeren Aufgaben betraut worden. 1937 wurde er entlassen. Noch einmal versuchte er, sich eine berufliche Existenz zu schaffen. Er kaufte sich ein kleines Auto und bemühte sich, uns als Vertreter durchzubringen. Das ging nur wenige Monate. Dann starb er.

Obwohl sich die Deutsche Bank für damalige Verhältnisse recht nobel zeigte und Mut bewies, indem sie einen jüdischen Angestellten bis 1937 beschäftigte – er wurde als einer der letzten entlassen –, hatte diese Diskriminierung die schwache Konstitution meines Vaters vollends unterhöhlt und den Zustand seiner Nieren verschlimmert. Er litt unsagbar unter der Ächtung. Sie machte ihn noch kränker, als er schon war.

Seine Niedergeschlagenheit führte schließlich zu einem Urämieanfall – Urin drang ins Blut und vergiftete es. Wenn das noch einmal geschähe, hatte der Arzt meiner Mutter gesagt, dann gäbe es keine Hoffnung mehr. Bald darauf geschah es zum zweiten Mal, und mein Vater starb.

Es gab damals noch nicht die Nierenwäsche, bei der das Blut des Kranken gereinigt werden kann. Und natürlich gab es auch noch keine Nierentransplantationen. Beim heutigen Stand der Medizin hätte mein Vater gerettet werden können. Nur – vielleicht ist ihm durch seinen frühen Tod Schlimmeres erspart geblieben.

Übrigens ist mein Sohn Gert beruflich in die Fußstapfen meines Vaters getreten: Vor seinem Jurastudium hat er eine Lehre als Bankkaufmann – mit Auszeichnung, wie sein Großvater – abgeschlossen.

Mein Vater ging, solange es möglich war, wöchentlich einmal ins Theater. Noch heute habe ich Zeitungsausschnitte mit Theater- und Opernkritiken, die er sorgfältig sammelte und in die Klassikerausgaben oder ins Operntextbuch zu den Stücken legte. Wenn wir heute ins Theater gehen, lese ich vorher diese alten Kritiken, an deren Rand er eigene Eindrücke vermerkt hat. Es ist schön für mich, nachlesen zu können, wer die Rollen seinerzeit gespielt hat, Deutsch oder Bassermann, wie sie bei den Kritikern aufgenommen worden waren und vor allem von meinem geliebten Vater, wie er es erlebt hatte und wie ich es nun – im Vergleich – erlebe.

Erspart blieb meinem Vater zunächst einmal das Schockerlebnis der »Reichskristallnacht.« Sie hat den deutschen Juden, die glaubten, zum Schlimmsten werde es nicht kommen und das deutsche Volk werde diese Barbarei nicht hinnehmen, auf einen Schlag alle Illusionen genommen.

*

Es war am 9. November 1938. Die Scheiben jüdischer Geschäfte wurden zertrümmert, SA-Horden zogen plündernd durch die Straßen, Lagerräume jüdischer Firmen wurden verwüstet und ausgeraubt. Und in der Nacht brannten dann die Synagogen.

Für mich, den Dreizehnjährigen, zerbrach endgültig eine Welt, die schon stark beschädigt und nur in wenigem noch heil gewesen war, seit das »Heil«-Gebrüll der Nazis uns in den Ohren dröhnte. Wir hatten zuvor im Radio von dem Anschlag des Herschel Grünspan auf den deutschen Botschaftsrat Ernst vom Rath in Paris gehört. Er war verletzt, hieß es. In der folgenden Nacht erlag er seinen Verletzungen. Durch die pausenlose Nazi-Propaganda im Radio wußte ich, daß ein jüdischer Mensch der Täter war.

Vielleicht wundert sich der Leser, daß ich immer »jüdischer Mensch« sage. Aber das Wort »Jude« erscheint mir immer noch als Schimpfwort. Ich sage lieber »ein jüdischer Mensch«, »eine jüdische Sache«, obwohl das Wort »Jude« ja gar kein Schimpfwort ist. Aber durch die Nazis, durch ihre Hetzschriften, die Riesenlettern im »Stürmer« ist mir dieses Wort auf immer verleidet worden.

Zurück zum Morgen des 9. November: Meine Mutter und die Großeltern – den Vater hatte ich ja nicht mehr zu dieser Zeit – hatten noch nicht Radio gehört und kannten nur die Attentatsmeldung. Ich nahm mein Fahrrad und fuhr zur Mittelschule Große Hamburger Straße. Dort hörte ich nur, daß die Schule ausfällt. Einer rief: »Die Oranienburger Straße brennt!«

Es gab eine große Synagoge in der Oranienburger Straße. Sie hat Tausenden Gläubigen Platz geboten und war die größte Synagoge Deutschlands. In der Oranienburger Straße war auch die Hauptverwaltung der Jüdischen Gemeinde. Sie war also für jeden von uns ein Begriff.

Ich fuhr also dorthin. Schon von weitem rief mir ein Bekannter zu: »Fahr sofort nach Hause! Hau ab, so schnell du kannst!« Aus der riesigen Kuppel sah ich Flammen schlagen und schwarze Rauchwolken in den Himmel steigen. »Nun ja«, dachte ich, »wenn die sagen, du sollst nach Hause fahren, dann ist das wohl besser.«

Ich habe mich wieder aufs Fahrrad gesetzt und bin gemütlich über den Hackeschen Markt und dann in die Schönhauser Allee gefahren. In der berühmten Dragonerstraße sah man keinen einzigen jüdischen Menschen auf der Straße, obwohl es die bekannteste jüdische Straße jener Zeit war. Dort wohnten die ganz Frommen.

Als ich in die Winsstraße einbog, sah ich Mutter und Großmutter auf dem Balkon. Ganz aufgeregt winkten sie mir zu und riefen, als wäre der Teufel hinter mir her, ich solle das Rad in den Keller stellen und sofort heraufkommen.

Meine Mutter schloß hinter mir, was ganz ungewöhnlich war, die Wohnung ab, schob einen Schutzriegel vor und sagte mir dann flüsternd, als sollte uns niemand hören: »Juden sind heute auf der Straße geschlagen worden. Drüben hat man die Scheiben eingeworfen. Es ist etwas Furchtbares im Gange!«

Ich ging auf den Balkon und sah die Glassplitter auf der Straße. In unserem Hause wohnten drei jüdische Familien. Der Mann, der unter uns wohnte, war Rabbiner. Aber in unserem Hause passierte nichts.

Am Abend hörte ich im Radio, daß nun dem »Volkszorn« Einhalt geboten werden sollte, nichts sollte mehr zerschlagen werden, denn die Juden würden ja ohnehin ihre Strafe bekommen. Wofür? Und weshalb der »Volkszorn«?

Das Empörendste sollte aber noch kommen: Nicht nur die Schäden mußten von uns ersetzt werden – die deutschen Juden hatten auch eine Milliarde Mark Strafe zu zahlen. Für die Demütigungen und Zerstörungen, die ihnen angetan worden waren.

Einen Tag später sah ich in der Immanuelkirchstraße einen jüdischen Elektrohändler mit verbundenem Kopf. Ich erfuhr, daß man ihn geschlagen hatte. So etwas war für mich bis zu diesem Zeitpunkt überhaupt nicht denkbar gewesen. Nun wußte auch ich, was es geschlagen hatte.

*

Von diesem Tage an begann man bei uns intensiv über eine Auswanderung zu sprechen.

Wir waren jedoch eine deutsche Familie, die keine Verwandten im Ausland hatte, weder in Amerika noch in Südamerika noch in irgendeinem anderen Land. Wohin hätten wir gehen und wovon leben sollen?

Es wurde immer wieder überlegt, Vorteile und Nachteile abgewogen. Und da muß wohl der Plan entstanden sein: Der Junge, der Hansi, könnte nach Palästina gehen in die Landwirtschaft.

Ich muß allerdings gestehen, daß ich anfangs, also nach 1933, noch nicht das »richtige Bewußtsein« hatte. Als meine Freunde bei den »Pimpfen« im »Jungvolk« und in der »HJ« marschierten, fühlte ich mich als Außenseiter – nicht als einer, der nicht dabeizusein brauchte, sondern als einer, der nicht dabeisein durfte. Ich wäre damals lieber mitmarschiert. Dabei glaube ich nicht einmal, daß es die Uniformen waren, die mich reizten und die vormilitärischen Männlichkeitsattribute des Exerzierens, Befehlens und Gehorchens, des Hackenknallens und der Marschgesänge, der »Geländespiele«, die einen fast kriegerischen Vorgeschmack gaben, und der Geruch von Schweiß und Leder, den dieser nationalistische Kollektivismus ausströmte – sondern es war etwas anderes: Als Kind will man nicht anders sein als andere Kinder. Individualität ist eine Sache späterer Jahre. Die Anpassung hat Vorrang, die Ausnahme hat etwas Bedrohliches.

Und wenn es hieß, der Hans darf nicht dabeisein, weil er jüdischen Glaubens ist, und ich dann abseits stand, dann schämte ich mich mehr oder weniger. Das war kindliche Unreife und änderte sich bald. Aber zunächst war es so.

Als der Krieg sich dann zusammenzubrauen begann und der Antisemitismus der Nazis immer fanatischer wurde, da erwachte auch ich und machte mir meine Gedanken. Ich las schon mit dreizehn Jahren aufmerksam Zeitungen und versuchte mir ein Bild dessen zu machen, was wir zu erwarten hatten und wie wir es überstehen konnten.

Zehn Tage nach der »Reichskristallnacht« hatte Joseph Goebbels eine Rede zur »Heimkehr des Sudetenlandes« gehalten. Und er hatte gesagt, geschrieen: »Wir wollen den Antisemitismus nicht exportieren – wieso? Im Gegenteil: Wir wollen die Semiten exportieren!« Sein Auditorium hatte brüllend gelacht und rasend Beifall geklatscht. Und Goebbels hatte weitergegeifert: »Wäre beispielsweise die ganze Welt antisemitisch – wie sollten wir denn je unsere Juden loswerden?« Und wieder war böses, hämisches Gelächter die Antwort gewesen.

Das war unmißverständlich. Auch für einen Dreizehnjährigen. Feindseligkeit umgab uns. Eine unheimliche Atmosphäre des Hasses und des Unheils hatte sich zusammengezogen. Bald sollten für uns Juden die Lichter ausgehen.

Meine Lehrzeit auf dem Friedhof

Am 1. September 1939 ging ich zufällig an einem Radiogeschäft vorbei, vor dessen Eingang sich eine Menschentraube gebildet hatte. Ich blieb stehen und hörte die heisere Stimme Hitlers und die berühmt-berüchtigten Worte: »Seit 5 Uhr 45 wird zurückgeschossen.«

Innerlich war ich, als ich vom Kriegsanfang hörte, ruhig, weil ich dachte: »Nun wird es nicht mehr lange mit Hitler dauern. Das schafft er nicht.«

Ich bin dann natürlich überrascht gewesen, wie schnell Polen besiegt war. Doch glaubte ich, da ja die Kriegserklärungen Englands und Frankreichs gefolgt waren, daß sich das Kriegsglück doch der Riesenmacht auf der anderen Seite zuwenden würde. Aber es sollte anders kommen. Während der nächsten Wochen wurde ich in meiner Hoffnung getäuscht. Ich hatte ja keine Ahnung von Kriegführung, wußte nicht, was es bedeutete, Armeen auf die Beine zu stellen und dann zu einer Offensive zu führen. »Warum fangen die Franzosen nicht endlich an zu kämpfen?« fragte ich mich.

Das Kriegsgeschehen habe ich erst richtig zu verfolgen begonnen, als die Wehrmacht nach Rußland einmarschierte. Zu keiner Zeit hatte ich allerdings das Gefühl, daß Deutschland den Krieg gewinnen konnte. Als Amerika in den Krieg eintrat, war ich völlig überzeugt, daß dies nicht gut für Hitler ausgehen würde.

Zu jener Zeit war ich jedoch nicht mehr überzeugt, das Kriegsende zu überleben. Doch immer und immer wieder sagte ich mir: Du schaffst es. Die Hoffnung habe ich nie aufgegeben.

*

Mehr noch als der Kriegsbeginn hatte mich 1939 ein familiäres Unglück beschäftigt: Meine Mutter erkrankte schwer. Und bald wußten wir, daß sie an Krebs litt.

Eine Magen- und Darmoperation, bei der sie einen künstlichen Darmausgang bekam, war der Anfang vom Ende. Ich habe unter den Folgen dieser Operation meiner Mutter sehr gelitten, denn sie hatte ja diesen Beutel mit einem Gestell, in den sich der Darminhalt entleerte. Ich stand dieser Krankheit und ihrer besonderen, peinlichen Schrecklichkeit hilflos gegenüber. Man versuchte, Mutter und uns Kinder mit dem Hinweis zu beruhigen, das sei nur vorübergehend und werde später wieder entfernt. Wir glaubten auch zunächst daran. Aber der Zustand meiner Mutter verschlechterte sich von Tag zu Tag.

Sie kam dann ins Krankenhaus, in jenes Krankenhaus, in dem ich geboren worden, mein Bruder zur Welt gekommen und mein Vater gestorben war. Dort besuchte ich meine Mutter sooft ich konnte, denn ich war zu der Zeit schon in Jessen.

Die Ärzte sagten, Mutter habe ein so starkes Herz, das schlage weiter und weiter. Wie sehr wünschte ich, es möge nicht stillstehen und so lange weiterschlagen, bis sie wieder gesund wäre!

Aber ein Kind spürt Unheil untrüglich. Und ein Kind ist man ja noch mit knapp sechzehn Jahren. Meine kindliche Hoffnung schwamm auf einer Unterströmung der Ausweglosigkeit, und allmählich wurde mir bewußt, daß Mutter sterben würde. Sechs Monate hat sie im Krankenhaus mit dem Tode gerungen. Zuletzt wog sie nur noch 65 Pfund. Ich stand still an ihrem Bett, wußte nicht, wie ich sie trösten sollte, spürte, wie sie all ihre verrinnende Kraft zusammennahm, um mich zu trösten, hielt ihre Hand, erzählte ihr Belanglosigkeiten aus meinem Alltag, die mich selber nicht mehr interessierten, und überließ mich schließlich meiner Traurigkeit.

1941, zwei Jahre nach dem Beginn des Krieges, starb meine Mutter. Nun waren Gert, mein damals neunjähriger Bruder, und ich, der Sechzehnjährige, Waisenkinder. Jüdische Waisenkinder im Nazi-Reich – die Chancen unseres Überlebens waren nahe Null gesunken.

Gert kam ins Waisenhaus. Ich war zu jener Zeit bei der Jugend-»Aliyah« in einem Lager, das dem PAL-Amt (Palästina-Amt) gehörte. Diese Bewegung bereitete uns auf eine Auswanderung nach Palästina – dem späteren Israel – vor. Wir wurden landwirtschaftlich ausgebildet, um das neue Leben, das wir in der alten Heimat der Juden erhofften, bestehen zu können. Die Nazis erlaubten das damals noch. Aber die meisten jungen Menschen, die dort lernten, den Boden zu bearbeiten, Bäume zu pflanzen, Getreide anzubauen, mußten dann einen anderen Weg gehen . .

Jugend-»Aliyah«, das bedeutete: Einwanderung, Aufstieg ins Heilige Land. Die jungen Leute wurden auf Landwirtschaft umgeschult, weil man wußte: Wenn wir nach Palästina kommen, brauchen wir nicht nur Doktoren, Ärzte, Juristen und Musiker. Es kam damals darauf an, Sümpfe trockenzulegen, Land urbar zu machen, Siedlungen zu errichten. Die vielen Flächen, die, wie uns seinerzeit gesagt wurde, unter jahrhundertelanger türkischer Herrschaft brachgelegen hatten, wollten wir uns und unserem Volk erschließen. Und so gab es also dann mit Genehmigung der Nazis landwirtschaftliche Ausbildungslager in Deutschland.

Unser landwirtschaftliches Lager, an dem zwanzig Jungen und zwanzig Mädchen teilnahmen, hieß Jessen. Es war eine alte Mühle in einem gleichnamigen Dorf bei Sommerfeld in der Niederlausitz.

Vor einigen Jahren wurde ich zu einem Empfang des damaligen israelischen Außenministers Moshe Dajan nach Bonn eingeladen. Außenminister Genscher sollte der Gastgeber sein. Da er krank war, vertrat ihn der jetzige Wirtschaftsminister Graf Lambsdorff. Unter den Gästen war auch Staatssekretär Schüler, die rechte Hand von Bundeskanzler Schmidt. Er kam auf mich zu und sagte:

»Herr Rosenthal, ich muß Sie mal was fragen: Waren Sie in Jessen, in diesem jüdischen Lager in der Jessenmühle?«

»Ja, woher wissen Sie das?«

»Meine Tante hat mir das erzählt. Sie werden es nicht glauben, ich stamme aus dem Dorf Jessen. Und wir wußten, daß da ein jüdisches Umschulungslager war.«

Zurück in die Vergangenheit. In diesem landwirtschaftlichen Lager hatten wir Tomatenfelder, auf denen ich zum Tomatenpflücken eingeteilt war. Daneben gab es auch Spargelfelder. Insgesamt waren es über dreißig Morgen, die wir zu betreuen hatten. Ich lernte bald, wie man Spargel sticht. Da die Spitzen im selben Augenblick grün werden, in dem sie an die Sonne kommen, muß der Spargel schon vor Sonnenaufgang gestochen werden, um auch den Kopf schön weiß zu halten.

Wir hatten sogar vier Kühe. Dann und wann mußte ich sie hüten, was auch am Morgen und zum Mittag gutging. Aber um halb vier Uhr nachmittags waren sie nicht mehr zu halten. Sie rannten ganz einfach in ihren Stall zurück, und mein Rufen und Drohen wurde von ihnen ignoriert.

Dort gab es auch einen Großbauern, der Broddack hieß. Sechs bis acht von uns waren immer bei ihm zur Arbeit. Im Frühjahr zum

Rübenziehen. Das ist die schlimmste landwirtschaftliche Arbeit, die ich kenne. Nach einigen Stunden bekommt man den Rücken überhaupt nicht mehr gerade, weil man ja gebückt arbeitet.

Wir trafen da auch mit Polen zusammen, die durch den Krieg dorthin gebracht worden waren und zur Arbeit eingeteilt wurden. Broddack setzte uns häufig zum Kartoffellesen ein. Der Trecker fuhr dabei voraus, warf die Kartoffeln aus und wir, zwei Mann mit einem Korb, rannten hinterher, um sie einzusammeln. Jeder bekam so fünfzehn bis zwanzig Meter »Arbeitslänge«. Das Feld war vielleicht zweihundert Meter lang.

Den Traktor fuhr ein Pole, der nicht sehr sympathisch war. Sobald er merkte, daß wir einen Moment Pause machten, um zu verschnaufen, gab er Gas, so daß wir noch mehr Tempo machen mußten.

Später habe ich gehört, daß dieser Pole, der uns auch manchmal schlug, schwer verletzt worden war: Er hatte den Bullen, den Broddack auf dem Hof hielt, traktiert und mit dem Nasenring gequält. Als der Bulle wieder einmal zum Decken herausgeführt wurde, rannte er den Polen um, spießte ihn auf und verletzte ihn schwer. Ich kann nicht behaupten, daß ich besonderes Mitgefühl für unseren Quälgeist empfand.

Von einer Kameradin aus dem Lager Jessen hörte ich vor nicht allzu langer Zeit, daß ich immer sehr fröhlich gewesen sei, bei Theateraufführungen mitgespielt hätte – als Geßlers Adjutant im »Wilhelm Tell«, wobei ich als einzigen Satz zu sagen hatte: »heda, heda, der Landvogt . . .« – und ein großer Sänger vor dem Herrn gewesen sei. Mein Lieblingslied lautete:

»Ich hab' eine kleine Philosophie,
ich nehm' das Leben leicht,
ich ärgere mich nie.
Ich nehm' das Leben leicht,
soviel ich nur kann –
und was ich denke,
das geht niemand was an!«

Und die Kameradin sagte mir noch, sie hätte sich immer gewundert, daß ich meine schönen Halbschuhe – eine begehrte Seltenheit im Lager – an jedermann ausgeliehen hätte.

All das hatte ich – ich muß es zugeben – vergessen. Und auch, daß sich ein »braunes« Lied in meinem Repertoire befunden hatte: »Flieger, grüßt mir die Sonne!«

Bauer Broddack war nebenbei auch Jäger und schoß Rehe. Und da es in jener Gegend sehr viele Rehe gab, stand fast jeden Tag herrlicher Rehbraten auf dem Tisch. Er hing mir nachher allerdings zum Halse raus, aber wir hatten ja Hunger und konnten so viel Soße mit Kartoffeln essen, wie wir wollten. Ich sollte noch wehmütig an diese reichen Mahlzeiten zurückdenken...

*

Als meine Mutter starb, lag die Arbeit bei Broddack schon hinter mir. Auch meine Tätigkeit als Friedhofsarbeiter und Totengräber in Fürstenwalde.

Wir waren alle nach der Auflösung des Lagers Jessen in das Landwerk Neuendorf bei Fürstenwalde gekommen. Dort wurden wir vom Arbeitsamt zur Arbeit in der Umgebung eingeteilt. Ich selbst kam als Zwangsarbeiter auf den Städtischen Friedhof in Fürstenwalde.

Fürstenwalde liegt an der Strecke Berlin-Frankfurt/Oder. Mit der S-Bahn fuhr man bis Erkner, und dann gab es den Vorortzug, der über Hangelsberg ging. Fürstenwalde war die Endstation. Wir mußten, weil wir vom Landwerk Neuendorf kamen, immer über die Bahngeleise. Anfang Juni 1941 merkte ich dann, daß sich irgend etwas in Richtung Osten abspielen mußte. Meist war die Schranke geschlossen, denn fast ununterbrochen rollten Züge nach Osten.

Auf dem Friedhof habe ich zunächst mit fünfzehn anderen Jungen Wege schottern müssen. Der Städtische Friedhof Fürstenwalde war neu angelegt, und wir mußten Walzen ziehen. Es wurde roter Ziegelsplitt mit Sand festgestampft und mit der Walze geglättet. Dann kam Schotter darauf, und wieder ging es mit der Walze darüber. Schließlich mußte noch etwas Zement aufgeschüttet werden, bevor die Walze ein letztes Mal gezogen werden konnte.

Der Obergärtner war gleichzeitig »Obertotengräber«. Er hieß Gerbsch. Ein älterer, grauhaariger Mann mit bleicher Gesichtsfarbe und braunen Zähnen. Eines Tages kam er zu mir und sagte: »Du da, du kommst aus der Kolonne raus und arbeitest ab sofort bei mir.«

Während die anderen die Wege machten, arbeitete ich nun als sein Hilfstotengräber. Der Lieblingssatz meines Herrn Gerbsch war: »Merk dir, Hans: Dem einen sein Tod ist dem anderen sein Brot. Und damit gehste an deine Arbeit!« Diesen Satz hörte ich von nun an jeden Tag. Meine erste Arbeit morgens war, in die Leichenhalle zu gehen und mit Flit, einem Insektenbekämpfungsmittel, die Särge abzusprühen.

Bald merkte ich, daß es ein »liberaler« Friedhof war: Es wurden evangelische und katholische Tote gleichermaßen auf ihm beerdigt. Täglich hatte ich meine Gruft zu graben. Und da wir jung und trotz aller Entbehrungen, die wir zu erleiden hatten, noch recht albern waren, trugen wir einen Wettbewerb aus, wer bei seiner Arbeit am bräunsten würde – wobei Sonnen- und nicht Nazibräune gemeint war. Ich bin deshalb immer mit freiem Oberkörper herumgelaufen.

In meiner Zeit als Hilfstotengräber lernte ich natürlich allerhand. Es gibt in diesen Friedhöfen Reihengräber für die Armen, »Zweier-Stellen«, das sind Familiengräber, und dann gibt es noch die besonderen Stellen, die an den Hauptalleen und -straßen liegen. Bei den Einzelgräbern mußte ich nicht nur die neue Gruft ausheben, sondern auch zur Hälfte die der Beerdigung vom Vortage, da sonst der lockere Sand in die neue Grube hineinlief. Und so mußte man bis kurz über dem Sarg den Sand der Nachbargruft wegschaufeln. Das gab dann Riesenberge, denn man grub meist bis 1,80 Meter tief.

Vorher maß ich die Särge ab. Jeder Sarg mußte bis zur ebenen Erde einen Meter Sanddeckung haben, den Hügel nicht gerechnet. Das war Vorschrift. Je reicher der Verstorbene gewesen war, desto tiefer mußte ich buddeln.

Eines Tages ereignete sich eine peinliche, wenn man so will auch lustige Geschichte: Wir hatten einige Mädchen beim Friedhof, die in der Gärtnerei arbeiteten. Bei Reihengräbern bekam ich immer eines dieser Mädchen zur Hilfe, das oben den Sand wegschaufeln mußte, den ich aushob. Ohne daß sie etwas merkte, hatte ich einmal den Sarg freigelegt. Ahnungslos schippte sie über mir, als ich plötzlich mit meiner Schaufel auf den Sarg schlug und mit Grabesstimme ausrief: »Hallo, ich will raus!«

Das Mädchen schrie auf und rannte davon. Es hatte einen Nervenschock bekommen. Das war ein echter Dummerjungenstreich. Aber ich hatte ja noch keine wirkliche Beziehung zum Tode.

Das Mädchen hat mich dann im Lager angezeigt. Ich mußte zu unserem jüdischen Leiter, erhielt einen groben Verweis mit der Auflage, mich zu entschuldigen. Außerdem hatte ich mich freiwillig bereit erklärt, einige ihrer Dienste im Lager zu übernehmen. Wie ich später erfuhr, hatte das Mädchen wirklich geglaubt, es wäre da einer bei lebendigem Leibe begraben worden. Schon bald hatte ich mich zu einem Fachmann auf dem Gebiet der Grüfte entwickelt. Und eines Tages sagte Gerbsch: »Du kannst jetzt auch aufbohlen.« Die Bohlen müssen gelegt werden, weil die Bretter, sobald Menschen auf ihnen stehen, den Sand zum Einstürzen brächten. Das hatte ich in Kürze raus.

Gerbsch sagte dann immer zu mir: »Hans, wenn eine Beerdigung ist, mußt du hinter der Hecke stehen, um notfalls noch einmal runterzugehen und schnell freizuschaufeln.« Also wartete ich immer und hatte bald mitbekommen, daß den Menschen in den hinteren Reihen der Trauergemeinde Stühle fehlten. Nun, so machte ich einen »Extra-Stuhlverleih« auf: Sobald ich merkte, daß eine Beerdigung mit vielen alten Leuten bevorstand, sorgte ich für Stühle. Manchmal bekam ich fünfzig Pfennig, manchmal zwei oder drei Mark extra. Da wir damals nur sechzehn Pfennig die Stunde verdienten, war das eine ganze Menge.

Später habe ich vom deutschen Staat, als ich meine Entschädigung beantragte, etwas nachgezahlt bekommen, so daß ein Stundenlohn von 72 Pfennig herauskam.

Die Gruft war immer mittags fertig. Gerbsch, der sich eine schöne Zeit machte, denn er hatte ja als Obertotengräber nichts mehr zu tun, kam eines Tages zu mir und sagte: »Hans, da ist ein totgeborenes Kind, kleiner Sarg, klemm ihn dir mal untern Arm und buddele ihn ein auf F 5.« Er gab mir den Kindersarg, und dann bin ich mit dieser traurigen kleinen Last über den Friedhof getrottet und habe das Kind unter die Erde gebracht.

Ich kannte alle Pfarrer, denn es waren nicht viele. Der eine sagte immer: »Denn was wir bergen in den Särgen, ist ein Erdenkleid. Nur was wir lieben, ist geblieben auf Ewigkeit. Amen!«

Die Beerdigungen waren um zwei oder drei Uhr nachmittags. Wir hatten nie mehr als eine, höchstens mal zwei am Tage. Dann wurde ein zweiter Arbeiter dazugeholt, weil ich wirklich vormittags nur eine Gruft schaffte. Am Nachmittag mußte ich Hügel bepflanzen, das war auch meine Aufgabe.

Es gab den kleinen Hügel, der war fünfzehn bis zwanzig Zentimeter hoch und wurde mit Sedum, einer sich schnell ausbreitenden Pflanze, oder mit Efeu bepflanzt; oder den »normalen« Hügel, in dessen Mitte ein paar rote Blümchen kamen.

Gerbsch rief mich des öfteren zu sich: »Hans, wir haben nichts da in der Gärtnerei, geh zu den Gräbern, wo zuviel Sedum drauf ist, da pflückst du was ab und steckst es dann in die anderen Gräber.« Ich nahm also überall von den Gräbern Ableger, ohne daß ich die Gräber beschädigt hätte; ich habe sie eben nur »ausgedünnt«.

Eines Tages ging ich wieder an einem Grab vorbei, da stand drauf: »Wer hier noch einmal Sedum klaut, dem sollen die Hände abfaulen.« Da hatte also jemand, der seinen Angehörigen besucht hatte, etwas gemerkt. Aber was hätte ich tun sollen?

Es gab auf diesem Friedhof einen Nachfolger von Ribbeck auf Ribbeck im Havelland: eine Stelle, wo ein Birnbaum stand und wo wir wirklich Birnen essen konnten. Das hat uns im Herbst sehr geholfen, dann und wann hingehen zu können und eine Birne runterzuholen. Denn Hunger hatten wir immer.

Einmal gab es eine Doppelbeerdigung. Zwei hohe SS-Leute waren auf einer Autofahrt gegen einen Baum gerast und tödlich verunglückt. Ich mußte die Gruft ausheben. So makaber es klingt: Ich habe sie zwanzig Zentimeter tiefer gemacht als notwendig. Man konnte ja nie wissen . . .

Und dann dachte ich mir, daß ich wohl der einzige Jude war, der Nazis unter die Erde bringen konnte . . .

Viele Angehörige drängten darauf, daß der Hügel über dem Grab sehr bald gebaut wurde. Auch der Hügelbau gehörte zu meinen Pflichten, und auch darin war ich ein Fachmann geworden. Herr Gerbsch und ich schätzten es allerdings nicht, wenn wir den Hügel zu früh bauen mußten, denn es bestand immer die Gefahr, daß der Sand der Gruft zusammensackte und der Hügel verfiel. Deshalb mußten wir in solchen Fällen den losen Sand der Gruft mit Wasser einschlämmen, damit er sich schneller setzte. Das wiederum war nicht gut für die Särge. Die Feuchtigkeit zerstörte sie frühzeitig.

Am Beispiel der beiden toten SS-Leute bestätigte sich das. Auch ihr Hügel war wunschgemäß zu früh gebaut worden. Vier Wochen später kam Gerbsch zu mir. Er tat geheimnisvoll. »Morgen früh um sechs darfst du noch nicht hier sein, Hans. Da werden die beiden SS-Männer wieder ausgegraben«. Ich sah ihn fragend an. »Ihre Lebensversicherung zahlt nicht«, sagte Gerbsch. »Sie nimmt Selbstverschulden bei dem Unfall an – daher die Exhumierung.«

Also wurde die Gruft wieder geöffnet. Gerbsch erzählte mir dann, daß die Griffe und anderen Beschläge an den Särgen durch das Einschlämmen des Sandes mit Wasser bereits abgefault waren.

Eine meiner vielen Arbeiten auf dem Fürstenwalder Friedhof war das Heckenschneiden. Es gab kilometerlange Hecken auf diesem Friedhof, und die Arbeit war schwer. Eines Tages bekam ich davon eine Sehnenscheidenentzündung. Mein Arm verschwand in einem Gipsverband. Für die Friedhofsarbeit galt ich nun als untauglich.

Als die Sache ausgeheilt war, wurde ich zu Bauern aufs Land geschickt. In das Dorf Buchholz bei Fürstenwalde. Eigentlich machte mir die Landarbeit Freude, denn sie hatte – verglichen mit der Beschäftigung als Totengräber – etwas geradezu Fröhliches, obwohl auch sie recht strapaziös war. Besonders hart war für mich, in der Erntezeit die Garben mit einer Gabel auf den Wagen des Bauern zu stemmen. Meine Muskeln bildeten sich beträchtlich dabei aus.

Im November 1941 starb meine Mutter. Da man eine Genehmigung brauchte, um das Dorf zu verlassen, hatten meine Kollegen mir zunächst nicht gleich die Todesnachricht überbracht, sondern erst auf dem Landratsamt in Tempelberg die Sondergenehmigung für mich erwirkt, nach Berlin zu fahren. Sie überbrachten sie mir zugleich mit der Trauerbotschaft.

Bei Mutters Beerdigung ging ich mit meinem kleinen Bruder an der Hand hinter dem Rabbiner her. Als der Trauerzug die Gruft erreichte, sah ich auf den ersten Blick: Der Totengräber hat beim Grabe meiner Mutter falsch aufgebohlt! Das kann nicht halten, das bricht ein!

Und so seltsam es klingen mag: Ich ließ meines kleinen Bruders Hand los, ging zum Totengräber und sagte ihm: »Das ist nicht in Ordnung, was Sie hier gemacht haben. Das hält nicht.« Prompt entschuldigte er sich und legte die Bohlen so, wie es sich für einen ordentlichen Totengräber gehört.

*

Ich erinnere mich heute daran so, als stünde über alledem ein riesiges Fragezeichen. Wie war das alles gekommen? Wie hatte es so plötzlich enden können, dieses Leben unserer Familie, das wir so harmonisch und in scheinbarer Sicherheit geführt hatten? Da stand ich also, noch nicht erwachsen, mit meinem kleinen Bruder hinter dem Sarge meiner Mutter – als Totengräber, der die Qualität von Grüften beurteilen konnte! Und war nicht einmal verzweifelt, nur sehr traurig gewesen. Und hatte an die Zukunft mit Beklemmung, aber eigentlich nicht mit Hoffnungslosigkeit gedacht. Hatte alle Geborgenheit verloren und mich dennoch nicht ganz verloren gefühlt.

Es muß wohl so sein, daß schwere, schicksalhafte Belastungen im Menschen, und gerade in einem sehr jungen Menschen, besondere Kräfte wachsen lassen, Lebenswillen, Überlebenswillen – und auch einen Anteil von Trotz, der wohl dazugehört.

Als wir danach den Friedhof verließen, wußte ich, daß wir von nun an allein waren.

Im Waisenhaus

Ich wußte, daß ich meinen Bruder jetzt nicht im Stich lassen durfte, und beantragte deshalb, nach Berlin übersiedeln zu dürfen. Der Antrag wurde genehmigt. In Berlin meldete ich mich beim Jüdischen Arbeitsamt. Viele der jungen Leute im Jüdischen Waisenhaus, wo ich jetzt mit meinem Bruder wohnte, arbeiteten damals in Borsigwalde bei der Deutschen Waffen- und Munitionsfabrik. Heute heißt das Werk noch immer DWM. Nur die Bedeutung hat sich geändert: Deutsche Waggon- und Maschinenfabrik. Ich wollte dort arbeiten, um im Waisenhaus Kollegen zu haben.

Als ich auf dem Arbeitsamt überlegte, wie ich meinen Wunsch begründen könnte, ging ein Mann vorbei, der sich nach mir umdrehte und mit dem Finger auf mich zeigte. Er trug SA-Uniform. Ich erschrak. Was bedeutete das? Der SA-Mann sagte zu dem Sachbearbeiter nur: »Den da!«

Der SA-Mann war Alfred Hanne, Besitzer einer Blechemballagenfabrik. So kam ich an die Stanze zu den alten Konservendosen und schließlich nach Torgelow. Und auch zu meinem Freund Florent.

Der Polizeipräsident
Polizeiamt Pankow
Dienststelle

Dieser Erlaubnisschein ist nur gültig in Verbindung
mit einem amtlichen Lichtbildausweis

Berlin, den 29.5.1942
Ort

B. Nr. ./.

Nur gültig innerhalb von
Berlin
Wohngemeinde

Polizeiliche Erlaubnis

Dem Juden — ~~Der x Jüd~~ Hans Israel Günter
Vornamen, Rufnamen unterstreichen

Rosenthal, —,—
Juname, bei Frauen auch Mädchenname — Beruf

geb. am 2.4.25 in Berlin

wohnhaft in Berlin N 58 Schönhauser Allee
Gemeinde — Straße, Platz, Nr. 162

Dt.R., A 191692, wird hiermit die polizeiliche
Staatsangehörigkeit — amtlicher Lichtbildausweis

Erlaubnis zur mehr maligen Benutzung des/der Straßenbahn
Verkehrsmittel

von der Wohnung

nach Bln.-Weißensee, Langhansstr.106
Stadtteil, Straße, Platz — und zurück —

v. 1942 bis 28.5.1943 erteilt.
Zeitangabe

I.A.

Unterschrift

**Diese polizeiliche Erlaubnis
gilt nicht als Fahrausweis**

Nichtzutreffendes durchstreichen

Allgemein war es uns verboten, »öffentliche« Verkehrsmittel zu benutzen, wir waren eben
kein Teil des »öffentlichen Lebens« mehr. Nur für die Fahrt zur Arbeitsstätte wurden
polizeiliche Genehmigungen erteilt. Mit diesem Erlaubnisschein durfte ich täglich zur
Blechstanze fahren. 1942.

Im Waisenhaus ging es streng zu. Akkurater Bettenbau, eine pingeli-ge Hausordnung fast wie in einer Kadettenanstalt.

Alles war ganz anders, als ich es mir ersehnt hatte. Ich wollte der Beschützer meines Bruders sein. Aber er war in der Gruppe der Klei-nen, der Neun- bis Zehnjährigen. Und ich war in der Gruppe der Vier-zehn- bis Sechzehnjährigen. Wir Großen aßen an einem anderen Tisch. Die Kleinen mußten um acht Uhr ins Bett gehen, wir Großen durften bis halb zehn Uhr aufbleiben. So habe ich ihn fast nur an den Wochenenden gesehen. Wir gingen dann zu unseren Großeltern. Das war unser gemeinsamer Weg. Es schmerzt mich heute, daß ich mich mit meinem Bruder damals nicht intensiver beschäftigt habe. Jede freie Minute hätte ich ihm widmen müssen. Aber zu der Zeit wußte ich ja nicht, daß ich ihn nur noch einige Monate um mich haben wür-de. Er erzählte mir von seinen Schularbeiten, ich ihm von meiner Arbeit. Aber meist spielten die Kleinen auf dem Hof, da ihre Gruppe immer zusammenbleiben mußte.

Wir Großen mußten unsere Betten selber machen. Mit dem Erzie-her, der recht autoritär war, hatte ich oft Ärger, weil er meinte, ich wür-de mein Bett nicht gerade genug bauen. An Arbeitstagen störte mich das nicht sehr, weil er mich da nicht hindern konnte, zu meiner Arbeit zu gehen. Aber am Sonnabend und Sonntag, wenn wir ausgehen woll-ten, gab es immer einen Appell.

Wir standen im langen Korridor in einer Reihe. Dann ging der Erzieher durch die Zimmer und sah sich die Betten an. Die seiner Mei-nung nach nicht in Ordnung waren, riß er wieder ein. Alle anderen konnten dann gehen – nur die, deren Betten ihm nicht gefallen hatten, mußten ihr Bett noch einmal machen und erneut zum Appell antre-ten. Er ließ sich viel Zeit. Wir standen. Manchmal kam er erst nach zwanzig Minuten, um sich die Betten wieder anzusehen. Zu mir sagte er meistens: »Du gehst noch mal rauf, Betten bauen!« Wir konnten häufig erst eine Stunde später zu unseren Verwandten gehen als die anderen. Bei der kurzen Zeit, die wir hatten, war das schmerzlich. Oft ließ er sich auch von mir die Fingernägel zeigen. Da ich ja in der Blech-emballagenfabrik arbeitete, mit schmutzigem Blech an der Stanze, konnte ich manchmal eine Stunde schrubben — es blieben immer noch Schmutzreste in den Rillen der Wunden, die ich mir an den Deckelgraten gerissen hatte.

50

Unter uns waren auch vierzehn- bis sechzehnjährige Mädchen. Man war ja schon ein bißchen eitel und wollte Kavalier sein. Es war dann sehr peinlich, wenn der Erzieher vor den Mädchen sagte: »Hans, deine Fingernägel sind nicht in Ordnung. Du gehst noch einmal die Fingernägel säubern.«

Da habe ich ihm einmal einen Stoß gegeben. Das war sicher eine unüberlegte Handlung gewesen, aber irgendwie hatte ich schon gelernt, daß ich mich wehren mußte. Der Verweis, den ich dafür bekam, war bald vergessen.

Der Erzieher war 26 Jahre alt und hieß Süßkind. Er übernahm später die Gruppe der Kleinen, und ich muß zu seiner Ehre sagen, daß er, als die Kinder zum »Osttransport« kamen, freiwillig mitgefahren ist. Er ließ sich von den Kindern nicht trennen und ist mit ihnen den Weg in den Tod gegangen.

In diesem Waisenhaus war ich bis zum siebzehnten Lebensjahr. Kurz vor meinem siebzehnten Geburtstag erhielt ich eine Aufforderung zur Musterung. Ich fiel aus allen Wolken! Wollten die den kleinen Rosenthal zur deutschen Wehrmacht einziehen?

Am angegebenen Tag und zur angegebenen Stunde meldete ich mich bei der Musterungsstelle. Ich wurde in eine Kaserne weitergewiesen. Dort wurde nicht nur für die Wehrmacht, sondern gleichzeitig auch für den Reichsarbeitsdienst gemustert. Als ich meine Papiere vorlegte, wurde mir gesagt, ich solle nach links raustreten. Ich war also bereits sortiert. Als ich von dem neuen Raum, den ich betreten hatte, durch ein Fenster in den allgemeinen Musterungsraum zurückschaute, sah ich die zukünftigen Soldaten, nackt und fröstelnd in langen Reihen auf die ärztliche Untersuchung warten.

Ich selbst wurde damit verschont. Statt dessen erhielt ich einen Schein – einen Ausschließungsschein, wie ich bald bemerkte –, aber auch, wie jeder andere, eine Wehrnummer. Von da wurde ich zur Musterungsstelle des Reichsarbeitsdienstes geschickt. Auch dort wartete ein Ausschließungsschein auf mich. Der Grund braucht in beiden Fällen nicht weiter erklärt zu werden: Als jüdischer Junge war ich ja »wehrunwürdig«. Aber ohne Nummer ging es auch diesmal nicht ab. Ich glaube, daß dies ein typisch deutsches Denken ist: Wir brauchen ihn zwar nicht – aber er kriegt trotzdem eine Nummer. Zwei Nummern hatte ich also – völlig absurd natürlich – und habe sie heute noch.

Polizeil. Meldebehörde

Pol.-Rev. 72

Wehrbezirkskommando

Wehrbezirkskommando Berlin I

Ausschließungsschein

Der _Arbeiter Hans Israel Rosenthal_

(Beruf, Vor- und Familienname)

geb. am _3. 4._ 19_25_ zu _Berlin_

(Tag, Monat, Jahr)   (Ort)

(Gemeinde, Kreis usw., Regierungsbezirk, Land)

wird hiermit vom Dienst in der Wehrmacht im Frieden

ausgeschlossen.

Er scheidet auf die vorstehend eingetragene Dauer aus dem Wehrpflichtverhältnis aus.

Berlin, den _4. 8._ 19_42_

(Musterungsort)   (Tag, Monat, Jahr)

Die Kreispolizeibehörde   **Der Wehrbezirkskommandeur**

i. A.

Dienststempel   (Unterschrift)   Dienststempel   (Unterschrift)

Oberstleutnant

<table>
<tr><td>

Der Dienſtpflichtige

Wehrnummer:

Bln II / 25 / 72 / 10 / 1

Familienname:

Rosenthal

Dornamen:

Hans Israel

Geburtsdatum:

2. 4. 25

Geburtsort:

Berlin

Eigenhändige Unterſchrift des vom RAD Ausgeſchloſſenen:

Hans Israel Rosenthal

</td><td>

wird hiermit vom Reichsarbeitsdienſt

mit RAD-Entſcheid-Nummer

64 / 25 / 2 / 37

ausgeſchloſſen.

Grund:

Jude

Berlin NW 7, den *4. 8.* 19 *42*

Die Kreispolizeibehörde   Das RAD-Meldeamt

(Unterſchrift)   **Arbeitsführer**
                      (Unterſchrift)

</td></tr>
</table>

in Ausschließungsschein samt Wehrnummer.
sonders schändlich war, daß man uns ungefragt den
men Israel, bei Frauen Sarah, zwischen Vor- und
chnamen schob. So ging ich als Hans Israel
senthal in die Akten des Wehrbezirkskommandos
ter der Nummer 25/72/10/1 ein. 1942. *(links)*

In einem Aufwasch mit dem Ausschließungsschein der
Wehrmacht erhielt ich den des Reichsarbeitsdienstes,
der mir die Nummer 64/25/2/37 zuteilte. »Grund:
Jude«. 1942. *(oben)*

Kurz darauf wurde ich zur Direktorin gerufen: »Hans, es tut uns leid, du bist jetzt zu alt. Du mußt ins jüdische Jugendwohnheim.«

Das jüdische Jugendwohnheim war in der Rosenstraße 2 – 4. Dort war auch die Gemeinde zum Teil untergebracht. Wir schliefen in Betten übereinander, weil alles überfüllt war. So konnte ich dann meinen Bruder nur noch am Sonnabend und Sonntag sehen, denn nach wie vor arbeitete ich in der Blechemballagenfabrik.

Im Oktober 1942 kam das gesamte jüdische Waisenhaus zu einem »Osttransport«. Ich nicht, da ich damals schon im Jugendheim Rosenstraße lebte. Das war das zweite Mal, daß ich dem Weg ins Gas entging. Denn drei Wochen nachdem ich das Waisenhaus bezogen hatte, war das Landwerk Neuendorf – die Jugendlichen, die sich auf ihr Leben in Palästina vorbereiten sollten – nach Auschwitz gekommen. Das war meine erste wundersame Rettung gewesen.

Später kam meine Übersiedlung nach Torgelow. Vier Wochen danach kam das gesamte jüdische Jugendwohnheim nach Auschwitz. Von keinem habe ich jemals mehr etwas gehört. Ich war das dritte Mal nicht dabei. Irgend jemand muß meinen Namen auf der Transportliste abgehakt haben, denn ich wurde nicht von der Gestapo gesucht.

Wenigstens eine Zeitlang habe ich Gert jeden Tag gesehen, mit ihm zusammensein und ihn beschützen können. Er war ein lieber und kluger Junge, der sich ganz an mich, den älteren Bruder, anlehnte.

Als dann der Transport zusammengestellt wurde, ein Kindertransport, war Gert dabei. Wohin die Reise ging, wurde uns nicht gesagt. Von Vernichtungslagern wußten wir nichts zu jener Zeit. Aber eine allgemeine Bedrohung lag in der Luft, eine Ungewißheit, die den Atem nahm und Angst aufsteigen ließ, die beklemmend war.

Zu jener Zeit war ich bereits im jüdischen Jugendwohnheim. Nur ein Dreivierteljahr hatte ich mit Gert im Waisenhaus sein dürfen. Aber ich hatte ihn noch besuchen können – bis zum Abschied, der ein Abschied für immer wurde.

Als es hieß, er werde mit anderen Kindern zu unbekanntem Ziel abtransportiert, ging ich zu meinen Großeltern und fragte, ob wir den Gert nicht verstecken könnten. Auch ich selbst dachte zum ersten Mal daran, unterzutauchen, mich der Gefahr zu entziehen, deren Schlinge sich enger und enger um uns zusammenzog. Aber die Großmutter redete es mir aus.

»Hansi«, sagte sie, »der Gert ist zehn Jahre alt. Er hält das nicht durch. Er wird nicht immer still sein können. Er wird einmal hinaus an die Luft wollen. Ein Kind kann sich nicht so beherrschen. Wir müssen uns das aus dem Kopf schlagen.« Ich sah es ein. Vielleicht war das ein Fehler gewesen.

Als ich ein letztes Mal ins Waisenhaus ging, um Abschied zu nehmen, hatte Gert von seinen Ersparnissen fünfzig Postkarten gekauft. Er hielt sie stolz in der Hand und zeigte sie mir:

»Hansi«, sagte er, »auf diesen Postkarten steht schon deine Adresse. Ich habe sie alle vorbereitet. Alle zwei Tage werde ich dir schreiben, wo ich bin und wie es mir geht.«

Ich habe nicht eine dieser Postkarten bekommen. Und ich habe Gert nie wiedergesehen.

Später, nach Kriegsende, glaubten wir, man hätte ihn nach Majdanek deportiert und dort ermordet. Aber meine Nachforschungen ergaben, daß er nach Riga verschickt worden war – zunächst. In irgendeinem der Lager im Osten muß er dann ein Opfer der Massenmorde geworden sein. Den Mitteilungsschein des Internationalen Roten Kreuzes, auf dem die knappe Notiz steht: »Transport nach Riga«, verwahre ich noch heute. Grundlage der Auskunft war die Transportliste der Geheimen Staatspolizei Berlin. Auf ihr stand Gerts Name. Es war der »21. Ost-Transport«. Das Datum: 19. Oktober 1942.

*

Vier Wochen später hielt Goebbels eine Rede. Der Krieg war für Nazi-Deutschland nicht mehr eine Aufeinanderfolge »stolzer Siege«. Denn es gab nun eine Ostfront, es wurde in Rußland gekämpft, und Rückschläge erweckten Zweifel am »Endsieg«. Daher schrie Goebbels am Ende seiner Rede: »Der Krieg mag uns in seinem weiteren Stadium bringen, was er da will – jeder Probe werden wir gewachsen sein, nach dem Wort: Gelobt sei, was hart macht!« Heilrufe und brausender Beifall antworteten ihm. Wir hörten so etwas selten direkt, da Radiohören uns verboten war. Manchmal schnappten wir etwas im Betrieb auf oder informierten uns durch eine liegengelassene Zeitung.

Ich lag auf meinem Bett im jüdischen Jugendwohnheim, dachte an meinen kleinen Bruder Gert, nahm an, daß er irgendwo schwer arbeiten und wahrscheinlich noch größeren Hunger leiden mußte als ich

EXTRAIT DE DOCUMENTS	EXCERPT FROM DOCUMENTS	DOKUMENTEN-AUSZUG

Votre Réf. / Your Ref. / Ihr Az.	Loe/Co — — — — — —	Notre Réf. / Our Ref. / Unser Az. T/D 1 025 054

Nom / Name / Name	ROSENTHAL — — — — —	Prénoms / First names / Vornamen Gert — — — — —	Nationalité / Nationality / Staatsangehörigkeit deutsch — — — —
Date de naissance / Date of birth / Geburtsdatum	26.7.1932 — — —	Lieu de naissance / Place of birth / Geburtsort Berlin — — — —	Profession / Profession / Beruf — — — — — — —
Noms des parents / Parents' names / Namen der Eltern	Kurt und Else geborene ISAAC — — — — —		Religion nicht angeführt —
Dernière adresse connue / Last permanent residence / Zuletzt bekannter ständiger Wohnsitz	Berlin N. 58, Schönhauser Allee 162 (Waisenhaus) — — — —		
Arrêté le / Arrested on / Verhaftet am	nicht angeführt —	à / in / in nicht angeführt — —	par / by / durch nicht angeführt —
evakuiert nach ~~Eingeliefert in das Konzentrationslager Wurde eingeliefert in das Konzentrationslager~~	Riga — — — — — —		No. de détenu / Prisoner's No. / Häftlingsnummer nicht angeführt —
le / on / am	19. Oktober 1942 — — —	venant de / coming from Berlin — — — —	par / by / durch Geheime Staatspolizei Berlin (21. Osttransport) — — — — —
Catégorie, ou raison donnée pour l'incarcération / Category, or reason given for incarceration / Kategorie, oder Grund für die Inhaftierung	"Jude" — — — — — — — — — — —		
Transféré / Transferred / Überstellt	nicht angeführt — — — — — — — —		

Dernière mention dans la documentation des CC / Last entry in CC-records / Letzte Eintragung in KL-Unterlagen	keine weiteren Informationen — — — — — — — —

Remarques / Remarks / Bemerkungen	Ein Todesnachweis liegt hier nicht vor. — — — — — — —

Documents consultés / Records consulted / Geprüfte Unterlagen	Schulkarte der Reichsvereinigung der Juden in Deutschland; Transportliste der Geheimen Staatspolizei Berlin. — — —

Expédié à / Dispatched to / Abgesandt an	Jüdische Gemeinde zu Berlin Joachimstaler Straße 13 1000 Berlin 15

Arolsen, den 11. Juni 1976

E. de LOCATRIX
Directeur

Chef des Archives

* A titre explicatif; ce complément ne figure pas sur les documents originaux
* Added by the I.T.S. as explanation, does not appear on the original documents.
* Erklärung des I.T.S., erscheint nicht in den Originalunterlagen.

1976 erhielten wir vom Internationalen Suchdienst des Roten Kreuzes einen Deportationsnachweis:
Nach der Transportliste der Gestapo wurde Gert Rosenthal nach Riga »evakuiert«. Ab dort verliert sich seine Spur.
Ein Todesnachweis liegt nicht vor, das will sagen: Die Leiche wurde nie gefunden.

selbst, hoffte, ihn recht bald wiedersehen zu dürfen, fragte mich, was unsere Eltern zu alledem wohl gesagt hätten, wenn sie noch lebten; und konnte, während ich darauf wartete, selbst abgeholt zu werden, nicht loben, was hart macht – wenn Goebbels damit die furchtbaren Leiden gemeint hatte, die er über das deutsche und das jüdische Volk mit heraufbeschworen hatte.

*

Es war die Zeit nach der Schlacht um Stalingrad, nach dem Ende der Sechsten Armee, der Wende des Krieges, als über die großdeutschen Siegesträume die große Ernüchterung kam. Viele Menschen hofften damals im stillen auf ein Ende des Krieges, das in greifbare Nähe gerückt schien. Auch und besonders die jüdischen Menschen hofften das in ihrer Not. Aber in die Hoffnung mischte sich für sie die Gewißheit, nun noch gefährdeter zu sein – an Leib und Leben. Denn die Nazis wurden von Tag zu Tag brutaler. Immer mehr Juden verschwanden spurlos. Man hörte, daß Wagen der SS auch vor Fabriken vorfuhren, in denen Juden Zwangsarbeit leisteten, um sie abzutransportieren.

Es war, als wollten sie sich dafür revanchieren, daß das Kriegsglück sich von ihnen abgewendet hatte.

So fuhr die SS auch eines Tages – es war, wie ich später erfuhr, der 27. Februar 1943 – vor der Blechemballagenfabrik des Herrn Hanne vor und holte die jüdischen Arbeiter ab. Sie kamen nie mehr zurück. Nur einer war nicht dabei: Hans Rosenthal. Der arbeitete ja in Torgelow. Wieder war ich errettet worden.

Obwohl ich damals noch nicht wußte, was uns erwartete, befiel mich langsam ein Gefühl der Todesangst. Nichts sprach dafür, daß dieses kleine Torgelow eine Oase des Überlebens bleiben würde. Ich dachte an Flucht und daran, mich zu verbergen.

So packte ich heimlich meinen Rucksack und beschloß, nach Berlin zu fahren. Zunächst mußte ich bei den Großeltern Unterschlupf finden. Durch die »arische« Oma war ja auch Opa vom »Transport« zurückgestellt. Ich ging zum Bahnhof, kaufte eine Fahrkarte und setzte mich in den Zug.

Als der Zug zu rollen begann, dachte ich an Gert. Auch er war in einem Zug gefahren nach seinem Abtransport aus dem Waisenhaus. Aber wohin? Keine seiner vorbereiteten Karten war bis dahin angekommen. Ich sorgte mich um ihn, und mein Gewissen rührte sich:

Hatte ich ihn im Stich gelassen? Hätte ich ihn vor dem Weg ins Ungewisse bewahren können? Er war ja noch so klein, so hilflos. Und ich war eigentlich schon ein Mann – gemessen an dem, was ich an Bedrängnis, Sorge und Schwerarbeit hinter mich gebracht hatte, mußte ich mir eigentlich als Mann erscheinen. Hätte ich also besser doch nicht auf die Großmutter hören sollen, als sie gesagt hatte, einen so kleinen Jungen wie Gert zu verstecken, sei auf die Dauer unmöglich?

Zwei Männer rissen mich aus meinen melancholischen Gedanken. Sie traten zu mir ins Abteil und verlangten meinen Ausweis. Nazibeamte in Zivil.

Mir stockte der Atem. Einen Ausweis hatte ich nicht. Ich nahm allen Mut zusammen und sagte ihnen, ich käme aus Torgelow, sei dort in Arbeit bei den Blechemballagen, wollte nur die Großeltern in Berlin besuchen, Wäsche – hier in meinem Rucksack – zu ihnen bringen und dann zurückkehren.

Sie runzelten ihre Stirnen und warfen sich fragende Blicke zu. Dann winkten sie ab und wandten sich zum Gehen. Ich atmete auf.

Doch plötzlich blieben die Männer in ihren langen Mänteln stehen. »Ziemlich nervös, der junge Mann«, sagte der eine mit gedämpfter Stimme, aber laut genug, um mir damit einen tödlichen Schrecken einzujagen. Der andere schien einen Augenblick zu überlegen, dann nickte er. Sie kamen zurück.

Der Zug, in dem ich saß, in dem ich ihnen ausgeliefert war, hatte noch jene alten Abteile, deren Türen nicht auf einen Gang, sondern auf ein Trittbrett führten, das in der ganzen Länge den Waggon säumte. Ich dachte an Flucht: Aufspringen, die Tür aufreißen und hinausspringen! Ein kurzer Blick auf die Landschaft, die an den Fenstern vorüberzog, belehrte mich eines Besseren: Das Tempo war zu schnell, ich hätte diesen Sprung nicht überlebt.

Als der Zug in Prenzlau hielt, sagte der eine zu mir: »Wir müssen Sie überprüfen. Kommen Sie mit.« Schon nach den ersten Worten stand ich auf und folgte ihnen. Über das, was nun kommen würde, machte ich mir keine Illusionen.

Zehn Minuten Aufenthalt hatte der Zug in Prenzlau. Vom Bahnhof weg, die Straße entlang, ging ich mit meinem Rucksack hinter den beiden Männern her, die mich nicht aus den Augen ließen.

Sie sprachen miteinander. »Sag mal, Otto, hast du auch so einen

Kohldampf?« Ich war erstaunt über die Richtung, die ihr Gespräch nahm. Offenbar hatten sie es nicht so eilig, mich ans Messer zu liefern. Es war am späten Mittag. Menschliche Regungen schienen bei ihnen langsam die Oberhand zu gewinnen.

»Wenn wir jetzt den Jungen überprüfen, verlieren wir eine halbe Stunde. Dann kommen wir überhaupt nicht mehr zum Essen.«

Ich hörte es ohne Hoffnung und wie aus weiter Ferne, denn meine Gedanken arbeiteten fieberhaft. Weglaufen hatte keinen Sinn. Sie trugen bestimmt eine Waffe. Vielleicht würden sie ja auch nur in Torgelow bei Alfred Hanne anrufen. Der würde wahrscheinlich, trotz meines unerlaubten Wegganges, nichts Böses über mich sagen. Warum sollte er mich belasten? Ich hatte brav und schwer für ihn gearbeitet. Und an den »Endsieg« glaubte er wohl auch nicht mehr. Wenn er mich schonte, konnte es für ihn eine Rückversicherung sein für die Zeit nach dem Ende des Krieges, das ich so sehr ersehnte, weil es zugleich ein Ende der Nazityrannei sein würde. Davon war ich fest überzeugt.

Aber vielleicht riefen meine Häscher auch nicht in Torgelow an, sondern setzten mich einfach auf eine dieser Transportlisten ...

Die beiden Männer blieben stehen und wandten sich nach mir um. »Lauf zurück zum Zug. Hau ab. Aber vergiß deinen Ausweis das nächste Mal nicht!«

Ich traute meinen Ohren nicht. Jetzt keinen Fehler machen, schoß es mir durch den Kopf. »Ja, danke«, rief ich und rannte zurück zum Bahnhof, als wäre der Teufel hinter mir her, sprang auf den Zug, hielt meinen Rucksack auf den zitternden Knien. Als der Zug ruckend anfuhr, liefen mir Tränen über das Gesicht.

Es war meine fünfte wundersame Rettung.

Die Laubenkolonie »Dreieinigkeit«

Als ich in Berlin vor den Großeltern stand, sah ich Sorge und Ratlosigkeit in ihren Gesichtern. Die Gefahr, die ich durch meine Flucht heraufbeschwor, war ihnen mehr bewußt als mir selbst.

»Hansi«, sagte meine Großmutter, »bei uns kannst du nicht bleiben. Wenn Großvater nicht jüdisch wäre, aber so... die Gestapo kann heute oder morgen hier sein. Viele jüdische Menschen schlafen nachts schon nicht mehr zu Hause, sondern bei Verwandten oder Freunden. Sie holen einen nach dem anderen ab. Du mußt weg, Hansi.«

Sie umarmte mich. Der Großvater saß kopfschüttelnd in seinem Sessel. Er schien zu ahnen, daß es für uns keine Hoffnung mehr gab.

»Wohin«, fragte ich, »wohin soll ich gehen?«

Großmutter kochte Kaffee, den Ersatzkaffee, den es damals auf Lebensmittelmarken gab, aus Malz gebrannt. Wie gut, daß die Eltern diese Ausweglosigkeit nicht mehr erlebten, dachte ich für einen Augenblick. Und dann dachte ich: Vielleicht ist es gar keine Ausweglosigkeit. Vielleicht geht ja noch alles gut. Aber ein Blick auf Großvater belehrte mich, daß dem wohl nicht so war.

»Du kennst doch Frau Jauch«, sagte Großmutter, »vielleicht nimmt sie dich in der Laube auf. Sie hat ein gutes Herz, ist fromm und haßt die Nazis. Und feige ist sie nicht.«

Ich kannte Frau Jauch. Durch meine Tante Else. Tante Else war die Schwester meiner Großmutter Agnes. Die Bekleidungsfirma Brenninkmeyer ließ Konfektion in Heimarbeit nähen. Und die Heimarbeiterinnen wurden von Zwischenmeisterinnen betreut. Sie teilten die damals recht miesen Stoffe ein, schnitten sie zu und nahmen auch die Kleidungsstücke ab. Eine solche Zwischenmeisterin war Tante Else. Wenn man beim Zuschneiden die Stoffe sehr gut einteilte, blieb manchmal etwas übrig. Und deshalb verfügte Tante Else gelegentlich über ein geheimes »Übersoll« an Kleidern. Damals waren Textilien ja auch rationiert. Es gab sie nur auf »Punkte« der Kleiderkarte. Tante Elses »Überschußkleider« aber waren punktfrei – also verboten und äußerst nützlich. Sie wurden »schwarz« verkauft. Und ich brachte sie als Junge zu den Käuferinnen. Schon bald war ich auch in diesem Metier recht gut im Bilde und sah, welche Größen unsere heimlichen Kundinnen brauchten. Ein Blick genügte und ich wußte: 36 oder 40, alles klar!

Frau Jauch war eine ganz besondere Kundin, denn in ihrer Laube in der Schrebergartenkolonie »Dreieinigkeit« betrieb sie einen winzigen Laden, in dem sie Tante Elses Kleider an den Mann, oder richtiger: an die Frau brachte. Ich hatte sie oft besucht und beliefert. Immer war sie freundlich zu mir gewesen, was damals durchaus keine Selbstverständlichkeit war – ich trug ja die Brandmarkung des »gelben Sterns«.

Großmutters Vorschlag gefiel mir. Also nahm ich meinen Rucksack auf und verabschiedete mich von den Großeltern.

*

Ich fuhr nach Lichtenberg, ging die Wege zwischen den Kleingärten entlang und klingelte an Frau Jauchs Laube.

Die kleine, zierliche Frau öffnete. Sie war nur wenig über einen Meter fünfzig groß, im Alter etwa zwischen meiner verstorbenen Mutter und meiner Großmutter. Sie hatte braune Augen und graues Haar, trug eine Kittelschürze und bat mich freundlich herein. Scheu sah ich mich um, ob ich beobachtet worden war. Dann trat ich durch die Tür, die so niedrig war, daß ich mich bücken mußte.

»Na, Hansi, was ist?« fragte Frau Jauch. »Bringst du Kleider?«

Ich zögerte mit der Antwort. Was ich von ihr erbitten wollte, war für sie vielleicht ein tödliches Risiko. Wenn sie meine Bitte erfüllte und mich aufnahm, dann konnte ich jederzeit entdeckt werden. Konnte ich ein solches Opfer von ihr erbitten? Ich rang mich durch. »Frau Jauch«, sagte ich, »meine Großmutter meint ...« Ich verhaspelte mich.

Aber es gab kein Zurück mehr: »Ich muß mich verstecken, Frau Jauch. Gert ist schon abtransportiert. Wir haben nie wieder etwas von ihm gehört. Ich wollte fragen, ob Sie mich vielleicht aufnehmen und verstecken könnten.«

Die von mir befürchtete Reaktion der kleinen, schlichten Frau blieb aus. Sie lächelte. »Du kannst bei mir bleiben, Hansi. Der Krieg dauert sowieso nicht mehr lange.«

Sie nahm ein dickes Buch, offenbar die Bibel, vom Tisch, blätterte darin und deutete auf eine Stelle. »Es wird bald ein Ende haben mit dem bösen Zauber.« Und dann sagte sie mir, an welchem Tage genau der Krieg enden würde. Sie war über alle Maßen religiös, kannte die Bibel vorwärts und rückwärts und hatte sich den Tag des Friedens »errechnet«.

Auch wenn ich dieser Berechnung nicht unbedingt Glauben schenken konnte – mir fiel ein Stein vom Herzen. Am liebsten wäre ich meiner Retterin um den Hals gefallen, aber alles, was sie gesagt und getan hatte, war von so unglaublicher Selbstverständlichkeit, daß Über-

schwang fehl am Platze war. Sie war ein Mensch, für den es nur »Ja, ja«
und »Nein, nein« gab. Ein Drittes war nicht nötig.

*

Die Lauben in der Kolonie »Dreieinigkeit« waren mit Teerpappe
umkleidet und von äußerst bescheidener Bauart. Frau Jauchs Laube
hatte jedoch zwei Besonderheiten, die sie von den anderen Lauben
unterschied: den winzigen Laden vorn und ein noch viel winzigeres
Zimmer hinten, eigentlich nur einen Verschlag, der durch eine Tapetentür zugänglich war. Und da die Tapete überlappend geklebt war,
sah man nicht, daß es dahinter noch einen weiteren »Raum« gab. Dieser »Raum« von vielleicht vier Quadratmetern wurde mein heimliches
Quartier. Es stand eine Liege darin, das heißt, eine alte Matratze auf
vier Holzklötzen. Ein kleiner, alter Tisch mit einem wackligen Stuhl.
Ein Fenster, dessen Fläche man mit einem Buch hätte ausfüllen können, ließ etwas Licht in die Kammer. Vor dem winzigen Fenster hing
eine Tüllgardine, so daß niemand ins Innere sehen konnte.

Dieser für mich so denkwürdige Tag, an dem ich, der deutsche Junge jüdischen Glaubens, mich in den Schutz der »Dreieinigkeit« begab,
war der 27. März 1943.

Ich wußte, daß auch meine Cousine Ruth und ihre Mutter, die
Schwester meines Großvaters, in einem Versteck lebten – wo, wußte
ich nicht. Ich hatte es auch nie wissen wollen, um nicht in einem Gesta-
po-Verhör – falls ich festgenommen worden wäre – etwas preisgeben
zu können. Man hatte von Folterungen gehört, und kein Mensch
konnte wissen, ob er das durchstehen würde.

Ab und zu kam Großmutter und besuchte mich. Sie brachte dann
etwas Brot mit oder ein paar Kartoffeln, denn ich lebte ja von Frau
Jauchs Lebensmittelrationen – und die reichten eigentlich nicht einmal für einen Menschen. Frau Jauch teilte sie dennoch mit mir.

Als Großmutter das erste Mal kam, beschwor ich sie, mir nicht zu
sagen, wo Ruth und ihre Mutter untergekrochen waren und auch sie
nicht wissen zu lassen, wo ich mich versteckt hielt.

Die Besuche der Großmutter waren jedesmal eine große Freude für
mich, denn die Tage und Nächte wurden lang in meinem Versteck,
und trotz der fürsorglichen Güte meiner Frau Jauch empfand ich doch
oft Verlassenheit und Einsamkeit.

Gleichzeitig erfüllten mich Großmutters Besuche aber auch mit Angst. Wenn sie kam – und noch Tage nachdem sie wieder gegangen war – fürchtete ich, daß jemand sie gesehen haben konnte. Es war immer der eine, entnervende Gedanke: Ist ihr jemand gefolgt? Hat sie meine Verfolger auf meine Spur gebracht, ohne es zu wissen?

Immer, wenn ich draußen Schritte hörte, kroch diese Angst in mir hoch. Mein Gehör war bald unglaublich geschärft. Ich lernte Schritte unterscheiden, wußte nach einiger Zeit, wer vorübergegangen war und in welche Richtung, auch wenn ich nicht durch mein Tüllgardinchen gespäht hatte. Manchmal hörte ich auch fremde Schritte, die ich nicht zu deuten wußte. Dann schlug mir das Herz bis zum Hals.

Immer, wenn es draußen an der niedrigen Laubentür klingelte und Kunden kamen, schlüpfte ich durch die Tapetentür und kroch auf mein Lager, wobei ich jedes Geräusch vermied und den Atem anhielt.

Wenn ich durch meine Fensterluke sah, war die Aussicht begrenzt: sechs Quadratmeter Rasen, ein Drahtzaun, der einen kleinen Auslauf für Frau Jauchs Hühner umgrenzte, eine Hecke dahinter und – über die Hecke ragend – ein Baum. Das war alles. Und doch – welcher Trost in meiner zermürbenden Gefangenschaft.

Bald begann ich, das Verhalten der Hühner genau zu erforschen, die Hackordnung festzustellen, mir einzuprägen, welche Henne von welchen anderen Hennen vom Futter vertrieben wurde, und welche die anderen dominierte.

Ich kannte bald die Starken und die Schwachen, die selbstbewußt Kratzenden und diejenigen, die wegzurennen hatten, wenn die Stärkeren nahten. Versuche der jüngeren Hähne, sich gegen den alten Hahn zu behaupten, verfolgte ich mit Sympathie und mit gewissem Ärger, wenn sie scheiterten.

Ich selbst, so dachte ich mir einmal, gehörte in dieser Welt zu denen, die wegzulaufen hatten. Ganz unten stand ich in der Hackordnung dieses Staates.

Außer der Angst vor Entdeckung hatte ich noch ein anderes Problem, das mich arg belastete und das mir auch heute noch als mein Hauptproblem jener Zeit in Frau Jauchs Laube erscheint: Es gab keine Toilette im »Haus«, sondern nur ein Häuschen an der anderen Ecke des kleinen Gartens. Dort konnte ich nicht hingehen, weil ich ja die Laube nicht verlassen durfte.

Und so hatte mir Frau Jauch ein Nachtgeschirr in mein Versteck gestellt, das sie – und das war so furchtbar für mich, so peinlich und belastend – nachts heimlich hinaustragen und entleeren mußte. Der Zwang, ihr das zumuten zu müssen, quälte mich und ich entschuldigte mich immer wieder dafür. Sie aber war wie eine Mutter über solche Probleme erhaben: »Das macht doch nichts, Hansi, das ist doch ganz natürlich. Das braucht dich doch nicht zu bedrücken.« Aber es bedrückte mich bis zuletzt.

Das schönste für mich war, wenn es nachts Luftalarm gab und die »feindlichen« Flugzeuge kamen. Dann gingen die anderen in einen Bunker, und ich konnte die Laube verlassen!

Erst dann, wenn die anderen, die in der Hackordnung höher standen, in den Bunkern saßen und zitterten – ich habe sie, weiß Gott, nicht beneidet –, fühlte ich mich sicher. Wenn die Sirenen erklangen, mit ihrem auf- und abschwellenden Heulton der Luftwarnung, schlug mein Herz höher. Sobald die anderen in ihrem Bunker verschwunden waren, ging ich, lief ich, rannte ich hinaus. Ich kannte das Motorengeräusch der Flugzeuge und auch ungefähr die Höhe, in der sie anflogen. Im Sommer legte ich mich dann draußen ins Gras, verschränkte die Arme hinter dem Kopf und sah hinaus in den nächtlichen Berliner Himmel. Dann war das Leben fast schön. Für mich waren nur die Engländer »zuständig« – sie kamen nachts. Am Tage kamen die Amerikaner. Sie nützten mir nichts, denn bei Tageslicht wagte ich mich nicht ins Freie.

Manchmal, wenn ich draußen war und das monotone Brummen der Motoren über mir hörte, dachte ich: Wenn die Piloten da oben wüßten, wie mir hier unten zumute ist, wie sie mich erfreuen mit ihrem Flug, der für die anderen Berliner Angst und Schrecken und für so viele auch den Tod bedeutete. Für mich bedeuteten sie das Leben. Ihre Kondensstreifen waren Lichtzeichen aus einer besseren Welt, in der auch ich frei leben durfte.

*

Natürlich langweilte ich mich auf meinem Lager. Die Tage vergingen sehr langsam. Die Stunden krochen. Und eines Tages hatte Frau Jauch eine Idee.

»Hansi«, sagte sie, »du kennst doch die Frau Harndt, die mit der ›Roten Fahne‹, ja?«

Ich hatte von ihr gehört. Frau Harndts Mann war Kommunist, »Edelkommunist«, wie man damals Menschen nannte, die im Kommunismus ein Ideal sahen und nicht ein Machtmittel.

1935 hatten die Nazis Herrn Harndt abgeholt und in ein Konzentrationslager geschleppt. Doch dann war er wieder nach Hause gekommen. Zu meiner »Laubenzeit« war er Soldat an der Front – um für sie zu kämpfen, war er den Nazis dann doch gut genug gewesen. Seine Frau hatte immer die kommunistische Zeitung »Rote Fahne« ausgetragen – aber das war lange her. Seit die Nazis an der Macht waren, gab es keine »Rote Fahne« mehr in Deutschland – nur noch die mit einem weißen Kreis in der Mitte und dem Hakenkreuz darauf. Was aber hatte Frau Jauch mit Frau Harndt vor?

»Der können wir die Wahrheit sagen, Hansi. Der können wir uns anvertrauen. Die hält dicht. Meinst du nicht auch?«

Ich wußte, daß jeder Mitwisser für mich eine Gefahr bedeutete. Und daß jedes Mitwissen auch für ihn selbst gefährlich war. Aber ich stimmte zu, Frau Harndt ins Vertrauen zu ziehen. Es sollte sich für mich auf eine ganz unerwartete Weise lohnen. Von jenem Tage an bekam ich nämlich täglich die »Berliner Morgenpost«. Sobald sie Frau Harndt ausgelesen hatte, brachte sie das Tagesexemplar zu Frau Jauch, der ich es förmlich aus den Händen riß.

Das gute alte Ullstein-Blatt war zu jener Zeit natürlich längst »gleichgeschaltet« und zum Zwangsorgan der Nazipropaganda geworden. Doch ich las diese Zeitung mit Inbrunst, süchtig nach Informationen, die ich zwischen den Zeilen zu lesen lernte. Und ich las jede Zeile – einschließlich der Annoncen. Die Morgenpost war für mich das Bindeglied zur Außenwelt, die Rettung vor Stumpfsinn und Grübelei.

So vergingen meine, unsere Tage. Manchmal hatten wir großen Hunger. Und ich wußte, Frau Jauch würde weniger hungern, wenn sie nicht mit mir teilen müßte. Das lag wie ein Stein auf meiner Seele. Aber es sollte noch schlimmer für mich kommen.

Eines Morgens sagte Frau Jauch in ihrer selbstverständlichen, schlichten Art zu mir: »Hansi, wir haben nichts mehr zu essen. Du mußt ein Kaninchen schlachten. Ich wüßte nicht, wer das sonst tun könnte. Ich selber kann es nicht.« Ich erschrak fürchterlich.

»Ich kann es auch nicht, Frau Jauch«, rief ich, »bitte nicht! Ich bringe das nicht fertig. Lieber will ich hungern.«

»Es muß sein, Hansi«, sagte Frau Jauch.

»Ich habe es doch noch nie gemacht in meinem Leben.« »Willst du, daß wir hier hungern, während draußen im Stall der Braten auf uns wartet?« Sie ließ nicht locker und ging tatsächlich zu Frau Harndt, um sich Schützenhilfe zu holen.

»Wie hat Ihr Mann eigentlich immer Kaninchen geschlachtet? Das war doch sicher nicht so schwer!« Frau Harndt wußte es leider ganz genau. Als Frau Jauch zurückkam, packte mich das nackte Grauen.

»Also paß auf, Hansi«, sagte sie, »Du mußt dem Kaninchen einen Knüppel hinter die Ohren schlagen. Dann ist es betäubt und du kannst ihm die Kehle durchschneiden. Das ist alles.«

Es war zuviel für mich. Vier Tage leistete ich Widerstand. Dann siegten die Beharrlichkeit der Frau Jauch und der Hunger.

Ich tat es. Aber es drehte sich mir der Magen um dabei. Und trotz meines Hungers konnte ich nichts von dem Braten essen. Während Frau Jauch mit großem Appetit immer wieder zulangte – natürlich freute ich mich für die gute Frau –, aß ich nur etwas Kartoffeln mit Soße, lustlos und deprimiert auf dem Teller herumstochernd.

Zwar hatte mich das Leben bisher nicht gerade mit Samthandschuhen angefaßt. Auch wußte ich, daß viele Menschen auf grauenvolle Weise sterben mußten – aber der Tod des Kaninchens, der Tod durch meine Hand, ging mir lange nach.

Bald darauf ereilte mich der nächste »Schicksalsschlag«. »Du mußt den Hahn schlachten, Hansi, den alten. Ich wüßte sonst nicht, was ich noch kochen sollte. Unsere Rationen sind zu Ende. Bitte, du mußt es tun«, sagte und klagte Frau Jauch.

Wieder sträubte ich mich. Zwar war der alte, immer siegreiche Hahn nicht gerade mein Lieblingsfedervieh, da ich mich ja immer mit den schwachen Junghähnen identifiziert hatte – aber ihm den Kopf abschlagen, nein, bloß das nicht! Ich tat es schließlich doch. Frau Jauch im Stich zu lassen, das konnte ich einfach nicht.

Als ich mit dem Beil zugeschlagen hatte, schloß ich blitzschnell meine Augen, um das Blut nicht sehen zu müssen, und ließ den – nunmehr kopflosen – Hahn augenblicklich los. Sekundenlang flatterte das arme Tier noch durch die Küche. Mir wurde übel. Tagelang fühlte ich mich hundeelend. Auch das, so dachte ich, haben mir die Nazis eingebrockt.

66

Im übrigen las ich meine »Morgenpost«. Weder der Chefredakteur noch der Setzer oder der Korrektor haben sie so gründlich gelesen! Doch sollte das nicht die einzige Wohltat bleiben, die ich der Nachbarin, Frau Harndt, verdankte.

Eines Tages brachte sie mir eine Landkarte von Europa. Und Frau Jauch holte aus ihrem Nähkästchen blaue und rote Stecknadeln. Mit den roten markierte ich den jeweiligen Verlauf der Ostfront, den ich dem Bericht des Oberkommandos der Wehrmacht in der »Morgenpost« entnahm. Dabei sagte ich mir, daß diese Informationen gewiß »frisiert« waren und der Verlauf der Front noch ungünstiger für Deutschland war, als sich daraus entnehmen ließ.

Die blauen Stecknadeln hob ich mir auf, um mit ihnen die Westfront zu markieren, wenn es je eine geben würde. Wir jedenfalls rechneten fest mit einer Invasion der Alliierten, ja, wir ersehnten sie, und sie sollte auch kommen. Inwieweit die Bibelkenntnis der Frau Jauch bei der Vorhersage eine Rolle gespielt hat, kann ich nicht ermessen...

*

Wie es auch in der größten Bedrängnis eines gefangenen Menschen schöne Tage gibt, so gab es auch für mich einmal einen besonders schönen: Frau Jauch hatte etwas Wunderbares, Überwältigendes, unbeschreiblich Beglückendes für mich entdeckt – einen Detektorapparat.

Heute wissen die meisten Menschen nicht mehr, was das war: ein Rundfunkempfangsgerät, für das man keinen Strom brauchte. Strom gab es ja nicht in unserer Laube, nur einen alten, kleinen Akku, der eine Zwölf-Volt-Birne speiste. Der Detektor bestand aus einer Spule, einem Kondensator, einem Kristall und einer Spiralnadel, die auf dem Kristall leise kratzend bewegt werden konnte – so suchte man die Sender. Das Programm empfing man in Kopfhörern, manchmal deutlich, manchmal weniger deutlich, manchmal im Ätherrauschen verschwindend, dann wieder näherkommend.

In diesem Detektor, der die Lektüre der »Morgenpost« auf grandiose Weise ergänzte, hörte ich auch Goebbels-Reden. Eines Abends lag ich auf meiner Matratze, hatte die Kopfhörer auf den Ohren und lauschte der Stimme des Reichspropagandaministers. Was er sagte, war damals schon für viele Deutsche längst keine Musik mehr in den

Ohren – in meinen Ohren war es die Stimme des Teufels, abschrek-
kend, aber auch seltsam und – gegen meinen Willen – faszinierend:
eine Personifizierung dessen, was mich in meiner Einsamkeit bedroh-
te.

Grell und deutlich drang die Stimme an jenem Abend aus dem
Kopfhörer:

»Man spricht heute von der Invasion in Europa, als wäre das die
selbstverständlichste Sache der Welt. Die Juden vor allem wollen die
Invasion – vermutlich, weil sie ausnahmslos nicht dabeisein, sondern
sie nur mit ihren Schlachtgesängen begleiten werden.« An dieser Stelle
vernahm man laute Zwischenrufe: »Feiglinge!« Goebbels fuhr fort:

»Der englische und der amerikanische Soldat aber werden eine blu-
tige Zeche bezahlen müssen. Unsere Wehrmacht ist zu ihrem
Empfang bereit!« Heilrufe. Dann Rauschen im Detektor.

Das war ja sehr interessant für mich: die Nazis rechneten also selbst
mit einer Invasion. Und sie wußten, daß wir Juden sie erhofften. Was
mich betraf, hatte er ja vollkommen recht.

Daß ich nicht an ihr teilnehmen konnte, war nicht meine Schuld.
Auch konnte ich sie kaum mit meinen »Schlachtgesängen« begleiten –
ich mußte mich ja äußerst ruhig verhalten.

Ob ich ein Feigling war, ließ sich unter den gegebenen Umständen
kaum nachprüfen, nicht einmal für mich selbst. In meinem Versteck
konnte ich mir und anderen jedenfalls das Gegenteil nicht beweisen.
Doch Goebbels irrte, wenn er meinte, die Juden würden an der Invasion nicht teilnehmen. Als sie kam, waren viele Juden an ihr beteiligt.

Mein Vetter Rudi Maschke zum Beispiel:

Er war mit der Kinderlandverschickung nach Amerika entkommen, US-Soldat geworden und mit dem Invasionskontingent nach
Europa zurückgekehrt. Später hat er mir das erzählt. Allerdings, und
das scheint Goebbels in einem Punkt recht zu geben, hatte Rudi wirklich Angst gehabt. Nicht so sehr vor der deutschen Wehrmacht, als vor
dem Wasser. Er konnte nämlich nicht schwimmen, und seine Aufgabe
war, mit einem Landungsboot Soldaten von den Schiffen zu holen, sie
an der Küste abzusetzen und sofort wieder zum Schiff zurückzukeh-
ren. In diesem Pendelverkehr, im Hagel des Artilleriefeuers, brachte er
Invasionstruppen an ihre Einsatzabschnitte. Er hat es überlebt. Den
Krieg auch. Der große Redner Goebbels nicht.

Ich las weiter die »Morgenpost« und hörte mit meinem Detektor, wie die Welt- und Kriegsgeschichte ihren Lauf nahm – an mir vorüber zwar, aber mich doch auf eine unmittelbare und besondere Weise betreffend. Dienstags gab es immer den militärpolitischen Kommentar von Generalleutnant Dittmar. Freitag abend verlasen die Sprecher Helmut Vietor oder Günter Begeré die Artikel, die Joseph Goebbels in der Nazi-Wochenzeitung »Das Reich« veröffentlichte.

Da packte mich meist die kalte Wut. Die beiden verlesenden Herren offenbar weniger – sie standen ja auf der »richtigen« Seite. Später übrigens auch, denn ihre Karriere fand nach dem Kriege eine nahtlose Fortsetzung. Dann lasen sie Texte der »demokratischen Erneuerung«.

Jedenfalls war ich recht genau im Bilde. Vor allem auch, weil manchmal – vielleicht alle vier Tage – etwas ganz Besonderes gelang, was für mich überaus ermutigend war: Nachts nach zwei Uhr, nachdem die Reichssender abgeschaltet hatten, hörte ich – wenn die Empfangsbedingungen besonders günstig waren – die für Deutschland bestimmten Sendungen der BBC London.

Das waren erhebende Momente. Erst das Erkennungszeichen, dumpfe Paukenschläge: bumbumbum-bum. »Unser« Beethoven. Dann Nachrichten, die geraderückten, was die Nazi-Sendungen verbogen hatten.

Mein Wissen wuchs. Und auch die Hoffnung. Obwohl die von Frau Jauch errechneten Daten des Kriegsendes sich leider niemals bewahrheiteten. Der Krieg ging weiter und über sie hinweg. Aber er ging für Nazi-Deutschland nicht gut weiter, und meine Chancen, zu überleben, begannen zu steigen.

Bombennächte

Es war ein Tag wie jeder andere gewesen. Mittags hatte es Kohlrüben gegeben, zu Brei zerkocht. Ich hatte dann die Hühner beobachtet und bemerkt, daß eine der schwächsten unter den gequälten Junghennen sich zu wehren begonnen hatte. Wie froh war ich, zu sehen, wie sie endlich einmal zurückhackte, statt gackernd davonzulaufen.

Da meine »Morgenpost« am Mittag schon fast ausgelesen war, konzentrierte ich mich nachmittags auf die Todesanzeigen für die Gefallenen. Welch merkwürdige Verbindung gingen doch Kriegs- und Naziwahn mit echten mütterlichen Gefühlen ein:

»Für Führer und Vaterland fiel mein geliebter Sohn Harald. Möge sein Tod ein Baustein für ein neues, starkes Großdeutschland sein.« Schrecklich! Betrogene Seelen, Massensterben im Namen eines Mannes, der mir als abgründig hassenswert erschien.

Es mag zwei Stunden vor Mitternacht gewesen sein, als die Sirenen zu heulen begannen. Ich hatte auf meinem alten Sofa gelegen, die Hände unter dem Nacken verschränkt, und wieder einmal an das Ende gedacht. Zuerst an das eigene Ende, wenn man mich doch finden würde. Dann aber an das andere, das ersehnte – das Ende des Krieges. Ich würde hinausgehen auf die Straße und den Siegern zuwinken, Befreiter unter Befreiern.

Als der Sirenenton auf- und abschwellend, klagend, anklagend, melancholisch und alarmierend meinen Wachtraum vom Ende des Schreckens unterbrach, kam wieder diese seltsame Freude in mir auf: In spätestens fünfzehn Minuten würden die anderen im Luftschutzbunker sein, und ich würde hinaus in die frische Luft der sternenklaren Nacht treten können. Bomben? Hier würden sie wohl nicht fallen.

Ich stand auf und öffnete vorsichtig das kleine Fenster. Es war nun ganz still draußen. Von ferne hörte ich gedämpfte Stimmen. Dann das Geräusch, das ich kannte: Motorenbrummen der Flugzeuge – nicht bedrohlich, aus großer Höhe kommend, für mich kein Geräusch der Aggression, sondern der Verheißung, kein Signal der Gefahr, sondern der Hoffnung.

Als ich gerade die Tapetentür öffnen wollte, um hinauszuschlüpfen, hörte ich einen scharfen Schlag und sah im nächsten Augenblick einen grellen Blitz aufleuchten. Eine Brandbombe hatte die Nachbarlaube getroffen. Sekunden später schlugen die ersten Flammen hoch. Menschen kamen gelaufen. Lautes Stimmengewirr und Schreie waren plötzlich wenige Schritte neben mir zu hören.

Was sollte ich tun? Die Flammen durften nicht übergreifen, meine Laube durfte nicht abbrennen – nur das nicht! Es wäre mein Ende gewesen. Sollte ich an der Gardine stehen und abwarten, wie diese verirrte Stabbrandbombe mein Schicksal entscheiden würde?

70

Frau Jauch kam herein, erregt, kurzatmig. »Hansi! Es brennt!« rief sie.

»Wir müssen löschen«, hörte ich mich antworten. Ohne eine Sekunde zu zögern, zog ich sie mit mir ins Freie. Die Gefahr, entdeckt zu werden, erschien mir mit einem Mal geringer, als hier auf den Flammentod zu warten. Aber nicht eine Überlegung, sondern mein Instinkt hatte mich wieder geleitet. Im nächsten Augenblick war ich mitten unter den anderen Laubenkolonisten, die versuchten, die brennende Laube mit Stangen einzureißen, damit die Flammen weniger hoch schlugen. Nur vier Meter waren zwischen dem prasselnden Feuer und meinem Versteck.

Ich holte mir eine lange Bohnenstange, die ich im Gras entdeckte. Dann trat ich so nahe wie möglich auf die Flammen zu, deren Hitze mir ins Gesicht schlug, und versuchte, eine lodernde Wand zum Einsturz zu bringen.

Die Spitze meiner Latte hatte Feuer gefangen. Um es am Boden auszudrücken, zog ich sie wie einen brennenden Speer aus der Glut. Um einen neuen Anlauf zu nehmen, bewegte ich meine Hände ausholend nach hinten – und fühlte einen stechenden Schmerz an meiner linken Hand. Es war, als würde sie von einem glühenden Eisen festgehalten.

Entsetzt drehte ich mich um und sah, was geschehen war: Die Teerpappe unserer Laube hatte in der Hitze des Feuers zu kochen begonnen und lief blasig und dampfend an der Wand hinunter. In diesem siedenden Teer klebte meine Hand. Ich ließ die Latte fallen, riß meine Hand aus dem brodelnden Brei und sah sie mir im hellen Schein des Feuers an. Heißer Teer hatte sich in meine Haut gefressen, von den Fingerspitzen bis zum Handgelenk. Ein unerträglicher Schmerz trieb mir Tränen in die Augen. Frau Jauch kam zu mir, fragte flüsternd: »Was ist los, Hansi?«

»Ich habe mich verbrannt«, sagte ich leise und taumelte zurück in mein Versteck. Die Nachbarlaube war nun in sich zusammengesunken. Es gab keine hohen Flammen mehr, fast nur noch Glut und Qualm, der durch meine Fensterluke drang und mir in den Augen biß.

*

Es war heiß in meinem Verschlag. Ich warf mich auf mein Lager, hörte verschwommen die Sirenen den Dauerton der Entwarnung geben und

71

wurde ohnmächtig. Als ich aus dumpfen, wirren Träumen erwachte, brannte meine Hand, als stünde sie in Flammen. Frau Jauch hatte offenbar meine Antwort überhört, nichts von meiner Verbrennung bemerkt und war schlafen gegangen.

Fieberhaft begann ich nachzudenken. Die Brandwunde würde zu eitern beginnen, wahrscheinlich würde es zu einer Infektion kommen. Und das war lebensgefährlich. Sollte ich in meinem Winkel sterben kurz vor der Befreiung?

Es war unmöglich, einen Arzt zu rufen. Selbst wenn er mich nicht angezeigt hätte, wäre er in mein gefährliches Geheimnis hineingezogen worden. Nach kurzem Überlegen stand mein Entschluß fest.

Ich würde im Schutze der Nacht aufstehen und die Laube verlassen, würde langsam und unauffällig durch die Laubenkolonie gehen und ein Krankenhaus aufsuchen. Das Krankenhaus Herzberge, zu der Zeit ein SS-Krankenhaus, lag nur etwa zwei Kilometer entfernt. Ich würde das trotz meiner Schmerzen zu Fuß schaffen. Dann würde ich in der Anmeldung sagen, . . . ja, was würde ich sagen? Ich verschob die Antwort. Vertraute auf meine Geistesgegenwart.

Plötzlich stand Frau Jauch neben mir. Sie hatte mich im Schlaf stöhnen gehört. Sie besah sich die Wunde, brachte mir einen dünnen Tee und eine Schnitte Brot mit Vierfruchtmarmelade. Ich trank nur einen Schluck, sagte ihr, wozu ich mich entschlossen hatte, redete gegen ihre Bedenken und Ängste an und machte mich auf den Weg.

Mit der rechten Hand stützte ich meinen linken Arm. Die Hand sah furchtbar aus. Trotzdem war dieser Weg ein großes und fast schönes Erlebnis. Die Furcht, die in mir hochkroch, schob ich weg. Ich spürte, daß ich mein Schicksal sprichwörtlich in die eigene Hand genommen hatte.

Auf den letzten Metern vor dem Krankenhaus beschleunigte ich meinen Schritt. Ich probte meinen Auftritt: »Guten Morgen, ich habe mich beim Fliegerangriff in dieser Nacht verletzt. Ich möchte Sie bitten...« Nein – nicht »Guten Morgen«, sondern »Heil Hitler«. Das durfte ich nicht vergessen.

Schon stand ich am Glasfenster des Empfangs. Eine alte, mürrische Schwester schob die Scheibe hoch. »Sie wünschen?« Mein Herz klopfte und ich fürchtete, daß sie es hören würde. »Heil Hitler! Ich habe mich . . .« Pause. Ich hielt ihr einfach meine verbrannte Hand hin.

»Hier, meine Hand!« Sie warf einen flüchtigen Blick darauf und sah mich fragend an. »Verbrennungen«, sagte ich, »in der Nacht. Eine Brandbombe. Beim Löschen habe ich mich . . .«

Die Schwester unterbrach mich. »Ihren Ausweis bitte«. Ich hatte damit gerechnet und sagte ganz schnell: »Den habe ich nicht mit. Es war so ein Durcheinander. Ich bin . . .« Die Schwester ließ mich zum Glück nicht ausreden. »Na, dann gehen Sie mal diesen Gang bis zum Ende, vorletzte Tür links, da melden Sie sich.«

Ich ging. Vergaß vor Aufregung meine Schmerzen. Über der Türe stand »Behandlungszimmer«. Eine blasse junge Schwester kam, betrachtete meine Hand und sagte: »O je. Wie ham'se denn dat angestellt?«

Sie rief den Arzt. Er war groß, grauhaarig und offenbar in Eile. Er hielt die Hand kurz ans Licht, runzelte die Stirn und fragte: »Tut es sehr weh? Beim Fliegerangriff?«

Ich erzählte meine Geschichte – nicht die ganze, nur das von der Bombe und dem Brand.

»Kann ich mal deinen Ausweis haben?« Und wieder erzählte ich meine Ausrede. Neues Stirnrunzeln meines Gegenüber. Dann Freundlichkeit in seiner Mimik. »Das kriegen wir schon hin«, sagte er, »die Hand ist ja noch dran.«

Endlich begann er mit der Behandlung. Mit Wundbenzin wusch er den eingebrannten Teer aus. Die Schmerzen waren höllisch. Dann Salbe. Schließlich ein dicker Verband. Ich atmete auf, fühlte mich auf seltsame Weise geborgen. Spürte die Schmerzen nicht mehr, faßte Zutrauen.

»Vielen Dank«, sagte ich. »Herzlichen Dank, Herr Doktor!« Und wollte gehen. »Moment, junger Mann!« sagte der Arzt, »Sie müssen morgen wiederkommen, zur Nachbehandlung.« »Jawohl, Herr Doktor«, antwortete ich mit fast militärischer Ergebenheit. Und stand wieder auf. »Warten Sie noch«, sagte er. »Ihre Personalien brauchen wir. Für den Krankenbogen.«

Ich erschrak fürchterlich. Aus, dachte ich, jetzt ist es doch aus und vorbei. Zeit zum Überlegen hatte ich nicht. Da fiel mir ein Name ein: »Busch«, sagte ich, »Lothar.« Alter? »Geboren 12. Juni 1925.« Dann die Adresse. Eine falsche. Es waren Name und Adresse eines Schulkameraden, die mir spontan eingefallen waren. Er fiel kurz darauf, wie ich später erfuhr. In diesem Augenblick hatte er mir das Leben gerettet, ohne es wissen zu können.

Ich durfte gehen. Und ging, lief, rannte im ersten Dämmerlicht des Morgengrauens. Sah die Sterne dort, wo vorher die Bomber geflogen waren. Sie verblaßten vor dem kommenden Tag.

Atemlos kam ich in der Laubenkolonie an, sah mich um, duckte mich vor einem Passanten hinter eine Hecke, sprang die letzten Meter über den Weg, riß die Tür auf, dann die Tapetentür. Ich fiel todmüde auf das Lager, betrachtete meine dick verbundene Hand.

Ich aß die Stulle mit der Vierfruchtmarmelade und hatte wieder eine Menge Zeit.

Draußen, in der Morgensonne, die nun aufgegangen war, qualmten die verkohlten Reste der Nachbarlaube.

*

Ein Jahr saß ich nun schon in meinem Versteck bei Fau Jauch, hatte einen Geburtstag »gefeiert« und Tage und Stunden gezählt.

Es fielen viele Bomben in jener Zeit – die Angriffe nahmen an Zahl und Zerstörungskraft ständig zu , aber auf unsere Laubenkolonie fielen sie nie — mit Ausnahme jener Stabbrandbombe, die meinem Leben in Frau Jauchs Obhut fast ein Ende gemacht hätte. Die Leute in der Kolonie »Dreieinigkeit« glaubten, vom Bombenhagel verschont zu bleiben. Von Frau Jauch hörte ich, wie schlimm es in der Stadt aussah, wie die Ruinenfelder wuchsen.

Doch eines Tages traf es auch unsere Schrebergartenidylle. Es hatte Luftalarm gegeben. Ich wollte gerade mein Versteck verlassen, saß auf der Bettkante und hörte ein Zischen und Heulen in der Luft. Es kam näher, schwoll bedrohlich an und endete in einer gewaltigen Detonation. Die Scheiben flogen klirrend aus den morschen Holzrahmen. Der Luftdruck fegte mich von meinem Lager. Eine Fünfzentnerbombe war in unseren Garten gefallen und nur fünfzehn Meter neben unserer Laube explodiert, wo sie einen gewaltigen Trichter hinterließ.

Frau Jauch, die Fromme, glaubte an ein Wunder: Die Laube stand! Wie war das möglich? »Hansi«, sagte sie, »Gott hält schützend seine Hand über dich!« So mag es ja auch gewesen sein. Aber es gab auch eine andere Erklärung: Die Druckwelle war, durch das tiefe Eindringen der schweren Bombe in den Boden, über unsere Laube hinweggegangen. Es war also die Nähe der Einschlagstelle, die uns das Leben gerettet hatte. Eine Nachbarlaube, in der sich zum Glück niemand aufgehalten hatte, war weggefegt worden wie ein Kartenhaus.

Nach solchen Bombenschäden kamen immer Männer von der NSDAP-Kreisleitung, besichtigten die Zerstörungen und nahmen Anträge für Materialbezugsscheine zur Wiederherstellung entgegen. Für Frau Jauch und mich war nun guter Rat teuer. Die Scheiben unserer Laube mußten ersetzt werden – wie hätten wir sonst den Winter überstehen sollen? Auch die winzige Scheibe meines kleinen Fensterchens war zersprungen. Und ohne NSDAP-Kreisleitung gab es keine Scheibe.

»Hansi«, sagte Frau Jauch, »wir müssen diese Leute zu uns kommen lassen, und ich werde sie dann auch in dein Zimmer führen. Es muß sein.«

»Du legst dich einfach unter die Matratze«, sagte sie. »Wirst es schon überstehen.«

Als die Männer von der Nazipartei klingelten, kroch ich unter mein Lager. Die Holzklötze waren gerade hoch genug, daß ich mich ganz flach unter die Matratze legen konnte. Ich hörte, wie die Männer draußen mit Frau Jauch sprachen. Dann kamen sie durch die Tapetentür. Ihre Schritte näherten sich meinem Lager. Ich konnte ihre Schuhe sehen, die plötzlich zum Greifen nahe waren. Und dann ließen sie sich auf meiner Matratze nieder!

Ich erstarrte in Todesangst. Staub vom Fußboden, den ich eingeatmet hatte, reizte mich zum Husten. Ich hielt den Atem an. Für alle Fälle hatte ich ein Messer mit unter das Bett genommen. Ich war entschlossen: Wenn sie mich entdecken sollten – einen von ihnen würde ich mit ins Jenseits nehmen!

Das Gespräch zog sich endlos hin. »Da haben Sie ja noch Glück gehabt, Frau Jauch. Donnerwetter! Daß Ihre Laube überhaupt noch steht . . . nicht zu fassen.«

Der Staub war nun in meiner Nase. Ich fühlte, daß ich niesen mußte. Es war eine Höllenqual, es zu unterdrücken.

»Wo waren Sie denn, als das Ding runterkam?« fragte nun der andere Mann. »Ich habe in meinem Bett gelegen«, antwortete sie.

Ich kämpfte mit Staub und Speichel, die sich in meinem Mund ansammelten. Mein Brustkorb schmerzte vom Anhalten der Luft. Mir wurde schwarz vor Augen. Sie müssen jetzt gehen, dachte ich. Lieber Gott, laß sie endlich fortgehen!

Einer der Männer änderte seine Sitzposition. Die Matratzenfedern quietschten. Ich spürte plötzlich einen Druck auf meiner Brust – er saß jetzt genau über mir. Meine Hände verkrampften sich, vor den Augen sah ich kreisende Sterne.

»Nun gut«, sagte einer der beiden, »dann bekommen Sie jetzt einen Bezugsschein für Pappe und ein paar Scheiben.«

Sie erhoben sich. Papier raschelte. Die Bezugsscheine wurden ausgehändigt. Dann Schritte, die sich entfernten. Ich atmete auf, hustete, nieste, holte ganz tief Luft, kroch hervor, stand zitternd da, begann zu schlucken.

Dann saß ich bei Frau Jauch am Tisch, schwach und immer noch nicht ansprechbar, aber auf eine nicht zu beschreibende Weise erleichtert. Diese Minuten hatten mich um Jahre älter gemacht.

*

Es kam der denkwürdige Tag des Attentats auf Adolf Hitler. In meinem Detektorapparat hatte ich die Version des Reichssenders gehört: Graf Stauffenberg erschossen! Trauer, Sorge und Hoffnung erfüllten mich. Da hatten es Offiziere gewagt, endlich gewagt, der Tyrannei ein Ende zu bereiten. Aber es schien gescheitert zu sein. Oder log der Reichsrundfunk? Ging es weiter? Gab es noch eine Chance? Ich hoffte es aus ganzem Herzen: Nachts versuchte ich, BBC zu empfangen. Aber nur ein Rauschen und Knacken war im Äther.

Am nächsten Tag hörte ich im Rundfunk, daß ein Mann namens Goerdeler als einer der Verschwörer gesucht würde. Daß er zum Reichskanzler vorgesehen war, erfuhr ich erst später. Aber ich drückte diesem Mann die Daumen, betete für ihn und fühlte mich ihm, dem Fliehenden, Gejagten, innig verbunden. Möge er das Glück haben, dachte ich, das ich gehabt hatte: einen Menschen zu finden, der ihn aufnimmt und verbirgt.

Doch dann kam die Meldung, daß man ihn ergriffen hatte. Zwei Luftwaffenhelferinnen hatten ihn erkannt und denunziert, seinen Henkern ausgeliefert. Ich litt mit ihm.

Am Abend des 26. Juli sprach Joseph Goebbels. Ich hörte seine sich überschlagende Stimme in meinem Kopfhörer: ». . . ausgelöst durch die Hand eines gemeinen Verbrechers, der im Auftrag einer ehrgeizigen, gewissenlosen kleinen Clique von Glücksrittern und Hasardspielern die Hand erhoben hatte, um dem uns allen teuersten Leben, das wir auf Erden kennen, ein Ende zu setzen.«

Ich warf mich auf meinem Lager herum, stieß an den Detektor, so daß die Spiralnadel auf dem Kristall verrutschte. Dieses uns allen teuerste Leben, dachte ich, brachte Millionen Menschen den Tod! Ich tippte an die Nadel, und Goebbels war wieder da:

»Wir alle aber wollen uns einander übertreffen in der Liebe und Treue zu ihm und im Glauben an seine geschichtliche Sendung. Es liegt in unserer Hand, dem Krieg in Bälde eine neue Wendung zu geben. Die Voraussetzungen dazu sind vorhanden – ergreifen wir sie! Deutlicher als durch die wunderbare Errettung des Führers wird sich der Allmächtige uns nicht mehr offenbaren. Er will, daß wir uns weiterhin den Sieg verdienen, damit er uns eines Tages den Lorbeer reichen kann! Also wollen wir an die Arbeit gehen, das Auge auf eine Zukunft gerichtet, die unser sein wird.«

Ich riß mir die Kopfhörer von den Ohren, als die Zuhörer in fanatischen Beifall und Heilrufe ausbrachen. Es wurde eine Nacht unruhigen Schlafes, eine Nacht verwirrender Träume, in denen »Sieg-Heil«-Gebrüll erklang, Menschen erschossen wurden, Häuser brannten und totenbleiche Offiziere wie Marionetten durch endlose Gänge irrten. Ich sah meinen Bruder und wollte mit ihm sprechen. Aber es ging nicht. Er konnte mich nicht hören.

Als ich am Morgen erwachte, war mein erster Gedanke: Sie haben es nicht geschafft. Der Krieg geht weiter. Das Grauen hat noch kein Ende. Diese Verbrecher sind noch immer am Zuge. Daß es bald ihre letzten Züge sein würden, das konnte ich freilich noch nicht wissen.

Schrecken ohne Ende...

Bereits am 6. Juni 1944 waren die Alliierten an der Küste der Normandie gelandet! Ich holte meine blauen Stecknadeln hervor, um die zweite Front zu markieren. Ein neuer Streifen Hoffnung war im Westen aufgegangen. Fieberhaft verfolgte ich das Kriegsgeschehen, machte mir ein Bild aus den geschminkten Meldungen des Oberkommandos der Wehrmacht und aus den Bruchstücken der BBC-Sendungen, die ich empfing.

Es ging voran: Auch an der Ostfront war viel geschehen. Die Russen hatten eine Großoffensive begonnen. Meine Stecknadeln bewegten sich jetzt Tag für Tag. Im August zogen die Franzosen in das befreite Paris ein. Die Russen eroberten Bukarest. Im September erreichten die amerikanischen Truppen Reichsgebiet. Die Nadeln waren nun nicht mehr weit von dem Flecken Landkarte entfernt, auf dem meine Laube stand.

Es hatte so ausgesehen, als ginge der Krieg nun im Zeitraffertempo zu Ende. Nur das fehlgeschlagene Attentat des 20. Juli erschien mir wie ein furchtbarer Dämpfer. Nach dem Beginn der Invasion, als meine Sorge, die Amerikaner könnten ins Meer zurückgeworfen werden, sich als unbegründet erwiesen hatte, war ich der festen Überzeugung, daß der Krieg nur noch wenige Monate dauern würde – im Herbst, so meinte ich, könnte alles vorüber sein. Dem war nicht so.

Trotzdem besserte sich meine Stimmung von Tag zu Tag. Der von mir erwartete Termin des Kriegsendes war zwar wie Frau Jauchs Prophezeiungen · – vorübergegangen, ohne sich erfüllt zu haben, aber die Bewegung der Fronten sorgte bei mir für ausreichenden Optimismus.

Da traf mich ein unerwarteter Schlag: Meine gute Frau Jauch erkrankte plötzlich schwer. Sie hatte hohes Fieber. Als Frau Harndt kam, um mir die »Morgenpost« zu bringen, führte ich sie an das Lager der Kranken. »Ich muß sofort einen Arzt holen, Hansi«, sagte sie. Also verkroch ich mich in meinen Winkel. Der Arzt kam und überwies Frau Jauch sofort ins Krankenhaus. Ich war nun allein.

Was das für mich bedeutete, war klar: Keine Bewegung im Haus. Kein Licht. Kein Geräusch. Totenstarre. Denn die Nachbarn dachten ja, daß nun kein Mensch mehr in der Laube wäre. Ich spürte schon kurz nach Frau Jauchs Abtransport eine lähmende Angst in mir hochsteigen. Und Einsamkeit.

Als Frau Harndt zurückkam, erfuhr ich, daß es ein eingeklemmter Bruch war. Der Zustand der Patientin sei sehr, sehr ernst.

Schlaflos verbrachte ich die Nacht, hoffend, bangend, betend. Ich brauchte Frau Jauch. Ohne sie war ich verloren.

Am nächsten Morgen kam Frau Harndt wieder. Sie brachte eine furchtbare Nachricht: Frau Jauch war in der Nacht gestorben. Zum zweiten Mal hatte ich eine Mutter verloren.

*

In meiner Ratlosigkeit und Bestürzung fiel mir ein, daß Frau Jauch einen Bruder hatte. Der würde ja nun wohl kommen, da er der Erbe jener kleinen Habseligkeiten war, die Frau Jauch besessen hatte. Er war der neue Besitzer der Laube und wußte natürlich nichts von mir. Ich mußte schleunigst weg. Aber wohin?

Bei Frau Harndt konnte ich nicht unterkriechen. Ihr Mann war vorzeitig aus dem Kriege zurückgekommen. Er hatte ein Bein verloren. Die Nazis hatten auf ihn, den alten Kommunisten, ein besonderes Augenmerk. Nein, dort konnte ich keine Zuflucht finden.

Mir fiel eine Nachbarin ein, Frau Schönebeck. Von ihr wußte ich, daß sie gegen die Nazis war. Sie hatte einen Sohn in meinem Alter, der bei der Kriegsmarine als Funker war. Mehr wußte ich nicht. Es genügte, um einen Entschluß zu fassen: Ich würde mich dieser Frau Schönebeck anvertrauen und sie um Hilfe bitten. Zweimal war sie mir in Frau Jauchs Laube schon begegnet. Es hatte sich nicht vermeiden lassen. Frau Jauch hatte mich als ihren Neffen vorgestellt, der eben einmal zu Besuch sei. Nun mußte ich ihr die Wahrheit sagen.

Abends, nachdem es dunkel geworden war, verließ ich mein Versteck und ging über knirschenden Kies zur Laube der Frau Schönebeck.

Frau Schönebeck öffnete, erkannte mich wieder und fragte: »Ach, Sie sind doch der Neffe von der armen Frau Jauch. Schrecklich – diese gute Frau. So ein plötzliches Ende. Sie wollen wohl mit mir über die Beerdigung sprechen?«

»Nein«, sagte ich, »es geht um etwas anderes.«

Sie bat mich herein. Und ich erzählte meine Geschichte. Dabei ließ mich die Erleichterung, endlich wieder einmal offen mit jemandem sprechen zu können, meine Angst vergessen. Still und ernst hörte Frau Schönebeck mich an. Dann sagte sie: »Gut. Sie bleiben bei mir. Sie brauchen sich nicht zu stellen. Ich werde sie aufnehmen.«

Wenn ich heute auf mein Leben zurückblicke, so waren es diese drei Frauen aus der Kolonie »Dreieinigkeit« – Frau Jauch, Frau Schönebeck und Frau Harndt –, deren Hilfe es mir bis heute möglich gemacht hat, nach dieser für uns jüdische Menschen so furchtbaren Zeit unbefangen in Deutschland zu leben, mich als Deutscher zu fühlen, ohne Haß ein Bürger dieses Landes zu sein. Denn diese Frauen hatten ihr Leben für mich gewagt.

Ich war nicht mit ihnen verwandt. Sie hatten mich gar nicht oder nur flüchtig gekannt. Ich hätte ihnen gleichgültig sein können. Aber sie waren gute und gerechte Menschen, sie waren Deutsche, wie ich es einmal war. Wie ich es wieder bin, seitdem der Alptraum des Nationalsozialismus von unserem Vaterland gewichen ist.

*

Es war im August 1944, als ich bei Frau Schönebeck einzog. Einen verborgenen Raum, wie in Frau Jauchs Laube, gab es dort nicht. Tagsüber hielt ich mich im Schlafzimmer versteckt, nachts schlief ich auf einer Couch im kleinen, ärmlichen Wohnzimmer. Auch meine neue Retterin teilte ihre kargen Lebensmittelrationen mit mir. Ab und zu – sehr selten – schickte ihr Mann, der an der Ostfront war, ein Paket mit einer Büchse Schmalz oder einer Wurst. Das waren Festtage für uns. Der Alltag war Hunger.

Eines Tages kam der Sohn auf Urlaub. Er fragte, wer ich sei. Groß und gesund stand er in seiner Marineuniform vor seiner Mutter und mir – einer von den Starken, von denen, die sich nicht zu verstecken brauchten.

Frau Schönebeck sagte, wer ich war und warum ich bei ihr lebte. Der Sohn war wie versteinert. Empört, betroffen, zornig. »Wenn das herauskommt, bin ich auch dran«, sagte er, »da machen die kurzen Prozeß. Nein. Sie können nicht hierbleiben. Das ist zuviel verlangt. Das können Sie meiner Mutter und mir nicht aufbürden. Bitte gehen Sie.« Frau Schönebeck weinte. Auch ich kämpfte mit den Tränen. Der Sohn hatte ja recht!

Aber die Mutter bat für mich bei ihrem Sohn. Und stimmte ihn um. »Na gut«, sagte er, »dann bleiben Sie eben. Aber ich weiß von nichts. Ich habe Sie hier nicht gesehen.« Diesen Urlaub hatte er bekommen, weil er versetzt worden war – zu den U-Booten. Er verließ uns, als sein Urlaub endete, für immer – er kam von einem Einsatz im Eismeer nicht mehr zurück. Frau Schönebeck hatte mich gerettet, den eigenen

Sohn aber hatte sie verloren. »Gefallen für Führer, Volk und Vaterland«, wie es hieß.

Während Frau Jauch sich durch ihren kleinen Laden immer ein bißchen über den ärgsten Hunger hatte hinweghelfen können, blieb Frau Schönebeck, um mich mit durchzubringen, nur ihre Lebensmittelkarte »für Normalverbraucher«. Es reichte nicht. Wir hungerten um die Wette, und mir blieben die wenigen Bissen im Halse stecken.

»Hansi«, sagte sie nach einigen Tagen zu mir, »so geht das nicht weiter. Es reicht nicht für uns beide. Nebenan wohnen doch die Nemnichs, diese netten alten Leute. Denen sagen wir die Wahrheit. Ja? Die werden uns helfen, ganz bestimmt.« Mir wurde mulmig zumute. Aber ich mußte zustimmen. So wurden Nemnichs informiert und später noch zwei andere Laubenkolonisten. Der Kreis derer, die von meiner illegalen Existenz wußten, wurde größer – meine Sorgen damit auch.

Die Front kam jetzt deutlich näher. Die Bombenangriffe nahmen zu. Die Alarme häuften sich. Und damit auch meine Möglichkeiten, Luft zu schnappen.

Da nur wenige Piloten der anfliegenden Bomberverbände auf die notwendige Navigation und das Erkennen der Ziele spezialisiert waren, flogen diese den Bomberpulks voran und setzten »Christbäume«. So nannten wir damals jene Kaskaden von Leuchtkugeln, die den Himmel phantastisch erhellten und die Bombenziele markierten. Die nachfolgenden Maschinen warfen ihre Bomben in die von den Leuchtkugeln markierten Felder.

Ich stand unter diesen Christbäumen wie ein Kind in der Kulisse eines Weihnachtsmärchens. Aber die anderen machten sich Sorgen, daß der Bombenkrieg sie doch noch treffen könnte. Auch um mich bangten sie. Also wurde eine Art Bunker gebaut, aus Balken und Erde. Er war zunächst für Frau Schönebeck und mich gedacht. Der alte Herr Nemnich hatte die Hauptarbeit geleistet. Aber mit der Zeit füllte sich unser kleiner selbstgemachter Bunker. Frau Harndt kam bei Alarm, die Nemnichs kamen und später auch Leute, die ich noch nie gesehen hatte. Zuletzt waren wir mindestens zehn Menschen in diesem Unterstand, wenn draußen die Bomben fielen. Aber keiner dieser Menschen hat mich verraten. Keiner. Ich habe es nicht vergessen.

Diese einfachen Menschen, die sich gerade so durchbrachten, glaubten an mich auf eine seltsam kindliche Weise. Jedesmal wenn ein

Manchmal fand ich, wenn alliierte Bomber uns überflogen hatten, Lebensmittelreisemarken. Sie waren gefälscht und sollten die deutsche Lebensmittelversorgung aus dem Gleichgewicht bringen. Dazu indes bedurfte es dieser Fälschungen kaum mehr . . . 1944.

Luftangriff vorüber und wir alle unversehrt waren, sagten sie: »Hansi, das verdanken wir Ihnen. Die Alliierten wissen, daß hier ein Verfolgter verborgen ist, bestimmt wissen sie das. Die verschonen uns, weil Sie hier sind. Uns kann nichts passieren und das verdanken wir Ihnen.«

Zuerst glaubte ich, sie wollten einen Scherz machen, um mich auf-zumuntern, mir etwas von meiner Dankesschuld zu nehmen. Aber nein, sie glaubten fest daran in ihrer rührenden Naivität: Die Ober-kommandos der Luftstreitkräfte des Britischen Königreiches und der Vereinigten Staaten von Amerika hatten in ihren Hauptquartieren die Anwesenheit des jüdischen Jungen Hans Rosenthal in der Kolonie «Dreieinigkeit» registriert und in die Direktiven ihrer Einsatzpläne einbezogen. Dadurch war ich plötzlich nicht mehr nur der Gerettete, sondern auch der Retter.

Von dieser Zeit an brachten Nachbarn häufig etwas für mich zu essen. Auch mal ein Kleidungsstück. Sie hatten ja selbst fast nichts. Aber sie halfen. Wunderbare Menschen.

Bei den Frauen habe ich dann – als die Russen gekommen waren – einigen Dank abstatten können. Ich stellte mich schützend vor sie,

82

wenn ihnen Vergewaltigungen drohten. Einmal wurde ich dafür erheblich verprügelt – damit habe ich aber gerne bezahlt.

Doch zunächst warteten wir noch auf die Russen. Die Front rückte ja täglich näher. Eines Tages hörten wir das Donnergrollen der Geschütze. Aus weiter Entfernung zuerst. Entweder waren es russische Maschinen oder Geschütze von der Oder. Mein Herz schlug höher. Marschall Schukow marschierte auf Berlin. Die Nadeln auf meiner Europakarte konzentrierten sich jetzt auf Deutschland. Blaue und rote. Und ich saß gerade in der Mitte. Eines Abends hatte ich wieder Joseph Goebbels in meinem Detektorradio gehört. Seine Stimme war mir an jenem 28. Februar 1945 seltsam verändert erschienen:

»Die allgemeine Kriegslage hat, rein militärisch gesehen, durch die erfolgreiche Sowjet-Offensive aus dem Baranow-Brückenkopf eine jähe Veränderung erfahren, und zwar zu unseren Ungunsten. Es ist den bolschewistischen Stoßarmeen, die die sowjetische Kriegsführung an diesem gefährlichsten Punkt versammelt hatte, nach schwersten, blutigsten und verlustreichsten Kämpfen gelungen, tief in den deutschen Ostraum vorzudringen und damit für uns eine Situation zu schaffen, die ausgesprochen bedrückend ist. Unsere Lage hat sich damit auf das äußerste angespannt. Aber sie ist nicht im mindesten etwa ohne Aussicht geworden. Unsere Feinde jubilieren – wie so oft schon im Verlaufe des Krieges – zu früh, wenn sie meinen, es sei ihnen gelungen, dem Reich das Rückgrat zu zerbrechen.«

Ich hatte gelernt, aus diesen Goebbelsreden das Durchhaltepathos und die leeren Floskeln von einer »Wende« abzuziehen – es war nicht schwer gewesen, das zu lernen. Es gab nun also keinen Zweifel mehr daran, daß dieser Krieg zu Ende ging. Stundenlang hörte ich in meinem Detektor, was ich nur hören konnte. Die Russen schienen einen Großangriff auf Berlin vorzubereiten.

Am 13. April entnahm ich es einer »Führer«-Proklamation: »Eine gewaltige Artillerie empfängt den Feind ... Der Bolschewist wird diesmal das alte Schicksal Asiens erleben, das heißt, er muß und wird vor der Hauptstadt des Deutschen Reiches verbluten ...« An die Offiziere und Soldaten gewandt: »Wer Euch Befehl zum Rückzug gibt, ohne daß Ihr ihn genau kennt, ist sofort festzunehmen und nötigenfalls augenblicklich umzulegen ... Berlin bleibt deutsch. Wien wird wieder deutsch. Und Europa wird niemals russisch.«

DIE OSTSEEKÜSTE VON DER POMMERS

STURMFLAK

Bilder aus dem Osten | Von Kriegsberichter Kurt Langner

Kampfraum Pommern

Im Hof des Gutshauses steht der Funkwagen. Der Funker empfängt wieder einen Spruch, notiert ihn und gibt ihn dem Obergefreiten, der ihn hineinbringt zum Stabe des Flak-Sturmregimentes. Der Kommandeur liest und reicht das Papier dem Adjutanten: „Das Grenadier-Bataillon hat die Höhe nördlich St. besetzt. Wir werden unsere 2. Batterie einsetzen, um den Feind am Nachrücken zu hindern."

in Stellung, das Feuer hat gute Wirku Feindliche Pak und Granatwerfer schie sich auf die Flakgeschütze ein, also S lungswechsel. Gedeckt arbeiten sich leichten Selbstfahrlafetten an eine sow tische Bereitstellung in Zugstärke, nehr sie überraschend unter Feuer und zersc gen sie. Die bereits auf dem Höhengelä vor M. stehende feindliche Infanteriesp weicht zurück, die 2 cm halten wirksam zwischen

»Das Reich« vom 1. April 1945. Eine mit Bleistift geschwärzte »Lagekarte«, auf der ich den Vormarsch der Russen einzeichnete. An diesem Tag standen sie bereits an der Oder – um Danzig, Zoppot und Königsberg hielten sich noch deutsche Kessel. 1945.

... UCHT BIS ZUR KURISCHEN NEHRUNG

Die S...

ma Ein...
lorene Kr
hunderte .
von Bezieh
es nicht d
in der M
Columbus
dem die K
schwer wa
rührte, v
Gouverneu
Korallenin
Bruders? .
rung seine
tete Dasei
rettet das
der Kriegsv
barsten be
im Umkre
die Stützp
deutlicher
entsandte
nächste Mi
damit er a
der Verein
Inseln Eng
der Herzog
müde gewo
erschienen
läßt den
Träume de
blassen, d
mudas, M
weit und i

Dem M
nach der
schenmilli
gekommen
am Rand
sechstause
lumbus di
nannte sie
lings-Insel
Schätzen d
meintliche
sein. „Im
mir ein ar
sie kannte
los in de
und sich
war in d
bekam ihr
„westliche
zu seinem
von Wind
so gut, d
Last ward.

ige neben den Schreibtischmann zu kam. „Nun schieß mal mit deinem alter." — „Wenn du mit der Schöpf-hmeißt", kam es zurück. Und während e schoß, lud der andere die Patronen echselseitig lösten sie sich einander l während der Stunde des Kampfes den Sowjets aus diesem Deckungsloch nterbrechung mörderisches Feuer ent-

Als der feindliche Vorstoß abge-n war, ging der eine wieder ans Pult, lere an den Kochkessel. Seitdem be-sie sich wie alte Freunde.

❖

fahrer sind rauhe Männer, das bringen und Wetter und wenig Schlaf so mit ler Stabsgefreite, der Tag und Nacht n für die Batterien des Flak-Sturm-

portzug mit ihrem acht Monate alten Kinde unterwegs; als der Zug hier an dieser Sta-tion hielt, übergab sie das Kind ihrer Nach-barin in Abteil und ging hinaus, um in der Nähe die Milchflasche zu wärmen. Inzwischen fuhr der Zug und mit ihm ihr Kind davon. Verzweifelt starrt die junge Mutter den Stabs-gefreiten an. „Wann war das, vor zehn Mi-nuten? Los, 'rauf auf den Wagen, wir fahren zum nächsten Bahnhof, da holen wir den Zug ein."

In verbotenem Tempo rattert der Lkw. über die Landstraße, vorbei an den ersten Häusern der nächsten Stadt, ohne Rücksicht auf den Verkehr bis zum Bahnhof. Da steht der Zug — neben der Frau rennt der Kraftfahrer an den Wagen entlang. „Hier ist es!" Eine glück-liche Mutter hat wohlbehalten ihr Kind

Das war deutlich genug. Hitler wußte offenbar, daß alles verloren war. Was aber für ihn und sein Regime verloren war, war für mich – und natürlich nicht nur für mich – gewonnen. Ich lebte auf. Stunden der Niedergeschlagenheit erlebte ich nun nicht mehr. Ich vergaß, daß ich Hunger hatte. Meine Sinne waren für das Kommende geschärft.

Mit Frau Schönebeck und Frau Harndt saß ich bis in die Nacht zusammen. Wir sprachen über das Ende des Krieges und was ihm folgen würde. Einig waren wir uns darin, daß wir noch Gefahren zu bestehen hatten, denn zu Ende war der Kampf ja noch nicht. Das Donnergrollen klang nun nicht mehr wie ein Gewitter, sondern eher wie ein Bombenhagel in nächster Nähe. Der Boden zitterte von schweren Einschlägen.

Am Abend des 19. April, dem Vorabend von Hitlers 56. Geburtstag, sprach noch einmal Joseph Goebbels. Es wirkte wie ein Spuk auf mich. Seine Stimme klang merkwürdig verzerrt in meinem kleinen Empfangsgerät:

»Noch einmal stürmen die Heere der feindlichen Mächte gegen unsere Verteidigungsfront an. Hinter ihnen geifert als Einpeitscher das internationale Judentum, das keinen Frieden will, bis es sein satanisches Ziel der Zerstörung der Welt erreicht hat. Aber es wird vergeblich sein! Gott wird Luzifer, wie so oft schon, wenn er vor den Toren der Macht über alle Völker stand, wieder in den Abgrund zurückschleudern, aus dem er gekommen ist.«

Es schien mir eine lächerliche, zum Weinen lächerliche Idee, daß der liebe Gott nun die Vernichtung der »feindlichen Heere« übernehmen würde, nachdem es Hitler allein nicht gelungen war. Und das »internationale Judentum«? Gehörte ich eigentlich dazu, der nun zwanzigjährige Hans Rosenthal, dessen Eltern tot und dessen kleiner Bruder verschleppt und spurlos verschwunden war?

In einem alten Pappkarton lag, zwischen anderen Habseligkeiten und persönlichen Dokumenten, noch immer mein »gelber Stern«. Er dokumentierte diese Zugehörigkeit. Aber daß ich mir die Zerstörung der ganzen Welt zum Ziel gesetzt hätte, war mir bisher verborgen geblieben. Mein »satanisches Ziel« war etwas niedriger gesteckt: Ich wollte nur überleben. Goebbels schloß seine Rede: »Worum wir so oft im Glück an diesem Abend den Führer baten, das ist heute im Leid und in der Gefahr für uns alle eine viel tiefere und innigere Bitte an ihn geworden: Er soll bleiben, was er uns ist und immer war – unser Hitler!«

Nun, es sollte sich bald erweisen, welchen »Luzifer« Gott »in den Abgrund zu schleudern« gesonnen war ...

*

In der letzten Aprilwoche hörte ich außer dem Geschützdonner ein für mich neuartiges Geräusch: ein Rasseln, das die Erde beben ließ – Panzer. Panzerketten, Panzermotoren, dumpfe Einschläge. Das war nicht gerade Gesang in meinen Ohren. Aber es war der Klang der Freiheit.

»Frau Schönebeck«, sagte ich, »die Russen sind da. Hören Sie mal ...«

Frau Schönebeck hörte es auch. Sie zitterte.

»Meinst du, Hansi, daß das wirklich die Russen sind? Es könnten ja auch Wehrmachtspanzer sein ...«

»Nein«, sagte ich, »das glaube ich nicht, die rollen nicht mehr. Ich werde mal rausgehen und nachsehen.«

»Bleib hier, Hansi«, sagte Frau Schönebeck, »du setzt dein Leben aufs Spiel!«

Ich ließ mich nicht halten.

»Nur bis zum Hohenschönhauser Weg, weiter gehe ich nicht.« Ich verließ die Laube und lief, ohne weiter Rücksicht auf meine Situation zu nehmen, in die Richtung, aus der das Gerassel der Panzerketten kam.

Hinter einer Hecke suchte ich Deckung. Und dann sah ich die Panzer kommen, schmutzige, lärmende Ungeheuer. Einer hielt neben mir an. Ich duckte mich. Ganz deutlich sah ich den Sowjetstern auf den Panzerplatten.

Plötzlich begann sich der gedrungene Turm in meine Richtung zu drehen, wie ich entsetzt bemerkte. Langsam senkte sich das Rohr.

Ich zog mein Taschentuch heraus und winkte. Augenblicklich öffnete sich die Panzerluke, ein Sowjetsoldat steckte seinen Kopf heraus, dann seinen Arm. Er rief mir etwas auf Russisch zu, was ich nicht verstand, aber seinen Gesten entnahm ich, daß ich verschwinden sollte.

Ich verschwand, wie man sich denken kann. Atemlos kam ich in der

Laube an und erzählte das Vorgefallene. Frau Schönebeck meinte, daß es mir, das Leben hätte kosten können.

Erst später erfuhr ich, daß hinter solchen Hecken Hitlerjungen und Männer vom »Volkssturm«, dem letzten Aufgebot, gelauert und »Panzerfäuste« gegen die heranrückenden Panzer gerichtet hatten. Mit dieser Waffe waren noch einige der russischen Panzer abgeschossen worden.

...und ein Ende mit Schrecken

Endlich hatte ich von Frau Schönebeck die Erlaubnis bekommen, loszuziehen. Ich steckte stolz meinen »gelben Stern« ans Jackett und machte mich auf den Weg, den Befreiern entgegen. Vor Nazis hatte ich jetzt keine Angst mehr, obwohl die Möglichkeit eines Gegenstoßes durchaus noch bestand.

Es war ein ganz seltsames Gefühl, nach zwei Jahren Gefangenschaft in meinem Versteck, nach zwei Jahren der Angst und des Hungers, frei und sorglos durch die Straßen zu gehen. Ich glaube, ich habe sogar gepfiffen. Eine Melodie der Kapelle »Rosé«...

Am Bahnhof Landsberger Allee sah ich dann doch deutsche Panzer. Ich erschrak und suchte Deckung hinter einer Hauswand. Aber ich sah bald, daß diese Panzer von ihren Besatzungen verlassen waren. Man hatte die schweren Kettenfahrzeuge, nachdem ihnen das Benzin ausgegangen war, quergestellt, um damit den Sowjets den Weg zu versperren.

Kurz vor dem Zentralviehhof stand ein russischer Panzer, seine Besatzung plaudernd daneben. Winkend, strahlend, glücklich näherte ich mich den Panzersoldaten.

Einer von ihnen war Jude. Er begrüßte mich herzlich und sprach deutsch mit mir. Er müsse mit seinen Kameraden in wenigen Minuten auf die Innenstadt vorstoßen, sagte er. Ob er's überleben würde, wer wüßte das schon. Ich drückte ihm die Hand. »Massel tov« sagte ich zu ihm – »Viel Glück!«

Dann ging ich mit meinem »gelben Stern« zurück zur Kolonie

Ein kommunistischer Handzettel, der während der Kämpfe um Berlin abgeworfen wurde.
Mai 1945.

»Dreieinigkeit«. Plötzlich, am Wasserwerk, umzingelten mich einige
Russen. Sie richteten ihre Maschinenpistolen auf mich. Ich zeigte auf
meinen Stern und lächelte, obwohl mir das Herz bis zum Halse schlug.
Was war nur los mit denen? Ihre drohende Haltung ließ keinen Zweifel daran zu, daß sie Anstalten machten, mich an die Wand zu stellen
und zu erschießen. Ich wurde brutal gegen eine Mauer gestoßen. Dort
stand ich mit erhobenen Händen und verstand die Welt nicht mehr.

Sollte alles – durch ein mir unbegreifliches Mißverständnis – nun
zu Ende, aller Überlebenswille und alle Entbehrungen doch noch vergebens gewesen sein?

Da kam ein Offizier auf einem Fahrrad vorüber. Er hielt an, stieg ab
und ging durch die Soldaten hindurch auf mich zu. Andere Soldaten
umkreisten uns auf Fahrrädern, die sie irgendwo erbeutet hatten. Sie
schienen mir wie Kinder, die sich an Nichtigkeiten erfreuen können,
während es vor ihren Augen anderen an den Kragen geht.

Der Offizier war Jude. Mir fiel ein Stein vom Herzen. Er fragte mich
auf jiddisch, ob ich auch Jude sei. »Ja«, sagte ich, »ich bin Jude. Kein SS-

Mann. Ich war versteckt . . .« Ich stammelte in meiner Todesangst, denn von einem der mich Umzingelnden hatte ich Laute gehört, die wie »SS« klangen. Der Offizier blieb mißtrauisch. Er forderte mich auf, unser Glaubensbekenntnis auf hebräisch aufzusagen. Ich sagte es auf und dabei war mir, als verstünde ich zum ersten Mal den Sinn: »Schma Jisroel, Adonaj Elauhenu, Adonaj echod – Höre, Israel, der Ewige ist unser Gott, der Ewige ist einzig.«

Der Offizier schien bewegt. Er drückte meine Hand und blickte stumm zu Boden. »Du bist Jude«, sagte er nach einer längeren Pause. »Du kannst gehen.«

»Mach den Stern ab«, sagte der Offizier noch.

»Warum?«, fragte ich.

»Du hast Glück gehabt«, sagte mein Retter, »diese Division hat das Konzentrationslager Majdanek befreit. Da hatten einige Angehörige der SS-Wachmannschaften die ›gelben Sterne‹ von den Häftlingskleidern abgenommen und sich selber angesteckt. Als wir das entdeckten, gab es einen Tagesbefehl: Jeder, der mit einem solchen Stern angetroffen wird, ist sofort zu erschießen.«

Also wäre ich wirklich erschossen worden, wenn dieser jüdische Offizier nicht hinzugekommen wäre. »Der Ewige ist unser Gott«, sagte ich gedankenverloren vor mich hin. »Der Ewige ist einzig.«

Ich steckte den Stern wieder in die Hosentasche und ging in meine Laubenkolonie zurück. Dort blieb ich nicht lange. Der Drang ins Freie zu den Menschen war übermächtig in mir geworden.

*

In Lichtenberg gab es ein antifaschistisches Komitee. Dort meldete ich mich zunächst. Noch hatte die Wehrmacht nicht kapituliert, noch wurde in der Innenstadt gekämpft. Hitler lebte im Bunker der Reichskanzlei, gab, wie ich später erfuhr, wahnwitzige Befehle, klagte die Generalität des Verrates an.

Beim neuernannten Bürgermeister von Lichtenberg, zu dem mich das antifaschistische Komitee geschickt hatte, bekam ich eine Bescheinigung:

»Hans Rosenthal, geb. 2. 4. 25 in Berlin, ist tatsächlich seiner Nationalität nach Jude und wohnt in der Kolonie Dreieinigkeit, Schusterstr. 11, bei Schönebeck.« Stempel. Unterschrift.

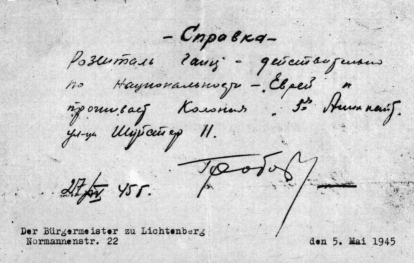

— Справка —

Розенталь Ганс – действительно
по Национальности – Еврей и
проживает Колония „5й Триединст.
ул-ца Шустер 11.

27/IV 455.

Der Bürgermeister zu Lichtenberg
Normannenstr. 22   den 5. Mai 1945

Hans R o s e n t h a l , geb. 2.4.25, ist tatsächlich seiner
Nationalität nach Jude und wohnt in der Kolonie Dreieinigkeit,
Schusterstr. 11, bei Schönebeck   er Bürgermeister.

Mein neuer »Pass« – in russisch und deutsch. Der »Nationalität« nach war ich nun »Jude«.
Mai 1945.

Von diesem Augenblick an lebte ich wieder legal. Es war ein wunderbares, erlösendes Gefühl. Der Bürgermeister, ein schlichter Mann,
zog mit einigen Leuten durch die Gegend und suchte nach verborgenen Nazis. Ich schloß mich der Gruppe an. Noch immer hatte die
Naziführung nicht kapituliert, noch fürchtete man Überfälle von
»Volkssturmleuten« oder »Werwölfen«, wie die letzten Verzweiflungs-
kämpfer des Nazifanatismus genannt wurden.

Ich erlebte, wie man vor dem Bürgermeister zitterte. Kleine Nazis,
Mitläufer, Verführte und Verblendete, schlotterten vor Angst, daß
nun die große Rache käme – in Gestalt des Herrn Bürgermeisters. Das
hatte ich nun allerdings so nicht gewollt.

In einer Wohnung fand er ein Buch mit einem Hakenkreuz – das Buch der Olympischen Spiele von 1936. Eine zitternde Mutter stand da mit ihrem etwa elfjährigen Sohn. Endlich! Zwei Nazis! Das Hakenkreuz!

»Das ist doch Wahnsinn«, sagte ich zum Bürgermeister, »das Buch kenne ich, das ist ein Olympiabuch. Damit kann man doch nicht beweisen, daß einer Nazi ist!«

Es ging hin und her. Der Bürgermeister wollte die Frau und den Jungen mitnehmen. Ich redete auf ihn ein. Nach zwei Stunden hatte ich die beiden »Faschisten« frei.

Damit war mein »Einsatz« für das neue und antifaschistische Bezirksamt Lichtenberg beendet. Das war nicht meine Welt, die ich ersehnt, erfleht, erträumt hatte. Ging es denn gar nicht ohne Verfolgung und Diskriminierung unschuldiger Menschen?

Als ich am 1. Mai gegen Mitternacht in die Laube der Frau Schönebeck zurückkam, war große Aufregung: »Hitler ist tot!« Frau Harndt bestätigte es: »Ja, Hansi, es ist heute abend durchgegeben worden.«

Sie hatte den Text der Meldung auf ein Stück Papier gekritzelt:

»Aus dem Führerhauptquartier wird gemeldet, daß unser Führer Adolf Hitler heute nachmittag in seinem Befehlsstand in der Reichskanzlei, bis zum letzten Atemzug gegen den Bolschewismus kämpfend, für Deutschland gefallen ist. Am 30. April hat der Führer Großadmiral Dönitz zu seinem Nachfolger ernannt.«

Ich schwieg zunächst. Dann sagte ich nur: »Endlich!« Später war zu erfahren, daß diese Meldung zwei Unrichtigkeiten enthielt. Hitler war nicht »gefallen«, sondern hatte sich erschossen. Und das nicht am 1. Mai, sondern schon am 30. April.

Egal. Er war tot. Der Verderber Deutschlands, der Schuldige am Tode von Millionen Menschen vieler Völker, der Vernichter der jüdischen Menschen, lebte nicht mehr. Aber ich, Hans Rosenthal, lebte, war gesund und war frei.

Natürlich dachte ich in jenen Tagen an meinen kleinen Bruder. Ich hatte nicht viel Hoffnung, daß er noch am Leben wäre. Ich dachte an die vielen gedemütigten, verschleppten, gequälten und schließlich ermordeten jüdischen Menschen.

Und ich schwor, mein neues, zweites Leben dafür einzusetzen, daß so etwas nie wieder geschehen würde.

zwischen den Zeiten

Als Funkkurier
auf der »Ost-West-Achse«

Noch immer schienen die Nazis, trotz Hitlers Tod, den Wahnsinn fortsetzen zu wollen. Es gab Dönitz-Aufrufe, in denen von heldenhaftem Widerstand und vom Weiterkämpfen die Rede war. Ich mußte etwas tun. So ging ich zum Alexanderplatz und von dort zur Dirksenstraße. In meinen einsamen Nächten, die ich mit den Kopfhörern meines Detektors an den Ohren verbracht hatte – Goebbelsreden, Frontberichten, Propagandagetöse und Führerbefehlen lauschend –, war ein Zukunftsplan in mir entstanden: Ich wollte, wenn alles vorüber war, zum Rundfunk gehen. Sendungen machen! Die »richtigen«. Die freien. Die anständigen. Es sollten politische Sendungen sein.

In der Dirksenstraße traf ich einen Mann namens Meier. Er arbeitete dort am Neuaufbau der Polizei mit. Ob ich helfen wollte? »Warum nicht?« sagte ich.

Wir suchten wieder SS-Leute. Und ergriffen einen Mann – nein, keinen Mann, einen siebzehnjährigen Hitlerjungen. Er hatte – buchstäblich in letzter Minute – nur einen Kilometer von der russischen Front entfernt, noch neun Frauen erschossen, weil sie nicht mehr an den Sieg glauben wollten. Der Junge wurde abgeführt. Das Ganze war mir dann doch zu hart. Ich zog wieder von dannen.

Viele Jahre später traf ich diesen Herrn Meier in Berlin auf Empfängen wieder, ohne zu wissen, wer er war. Er kam mir allerdings bekannt vor. Er war Sprecher der Berliner Pressekonferenz, und da wir freundschaftlich verkehrten, kamen wir einmal längere Zeit ins Plaudern. Er erzählte, daß er 1945 in Berlin bei der Polizei gewesen sei. Jetzt wußte ich, woher er mir so bekannt vorgekommen war. Später ist er dann nach Israel gegangen, hat den 48er Krieg mitgemacht und ist heute Leiter des Berlinstudios der »Deutschen Welle«.

Am 8. Mai kapitulierte die deutsche Wehrmacht. Das absolute Ende des Krieges war nicht mehr bezweifelbar. Eigentlich hatte ich mir in den letzten Kriegsmonaten immer gewünscht, die Russen sollten möglichst eher in Berlin sein als die Amerikaner. Ich nahm an, daß die Sowjets mit den schuldigen Nazis weniger nachsichtig umgehen würden, als ich das von den netten »Amis« erwartete. In manchem mag sich das zunächst bewahrheitet haben. Andererseits konnten belastete Nazis, ja sogar Gestapo-Leute, sehr schnell wieder etwas werden unter dem sowjetischen Besatzungsregime – wenn sie rechtzeitig ihren Mantel nach dem neuen Wind hängten. Die Unfreiheit, die Tyrannei – und in diesem Sinne die schrecklichen Ähnlichkeiten des Sowjetsystems mit dem der Nazis – hatte ich damals noch nicht erkannt. Ich war arglos wie viele andere, die unter der Hitler-Despotie gelitten hatten und sah in den Russen eben die Befreier von der nazistischen Schrekkensherrschaft. Entsprechende andere Erkenntnisse kamen erst später, aber doch verhältnismäßig bald. Und aus eigener Anschauung.

*

Ich hatte gehört, daß es wieder einen Berliner Rundfunk geben sollte. Einen Sendebetrieb, der frei war von den Fesseln der Nazi-Propaganda. Das war meine Stunde. Die bitteren Lehren, die ich, an meinem Detektor hängend, im doppelten Sinne des Begriffes »empfangen« hatte, wollte ich nun durch die Tat, durch das Wort vor allem, nutzbringend verwerten: den Menschen die Wahrheit sagen. Das war es, was mich beflügelte.

In jenen Tagen besaß ich ein Fahrrad. Durch irgendein Tauschgeschäft hatte ich es erworben. Ein solcher Besitz war damals eine unsichere Sache, da die Russen den Deutschen die Fahrräder massenweise abnahmen.

Dagegen war mein Fahrrad ein sicherer Besitz: Die Russen hatten mir ein Dokument in kyrillischer Schrift ausgestellt, das mich als den rechtmäßigen Eigentümer auswies und den Besatzungssoldaten verbot, es mir wegzunehmen.

Mit diesem unter dem Schutz der Siegermacht stehenden Fahrrad fuhr ich in die Masurenallee zum Klinkerbau des alten »Reichsrundfunks«. Obwohl die Masurenallee und das Funkhaus im britischen Sektor lagen, wurde der Sender von den Sowjets betrieben. Die Russen hatten das für sich in Anspruch genommen, weil der Sender Leipzig zerstört war und sie keinen Großsender in ihrer Besatzungszone hatten, den sie betreiben konnten. Die westlichen Alliierten hatten aber Hamburg, Köln, München, Frankfurt usw. Und da die Westmächte in jener Zeit den Sowjets gegenüber von erstaunlicher Großzügigkeit und fast sentimentaler Waffenbrüderschaft erfüllt waren, überließen

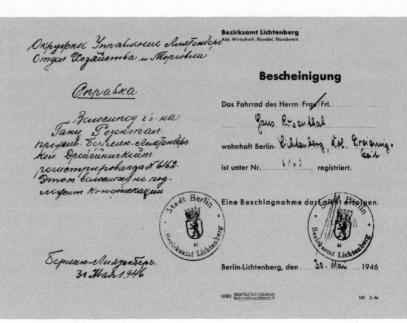

Meine Fahrrad-Registrier-Bescheinigung, nach der eine Beschlagnahme nicht mehr
erfolgen durfte – vorsichtshalber auch in russisch. Mai 1946.

sie Moskau das große Funkhaus in West-Berlin, das als erstes Gebäude
in Deutschland speziell für einen Rundfunksender errichtet worden
war.

Als ich das Eingangsportal betrat, stand ein sowjetischer Soldat im
Wege. Er war bewaffnet und musterte mich geringschätzig. Offensichtlich trug ich nicht die Kleidung, die hier üblich war.

»Was du wollen?«

»Raboti, raboti«, antwortete ich.

Dieses Wort hatten wir schnell gelernt. Es bedeutete »Arbeiten«.
Die Sowjets verlangten von den besiegten Deutschen sehr viel »Raboti«. Es war ein Schlüsselwort, das für sie einen angenehmen Beige-
schmack hatte – soweit es uns betraf.

Der Soldat reagierte entsprechend. Er ließ mich durch. An der Pfört-
nerloge konnte ich dann deutsch sprechen: »Ich würde hier gern arbeiten. Wo kann ich mich da melden?« Der Pförtner verwies mich an
einen Herrn Klein in der Personalabteilung. Es stellte sich heraus, daß

98

er der Personalchef war, eigens aus Moskau gekommen. Die Sowjets hatten ihre deutschen Helfer für Schlüsselpositionen – und die Personalabteilung war eine Schlüsselposition – gleich mitgebracht: geschulte Kommunisten aus der russischen Emigration.

Herr Klein war freundlich. Meine zwar kurze, aber doch recht bewegte – und vielleicht auch bewegende – Lebensgeschichte machte ihn aufgeschlossen.

»Gut«, sagte er, »Sie können hier arbeiten. Es wird 56 Stunden in der Woche gearbeitet. Morgen früh, acht Uhr dreißig, fangen Sie an«.

»Womit?«, fragte ich.

»Mit der Arbeit«, antwortete Herr Klein.

»Was für einer Arbeit?« fragte ich.

»Archiv«, sagte er trocken und wälzte wieder seine Akten. Die Audienz war beendet, und ich war eingestellt.

Wie benommen ging ich durch die Flure des Funkhauses. Ich erinnerte mich eines Ausspruchs von Joseph Goebbels: »Propaganda hat das Dritte Reich gemacht.« Er meinte damit nicht, daß dieses Dritte Reich Propaganda betrieben hatte, sondern daß es zuallererst durch Propaganda geschaffen worden war.

Hier hatte das also stattgefunden. Hier hatte Goebbels seine Rundfunkansprachen gehalten. Hier hatte der »Führer« beim Verlesen von Appellen und Aufrufen an »sein« Volk vor dem Mikrophon gesessen. Von hier waren die Berichte des Oberkommandos der Wehrmacht gesendet worden. Hier hatte Goedeckes »Wunschkonzert« für das »Winterhilfswerk« stattgefunden. Hier waren die Worte des Hasses und des Grauens gegen die Juden gesprochen und in Millionen deutsche Ohren »hineingefunkt« worden.

Ich stand gewissermaßen im Geburtshaus der Nazimacht und des »Volkszorns«, den ich so früh schon kennengelernt hatte. Alles, was ich in den Kopfhörern meines Detektors empfangen hatte – mit Ausnahme der BBC-Sendungen natürlich –, war von hier ausgegangen.

Und nun war ich, der sich vor kurzem noch vor den Phantomen, die hier ausgebrütet worden waren, hatte verkriechen müssen, ein Mitarbeiter in diesem Gebäude. Spukte nicht der Geist Hitlers und Goebbels' noch im Klinkermauerwerk?

Ich schwang mich auf mein Fahrrad und fuhr zurück zu Frau Schönebeck.

NACHRICHTENBLATT

für die deutsche Bevölkerung

Nr. 19   10. Mai 1945

Botschaft des Genossen J. W. Stalin an das Volk

Genossen! Landsleute!

Der große Tag des Sieges über Deutschland ist gekommen. Das faschistische Deutschland, das von der Roten Armee und von den Truppen unserer Verbündeten in die Knie gezwungen wurde, hat seine Niederlage anerkannt und die bedingungslose Kapitulation erklärt. Am 7. Mai wurde in Reims das vorläufige Kapitulationsprotokoll unterzeichnet. Am 8. Mai unterzeichneten die Vertreter des deutschen Oberkommandos im Beisein der Vertreter des Oberkommandos der Alliierten Truppen und des Oberkommandos der Sowjettruppen in Berlin die endgültige Kapitulationsurkunde, welche seit dem 8. Mai, 24.00 Uhr in Kraft getreten ist.

Da wir die Wolfsmanieren der deutschen Häuptlinge kennen, die Verträge und Abkommen als leere Papierfetzen betrachten, haben wir keinen Grund, ihren Worten zu glauben. Doch seit heute morgen haben die deutschen Truppen begonnen, in Erfüllung der Kapitulationsurkunde massenweise die Waffen zu strecken und sich unseren Truppen gefangen zu geben. Das ist schon kein leerer Papierfetzen mehr. Das ist die wirkliche Kapitulation der Streitkräfte Deutschlands. Zwar versucht noch eine Gruppe deutscher Truppen im tschechoslowakischen Raum, sich der Kapitulation zu entziehen. Doch ich hoffe, daß es der Roten Armee gelingen wird, sie zur Vernunft zu bringen.

Jetzt haben wir vollen Grund zu erklären, daß der historische Tag der endgültigen Niederschlagung Deutschlands, der Tag des großen Sieges unseres Volkes über den deutschen Imperialismus gekommen ist.

Die großen Opfer, die wir im Namen der Freiheit und Unabhängigkeit unserer Heimat gebracht haben, die unzähligen Entbehrungen und Leiden, die unser Volk im Laufe des Krieges erduldet hat, die angestrengte Arbeit im Hinterland und an der Front, die wir dem Altar des Vaterlandes weihten, sind nicht umsonst gewesen und wurden durch den vollen Sieg über den Feind gekrönt. Der jahrhundertelange Kampf der slawischen Völker für ihre Existenz und Unabhängigkeit endete mit dem Sieg über die deutschen Eindringlinge und über die deutsche Tyrannei.

Von nun an wird über Europa das große Banner der Freiheit der Völker und des Friedens unter den Völkern wehen.

Vor drei Jahren erklärte Hitler vor aller Welt, daß zu seinen Zielen die Aufteilung der Sowjetunion, die Loslösung des Kaukasus, der Ukraine, Bjelorußlands, des Baltikums und anderer Gebiete gehört. Er erklärte direkt: „Wir werden Rußland vernichten, damit es sich nie mehr erheben kann". Das war vor drei Jahren. Doch diese wahnwitzigen Ideen Hitlers sollten nicht in Erfüllung gehen, das Kriegsgeschehen verwehte in alle Winde. In Wirklichkeit trat gerade das Gegenteil von dem ein, wovon die Hitleristen phantasierten. Deutschland wurde aufs Haupt geschlagen. Die deutschen Truppen kapitulieren. Die Sowjetunion feiert den Sieg, obwohl sie nicht beabsichtigt, Deutschland aufzuteilen oder zu vernichten.

Genossen! Der große Vaterländische Krieg endete mit unserem vollen Sieg. Die Periode des Krieges in Europa ist zu Ende. Die Periode der friedlichen Entwicklung hat begonnen.

Ich gratuliere Euch zum Sieg, meine teuren Landsleute!

Ruhm unserer heroischen Roten Armee, die die Unabhängigkeit unserer Heimat geschützt und den Sieg über den Feind errungen hat!

Ruhm unserem großen Volk, dem Siegervolk!

Ewiger Ruhm den Helden, die in den Kämpfen mit dem Feind gefallen und ihr Leben für die Freiheit und das Glück unseres Volkes hergegeben haben.

Ein Flugblatt, das zwei Tage nach der Kapitulation in Berlin verteilt wurde: »Von nun an wird über Europa das große Banner der Freiheit der Völker und des Friedens unter den Völkern wehen.« Mai 1945.

»Sie haben mich angenommen«, rief ich ihr zu, »morgen geht es los. Ich arbeite im Rundfunk.«

»Als was?« fragte Frau Schönebeck.

»Das weiß ich noch nicht so genau«, sagte ich. »Irgend etwas im Archiv.«

»Und was verdienst du da?« fragte sie.

Das hatte ich ganz vergessen, zu fragen. Über mein Gehalt war kein Wort gewechselt worden. Dieses Versäumnis sollte mir im späteren Leben nicht mehr unterlaufen.

Am anderen Morgen war ich pünktlich zur Stelle. Meine Tätigkeit begann allerdings nicht, wie angenommen, im Archiv, sondern in der Materialverwaltung. Das erfuhr ich von Herrn Klein, der mich unverzüglich in den Keller schickte. Zuvor fragte ich aber doch nach meinem Gehalt.

»Im Anfang und für die Probezeit verdienen Sie 120 Reichsmark«, sagte Herr Klein.

»Gut«, sagte ich, «einverstanden».

Es war mir fast egal, wieviel ich verdiente. Die Reichsmark rasselte damals ohnehin in Richtung Wertlosigkeit. Als wenig später der Schwarzmarkt aufblühte, waren zwölf Zigaretten der Gegenwert meines Monatslohnes.

In der Materialverwaltung war vom Chaos des Untergangs nichts zu sehen. Es sah ganz ordentlich aus. Briefbogen gab es noch, Kohlepapier, Radiergummi und Bleistifte. Diese kostbaren Utensilien mußte ich ausgeben. Ich tat es zwei Tage lang. Dann erschien ich wieder bei Herrn Klein.

»Herr Klein«, sagte ich, »das dort unten ist nicht das Richtige für mich. Ich bin Ihnen zwar sehr dankbar, daß Sie mir gleich eine Beschäftigung gegeben haben – aber Radiergummi ausgeben, dazu brauchen Sie keinen Hans Rosenthal. Ich möchte Rundfunk machen!« Woher ich den Mut nahm, ihn so keck anzusprechen, weiß ich nicht. Jedenfalls schmunzelte er und zeigte sich mir gewogen.

»Na schön«, sagte er, »dann gehen Sie jetzt mal nicht in den Keller, sondern treppauf. Sie melden sich beim ›Zeitfunk‹, ja?«

Das klang schon besser. Der Wechsel sah nach Karriere aus. Als ich eintraf, startete man soeben eine »Zeitfunk«-Sendung, die später sehr populär wurde: den »Pulsschlag Berlins«.

Berlins Puls schlug ja nun wieder, nachdem er in der »Stunde Null« ausgesetzt hatte. Mein Puls aber schlug besonders heftig. Und so merkte man mir gleich meinen Feuereifer an. Ich wurde »Mädchen für alles«. Ich organisierte und recherchierte, als wollte ich nachholen, was ich in den letzten Jahren versäumt hatte.

Hanne Sobeck, der berühmte internationale Fußballspieler, war Sportfunkleiter. Ich hatte mit ihm »persönlich« zu tun und war nicht wenig stolz darauf.

Es gab auch schon bald wieder ein Radrennen im zerstörten Berlin – aber Telefon gab es vorläufig noch nicht. Dadurch wurde mein Fahrrad zu einem wichtigen Vehikel für den neuerstandenen Rundfunk.

Hanne Sobeck nahm mich einmal beiseite: »Ein Fahrrad haben Sie? Großartig. Dann fahren Sie mal zu dem Radrennen und holen die Ergebnisse, ja?«

Ich strampelte los und tat, wie Hanne Sobeck mich geheißen hatte. Die Ergebnisse, die ich geholt hatte, konnten gesendet werden – Telefon war überflüssig.

Leider bewährten sich meine Kurierfahrten für den Sportfunk durch Berlins Ruinenmeer zu gut – ich wurde immer häufiger losgeschickt und strampelte mir manchmal die Lunge aus dem Leib.

Doch bald fand ich eine Möglichkeit, diese Strampelfahrten komfortabler und kraftschonender zu gestalten. Die Russen brachten auf Lastkraftwagen Nachschub vom Osten über Lichtenberg nach Potsdam. Dabei fuhren sie über den Alexanderplatz, durchs Brandenburger Tor über den Kaiserdamm zum »Reichskanzlerplatz«, der heute Theodor-Heuss-Platz heißt. Da die Laster mit dem Sowjetstern nicht schneller als dreißig bis vierzig Kilometer fuhren, hängte ich mich hinten an.

Ich erinnere mich, daß noch lange Zeit am Rande der sogenannten »Ost-West-Achse«, einer breiten Prachtstraße, das Wrack eines abgestürzten Flugzeuges lag. Man hatte diese Straße wegen ihrer ungewöhnlichen Breite und Länge während der letzten Tage des Kampfes um Berlin als Start- und Landebahn benutzt. Das ausgebrannte Flugzeug war als Mahnmal dort liegengeblieben.

Die Fahrten ohne Muskelkraft genoß ich außerordentlich. In umgekehrter Richtung klappte es weniger gut, weil die leeren Lastkraftwagen schneller fuhren und es schwierig war, sich bei ihnen anzuhängen. Bald fand ich Nachahmer. Ganze Rudel von Radfahrern hingen an den Karosserien der Militärfahrzeuge.

Die wiedererstandene Berliner Polizei beobachtete dieses Treiben bald mit Stirnrunzeln. Sie war schließlich dazu da, die Ordnung wiederherzustellen, und was wir taten, verstieß offensichtlich gegen dieselbe. Die »Schupos« beschlossen, dieser Anarchie ein Ende zu machen. Dazu machten sie mit Fahrrädern mobil. Wenn sie uns kommen sahen, schwangen sie sich auf die Sättel – meist in den Kurven an der Siegessäule oder am »Knie«, jenem Platz, der später in Ernst-Reuter-Platz umbenannt wurde. Schräg vom Straßenrand starteten sie, um uns zu erwischen.

Wir ließen sie meist bis auf fünf Meter herankommen, um dann unvermittelt einen Spurt anzusetzen, unseren Laster – ausgeruht und beschleunigt – zu überholen und die heftig strampelnden Polizisten »abzuhängen«. Wir brauchten uns dann nur noch am Heck eines weiter vorn fahrenden Lastwagens festzuhalten, um als »Sieger« ans Ziel zu kommen.

Meist klappte das. Es war ein herrlicher Sport, der uns eine Atmosphäre wie beim Sechs-Tage-Rennen vermittelte.

Als der Straßenverkehr sich allmählich normalisierte und auch die sowjetischen Lastwagen seltener auf dieser Strecke wurden, gab ich mein Fahrraddasein auf und vertraute mich den öffentlichen Verkehrsmitteln an.

Atmosphäre hatten die leider keine zu bieten.

Der gerettete Nathan

Ich wohnte noch immer bei Frau Schönebeck in der Laube. Ich kann sagen, daß ich an ihr hing. Die Straßenbahnlinie 69, vom Bahnhof Landsberger Allee nach Herzberge, war sehr bald wieder in Betrieb genommen worden. Die S-Bahn von der Landsberger Allee war leider noch nicht wieder vollständig in Gang, denn zwischen Puttlitzstraße und Bahnhof Wedding fehlten zwei Brücken über die Spree, die gesprengt worden waren. So mußte ich am Bahnhof Wedding immer aussteigen, über die Geleise und dann über einen Notsteg gehen. In der Puttlitzstraße konnte ich weiterfahren. Aber solche Umständlichkeiten und Anstrengungen nahm man damals fatalistisch hin. Es störte eigentlich gar nicht. Daß man lebte und gesund war, galt als die Hauptsache. Und das neue Leben, das sprichwörtlich aus den Ruinen blühte, war in der Tat unser eigenes.

Ich hätte zwar eine Wohnung in der Nähe des Funkhauses bekommen können, aber ich brachte es nicht über mich, Frau Schönebeck in ihrer Laube allein zu lassen. Denn nun fühlte ich mich ja als der Beschützer meiner Beschützerin.

Wenige Monate nach Kriegsende waren meine beiden Großeltern gestorben. Die Aufregung nach den langen Jahren der Sorge und der Angst hatten sie wohl zu sehr entkräftet. Bis zum Ende des Schreckens hatten sie noch durchgehalten, hatten also noch erlebt, daß ich überlebt hatte – aber dann war ihr Lebenswille erloschen, verbraucht durch eine Zeit, die für sie eine Leidenszeit gewesen war.

Im Berliner Rundfunk hatte man inzwischen große Pläne. Das erste Nachkriegshörspiel sollte aufgenommen werden: »Nathan der Weise« von Lessing. Die Weisheit dieses Stückes, daß alle drei großen Religionen vor Gott gleich sind, wird von dem alten Nathan ausgesprochen.

Regisseur sollte Hannes Küppers sein. Er hatte das Stück für den Rundfunk bearbeitet, und die russische Obrigkeit verlangte – dawei! dawei! – Tempo in der kulturellen Erneuerung: drei Tage Produktionszeit, Sendung am Wochenende.

Da das Manuskript zuvor den Russen zur Genehmigung eingereicht werden mußte, hatte man Zeit verloren. Nun stand der Beginn der Aufnahmen für den nächsten Tag bevor – aber man hatte nur zwei Manuskripte.

Da es im »Nathan« jedoch viele Rollen gibt und die Schauspieler die Manuskripte brauchen, um sich vor den Proben einzulesen, war guter Rat teuer. Es gab noch keine Photokopiergeräte. Und es gab keine Sekretärin, die 144 Seiten sechzehnmal abschreiben konnte.

Man war ratlos. Nathans Weisheit half hier nicht. Die Kulturtat schien ins Wasser zu fallen. Regisseur Küppers rang die Hände – und schließlich entschloß er sich zu einer Absage des Unternehmens.

Der Vorbereitende Ausschuß

zur Gründung einer
Vereinigung der Verfolgten des Naziregimes.

Auf der am 23. 11. 1946 in Berlin stattgefundenen Groß-Berliner Delegierten-Tagung wurden 20000 Verfolgte des Naziregimes durch 181 Delegierte vertreten. Die Delegierten-Tagung wählte einen Vorbereitenden Ausschuß, der sich aus 20 Personen zusammensetzt. Diese gewählten Männer und Frauen der verschiedenen politischen und konfessionellen Richtungen waren in den zwölf Jahren der faschistischen Diktatur hervorragend in der deutschen Widerstandsbewegung tätig.

Prof. Dr. phil. Robert Havemann.

Geboren 11. 3. 1910 in München, studierte in München und Berlin Chemie. Bis 1933 als wissenschaftlicher Mitarbeiter am Kaiser-Wilhelm-Institut für physikalische Chemie und Elektrochemie tätig, promovierte zum Dr. phil. mit einer wissenschaftlichen Arbeit über die physikalische Chemie der Eiweißstoffe. 1942 Mitbegründer der illegalen Organisation „Europäische Union". Wurde am 16. 12. 1943 vom Volksgerichtshof zum Tode verurteilt. Professor Havemann entging der Hinrichtung, weil er in einem chemischen Laboratorium im Zuchthaus Brandenburg für das Heereswaffenamt wissenschaftliche Arbeiten verrichten mußte. Im April 1945 im Zuchthaus Brandenburg durch die Russische Armee befreit. Jetzt Leiter der Verwaltung der Kaiser-Wilhelm-Institute in Berlin-Dahlem.

Ottomar Geschke.

Geboren 16. 11. 1882 in Fürstenwalde. Erlernte das Schlosserhandwerk. Seit 1910 Mitglied des Deutschen Metallarbeiter-Verbandes und später der SPD, der USPD, dann KPD. Mitglied des Preußischen Landtages und des Deutschen Reichstages. Von 1933—1945 in den Gefängnissen und Konzentrationslagern Spandau, Sonnenburg, Lichtenburg, Buchenwald, Sachsenhausen. Im Mai 1945 in Mecklenburg von Truppen der Sowjetarmee befreit. Jetzt Stadtrat, Leiter des Sozialamtes beim Magistrat der Stadt Berlin und Vorsitzender des Hauptausschusses „Opfer des Faschismus".

Dr. Hermann Landwehr.

Geboren 21. 6. 1884 in Nürnberg. Bis zu seiner Verhaftung Ministerialdirigent im Reichswirtschaftsministerium. Studierte in Erlangen, Leipzig und Berlin Rechts- und Staatswissenschaften. Wegen Beteiligung am 20. Juli zu 6 Jahren Zuchthaus verurteilt. Im April 1945 im Zuchthaus Brandenburg von der Russischen Armee befreit. Jetzt Stadtrat, Leiter der Abteilung Wirtschaft beim Magistrat der Stadt Berlin.

Delegiertenliste des »Vorbereitenden Ausschusses zur Gründung einer Vereinigung der Verfolgten des Naziregimes«. Neben Robert Havemann, der das Blatt auch unterzeichnete, fanden sich Namen wie Dr. Marion York von Wartenburg und Annelore Leber, deren Männer wegen der Beteiligung am 20. Juli hingerichtet wurden. Auch ein gewisser Wilhelm Girnus – »jetzt stellvertretender Intendant des Berliner Rundfunks«. 1946.

Davon hatte ich gehört. Ich gab mir einen Ruck und ging zu Küppers. Er empfing mich in tiefer Niedergeschlagenheit. Es schien mir fast, als fühlte er sich in seinem Gram gestört.

»Sie wollen morgen anfangen, den Nathan zu produzieren?« fragte ich scheinheilig.

»Nein«, sagte Küppers, »ich wollte. Aber ich werde abblasen müssen. Wir bekommen die Manuskripte nicht zusammen. Ein Jammer!«

»Ich mache Ihnen das«, sagte ich, »in vier Stunden haben Sie Ihre sechzehn Exemplare . . .«

Küppers dachte wohl zunächst, daß ich einen dummen Scherz mit ihm treiben wollte, aber dann sah er mein entschlossenes Gesicht.

»Können Sie Schreibmaschine schreiben?« fragte er, »und so schnell?«

»Nein«, sagte ich, »das eigentlich nicht.«

»Wie wollen Sie's dann machen, junger Mann?« Er wirkte nun schon recht ungehalten.

»Wissen Sie«, antwortete ich geheimnisvoll, »ich habe da eine Idee. Wenn Sie mir ein Exemplar anvertrauen würden . . . .« »Na schön«, murmelte Küppers, »wir können ja auch noch vier Stunden mit der Absage warten. Gehen Sie in Gottes Namen.«

Ich ging nicht, ich rannte. In jedes Zimmer, das mit einer Schreibkraft besetzt war, stürmte ich hinein und rief: »Es geht um das erste Rundfunkhörspiel im Nachkriegsdeutschland! Sie können es retten, wenn Sie nur zwei oder drei Seiten abschreiben – aber es müßte sofort sein!«

Niemand wies mich ab. Und nach einer Stunde jagte ich wieder die Korridore entlang und sammelte Abschriften und Durchschläge ein. Dann brauchte ich die vielen Seiten nur noch zu ordnen.

Nach zwei Stunden stand ich atemlos im Zimmer des Herrn Küppers: »Hier bitte, Herr Küppers, sechzehn Exemplare!« Küppers staunte. Er traute seinen Augen nicht. Dann sagte ich ihm, wie ich es gemacht hatte. Und war sehr stolz. Der Regisseur ließ sich in seinen Stuhl fallen, holte tief Luft und sagte mit gewichtiger Stimme die gewichtigen Worte:

»Herr Rosenthal, ab sofort sind Sie bei mir Regieassistent im Hörspiel.«

Ich, der Zwanzigjährige, verließ den Raum mit dem unerschütterlichen Gefühl, daß meine Karriere begonnen hatte.

Bei der Produktion des Nathan-Hörspiels passierte mir dann allerdings – nach meinem »Vervielfältigungstriumph«, der sich natürlich herumgesprochen hatte – doch noch ein Malheur, das von allen, die beruflich mit Tonbändern umgehen, gefürchtet wird: Mir fiel der zweite Akt aus dem »Bobby«.

»Bobby« nennen wir Rundfunkleute jene Metallspule, auf die das Tonband aufgerollt ist. Es hält – auch bei umfangreichen Bändern, die wir als »großen Kuchen« zu bezeichnen pflegen – nur durch die Straffheit der Aufspulung und man muß sehr vorsichtig damit umgehen. Mir aber fiel das Band auseinander und es gab einen fürchterlichen »Bandsalat«.

Fieberhaft suchte ich den Bandanfang. Hunderte von Metern wehten durch den Raum. Die Gefahr von Knitterstellen und Bandrissen – und damit der Zerstörung magnetischer Tonstrukturen – war groß. Nicht auszudenken, wenn wir das Ganze noch einmal hätten produzieren müssen! Aber nach Stunden hatte ich »meinen« Nathan wieder entwirrt und aufgespult. Es sollte nicht das einzige Lehrgeld bleiben, das ich zahlen mußte . . .

Von nun an konnte ich mich über Arbeitsmangel nicht mehr beklagen. Deutschland hungerte geradezu nach Hörspielen. Ich wirkte an Produktionen der »Spanischen Fliege« mit, an Aufnahmen des Stückes »Nun singen sie wieder« von Max Frisch, des »Vierten Gebotes« von Anzengruber . . .

Eine der interessantesten Seiten meiner Tätigkeit waren die »Rollenangebote«: Wenn der Regisseur die Rollen im Text mit Schauspielern besetzt hatte und nicht alle von den Sekretärinnen auf dem inzwischen wieder zurechtgeflickten Telefonwege zu erreichen waren, mußte ich zu ihnen nach Hause fahren und das Rollenangebot überbringen. Das tat ich besonders gern, weil ich dabei eindrucksvolle Persönlichkeiten kennenlernte. Da wir für solche Zwecke damals noch keine Autos hatten und die öffentlichen Verkehrsmittel nur bis abends halb neun fuhren, kam mein Drahtesel wieder zu Ehren.

Außer den Besprechungen mit dem Regisseur, in denen Aufnahmezeiten und -pläne erörtert wurden, gehörte es zu meinen Pflichten, für

Geräusche zu sorgen. Vieles war im Geräuscharchiv auf Band vorhanden – Straßenlärm, Knarren einer Tür, Quietschen von Bremsen, rauschendes Wasser, menschliche Schritte, Pferdegetrappel, Vogelstimmen, Heulen des Sturmes, Zersplittern einer Fensterscheibe, Klappern einer Schreibmaschine und Dutzende anderer Geräusche. Aber manche nahmen wir selber auf: Kutschen auf Kopfsteinpflaster für eine Sendung, die im 18. Jahrhundert spielte; vorbeifahrende S-Bahn, die sich im Klang wesentlich von einem Fernzug unterscheidet, wozu ich mich mit dem Aufnahmegerät auf den Bahndamm legte; knirschende Zähne, besonders angenehm in der Erzeugung ...

Die meisten der Hörspielszenen wurden mehrmals aufgenommen. Aus den verschiedenen Fassungen suchte sich der Regisseur dann die Teile aus, die ihm am besten gelungen schienen. Da hieß es dann etwa: In der dritten Szene nehmen wir die ersten vier Sätze aus der zweiten Fassung, die nächsten sechs Sätze aus der ersten und die letzten Sätze aus der fünften.

Ich durfte dann mit der Cutterin im Schneideraum sitzen und das zusammenpuzzeln. Wichtig war, die einzelnen Teile gut zu sortieren und zu markieren, denn sonst hätte es ein unentwirrbares Durcheinander gegeben.

Während der Aufnahmen saß ich hinter dem Regisseur; wenn er sich auf Sprache und Betonung der Schauspieler und Sprecher konzentrierte, achtete ich darauf, daß die Geräusche rechtzeitig »abgefahren« wurden und weder zu laut noch zu leise waren. Ich stoppte mit der Stoppuhr Längen und Zeiten der einzelnen Sequenzen, sorgte für Getränke, beruhigte entnervte Schauspieler, glättete Streit und notierte Abläufe.

Ich lernte viel bei dieser Arbeit, die man kennen muß, um später selbst Regie führen zu können. Der Regieassistent ist das gute Gewissen des Regisseurs, sein Gedächtnis und sein Blitzableiter.

Übrigens wurde ich nicht nur für das Hörspiel eingesetzt: Bei meiner Arbeit für den »Zeitfunk«, also die aktuellen Sendungen, zu denen der Sport gehörte, lernte ich sicher ebensoviel und erlebte manches – Komisches und Tragisches gleichermaßen – in der Wirklichkeit, was im Hörspielstudio nur dargestellt wird.

*

Ein besonderes Ereignis war das erste große Sportfest, das die Sieger-mächte im Olympiastadion veranstalteten. Natürlich übertrug der Berliner Rundfunk diese Veranstaltung.

Unser Übertragungswagen war ein alter »Adler«. Man hatte ihn noch im Kriege wegen des herrschenden Benzinmangels zum »Holz-kocher« umgerüstet. In einer Art Kessel glühte Holz, mit dessen Gas der Motor angetrieben wurde. Manchmal blieb die alte Karre stehen. Dann mußte man erst wieder Holzstücke nachlegen.

Wir rumpelten also die Heerstraße entlang, dem Stadion entgegen. Alle fünfzig Meter stand ein Soldat, der die Aufgabe hatte, zu salutie-ren, wenn die Autos der militärischen Prominenz vorüberfuhren. Wir sollten irgendwie versuchen, ins Stadion zu kommen, um von den Zuschauerplätzen aus eine Reportage zu bringen. Wir standen mit unserem »Adler« an der Absperrung. Als der Wagen mit General Clay vorbei war, entdeckte ich in der Eskorte eine Lücke zwischen diesem und dem folgenden Auto.

»Gib Gas!«, rief ich unserem Fahrer zu, und der schoß mit unserem vorsintflutlichen Vehikel nach vorn, erreichte die Lücke und rollte nun zwischen eindrucksvollen amerikanischen Großlimousinen dem Ereignis entgegen. Von unserem Platz uns zu verdrängen, das konnte niemand mehr – es hätte die ganze Kolonne aufgehalten.

So fuhren wir durch die unterirdische Einfahrt ins Stadion ein und landeten genau dort, wo die Herren Kommandanten ausstiegen: am Marathontor, einem idealen Platz.

Es folgte der Einmarsch der Nationen. Die Amerikaner waren die Gastgeber des Sportfestes und zogen mit mindestens 150 Teilneh-mern ins Stadion ein. Die Engländer hatten auch mehr als hundert Sportler auf die Beine gebracht. Die Zahl der anderen Alliierten war ebenfalls beachtlich.

Doch dann präsentierte sich eine Nation mit nur einem Mann. Ein amerikanischer Soldat mit der Flagge der Tschechoslowakei schritt ihm voran. Sein Einzug erregte verständlicherweise Heiterkeit beim Publikum. Niemand kannte diesen Athleten, der ruhig und gelassen zwischen den Kontingenten der anderen Nationen einherschritt. In einigen Bankreihen gab es brüllendes Gelächter, was ihn aber über-haupt nicht zu stören schien. Er wußte offenbar, was er wollte.

Dann begannen die Wettkämpfe. Sehr bald der Fünftausend-

Meter-Lauf. Der Mann aus der Tschechoslowakei lief los. Schon nach einigen Runden war er – einsam, wie er ins Stadion eingezogen war – allen davongelaufen. Mit einem Abstand von über hundert Metern erreichte er leichtfüßig und wie selbstverständlich das Ziel. Staunen im Publikum. Dann brausender Applaus.

Beim Zehntausend-Meter-Lauf gab es wieder, mit riesiger Distanz zu den anderen, einen einsamen Sieger. Sein Name war Emil Zatopek.

Das war meine erste Begegnung mit dem überragenden Sportler, der dann lange Zeit die Langlaufstrecken souverän beherrschte. Später war er Gast in meiner Ratesendung »Gut gefragt, ist halb gewonnen«.

Zatopek war nicht nur ein überragender Läufer, sondern auch ein liebenswerter, bescheidener und humorvoller Mensch. Es folgte diesem Erlebnis im Olympia-Stadion ein weiteres besonderes Vorhaben des Berliner Rundfunks; der erste große Bunte Abend. Er sollte unter dem Motto »Paprika im Funkhaus« stehen. Und da ich durch die Hörspielproduktionen nicht voll in Anspruch genommen war, holte man mich zu den Vorbereitungen. Schon bald nannten mich alle »Hänschen«. Und daß ich ein »Hansdampf in allen Gassen« war, hatte sich herumgesprochen.

Einer der Organisatoren sagte mir: »Du, Hänschen, die berühmte Ilse Werner soll den Krieg überlebt haben. Wenn wir die für unseren Bunten Abend gewinnen könnten, das wäre fabelhaft.«

Ich kannte Ilse Werner von ihren Filmen her und vor allem von ihrem einmaligen Pfeiftalent.

»Wißt ihr, wo sie wohnt?« fragte ich.

»Ja, in der Gustav-Freytag-Straße – das ist da irgendwo bei den Rot-Weiß-Tennisplätzen.«

»Und wie soll ich sie herholen?« fragte ich.

»Du hast doch ein Fahrrad, Hänschen. Nimm sie einfach auf die Stange.«

Ich fuhr los, fand die Adresse, klingelte an der Haustür und fragte: »Wohnt hier Ilse Werner?«

Man bat mich herein, und Ilse Werner erschien höchstpersönlich. Ich verneigte mich ehrfurchtsvoll und erläuterte unseren Bunten Abend und die ihr zugedachte Rolle.

»Gut«, sagte Ilse Werner, »ich mache mit. Gern sogar. Aber wie komme ich dahin?«

110

»Ich bin beauftragt, Sie abzuholen, gnädige Frau«, sagte ich. »Wo steht Ihr Wagen?«

»Ich habe ein Fahrrad, gnädige Frau, es steht draußen am Tor. Und es hat bequeme, erschütterungsdämpfende Vollballonreifen. Außerdem bin ich ein sehr sicherer Fahrer. Wenn Sie die Liebenswürdigkeit hätten, sich mir anzuvertrauen?«

Sie tat es. Und so balancierte ich die hochbedeutende und berühmte Dame auf meinem Fahrrad bis zum Funkhaus. Auf dem Gepäckträger hatte sie ein Paket festgeklemmt, in dem ihr Bühnenkleid war. Der Abend, überflüssig das zu erwähnen, war für sie ein riesiger Erfolg.

Fast fünfunddreißig Jahre später hatten wir beide einen gemeinsamen Auftritt nach der Einweihung des Internationalen Congreß-Centrums, des ICC, in Berlin. Die Berliner Verkehrs-Betriebe feierten dort ein Jubiläum.

Wir besprachen, was wir dem Publikum bieten könnten. Ilse Werner sagte: »Hänschen, ich erzähle den Leuten unsere Geschichte von damals, die mit dem Fahrrad, mit dem du mich ins Funkhaus kutschiert hast.«

Der Regisseur war nicht nur einverstanden, sondern begeistert und hatte eine Idee: »Ihr macht das noch mal. Ihr kommt mit einem Fahrrad auf die Bühne, die Ilse vorne auf der Stange. Und dann erzählt ihr den Leuten, warum und wieso.«

Wir waren einverstanden und schritten zur Probe. Dabei stellte sich heraus, daß nicht nur fast dreieinhalb Jahrzehnte vergangen waren, sondern auch das Gewicht von Frau Werner, sagen wir, sich verändert hatte. Das Vorhaben erwies sich als undurchführbar.

Wir entschlossen uns, einen kleinen Anhänger für das Fahrrad besorgen zu lassen, in dem Ilse Platz nehmen konnte. Er war durch eine Koppelstange mit dem Gepäckträger des Fahrrades verbunden und hatte zwei Räder.

Zunächst fuhr ich eine Proberunde auf der Bühne ohne den Passagier. Es ging vorzüglich.

Am Abend der Vorstellung wurde Ilse Werner »zugeladen«. Wir fuhren auf die Bühne, deren Größe mir phantastische Kurven ermöglichte. Das Publikum jubelte.

Aber die Sicherheit im Kurvenfahren war trügerisch gewesen. Als ich endlich anhalten wollte und mich schon halb vom Fahrrad

geschwungen hatte, geschah etwas Unerwartetes: Durch die Gewichts-
verlagerung senkte sich der Anhänger mit der mir anvertrauten Last
langsam, aber unaufhaltsam zu Boden; gleichzeitig begann sich mein
Fahrrad nach oben zu heben. Ilse rutschte aus ihrem Anhänger, und
ich plumpste auf den Boden zurück. Das Publikum schrie vor
Lachen.

Bei den folgenden Auftritten zog ich es vor, mit meinem vollen
Gewicht auf dem Fahrrad sitzen zu bleiben, bis ein Assistent Ilse aus
ihrem Gefährt geholfen hatte.

Von Care-Paketen und Seidenstrümpfen

Die Schwester meiner Großmutter mütterlicherseits hatte einen Sohn,
der zwei Jahre älter als ich war und Heinz Renner hieß. Heinz war
rechtzeitig nach England ausgewandert, und ich hatte nie wieder etwas
von ihm gehört. Nach dem Kriege war ich natürlich bemüht, die Fami-
lienmitglieder wiederzufinden, die überlebt hatten. Also zog ich zur
britischen Militärverwaltung und fragte nach meinem Großcousin.

Man suchte in Listen, fand aber seinen Namen nicht. Mir wurde eine
Nachfrage in London in Aussicht gestellt. Ich sollte noch mal wiederkommen. Die Engländer waren außerordentlich freundlich, aber auch
nach der Rückfrage in London blieb Heinz unauffindbar.

Eines Tages fuhr ich mit der U-Bahn vom »Knie« zum Sender am
Reichskanzlerplatz. Am Ausgang des Wagens stand ein englischer
Soldat, die Hand am Haltegriff.

Der sieht aus wie der Heinz, dachte ich, jedenfalls eine verblüffende
Ähnlichkeit. Ich musterte ihn genauer und entschloß mich endlich,
hinter ihn zu treten. Halblaut – um nicht möglicherweise einen Fremden zu behelligen – sagte ich: »Hallo, Heinz!«

Er drehte sich um. »Hansi! Menschenskind – so eine Überraschung!« Wir kamen kaum noch mit dem Erzählen nach, wir, die
glücklich überlebt hatten. Ich erfuhr, daß er bei einer englischen Pan-
zereinheit gedient und den Vormarsch von Holland aus mitgemacht

hatte. Nun war er in Berlin stationiert – ein Angehöriger der Sieger-macht.

»Das kann doch gar nicht sein, Heinz«, sagte ich, »ich habe doch bei der Militärbehörde nach dir gefragt. Die führen dich nicht in ihren Listen.«

Die Sache klärte sich auf: »Ich heiße nicht mehr Heinz Renner«, sagte Heinz, »sondern Harold Ramsey.«

Wir stiegen gemeinsam aus und spazierten miteinander. Es gab genug zu berichten. So erfuhr ich auch den Grund des Namenswechsels:

Jüdische Einwanderer deutscher Herkunft bekamen, sobald sie in der britischen Armee dienten, einen anderen Namen. Wenn sie in deutsche Gefangenschaft gerieten, sollte ihr deutscher Name sie nicht verraten. Es war eine einleuchtende Schutzmaßnahme. Heinz' Vater war schon 1937 in das Konzentrationslager Sachsenhausen ver-schleppt und 1941 bei einer Geiselaktion erschossen worden. Ich konnte es ihm nicht verdenken, daß er später dann endgültig Ameri-kaner geworden ist, mein Großcousin Harold Ramsey ...

*

Während meiner Zeit im Berliner Rundfunk hatte auch die demokra-tische Umerziehung des deutschen Volkes begonnen. Politische Aktivi-täten regten sich. Parteien waren gegründet worden und auch ein »Kulturbund zur demokratischen Erneuerung Deutschlands«.

Es fanden Veranstaltungen bei uns im Funkhaus statt, zumal der Große Sendesaal der einzige große Versammlungssaal war, der nicht ein Opfer der Bomben geworden war. CDU, SPD, KPD, LDP – die »Männer der ersten Stunde«, unter ihnen Hermes, Külz, Pieck und Grotewohl, gingen im Funkhaus aus und ein. Ich kannte sie bald alle.

Auch in mir regten sich politische Interessen, und es dauerte gar nicht lange, da war ich zum Vorsitzenden der Jugendgruppe des Ber-liner Rundfunks gewählt. Schon bald wurde mir sehr klar, daß der Kommunismus alles andere als meine Sache war.

Zu den von mir demokratisch anzuleitenden jungen Leuten gehör-te auch ein junger Mensch, der sich als besonders töricht und engstir-nig erwies. Er trug seine kommunistischen Überzeugungen wie mit einem Holzhammer vor, und ich frohlockte, als er bei einer Wahl für

113

den Betriebsrat, für den wir beide kandidiert hatten, nur 275 Stimmen bekam, während ich 313 Stimmen auf mich vereinigen konnte. Sein Name war Heinrich Grote. Heute ist er einer der prominentesten Kommentatoren beim Rundfunk und Fernsehen in Ost-Berlin. Dem SED-Staat waren seine engen geistigen Begrenzungen offenbar gerade recht gewesen.

Ich bemühte mich natürlich als Jugendgruppenleiter, die kommunistische Schulungsarbeit nicht zum Programm unserer Aktivitäten werden zu lassen. Im Dezember 1945 gab es eine Versammlung. Ein Dr. Matthias war dabei, ein 150prozentiger Kommunist, damals Mitglied der KPD, später der SED. Daß er später – wie so viele andere, die damals auf Hammer und Sichel eingeschworen schienen – den Umzug in den vielgeschmähten Westen vorziehen würde, war zu jenem Zeitpunkt noch nicht vorauszusehen.

Noch heute habe ich ein Protokoll von jener Zusammenkunft, in dem es heißt: »Zu Beginn der Versammlung gab Herr Rosenthal bekannt, daß sich die Jugendlichen unseres Betriebes erst einmal untereinander kennenlernen müßten, und schlug dann vor, einen Bunten Abend mit kabarettistischen Darbietungen und Tanz zu veranstalten.«

Ich zitiere aus diesem Protokoll nun etwas ausführlicher, um zu zeigen, wie wir jungen Menschen uns damals schon – obwohl politisch interessiert – um eine Vermenschlichung der Politik bemühten. Es heißt da also weiter:

»Außerdem ist ein Pingpong-Schachturnier mit den Jugendlichen der ›Berliner Zeitung‹ von Herrn Rosenthal geplant worden. Herr Rosenthal berichtet weiter, daß er für die Jugendlichen einen Betriebssport einrichten wollte, stieß aber hier bei den zuständigen behördlichen Stellen auf Widerstand, da Sport nur innerhalb des Wohnbezirks gemeinschaftlich betrieben werden darf.

Es wurde auch über die Arbeitszeit diskutiert und eine 48-Stunden-Woche gewünscht und unterstützt, da die von uns geforderte Arbeit auch in den oben erwähnten Stunden geschafft werden kann und wird. Es wurde noch darauf hingewiesen, daß nach der Nachtschicht ein halber und sogar ein ganzer freier Tag beansprucht werden kann.

Um ein politisches Interesse bei den Jugendlichen zu wecken, schlug Herr Rosenthal vor, Abgesandte der vier Parteien einzuladen, die uns in anschaulichen Worten die Ideen ihrer Parteien einmal klar vor Augen stellen sollen. Nach diesen Referaten wird eine gemeinsame Diskussion stattfinden, in der jeder frei seinen Standpunkt äußern soll. Zuerst wurde dieser Vorschlag von allen einstimmig abgelehnt, mit der Begründung, daß wir doch durch die Zeitung und den Rundfunk über und über mit politischen Vorträgen gefüttert werden. Herr Dr. Matthias äußerte sich dahingehend, daß er unseren Standpunkt schon verstehen kann, führte aber aus, daß die Vorträge nicht den Zweck haben sollen, eine Stunde mehr oder weniger gut irgendwie auszufüllen, sondern sie sollen auf uns erzieherischen Einfluß haben. Die Jugend soll ins politische Leben kommen, Interesse an politischen Fragen gewinnen, da das politische Leben unser persönliches Leben stark beeinflußt. Herr Dr. Matthias schlägt interne Versammlung vor.«

*

Es war nicht einfach, sich unbefangen einen Weg in demokratische Einsichten, in eine eigene, unabhängige Meinung zu bahnen – erstens waren die meisten jungen Menschen noch von der Nazizeit her politisch einseitig beeinflußt, und zweitens wachte die Besatzungsmacht streng darüber, daß die persönliche und politische Freiheit nicht allzu individuell geriet. Es war die Zeit der großen, langen, quälenden Fragebögen. Nur einige der überaus zahlreichen Fragen aus dem Personalfragebogen des Berliner Rundfunks jener Zeit will ich in Erinnerung rufen:

Waren Sie vor dem Kriege im Ausland?

Ausgezahlter Wochenlohn?

Zugehörigkeit zur NSDAP, einer ihrer Gliederungen?

Seit wann?

Mitgliedsnummer?

Welche Funktion übten Sie aus?

Wer kann über Ihre NSDAP-Zugehörigkeit Auskunft geben?

Welchen Gliederungen gehörten Sie an?

Welche Funktionen hatten Sie in den Gliederungen?

Welche Gründe, Gedanken, Erwägungen veranlaßten Sie zum Eintritt in die NSDAP?

Waren Sie Mitglied oder standen Sie im Dienst der Gestapo oder des Abwehrdienstes?

i) Gehörten Sie der deutschen Glaubensbewegung oder der Glaubensbewegung Deutscher Christen an?

........................wann u. wo?...................

Wer hat Ihre Gruppe geführt?......................

11.) Waren Sie in der Wehrmacht oder einer anderen militärischen Formation (Waffen-SS, Feldgendarmerie, Polizei, Org. Todt, Sanitätsdienst, Volkssturm usw.)

....

a) Freiwillig oder dienstverpflichtet?.................

b) Von wann bis wann und wo?.....................

c) In welchen Truppenteilen?.....................

d) Letzter Dienstgrad (Offz.-Anwärter)..................

e) An welchen Feldzügen haben Sie teilgenommen?.............

....

f) Welche Angaben können Sie über von Wehrmacht, SS oder SD usw. begangene Greueltaten machen (Zeit, Ort, verantwortl. Führernamen usw. Ganz konkrete Angaben)

....

g) Sind Sie Inhaber militärischer Orden u. Ehrenzeichen u. welcher?

....

h) Warum wurden Sie ausgezeichnet?......................

i) Sind Sie im Besitz eines Führerscheines?......Nr.........

Ausstellungsdatum u. Ort?....................

k) Sind Sie im Besitz eines Reisepasses, Interzonenpasses?...

Nr. Ausstellungsdatum u. Ort?...................

12.) Wer von Ihren Familienangehörigen (einschl. Kinder) war Mitglied der
a) NSDAP oder einer ihrer Gliederungen...................

b) Wann u. wo?...........................

c) Welche Funktionen übten die Betreffenden dort aus?........

....

13.) Waren Sie vor 1933 in einer demokratischen oder anderen Partei?

....

a) in welcher? (KPD, SPD, Zentrum, Volksp., Deutschnat. Partei u.a.)

....

Ausschnitt aus dem Personalfragebogen des Berliner Rundfunks, der insgesamt sechs Seiten umfaßte. »Durchstreichungen sind unzulässig: solche Bewerbungen werden abgelehnt«. 1946/47.

Wie hoch waren Ihre monatlichen Beiträge für die NSDAP?

Gehörten Sie der deutschen Glaubensbewegung an oder der Glaubensbewegung deutscher Christen?

Sind Sie Inhaber militärischer Orden?

Sind Familienangehörige Mitglieder der NSDAP oder ihrer Gliederungen gewesen?

Waren Sie vor 1933 in einer demokratischen Partei?

Natürlich war es sehr wichtig herauszufinden, ob ehemalige Nazis versuchten, Einlaß in den neuen Rundfunk zu finden. Die meisten dieser Fragen mußten sein. Aber sie sind eben darum sehr typisch für diese Zeit, in der das Mißtrauen – aus schwerwiegenden Gründen – noch erheblich war.

Neben meiner Arbeit, die mir – abgesehen von beginnender politischer Einseitigkeit und reichlich roter Einfärbung des Berliner Rundfunks – große Freude machte, überdachte ich damals selbstverständlich auch meine familiäre Situation. Von unserer großen Familie hatten nicht viele überlebt. Mein Vetter Rudi Maschke, dessen Vater Amerikaner und trotzdem in einem KZ ums Leben gekommen war, lebte in den USA. Meine Cousine Margit, die das Lager Bergen-Belsen überlebte, wanderte nach dem damaligen Palästina aus. Die Tochter meiner Tante Lotte, der Schwester meiner Mutter, ging nach Dänemark. Meine Großcousine Margot lebt in der Nähe von San Francisco. Auch mein Großcousin Heinz Renner, alias Harold Ramsey, wurde amerikanischer Staatsbürger. Das sind die Überlebenden – in alle Winde zerstreut . . .

Nicht überlebt haben: die Lebensgefährtin des jüngsten Bruders meines Vaters. Meines Vaters beide Brüder. Mein Bruder Gert. Die Schwiegermutter Onkel Alfreds.

Meine Eltern und meine Großeltern starben ja eines natürlichen Todes – wobei wahrscheinlich ist, daß die Last der Verfolgung und der quälenden Ängste ihre Leben verkürzt hat. Doch mein Leben ging ja weiter – eigentlich fing es erst richtig an.

*

1946 entwickelte ich nebenberufliche Aktivitäten, die mich sehr in Anspruch nahmen: Ich arbeitete für Gastspieldirektionen, die Auftritte bekannter Gesangs-, Film- und Bühnenstars arrangierten. Meist geschah das in Form einer Matinee in den größeren Kinos dieser Zeit – jeweils am Sonntag vormittag. Oder auch nachts nach der Kinovorstellung, also um halb elf.

Und da im Filmgeschäft noch nicht genug zu verdienen war, »tingelten« die Stars ganz gern durch die Berliner Bezirke. Unter ihnen Heli Finkenzeller, Hans Söhnker und Grete Weiser. Sie erschienen im »Primus-Palast« Neukölln, im »Rosy« in Friedenau, im »Mercedes-Palast« im Wedding oder im »Corso«-Theater. Es gab ja damals kein Fernsehen, und die Menschen waren ausgehungert nach harmloser Unterhaltung, bei der sie die Vergangenheit schnell vergessen konnten.

Mit denen, die singen konnten, wie Ilse Werner, war die Sache recht einfach. Schwieriger war es mit Schauspielern, die nur sprechen und einige Gedichte, Kurzgeschichten oder kleine Szenen vortragen konnten. Aber die Leute kamen ja zu diesen Vorstellungen, um ihre Lieblinge einmal »persönlich« sehen zu können.

Solche Auftritte organisierte ich damals auch im Ostsektor, denn Berlin war noch ungeteilt. Die Gastspieldirektionen Franz Otto Krüger und Herbert Grunge unternahmen das. An eine Episode erinnere ich mich besonders deutlich:

Es war im Saalbau Friedrichshain, einem alten Ufa-Kino. Die Conférence hatte Maria Ney übernommen. Es war die Zeit vor den ersten Berliner Wahlen nach dem Krieg – eine hochgespannte und nervöse Zeit.

Frau Ney kam auf die Bühne und sagte: »Sie wissen ja, meine Damen und Herren, die Bürger hier im Ostsektor sind alle ein bißchen sauer, denn das Skatspielen soll ja verboten werden.«

Eine kleine Pause. Fragende Blicke aus dem Publikum. Dann: »Ja – Pieck darf nicht mehr gereizt werden!«

Jubel beim Publikum. Wilhelm Pieck war der große kommunistische Führer der ersten Stunde. Ulbricht stand damals noch im Hintergrund, und Wilhelm Pieck wurde der erste Präsident der später gegründeten »DDR«.

Es gab also zustimmenden Jubel zu dieser »Respektlosigkeit«. Ich stand hinter der Bühne. Plötzlich mischten sich in den Applaus vereinzelte Rufe: »Schweinerei! – Runter von der Bühne mit der Nazi-Zicke!«

Es waren also Kommunisten im Publikum.

Dann ging es weiter. Ein sprechender Jongleur trat auf. Sein Name war McMoreland. Seine Keulen, Bälle und Hüte, mit denen er jonglierte, nahm er immer auf der einen Seite der Bühne auf, bewegte sich mit ihnen jonglierend auf die andere Seite und legte sie dort wieder ab. Um den folgenden Witz, den er machte, zu verstehen, muß man wissen, daß damals die Zeit der Demontage war, des Abtransports alles nicht niet- und nagelfesten, noch einigermaßen erhaltenen Gutes durch die Russen.

McMoreland bewegte also seine Balance-Utensilien von der einen Seite der Bühne auf die andere und sagte:»Wir können nicht genug von den Russen lernen. Sehen Sie, daß ich alles auf der einen Seite aufnehme und auf der anderen abgebe, das habe ich auch von den Russen gelernt. Sie nehmen im Westen auf und liefern im Osten alles ab.«

Die Leute trampelten vor Begeisterung.

Plötzlich wurde die Bühne gestürmt. Etwa zehn Männer mit Schirmmützen und Kunstledermänteln brüllten von der Bühne herab, die Vorstellung sei beendet. Einige wandten sich um und wollten den armen McMoreland verprügeln.

Das war der Moment des ersten größeren Bühnenauftrittes meines Lebens. Ich sprang aus der Kulisse und boxte McMoreland frei. Der Einsatz meiner Kräfte geschah unsanft, aber wirkungsvoll. Durch meine Zwangsarbeit war ich mit Muskelkraft reichlich ausgestattet, was zwei der Störer zu spüren bekamen. Und so kam ich auch zum ersten bemerkenswerten Beifall meiner Laufbahn: Als ich die Schläger aus dem Felde geschlagen und McMoreland den Weg zum Rückzug gebahnt hatte, applaudierte das Publikum begeistert.

Ich schrie: »Die Vorstellung geht weiter!« Und tatsächlich – wir haben weitergemacht und das Programm abgewickelt, schweißgebadet und doch überglücklich, uns durchgesetzt zu haben.

Als ich später das Theater verließ – der Applaus rauschte noch in meinen Ohren –, nahmen mich zwei finster blickende Männer in die Mitte.

»Wir sind von der SED, Priesterweg. Ihren Ausweis bitte.« Ich zeigte ihn. Sie schrieben sich alle Personaldaten auf. Dann sagte der andere: »Sie kommen jetzt mal mit!«

»Ich bin Opfer des Faschismus«, sagte ich.

»Wie können Sie dann solche Nazi-Schweine verteidigen?«

»Das sind keine Nazi-Schweine«, sagte ich.

Sie gingen mit mir durch den Friedrichshain. Da kamen mir Bedenken. Was Menschen, die fanatisiert sind, mit einem anfangen können, soviel hatte ich aus den vergangenen »tausend Jahren« gelernt. Ich sah mich unauffällig um und vergewisserte mich, daß ich mit meinen beiden Häschern »von der roten Fakultät« allein war.

Dann boxte ich einmal nach links – wie das der politischen Herkunft der beiden entsprach – und einmal nach rechts – weil die Ähnlichkeiten schon unverkennbar waren – und lief, ohne noch einen Ton von den beiden gehört zu haben, zurück in die Westsektoren. Ich nehme an, sie waren so verblüfft gewesen, daß sie kein Wort mehr herausbrachten.

Die folgende Nacht schlief ich zur Sicherheit im Westsektor. Aber meine Frau Schönebeck, bei der ich ja immer noch lebte, wollte ich nicht allein lassen, und sie sollte sich auch keine Sorgen um mich machen. Deshalb ging ich am nächsten Tage nach Lichtenberg, das im Ostsektor lag, zurück und wohnte weiter dort. Auch meine Arbeit beim Berliner Rundfunk setzte ich unbekümmert fort.

Als ich eine Woche später vom Funkhaus nach Hause in die Laube kam, sagte Frau Schönebeck: »Hansi, zwei Männer vom Arbeitsamt waren hier und haben sich nach dir erkundigt.«

»Was wollten sie?« fragte ich.

»Du sollst Steine schleppen gehen.«

»Wieso denn das?« fragte ich.

»Ja, sie haben gesagt, es gäbe so viele Schieber in der Stadt, und da habe man ein Gesetz gemacht, nach dem jeder, der nach 45 seinen Beruf gewechselt hat, wieder in seinen alten Beruf zurück muß.«

Das war ja eine fabelhafte Logik! Weil ich bei den Nazis Zwangsarbeit leisten mußte, sollte ich jetzt wieder einen entsprechenden »Beruf« ausüben müssen!

Am nächsten Tag ging ich zum Arbeitsamt. Dem Sachbearbeiter legte ich meine Papiere vor, aus denen mein Status als Verfolgter hervorging.

Der Mann sah sich das an, blickte zu mir auf und sagte: »Genosse, dann trifft das auf Sie nicht zu.«

»Aber wie kommen Sie denn dazu, mich hierherzubestellen?« fragte ich.

»Tja«, antwortete er, »wir hatten so ein Schreiben von der SED bekommen, daß wir Sie beim Berliner Rundfunk möglichst herausholen und einer anderen Beschäftigung zuführen sollen. Aber unter diesen Umständen . . .«

Die SED hatte sich also gerächt für den »Skandal« auf der Bühne und für meine rabiate Flucht vor den Häschern.

Von diesem Zeitpunkt an wußte ich ganz genau, wie gefährlich es war, mit den Ansichten und Klischees jener Leute nicht übereinzustimmen.

*

Meine Erfahrungen mit kommunistischer Wirklichkeit waren damit aber noch nicht erschöpft:

Die Amerikaner schickten damals ihre Care-Pakete in das hungernde Deutschland, Lebensmittelspenden, großherzige Hilfe. Von der Jüdischen Gemeinde, die es in Berlin wieder gab – zusammengeschmolzen auf einen erschütternd kleinen Rest –, bekam ich jeden Monat ein solches Care-Paket ausgehändigt, das die Amerikaner auch für jüdische Überlebende schickten. Genau genommen, war es eine jüdische Organisation namens Joint, in der Amerikaner für jüdische Überlebende in Europa Geld sammelten und Pakete schickten. In diesen Paketen war Butter, Corned Beef, Schokolade, Milchpulver und Zucker. Märchenhafte Gaben in jener Zeit. Sie linderten nicht nur den Hunger. Sie beglückten uns. Etwas Vergleichbares gab es auch im Berliner Rundfunk von sowjetischer Seite: »Pajoks« – die Moskauer Form der Care-Pakete. Nur wurden die »Pajoks« anders verteilt – wie ich nach einiger Zeit durch meine »Recherchen« herausfand, an ganz bestimmte, für die Russen wichtige Leute der Belegschaft.

Ich brachte die Sache vor den Betriebsrat und beantragte, die »Pajoks« nicht mehr an einzelne, ausgesuchte Personen zu verteilen, sondern sie zu öffnen und ihren Inhalt zu gleichen Teilen an alle Mitarbeiter zu verteilen. Das reichte ich schriftlich ein mit dem Ersuchen, es in der nächsten Versammlung des Betriebsrates zu besprechen und zu beschließen.

Da trat der Genosse Dr. Matthias in Aktion. Er ließ mich zu sich kommen. Ein mildes, nachsichtiges Lächeln legte er für den Fall in sei-

121

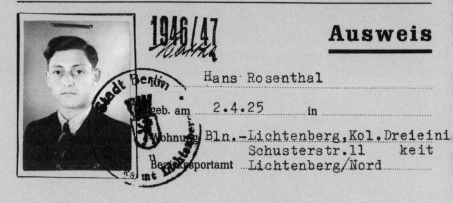

Magistrat der Stadt Berlin — Abteilung für Volksbildung
Hauptsportamt

Sparte: Fussball   Nr. 8952

1946/47   **Ausweis**

Hans Rosenthal

geb. am   2.4.25   in

Wohnung Bln.-Lichtenberg,Kol.Dreieini
              Schusterstr.11   keit
Bezirkssportamt Lichtenberg/Nord

5.8.1946

Eigenhändige Unterschrift   Beginn der Spielberechtigung

(37) Magistratsdruckerei, Berlin N 4, Linienstraße 139/140.   879. 20. 3. 46

Um Fußball spielen zu dürfen, brauchte man eine Genehmigung – nicht vom Fußballverband, sondern vom Magistrat. Ab 5. August durfte ich also auch offiziell den Ball treten. 1946.

ne Mimik, daß der aufsässige Hans Rosenthal vielleicht doch noch »auf den richtigen Weg zu bringen« wäre.

Er begann: »Also, lieber Hans, hören Sie mal – Ihren Antrag können wir gar nicht im Betriebsrat in Erscheinung treten lassen. Sie müssen das zurückziehen.«

»Warum eigentlich?« Der SED-Genosse mit dem Doktorgrad ging nun zum »Du« ideologischer Verbrüderung über, wie es unter Genossen üblich ist:

»Du mußt verstehen, Hans, daß die Hitler-Wehrmacht die Sowjetunion überfallen hat . . .«

»Ja, schön, oder eben nicht schön«, sagte ich, »aber das ist mir bekannt. Was hat das mit den ›Pajoks‹ zu tun?«

»Laß mich weiterreden«, sagte Dr. Matthias, schon etwas bestimmter, »das deutsche Volk hat zwölf Jahre lang fanatisch zur Hitler-Diktatur gestanden . . .«

»Moment mal«, sagte ich, »das ganze Volk nicht. Ich kenne viele, die durchaus nicht dafür waren, sondern ganz im Gegenteil ihr Leben aufs Spiel gesetzt . . .«

»Du wirst doch wohl nicht sentimental werden wollen. Ich bitte dich«, sagte Dr. Matthias, »wir Antifaschisten müssen das deutsche Volk umerziehen. Menschen, die das können und die nicht in der NSDAP waren, gibt es sehr wenige. Das sind die leitenden Techniker, die Redakteure, die Abteilungsleiter. Sie müssen wir am Leben erhalten. Das ist äußerst wichtig. Sieh mal – eine Putzfrau, wenn die morgen verhungert, dann ist das nicht so schlimm. Dann bekommt man am nächsten Tag eine neue. Auch wenn Arbeiter verhungern, sind sie immer noch zu ersetzen.

Aber Redakteure, Kommentatoren, leitende Techniker – die sind unersetzlich heutzutage. Die müssen am Leben erhalten werden. Und deshalb bekommen sie die ›Pajoks‹ und die anderen nicht. Hast du das verstanden?«

Und ob ich das verstanden hatte! Nur zu gut hatte ich das verstanden. Es war ja auch unmißverständlich gewesen.

Obwohl ich zu keiner Stunde kommunistischen Ideen oder Überzeugungen nachgehangen hatte, war ich doch nicht radikal ablehnend gewesen und hatte die Parolen von der Gleichheit aller Menschen mit einem gewissen inneren Kopfnicken in mich aufgenommen.

Aber nun wußte ich, wie die Wirklichkeit aussah. Hätten die Kommunisten zu irgendeiner Zeit die Möglichkeit gehabt, mich für sich zu gewinnen, dann wäre das nach dieser Unterredung ein für allemal aus gewesen. Es gab also für Kommunisten Menschen Erster und Zweiter Klasse, es gab nützliches und unnützes menschliches Leben für sie. Diese Erfahrung widerte mich an. Das eine war die »Weltanschauung« – das andere war der Anschauungsunterricht.

Ich ging hinauf in die oberen Stockwerke des Funkhauses, die zu jener Zeit noch menschenleer und überwiegend zerstört waren, um allein zu sein. Unten, in einem der kleinen Innenhöfe, lagen drei deut-

Das gab es wirklich! Ein Spiel zwischen dem RIAS und dem Berliner Rundfunk – der
damals noch meine Mannschaft war –, das ich angeregt und organisiert hatte. Der
RIAS gewann übrigens mit 16 : 0. 1946.

sche Soldaten begraben. Sie waren noch kurz vor Kriegsende dort
gefallen. Während ich auf die traurigen Gräber hinabblickte, überdachte ich meine Situation: Sollte ich in diesem Hause bleiben? Was
würde mir von den Herren Erster Klasse drohen? Ich verschob meinen
Entschluß und ging zunächst zurück an meine Arbeit. Mein Antrag
wurde dem Betriebsrat vorenthalten.

*

Es gab aber auch Erfreuliches in dieser Zeit und in diesem Hause, und
das für mich Erfreulichste will ich jetzt erzählen:
    In der Kantine war mir ein hübsches, blondes Mädchen aufgefallen.
Es war anmutig, liebenswürdig, schlicht und für mich eine wahre
Augenweide.
    Ich hätte sie allzugern kennengelernt – aber sie saß immer mit ande-
ren zusammen, und ich wußte nicht, wie ich eine unmittelbare Begeg-

nung herbeiführen konnte. Sie schien zur Technik zu gehören, da sie mit den Kollegen dieser Abteilung aß.

Eines Tages war mir das Glück hold: Das Mädchen saß mit Herrn Rosenthal zusammen, einem Namensvetter von mir – Günter Rosenthal hieß er, während ich Hans Günter Rosenthal heiße.

Ich hatte ihn schon flüchtig kennengelernt. Auch er war ein Verfolgter der Nazis gewesen, arbeitete im Kulturbereich des Senders und war ein äußerst feinfühliger, sensibler Mensch – meine Frau sagte mir später im Scherz: im Gegensatz zu dir.

Ich setzte mich also auf den leeren Platz, der noch am Tisch war und hoffte, daß der mir schon bekannte Herr Rosenthal jede eventuelle Peinlichkeit oder Verlegenheit schon überbrücken würde. Das Gespräch lief zäh an. Das Mädchen widmete mir kaum Aufmerksamkeit. Ich versuchte es mit der kessen Tour: »Du bist noch nicht in unserer Jugendgruppe«, sagte ich, »das muß sich ändern, du mußt zu uns kommen.«

Sie reagierte gelangweilt. Was sollte sie in meiner Jugendgruppe? Später hat sie mir gesagt, sie sei empört gewesen, weil ich sie sofort geduzt hätte. Auch hatte sie geglaubt, daß ich viel jünger als sie wäre. Ich sah zu meinem Leidwesen wirklich unglaublich jungenhaft aus. Aber ich war ihr immerhin schon aufgefallen, wie sie gleich hinzufügte, weil ich wie ein Wirbelwind durch die Kantine fegte, die Schauspieler mit Getränken und Essen versorgte, umsichtig und gefällig gegenüber jedermann gewesen sei. Das hatte ihr offenbar imponiert.

Als wir mit dem Essen fertig waren, bat ich sie noch einmal, in die Jugendgruppe zu kommen, und erfragte ihre Haustelefonnummer. Ich weiß sie heute noch: 421. Es folgten zahllose Anrufe meinerseits. Schließlich kam die Angebetete in meine Jugendgruppe. Aber es gefiel ihr dort, wie vorauszusehen war, überhaupt nicht, und ich selbst gefiel ihr auch noch nicht in ausreichendem Maße.

Doch meine Zähigkeit führte zu allmählichen, schrittweisen Erfolgen. Eine Einladung in die »Filmbühne Wien« wurde nach einigem Hin und Her akzeptiert. Es gab ein fürchterliches Heißgetränk dort, und es wurde auch getanzt. Eintritt ab achtzehn Jahren.

Wir saßen an unserem Tisch bei bester Stimmung, und ich hatte keine Ahnung, in welche lächerliche Situation ich dabei geraten sollte: Es kam Kriminalpolizei und überprüfte die Gäste stichprobenartig. Einer der Polizisten trat an unseren Tisch und fragte mich nach meinem Ausweis.

»Sind Sie eigentlich schon achtzehn?« fragte der andere.

»Ja doch«, sagte ich, »ich bin schon über zwanzig!«

Man reichte mir den Ausweis unter dem Lachen der Umsitzenden zurück.

Traudl, so hieß das Mädchen, wurde nicht nach ihren Papieren gefragt. Es war für mich eine sehr peinliche Situation, die überhaupt nicht zu meinen Ambitionen paßte. Jedenfalls schaute ich betreten aus der Wäsche.

Ja, ehe ich es vergesse: Dieses Mädchen wurde – und blieb! – meine Frau. Und schon vor unserer Hochzeit kursierte im Funkhaus ein geflügeltes Wort:»Hänschen Rosenthals indische Kinderehe«.

Der Tag, an dem wir uns kennengelernt haben, war der 9. September 1946. Wir feiern ihn heute noch.

Ich verfügte glücklicherweise über einige materielle Möglichkeiten, unsere Freundschaft, die es ja zunächst war, mit kleinen Geschenken zu beleben. Durch meine Care-Pakete bekam ich auch Zigaretten. In einer Stange waren zweihundert Stück. Und dafür gab es damals etwa 1200 Reichsmark – ein Vermögen, wenn auch von relativ geringer Kaufkraft. Von diesem Geld kaufte ich Traudl drei Monate nach unserem ersten Treffen ein Paar Seidenstrümpfe. Eine Kostbarkeit in jenen Tagen. Günter Rosenthal aber, mein feinfühliger Namensvetter, fand das äußerst geschmacklos. Nun, es war ein weiterer Schritt auf unser Verlöbnis zu . . .

Die geschmuggelten Eheringe

Junge Menschen von heute können sich überhaupt nicht vorstellen, wie groß in jener Zeit unsere Begehrlichkeit gegenüber kleinen, »luxuriösen« Dingen war, die heute zum Alltagskonsum gehören und als selbstverständlich hingenommen werden. Gerade deshalb aber, weil wir auch noch dem unbedeutendsten Geschenk etwas abzugewinnen wußten, war diese Zeit nicht wirklich arm – sie war unendlich reich an

Neuem, Unerwartetem, wenn auch die Verhältnisse zu Bescheidenheit zwangen. Vielleicht genoß man diese, aus heutiger Sicht schweren Zeiten auch, weil man selber damals so jung war und weil alles im Vergleich zum Krieg fast märchenhaft besser erschien. Es war eben ein Neubeginn.

Dennoch – das Leben zwischen den Ruinen war hart, die Lebensmittelrationen einfach zu knapp: Für »Normalverbraucher« gab es zwanzig Gramm Fleisch pro Tag, dreißig Gramm Nährmittel, fünfzehn Gramm Zucker und sieben Gramm Fett.

Daß der Himmel damals für mich voller Geigen hing, hatte verschiedene Gründe:

Erstens, weil aus diesem Himmel keine Bomben mehr fielen; zweitens, weil mich ein Gefühl der Freiheit, des Entronnenseins erfüllte, ein »Überlebensgefühl«, das im doppelten Sinne des Wortes ein Über-Lebensgefühl war; und drittens, ich hatte eine Arbeit, die mir, trotz des zunehmenden kommunistischen Drucks, große Freude machte und in der ich mich bewährte. Das vierte aber war, daß ich Traudl, die Frau meines Lebens, gefunden hatte – und das war das Wichtigste.

Wenn wir abends miteinander ausgegangen waren und ich sie nach Hause bringen durfte, war das zwar eine Freude für mich – aber auch ein strapaziöses Unternehmen. Junge Burschen von heute, die ihre Mädchen im eigenen Auto ausfahren, im Winter mit Heizung und möglichst mit Stereomusik aus dem Kassettenspieler, könnten das gewiß sehr viel mehr genießen – man könnte auch sagen: würden das mehr zu schätzen wissen –, wenn sie die Kriegs- und Nachkriegszeit als Kontrastmittel erlebt hätten. Womit ich natürlich nicht sagen will, daß wir Älteren das unseren Kindern wünschten – nur das nicht! Aber die Erfahrung von Not und Entbehrung lehrt den Menschen, die Welt mit offenen Augen, auch mit mehr Dankbarkeit zu sehen.

Und wir Älteren genießen und würdigen die Gegenwart deshalb schon mehr, weil wir die Vergangenheit kennen . . .

A propos Heimweg – Traudl wohnte in Spandau. Nach jedem schönen Zusammensein fuhr ich mit ihr mit der Straßenbahnlinie 75 die Kantstraße hinauf, vorbei am Berliner Rundfunk in Richtung Westen. Dann folgte die Bahn der Heerstraße. Die Freibrücke, über die ihre Gleise führten, war im Krieg zerstört worden und hing im Havelwasser. Also hielt die Bahn, man stieg aus, ging zu Fuß über einen

Hans Rosenthal
Berlin-Lichtenberg
Kolonie "Dreieinigkeit"
Schusterstraße 11   Berlin, den 18. Dezember 1945

Herrn
Oberst M a m e n k o
Leiter der Abteilung für
Kriegsgefangene beim Amt
der Etappe der Pesetzungs-
truppe in Deutschland

<u>Berlin-Karlshorst</u>

Der am 27.11.01 in Brandenburg/Havel geborene Paul Schönebeck
(Feldpost-Nr. 22 301) geriet als Obergefreiter beim Tross der Bau-
pionier-Truppe, höchstwahrscheinlich bei der Kapitulation, in russische Kriegsgefangenschaft. Seine Ehefrau erhielt die letzte Nachricht im September 1945 aus dem Lager Christianstadt durch einen
entlassenen Kameraden.
Der oben genannte Paul Schönebeck ist der Ehemann meiner Pflege-
mutter, die mich als Juden vom März 1943 bis zur Befreiung durch
die Rote Armee vor allen Verfolgungen der Nazis versteckt gehalten
hat. Aus diesem Grunde möchte ich die Bitte um Auskunft über den
weiteren Verbleib des Herrn Schönebeck und die Möglichkeit einer
Entlassung stellen.
Indem ich auf einen baldigen günstigen Bescheid hoffe, danke ich
Ihnen im voraus und zeichne

                                    Hochachtungsvoll!

                                    (Hans Rosenthal)

Einer der vielen Briefe, die ich für Frau Schönebeck geschrieben habe. Soweit sie an Russen adressiert waren, habe ich alle übersetzen lassen. Auch Oberst Mamenko hat auf meine Eingabe nie geantwortet. 1945.

Ханс РОЗЕНТАЛЬ   Берлин, 18-го декабря 1945 г.
Берлин-Лихтенберг
Колония "Дрейейнигкейт"
Шустер штрасе 11.

Полковнику М я м е н к о
Руководителю Отделом Военнопленных
при Управлении Этапом Оккупационных
Войск в Германии

<u>Б е р л и н</u> – Карльсгорст

       Павел Ш е н е б е к, родившийся 27.11.01 в Бранденбурге
на Хафеле, (полевая почта № 22 301), состоявший обер-ефрейтором
при Войске Пионеров-строителей, по всей вероятности при капитуля-
ции попал в плен к русским. Его жена получила последнее известие
из лагеря Кристианенштадт в сентябре 1945 года через отпущенного
на свободу товарища ея мужа.

       Вышеупомянутый Павел Шенебек – муж моей приемной матери,
которая меня, как еврея, скрывала у себя от всех преследований на-
цистов от марта 1943 года до освобождения нас Красной Армией. На
этом основании я хотел-бы просить о сведении относительно даль-
нейшего местопребывания гр-на Шенебек и о его освобождении из
плена.

       Надеясь на скорый и благоприятный ответ, я выражаю Вам
вперед свою благодарность.

                           С почтением

                  Подпись: /Ганс Розенталь

Notsteg und fand auf der anderen Seite einen – hoffentlich – wartenden Straßenbahnwagen, mit dem man die Fahrt fortsetzte. Es ging weiter in die Spandauer Wilhelmstadt, und dann in die Wörtherstraße, in der Traudl bei ihren Eltern wohnte. Waren wir abends um zehn Uhr losgefahren, landeten wir erst gegen halb zwölf. Für mich begann dann die Rückfahrt in meine Laube.

Wieder trabte ich über den Notsteg, fuhr mit der 75 weiter in Richtung Bahnhof Witzleben; dann mit der S-Bahn bis Bahnhof Puttlitzstraße. Auch dort war eine Brücke zerschossen. Also zu Fuß über die Gleise. Am Bahnhof Wedding wieder in die S-Bahn bis zur Landsberger Allee. Zwischendurch Wartezeiten, endlose Wartezeiten auf den Bahnsteigen. Noch einmal Straßenbahnlinie 69 bis zum Röderplatz. Von dort zu Fuß in die Kolonie »Dreieinigkeit«. Wenn alles klappte, war ich gegen halb zwei Uhr morgens gelandet.

Eines Tages wurde es mir aber doch zu viel. Ich sprach mit Frau Schönebeck. Sie hatte zwar Verständnis für meinen Wunsch, in Traudls Nähe zu ziehen, aber die Trennung, die eine endgültige sein würde, fiel ihr sehr schwer. Auch ich litt an diesem Gedanken.

Frau Schönebeck hatte außer mir niemanden mehr. Der Sohn war gefallen, der Mann in russischer Kriegsgefangenschaft. Ich hatte alle Hebel in Bewegung gesetzt, um durch Fürsprache bei sowjetischen Behörden seine Entlassung und eine bessere Lebensmittelration als die der »Hungerkarte« für sie zu erreichen. Schließlich hatte sie ihr Leben aufs Spiel gesetzt, um mich vor den Nazis zu verstecken. Schönebecks waren beide entschiedene Feinde des Hitlerreichs gewesen. Aber ich hatte keinen Erfolg. Weder bekam Frau Schönebeck eine andere als die niedrigste Lebensmittelkarte, noch kam ihr Mann jemals aus der Gefangenschaft zurück. In irgendeinem Kriegsgefangenenlager muß er gestorben sein. Es gab also 1947, zwei Jahre nach der Befreiung, einen tränenreichen Abschied, und ich zog aus. Später schrieb sie mir, daß sie einen neuen Lebensgefährten gefunden hatte.

*

Im Hause meiner zukünftigen Schwiegereltern in Spandau fand ich im dritten Stock ein Zimmer. Im ersten Stock wohnte Traudl mit ihren Eltern, die mich fortan versorgten. Ein neuer Abschnitt meines Lebens hatte begonnen:

Wir beschlossen, uns zu verloben. Diesem Entschluß kam sehr entgegen, daß Tante Else – die Tante mit den »abgezweigten Kleidern«, deren Schwarzmarktwert mich schließlich in die Laube von Frau Jauch geführt hatte – wieder in Erscheinung trat. Sie war die »arische« Schwester meiner Großmutter und hatte ihren Familienbesitz, Schmuck im Werte von etwa 65 000 Reichsmark, nach München ausgelagert. Sie wollte diese Kostbarkeiten verständlicherweise wieder bei sich haben.

Aber von Berlin nach München zu reisen, war in jener Zeit ein riskantes Abenteuer. Also mußte ich ran – Hansi, der so gut organisieren konnte. So sagte man jedenfalls, und ich hörte es gerne. Zudem lockte Tante Else mit einer begehrenswerten Belohnung: die goldenen – 9ooer! – Eheringe, die sie nach dem Tode ihres Mannes aufbewahrt hatte und uns zu geben versprach – wenn ich den Schmuck holte, mich auf die Reise machte, Traudl für einige Tage alleine ließ. Und ich wollte. Und zog los.

Interzonenpässe zu beantragen, hatte ich weder die Geduld, noch hielt ich es für erfolgversprechend. Also beschloß ich, »schwarz« über die »grüne Grenze« zu gehen. Aber Traudl hatte Bedenken. Man wußte, daß auf Grenzgänger geschossen wurde, die Siegermächte keine »Völkerwanderungen« durch die Besatzungszonen duldeten. Wir diskutierten heftig – und ich gab nach; begann den Slalom-Lauf durch die Hindernisse der Militärbehörden, um doch einen Interzonenpaß zu erringen. Der erste Schritt war eine Bescheinigung vom Berliner Rundfunk, die meiner Gold- und Edelstein-Fahrt einen dienstlichen Vorwand gab. Dann zu den Russen. Der Paß ging dann zu den Amerikanern. Dann zu den Engländern. Dann zu den Franzosen. Alle mußten unterschreiben.

Wenn ich heute in einer Stunde von Berlin nach München fliege, muß ich oft an jene Reise denken: Abschied auf dem Bahnhof Charlottenburg. Fahrt nach Hannover in überfüllten Zügen. Ich wurde durch ein Fenster hineingeschoben, landete auf den Schultern mehrerer Mitreisender, brachte mit Müh und Not einen Fuß auf den Boden und hing zwischen eng Sitzenden und noch enger Stehenden mit der rechten Hand an einem Haltegriff. Der Begriff der »drangvollen Enge« prägte sich mir unauslöschlich ein. Weiterfahrt von Hannover. Aussteigen in Eschwege. Kontrolle durch amerikanische Militärpolizei,

```
Hans Rosenthal
Bln.-Lichtenberg                           Berlin, den 6.2.47
kol. Dreieinigkeit
Schusterstr. 11


      Hiermit stelle ich, Hans Rosenthal geb. 2.4.25 in
      Berlin, den Antrag auf eine Reisegenehmigung von
      14 Tagen in die amerikanische Zone (München).
      Mein Auftrag ist, mit Autoren mündlich zu verhan-
      deln, um für unsere Sendereihen Wellenschaukel,
      Einmaleins des Alltags, Zeitkabarett und Unterhal-
      tungshörfolge neue Manuskripte zu bekommen.

                                      Hochachtungsvoll !
                                      Hans · Rosenthal
```

Mein Antrag für die »Geschäftsreise« nach München ... *(oben)*
... und die prompte Bestätigung. 1947. *(rechts)*

denn nun wurde die Grenze zwischen der englischen und der amerikanischen Besatzungszone überschritten. Nach anderthalb Tagen erreichte ich München. Die Bekannten von Tante Else, die ihren
Schatz aufbewahrten, wohnten in Dachau. Nur anderthalb Stunden
habe ich mich in München aufgehalten, das damals auch in Trümmern lag – aber Ruinen konnten einen Berliner nicht mehr erschrek-
ken. Aufhalten konnte mich ohnehin nichts mehr; denn den
Schmuck – einschließlich der beiden goldenen Eheringe – galt es
nun, eingewickelt in ein riesiges Taschentuch und gut in der Hose
versteckt, nach Hause zu bringen.

Es war Ende März. Im südlichen München sproß das erste zarte
Grün dieses 1947er Frühlings, der für Traudl und mich »unser« Früh-
ling werden sollte. Am 1. April kam ich wieder in Berlin an. Am nächsten Tag, dem 2. April, hatte ich Geburtstag. Vier Tage später war Verlobung. Am Ostertag steckten wir uns die Eheringe von Tante Else an.

BERLINER RUNDFUNK

BERLINER RUNDFUNK GmbH., Berlin-Charlottenburg 9, Masurenallee 8—14

Herrn
Hans Rosenthal

Berlin-Spandau
Wörther Str. 3

Ihre Zeichen	Ihre Nachricht vom	Unsere Zeichen	Berlin-Charlottenburg 9

Masurenallee 8—14
6.2.47

Betreff   Fernruf: Sammelnummer 97 79 01

B e s t ä t i g u n g
=========================

Wir bestätigen Herrn Hans Rosenthal,
dass er in unserem Auftrag nach der
amerikanischen Zone fahren soll, um
mit verschiedenen Autoren Verhandlungen
zu führen. Diese Reise ist dringend, da
wir unbedingt gute Manuskripte für
Sendungen benötigen.

Berliner Rundfunk
Personaldirektion

50 000 V./46. C. K., S.

Am 30. August 1947 haben wir geheiratet. Man hatte uns augenzwinkernd gesagt, eine Eheschließung im August würde uns noch für das ganze Jahr die günstigere Steuergruppe Zwei einbringen. Und so etwas ließen wir uns nicht zweimal sagen.

Traudl wünschte sich, im weißen Kleid mit Brautschleier zu heiraten. Eine Freundin half ihr gerne aus. Durch meinen Chef Theodor Mühlen wurde sogar ein Auto für die Fahrt in unser gemeinsames Leben organisiert. Er war auch einer der Trauzeugen. Der andere war ein Onkel meiner Frau, dem am vorletzten Kriegstage noch eine Granate eine schwere Gesichtsverletzung beigebracht hatte. Vierzig Operationen hat er bis heute über sich ergehen lassen. Ich habe ihn immer wegen der großen Tapferkeit bewundert, mit der er dieses Schicksal trug.

In einem Kostümverleih hatte ich mir einen Smoking und einen Zylinder geliehen, in denen ich wahrscheinlich ein Bild unfreiwilliger Komik abgab. Auf dem Spandauer Standesamt wurde unser Bund fürs Leben amtlich beurkundet. Wir waren nun Mann und Frau.

Im Auto ging es dann – am Funkturm, dessen Stahlskelett den Krieg überdauert hatte, vorbei – zur Kantstraße. Dort kannte ich einen Fotografen, der unser Hochzeitsfoto aufnahm: Traudl im weißen Kleid der Freundin mit Schleier, ich im geliehenen Smoking, den Zylinder in der Hand. So jung wir darauf aussahen, so erwachsen und ernst fühlten wir uns doch.

Es war ein heißer Sommertag. Zu Hause spielte ein Musiker auf einem alten braunen Klavier, das der Familie meiner Frau gehörte. Den Pianisten – Leopold Paasch hieß er – hatte ich im Berliner Rundfunk kennengelernt. Er hatte zwei berühmte Schlager komponiert: »Du stehst nicht im Adreßbuch, ich kann dich nicht erreichen...« und »Alte Lieder, traute Weisen«. An jenem Nachmittag hat er jedenfalls unvergeßlich gespielt. Ich lauschte in Gedanken und erinnerte mich an meinen Vater. Hätte er noch gelebt, dann würde er für uns gespielt haben, mit den Freunden vom Trio »Rosé«... Ich dachte an meine Mutter, die Großeltern, auch an Gert, der jetzt schon halb erwachsen wäre. Ich bin eigentlich kein sentimentaler Mensch, aber an diesem Hochzeitstag im Nachkriegssommer 1947, da gab es Augenblicke, in denen ich ein Würgen im Hals verspürte.

Doch es war ja Hochzeit! Eine Familie hatte mich aufgenommen, die Frau, die ich liebte, würde fortan zu mir gehören. Ich glaube, daß dies Glücksgefühl um so stärker war, als ich wußte, wie allein ich gewesen war und welches Unglück mich in den langen Jahren zuvor betroffen hatte. Natürlich war auch Frau Schönebeck da.

Als Hochzeitsessen gab es Rouladen, Rotkohl, Kartoffeln und danach, als etwas ganz Besonderes, Pudding. Monatelang waren Lebensmittelmarken dafür gespart worden. Und es wurde gefeiert! Aber so gegen ein Uhr nachts verließen mich meine Kräfte. Der Fusel, den man damals trank, da es keinen Moselwein und keinen Champagner gab, hatte seine Wirkung getan.

Als frischgebackener Ehemann empfand ich damals eine neuartige Autorität. Zwar war ich gemeinsamen Beratungen jederzeit aufgeschlossen – aber, so schien mir, einer mußte das entscheidende Wort sprechen, und ich meinte, daß ich das am ehesten konnte.

Die erste Entscheidung, die mir für unsere Zukunft wichtig erschien, sagte ich Traudl schon am nächsten Morgen: »Du solltest im Berliner Rundfunk kündigen. Ich will nicht, daß andere meiner Frau sagen können, was sie zu tun und zu lassen hat.«

Da damals noch niemand an Emanzipation dachte – meine Frau hätte ohnehin nicht dazu geneigt –, fragte sie nur ganz sanft zurück, ob das Geld dann überhaupt ausreichen würde. Ich war überzeugt davon. Wir würden auskommen. Und nicht nur das:

»Wir werden bald jeden Morgen ein Ei essen können«, prophezeite ich, »verlaß dich drauf.«

Traudl antwortete nur mit einem Lächeln. Sie hatte Nachsicht mit meinen Luftschlössern. Gerade diese Ungläubigkeit spornte mich an:

»Wir werden auch eines Tages Telefon haben. Wir werden . . .« Traudl lachte mich aus. Sie lachte und schaute mich dabei an, als hätte ich den Verstand verloren.

Aber ich ließ mir die Freude nicht nehmen, ein rosiges Zukunftsbild für uns beide zu malen, das mir selber ein bißchen phantastisch erschien, obwohl ein eigenes Auto oder gar ein eigenes Haus noch gar nicht darin vorkamen.

Sie kündigte also, kam aber noch mit in den Sender, wenn ich nachts Produktion hatte. Dann saß sie still im Studio und strickte Pullover. Da es wenig Wolle gab, wurden fertige Meisterwerke oft wieder aufgeribbelt – eine traurige Sisyphus-Arbeit, wie mir schien, die durchaus für jene Zeit, in der es viel guten Willen, aber wenig brauchbares Material gab, kennzeichnend war.

*

Es fehlte nicht nur an Material, es fehlte vor allem an Nahrungsmitteln. Aber es gab einen Geheimtip, wie man sich letztere beschaffen konnte – »organisieren«, wie man es nannte. Dazu brauchte man etwas zum Tauschen und ein Transportmittel, das einen – aufs Land fuhr. Denn dort gab es immer etwas zu holen. Die Bauern waren selten abgeneigt, sofern man in geeigneter »Währung« zu bezahlen wußte. Dabei spielte Geld die geringste Rolle. Man fuhr los mit Schmuck, Briefmarkenalben, Münzen, oder, wenn man das Glück hatte, eine »Quelle« zu besitzen: mit Alkohol und Zigaretten; und kam heim mit geräuchertem Schinken, Würsten, Eingemachtem, oder, wenn der Wert des Eingetauschten etwas niedriger war, mit Rüben, Zwiebeln und Kartoffeln – natürlich möglichst unauffällig, denn »legal« war das nicht gerade.

Kartoffeln, Kartoffelpuffer, Kartoffelbrei, Kartoffelsuppe – niemand kann sich mehr vorstellen, welche Musik das in unseren Ohren gewesen ist. Und als eines Tages mein Schwiegervater mit einem Vorschlag zu mir kam, wie man zwanzig Zentner dieses wertvollen Gutes in unseren Keller bringen konnte, da zögerte ich keine Sekunde. Ein Bauer in Krams hatte die zwanzig Säcke für uns bereitstehen, das Problem war nur, sie nach Berlin hereinbekommen. Erstens brauchte man einen großen Lastwagen, den wir natürlich nicht besaßen; zweitens mußte man russische Kontrollen passieren, die auf diese Art »Schmuggel« geradezu spezialisiert waren; und drittens mußte ich mich beim Rundfunk beurlauben. Es dauerte ungefähr eine halbe Stunde, bis ich die Lösung des Problems, den Schlüssel zu den Kartoffeln hatte:

Beim Berliner Rundfunk hatten wir, wie schon erzählt, Holzgaser, Lastwagen, bei denen der Motor nicht Benzin, sondern Holz schluckte. Einmal im Monat mußte ein Kollege nach Mecklenburg fahren, um die Holzstückchen zu besorgen, die man dazu verwenden konnte. Da Krams direkt auf dem Weg lag, machte ich dem Leiter der Fahrbereitschaft einen Vorschlag: Diesmal werde ich nach Mecklenburg mitfahren und auf dem Rückweg die Kartoffeln zuladen. Und er bekommt dafür zwei Säcke. Obwohl mein Angebot für ihn sehr verlockend war, hatte ich ihn noch nicht ganz überzeugt, daß das Unternehmen überhaupt gelingen konnte:

»Wie wollen Sie denn durch die russische Kontrolle kommen? Die sind genauso hungrig wie wir. Wenn die was spitzkriegen, sind Sie Ihre Kartoffeln – und Ihre Freiheit los, Mann! Und außerdem: Wo wollen Sie die Kartoffelsäcke eigentlich hinpacken? Soviel ich weiß, muß der Wagen bis obenhin mit Holz gefüllt sein. Das wird nachgeprüft.«

Natürlich hatte ich das alles selbst gewußt. Mit einem gewissen Vergnügen widerlegte ich ihm seine Bedenken:

»Wegen der Ladung brauchen Sie sich keine Sorgen zu machen. Das Holz wird sicher bis obenhin reichen. Nur unten eben, unten sind die Kartoffeln!«

Der gute Fahrbereitschaftsleiter wurde unruhig:

»Meinen Sie, Sie können die Hälfte des teuren Holzes einfach wegwerfen?«

»Nein, das Holz brauchen wir. Einen Teil geben wir dem Bauern, einen Teil aber füllen wir in Säcke – und die kriegen die Russen. Was glauben Sie, wie dankbar die sein werden, wenn sie Holz zum Nachlegen für ihre Wachhäuschen bekommen!«

Am nächsten Morgen vor Tagesanbruch fuhren wir los – mit mir mein Schwiegervater und ein besonders zuverlässiger Mann, der als Fahrer zugeteilt worden war. Auch er war eingeweiht und sollte nicht zu kurz kommen. Der erste Teil der Fahrt ging völlig problemlos: Bis Krams wurden wir nur zweimal aufgehalten, mußten unsere Papiere zeigen, wurden, da in »offizieller Mission«, eifrig weitergewinkt, lachten und zweifelten nicht am Gelingen des Plans.

In Krams stieg ich mit meinem Schwiegervater gegenüber dem Bauernhof aus und wartete, bei Schwarzbrot und hochprozentigem Selbstgebrannten, auf die Rückkehr des Kollegen. Der Bauer war hocherfreut, als er von dem Holz hörte, das wir in seiner Scheune zurücklassen würden, und stellte noch einen zusätzlichen Kartoffelsack neben die schon in Reih und Glied aufgestellten. Gut sahen sie aus, dachte ich, und daheim im Keller würden sie noch besser aussehen!

Mit einem Hupen fuhr der Lastwagen in den Hof. Wir schlossen das Tor vor neugierigen Blicken, luden das Holz aus und die Säcke ein. Dann so viel Holz, wie eben ging, obendrauf und gleichzeitig sechs

Säcke damit gefüllt. So viel sollten genügen. Sechs Säcke für sechs bestechliche Kontrollen. Nach einem letzten Gläschen fuhren wir los in den Abend. Schon am Ortsausgang von Krams endete die Fahrt. Ein Wachtposten stand mitten auf der Straße und winkte uns an den Rand. Wir reichten unsere Papiere hinaus, für die sich der Mann aber nicht zu interessieren schien. Er deutete auf unsere Ladefläche. »Holz« sagten wir, »Holz nach Berlin«. Er schüttelte den Kopf und deutete auf seine Brust. Es war soweit. Ich lächelte ihm zu und öffnete meine Wagentür. Sofort riß er die Maschinenpistole hoch. »Nicht so schnell«, sagte mein Schwiegervater, »mach ihm keine Angst.« Obwohl ich derjenige war, der Angst hatte, versuchte ich dem Russen klarzumachen, daß ich tatsächlich etwas für ihn hatte. Nur eben hinten auf der Ladefläche. Er ließ seine Waffe wieder sinken, und ich kletterte behutsam auf unsere doppelbödige Ladung. Dort lag der erste Sack. Ich hob ihn in die Höhe, lächelnd, um meine wohltätige Absicht zu zeigen. Jetzt war die Sache gelaufen: Der Russe rief seine Kollegen, die aus dem Wachthäuschen kamen. Als ich den Sack vom Wagen fallen ließ, näherten sie sich erst vorsichtig, dann hoben sie ihn hoch und trugen ihn, zur näheren Untersuchung, in ihr Häuschen. Wir winkten und fuhren weiter. Ich nehme an, sie hatten etwas Besseres erwartet als Holz, vielleicht Kartoffeln. Aber die brauchten wir ja selber.

Um die Prozedur abzukürzen und die Einlage mit der Maschinenpistole zu vermeiden, holten wir uns vor jedem weiteren Posten den Holzsack ins Führerhäuschen und warfen ihn in bei verlangsamter Fahrt dem wartenden Posten hinaus. Wie nach stummer Verabredung wendete sich der Russe dem Sack zu – und ließ uns, mit unserer weitaus kostbareren Last, weiterfahren.

Ich habe vergessen zu sagen, daß es schon recht kalt war damals. Aber wir haben davon nichts gemerkt. Und auch Angst haben wir keine gehabt. Es mag an dem Schnaps gelegen haben, den wir in Krams getankt hatten. Und an der Vorfreude auf die Kartoffeln, die uns, vielfältig zubereitet, den bitterkalten Winter vergessen machen sollten.

Vom sozialistischen Insektenparadies

Wir hatten beim Berliner Rundfunk russische Zensuroffiziere. Von ihren Genehmigungen hing jede Produktion ab. Für Kultur war ein weiblicher Offizier zuständig: Frau Leutnant Sakwa.

Sie sprach, wie die anderen Zensuroffiziere auch, ein ganz passables Deutsch. Allerdings war es eben ein erlerntes Deutsch, und es fehlte oft der Sinn für Nuancen oder Doppelbedeutungen.

Zu diesem weiblichen Leutnant Sakwa ging eines Tages auch Frau Dr. Ilse Obrig. Sie war die Leiterin des Kinderfunks, hatte schon zur Nazizeit Kindersendungen moderiert und war den deutschen Hörern ein Begriff, soweit es sich um Familien mit Kindern handelte. Da Ilse Obrig aber niemals gemeinsame Sache mit den Nazis gemacht hatte, durfte sie weiterarbeiten, übrigens hochangesehen.

Ihre Idee war, ein Kinderhörspiel nach dem weltberühmten Roman »Die Biene Maja« von Waldemar Bonsels aufzuführen. Diese zauberhafte Geschichte von der kleinen Biene für den Funk zu bearbeiten, war sicher ein lohnendes Unternehmen. Doch Frau Leutnant Sakwa war da ganz anderer Ansicht. Nachdem sie das Manuskript durchgesehen hatte, befand sie zu unser aller Erstaunen:

»Das werde ich nicht genehmigen, Frau Obrig.«

Ein fragender Blick der Kinderfunk-Leiterin, zuerst auf die Russin, dann auf uns. Wie sollten wir das verstehen?

»Solange sie nicht eine entscheidende Passage ändern, kann ich die Sendung nicht genehmigen.«

»Was, um Gottes willen, haben Sie denn Gefährliches in der Biene Maja gefunden?«

»Wir haben ein sozialistisches System, verstehen Sie. Und in diesem Buch gibt es eine Königin. Alle anderen müssen für diese Königin arbeiten. Wissen Sie, was das ist?«

»Ein Märchen«, antwortete Ilse Obrig.

»Das ist Monarchie!« sagte Frau Leutnant Sakwa. »Wollen Sie unsere Hörer mit reaktionärem Gedankengut infizieren? In unserem Staat wird es keinen Raum mehr für solche »Märchen« geben. Sind Sie bereit, die Königin zu streichen?«

139

Frau Obrig war nicht bereit, aus Waldemar Bonsels Bienengeschichte ein sozialistisches Insektenparadies zu machen. »Gestorben«, sagen wir Rundfunkleute, wenn eine Aufnahme gelungen ist und nicht wiederholt zu werden braucht. Diese Sache war auch »gestorben«. Frau Leutnant Sakwa hatte die Biene Maja besiegt. Die Hörer waren noch einmal davongekommen.

*

So lustig diese Geschichte manchem erscheinen mag, so deprimierend war doch ihr Hintergrund, die Atmosphäre, die sich, auch auf Grund solcher »Kleinigkeiten«, um uns zusammenzubrauen begann. Wer nicht exakt »auf Linie« war, Kommunist war oder es zumindest zu sein vorgab, der wurde bald seines Lebens nicht mehr froh. Es ist wahr: Ich hatte endlich einen aussichtsreichen Beruf, und ich wurde auch nicht mehr wegen meiner jüdischen Abstammung verfolgt. Aber was ist ein Beruf wert, der von allen Seiten, sichtbar und unsichtbar, überwacht wird; der Rädchen in einem Getriebe politischer Indoktrinierung ist? Und wenn ich auch als Verfolgter des Naziregimes gewisse Achtung genoß – meine demokratische Einstellung und die Sehnsucht nach Freiheit ließen mich bald in einem scheelen Licht erscheinen, an meiner Zuverlässigkeit zweifeln.

Ich habe damals an die Idee der Gewerkschaft geglaubt. Habe mitgemacht und zu meinem Schrecken sehr schnell bemerkt, daß der »Freie Deutsche Gewerkschaftsbund«, der FDGB, zu einer roten Einheitsgewerkschaft geworden war, die keine andere Aufgabe hatte, als alle Arbeiter in eine Richtung, die kommunistische nämlich, auszurichten. Andere Meinungen waren da nicht mehr erwünscht.

Ich war nicht der einzige Enttäuschte. Mit vielen anderen demokratisch Gesinnten gründeten wir die »Unabhängige Gewerkschaftsopposition«, die dann in Berlin zu einem der Vorläufer des DGB wurde.

Im Betriebsrat des Berliner Rundfunks hatte natürlich der FDGB die Mehrheit und das Sagen. Die UGO, die sich schon durch ihren Namen unbeliebt gemacht hatte – wer konnte denn guten Gewissens der Einheitsgewerkschaft »Opposition« bieten? –, war durch mich und meinen Freund Fuchs vertreten. Daß man uns los sein wollte, versteht sich von selbst.

Mehr noch als ich litt Fuchs unter der Beschneidung seiner journalistischen Freiheit. Als Leiter der Aktuellen Abteilung des »Pulsschlags

Stimmzettel

Betriebsratswahl des Berliner Rundfunks

Lfd. Nr.	Kreuz	Name	Abteilung	Lfd. Nr.	Kreuz	Name	Abteilung
1		v. Arnim, O.	Künstl. Wort	21		Krebs, F.	Musiker
2		Bendschneider, A.	Vervielf.	22		Dr. Matthias, E.	Technik
3		Brunzel, Charl.	Putzfrau	23		Michailow, M.	Musik
4		Doherr, Annemarie	Redakt.	24		Orliczek, Hildeg.	Tagesfragen
5		Drewes, H.	Aufn. Kontr.	25		Preuß, Ella	Pulsschlag
6		Duchrow, A.	Redakt.	26		Putzke, A.	Montageabtlg.
7		Erthel, E.	Musiker	27		Redetzki, E.	Personaldir.
8		Fieber, R.	Hauptsachb.	28		Rößle, W.	Aufsichtsing.
9		Fischer, Auguste	Schallarch.	29		Rosenthal, G.	Redakteur
10		Fischer, O.	Personaldir.	30		Rosenthal, jun. H.	Regieassistent
11		Frahm, W.	Bote	31		Sabath, W.	Betriebsratsek.
12		Fricke, Gertrud	Jugendfunk	32		Schievelbein, Ilse	Sachbearbeiter.
13		Fuchs, W.	Pulsschlag	33		Schmidt, H.	Hauptsachb.
14		Gehrke, G.	Maler	34		Schneider, E.	Materialverwltg.
15		Hansen, H.	Musiker	35		Schulz, Otto-Rud.	Aufsichtsing.
16		Hilgert, R.	Sprecher	36		Spannagel, K.	Musiker
17		Hohenfels, V.	Produktionsl.	37		Türke, G.	Betriebsratsek.
18		Kaminski, F.	Hauptsachb.	38		Ullrich, A.	Toningenieur
19		Karsch, Lucie	Redakt.	39		Zeitz, A.	Toningenieur
20		Kloos, F.	Regisseur	40		Ziethmann, Liesel.	Sachbearbeiter.

Es dürfen nur 15 Kandidaten gewählt werden.
Also 15 Kandidaten ankreuzen.

r Stimmzettel für die Betriebsratswahl 1946. Mein Name war mit dem seltsamen Zusatz »Junior« versehen, wohl um
h von G. Rosenthal besser unterscheiden zu können. Durch einen Trick gelang es den Kommunisten,
mer genügend Leute in den Betriebsrat zu hieven: Statt »bis zu 15 Kandidaten ankreuzen« – was korrekt gewesen
e –, schrieben sie »Also 15 Kandidaten ankreuzen«. So mußten sie notgedrungen jedesmal die Mehrheit
kommen, weil immer weniger als 15 Nichtkommunisten auf der Liste standen. 1946.

Berlins« – einer Sendung, die die Hörer mit den wichtigen regionalen Nachrichten versorgte – hatte er größtes Interesse an Wahrhaftigkeit und Lückenlosigkeit der Information. Soweit diese aber die Westsektoren betraf, die in den meisten Belangen den östlichen einfach voraus waren, war diese Informationsfülle unerwünscht. Man begann zu streichen, zu korrigieren, schließlich seine Person in Frage zu stellen.

Wilhelm Girnus, der lange Jahre unter den Nazis eingesperrt gewesen war, war als stellvertretender Intendant Vorgesetzter und in der Tat auch verantwortlich für die Gängelei, die so deprimierte.

Eines Tages platzte Fuchs offenbar der Kragen. Unangemeldet stürzte er in Girnus' Büro und betitelte ihn in der folgenden Auseinandersetzung mit wenig schmeichelhaften Namen. Ein Zwischenfall, den man unter Kollegen leicht hätte vergessen können, wurde zur Majestätsbeleidigung aufgebauscht, der Betriebsrat zusammengerufen: der Hausfriede war gestört, die Autorität angezweifelt worden, die Einheitsgewerkschaft forderte schnelle Bestrafung.

So einfach war das aber nicht. Fuchs war Betriebsrat. Genosse Girnus – er brachte es später zum Staatssekretär im SED-Staat – ordnete die fristlose Entlassung an. Und damit alles seine Ordnung habe, sollte der Betriebsrat darüber abstimmen. Die Beschlußfähigkeit des fünfzehnköpfigen Gremiums war bei zwei Dritteln Anwesenheit, also bei zehn Betriebsräten, gegeben. Enthaltungen zählten als Abwesenheit – eine Regelung, die mich anfangs stutzig machte, die ich aber auf Zureden meines Freundes Fuchs hin akzeptierte.

Zehn waren es auch, die in der Eile gekommen waren, Fuchs hinauszuwerfen. Was dann folgte – und noch Wochen danach seine Folgen zeitigte –, war genau nach dem Plan, den ich mir in der Zwischenzeit ausgedacht hatte:

Ich bat um das Wort. »Liebe Kollegen«, begann ich und schaute betrübt in die Runde. »Es ist etwas geschehen, das uns alle dazu zwingt, etwas zu tun, was wir im Grunde gar nicht wollen.«

Stumme Zustimmung, auch fragende Blicke. »Der Kollege Fuchs hat sich gewiß um den Berliner Rundfunk verdient gemacht.« Zwei klopften beifällig auf die Tischplatte. »Er ist im Grunde doch immer beliebt gewesen, ein netter, hilfsbereiter Kollege.« Ich bemerkte, daß man mir folgte und niemand ahnte, wohin meine Rede führen würde. »Wie wäre es, Genossen, wenn wir Fuchs einen ehrenhaften Abschied gäben. Wenn wir zuerst einen Beschluß faßten, nach dem wir es tief bedauern, daß unser Kollege uns verlassen muß, ja, daß wir es vorzögen, wenn er bleiben könnte.« An dieser Stelle begannen die FDGB-Leute zu murren und die Köpfe zu schütteln. Aber ich hatte ja noch nicht ausgereizt:»Und daß wir dann bei einer zweiten Abstimmung feststellen, daß es dennoch unumgänglich ist, ihn fristlos zu kündigen. Das, so glaube ich, ist ein Kompromiß, bei dem unser Kollege Fuchs sein Gesicht wahrt – und wir unserem Auftrag nachkommen!« Beifall von einigen, verdutzte Gesichter bei der Gegenfraktion.»Genossen«, setzte ich im Brustton tiefster Überzeugung hinzu,»wir sind es unserem Kollegen schuldig!«

Die erste Runde ging an mich. Man stimmte ab, stellte mit sieben gegen drei Stimmen fest, daß unser Kollege Fuchs ein netter und allseits beliebter Kumpel sei, der, ginge es nach uns und unserer Sympathie für ihn, lieber im Betrieb bleiben sollte.

Der zweite Beschluß, auf den man ungeduldig wartete, sollte festhalten, daß die Spannungen unüberbrückbar seien und wir deshalb der Entlassung zustimmten. Als alle Finger in die Höhe schnellten, blieb einer unten. Ich spielte meinen Trumpf aus: Beschlußfähigkeit, so lautete es in den Statuten, setzt zehn Anwesende voraus. Stimmenthaltung aber zählt als Abwesenheit.

Meine Enthaltung, mit der natürlich niemand gerechnet hatte, ließ den zweiten Beschluß platzen, während der erste gültig blieb.

Man war nahe dran, auf mich loszustürzen. Triumphierend verließ ich den Raum, hörte »Betrug!« und »Er hat uns hereingelegt!« und lief so schnell ich konnte die Treppe hoch, um Fuchs über unseren Sieg zu berichten. Alles war nach den Statuten gegangen: Neun hatten für seine Entlassung gestimmt, einer, nämlich ich, hatte sich enthalten. Es war nicht meine Schuld, daß neun nicht beschlußfähig sind. Meine List hatte sich jedenfalls bewährt.

Und brachte unsere Gegner in Rage! Schon für den nächsten Tag war eine neue Betriebsratssitzung anberaumt, auf der man Genugtuung für die erlittene Schmach erhalten wollte. Der zweite Beschluß sollte noch einmal, jetzt aber mit genügend Anwesenden, zur Abstimmung kommen. Und zusätzlich wurde diesmal Einstimmigkeit verlangt. Das war die List, die man sich also im Gegenzug ausgedacht hatte. Was blieb mir anderes übrig, als gegen die Einstimmigkeitsfor-

Betriebsrat
Sekretariat   11.1.1947
                                                       kr

Herrn
Hans Rosenthal

Sendung/1000 Worte Deutsch

          Wir vermissen immer noch die schriftliche Bestätigung
          Ihres Austritts aus dem Betriebsrat.

                                    Betriebsrat
                                    Sekretariat

Hans Rosenthal
Abt.:Unterh.Wort   Berlin, den 20. Januar 1947

          An den Betriebsrat !
          --------------- ---- -------

          Ich bestätige hiermit den Erhalt Ihres Schreibens vom 16. 1. und
          teile Ihnen daraufhin mit, da ss ich weiterhin im Betriebsrat ver=
          bleibe. Dies ist auch in der Ordnung, denn nach der Geschäftsordnung
          Punkt 1b erlischt die Mitgliedschaft erst xauf nach schriftlicher Kün=
          digung.In der Hoffnung, da ss damit diese Angelegenheit abgeschlos=
          sen ist
                              verbleibe ich
                                        Hochachtungsvoll

Drei Auszüge aus meinem Briefwechsel mit dem Betriebsrat des Berliner Rundfunks, der von der anderen Seite in der
Wiederholung der lakonischen Worte bestand: »Wir vermissen die schriftliche Bestätigung ...« 1947.

Hans Rosenthal   Berlin, den 13.1.47
Abt. Unterhalt. Wort

An den Betriebsrat des Berliner Rundfunks.
==

In Beantwortung Ihres Schreibens vom 11.1.47/kr
(die Beantwortung bzw. Bestätigung meines Briefes vom
8.1.47 steht noch aus, nehme aber an, daß der Betriebsrat davon Kenntnis hat), teile ich Ihnen mit, daß ich
meine Austrittserklärung in der von Ihnen gewünschten
Form nicht geben kann. Wenn der Betriebsrat nicht aus-
drücklich auf seine Einstimmigkeit beharrt, sehe ich
keinen Grund zu einem solchen Schritt. Trotzdem es von
sekundärer Bedeutung ist, möchte ich bemerken, daß sich
die gesamte Auseinandersetzung immer auf die Einstimmigkeit bezog. Sollte der Betriebsrat auf Einstimmigkeit
bestehen (inoffiziell hörte ich schon, daß er es nicht
tat) so ist dies meine Austrittserklärung. Im anderen
Falle sehe ich keine Veranlassung den Betriebsrat zu
verlassen, da ich die Interessen meiner Wähler auch
weiterhin vertreten will.

                    Ihrer Antwort entgegensehend

derung zu protestieren – die nicht nur den Statuten, sondern auch allen demokratischen Prinzipien widersprach – und meinen Austritt aus dem Betriebsrat für den Fall anzukündigen, daß man bei dieser neuen Version bleibe.

Um meine Worte zu unterstreichen, verließ ich den Raum unter den höhnischen Zurufen der Kollegen – man glaubte, damit die gestrige Scharte ausgewetzt zu haben –, um in Ruhe meine Schritte vorzubereiten. Man schrieb mir, daß man gerne eine schriftliche Bestätigung meines Austritts hätte, worauf ich zurückschrieb: Wenn man mir eine schriftliche Bestätigung darüber schicke, daß Einstimmigkeit im Betriebsrat verlangt sei. Meiner Meinung nach verstieße diese Regelung gegen das Kontrollratsgesetz 22. Wieder ein Brief mit der lakonischen Bitte, um schriftliche Bestätigung meines Austritts. Um den unerfreulichen Vorgang abzukürzen: Die Sache kam vor das Oberste Gewerkschaftsgericht in Berlin. In diesem Gericht saß ein Mann, der damals noch im FDGB war, später aber Bundesminister in Bonn werden sollte: Ernst Lemmer. Für ihn gab es nicht den geringsten Zweifel, daß die Machenschaften des Rundfunkbetriebsrates allen Vorstellungen von Demokratie und Gewerkschaft widersprachen.

Der Kläger Hans Rosenthal gewann mit Pauken und Trompeten, wurde mit Ehren wieder in den Betriebsrat aufgenommen, mußte aber dann doch mit ansehen, wie sein Freund Fuchs aus dem Berliner Rundfunk entfernt wurde.

Nebenbei bemerkt: Bei den Arbeitern und Angestellten des Berliner Rundfunks hat mir diese Geschichte nicht geschadet. Im Gegenteil – sie haben mich mit einer unerwartet hohen Stimmenzahl wiedergewählt.

*

Daß ich für die Herrschenden damit gebrandmarkt war, sollte ich bald genug erfahren. Karl Eduard von Schnitzler, frisch vom NWDR zu uns gestoßen, war damals schon ein berühmter, um nicht zu sagen: berüchtigter Mann; später wurde er Chefkommentator des Ostberliner Rundfunks und Fernsehens. Er war Teilnehmer bei einer Diskussion, die von der Redaktion der Zeitschrift »Horizont«, einem im Nachkriegs-Berlin sehr angesehenen Jugendblatt, veranstaltet wurde. Günter Weisenborn war sein renommiertester Vertreter. Es ging natürlich um politische Fragen, um Demokratie, um Ost und West.

Ich erhob mich und hielt eine flammende Rede auf die demokratische Freiheit, die pluralistische, parlamentarische Demokratie – alles in allem, ein Plädoyer für den Westen, das Anstoß erregen mußte. Die Teilnehmer aus den Westsektoren hatten bis dahin einen schweren Stand gehabt und waren ziemlich untergebuttert worden. Ich wollte ihnen Schützenhilfe geben und bekam auch begeisterten Beifall zwischendurch. Herr von Schnitzler saß in der ersten Reihe. Ich bemerkte, wie er durch seine dicke Brille böse Blicke zu mir herüberwarf. Und plötzlich, als ich schon am Schluß meines Diskussionsbeitrages angekommen war, hörte ich seine Stimme, die mich wie ein Pistolenschuß traf: »Halt's Maul, du Hitlerjunge!«

Stille. Dann Unruhe. Man kannte mich, wußte, wie ich den Krieg überlebt hatte. Aber keiner wagte dem Zwischenrufer zu antworten. Noch immer stand ich, versuchte einen Satz zu formulieren, was mir nicht gelang. Ich mußte etwas sagen! Und es brach aus mir heraus: »Ich verbitte mir diese Beleidigung! Ich bin Sohn jüdischer Eltern, habe mich vor den Nazis versteckt. Wo waren Sie in dieser Zeit, Herr von Schnitzler?« Ich weiß nicht mehr, wie ich meiner Empörung Herr geworden bin. Aber der ganze Saal war auf meine Seite übergegangen, man buhte, protestierte lautstark – von dem Zwischenrufer habe ich an diesem Abend nichts mehr gehört . . .

Aber leider von unserem Intendanten, Heinz Schmid, der eilig ans Rednerpult trat und mit dem dialektischen Geschick eines geschulten Kommunisten den Abend für sich und seinen Protegé von Schnitzler rettete:

»Liebe junge Freunde! Es wird oft behauptet, der Berliner Rundfunk sei kommunistisch beherrscht und es gäbe bei uns keine Meinungsfreiheit. Nun, Sie haben ja gehört, was Herr Rosenthal gesagt hat. Und daß es eine ganz andere Meinung als die unsere war, das haben Sie auch gehört. Er konnte frei sprechen. Er hat sogar Beifall bekommen, aus Fairneß gegenüber dem Andersdenkenden. Er wurde sogar in den Betriebsrat gewählt. Gibt es einen besseren Anschauungsunterricht für Demokratie? Soll das der Meinungsterror sein, den man uns vorwirft?«

Großer Beifall. Ein rhetorischer Trick, dachte ich verbittert. Auf dem Nachhauseweg wußte ich, daß meine Tage am Berliner Rundfunk gezählt waren.

Noch ein anderes Erlebnis bestärkte mich in dieser Entscheidung. Pelz von Felinau, der wunderbare Erzähler, der mit seinem Buch »Der Untergang der Titanic« berühmt geworden war, trat ganz unerwartet in meinen Lebensbereich. Als ich noch in der Laube versteckt war, hörte ich oft seine Sendungen, spannende, unvergleichlich plastisch erzählte Stories, von denen mir die Schilderung eines Stierkampfes in unvergeßlicher Erinnerung geblieben ist. Daß er an einer Nervenkrankheit litt, die sich in Zuckungen äußerte, die er aber, sobald er vor das Mikrophon trat, vollständig zu beherrschen verstand, wußte ich damals noch nicht.

Bei einer Betriebsratssitzung also hörte ich den vertrauten Namen. Und daß er gesperrt und mit Auftrittsverbot belegt sei, weil er in Leipzig zur SA gehört habe. Das konnte ich mir nicht vorstellen! Seine Sendungen, wiewohl im Reichssender, waren immer strikt unpolitisch gewesen. Ich beschloß, der Sache auf den Grund zu gehen und ihn aufzusuchen.

Pelz von Felinau erzählte mir einiges aus seinem Leben. Natürlich war er niemals in der SA gewesen – ich bat ihn, es zu beweisen und er bewies es –, das einzige, was er mit den Nazis zu schaffen gehabt hätte, seien einige Spenden für das Winterhilfswerk gewesen.

Meiner Eingabe wurde stattgegeben, die Sperre, die an den Haaren herbeigezogene Diskriminierung eines unbescholtenen Menschen aufgehoben – und Pelz von Felinau, der noch viele, unvergleichlich fesselnde Sendungen im Hörfunk machte, wurde mein Freund.

Beim RIAS. Denn als mein verehrter Chef Theodor Mühlen beim Berliner Rundfunk kündigte, beschloß auch ich, mich von dem wachsenden Druck zu befreien.

148

Das zweite Leben

»Mach mit«

Anfang 1948 hatte man mich im Berliner Rundfunk zu einem Herrn Kranz – dem Chef vom »Kulturellen Wort« – versetzt, der mich einfach nicht beschäftigte. Ich saß herum. Das war nun etwas, was ich überhaupt nicht ertragen konnte. Also kündigte ich zum 30. Juni.

Die Antwort kam schnell: »Wir bestätigen den Eingang Ihres Kündigungsschreibens. Ihrem Wunsch entsprechend beurlauben wir Sie mit sofortiger Wirkung.« ·

Also war Schluß. Endlich alles vorbei. Und doch gab es ein Nachspiel: Wir bekamen unsere Gehälter immer für den laufenden Monat in der Monatsmitte, jeweils am 15. Mir wurde mitgeteilt, daß ich mein Junigehalt nicht am 15. Juni bekommen würde, sondern meiner Kündigung wegen erst am Monatsende. Man wollte mir eins auswischen. Aber am 23. Juni 1948 kam die Währungsreform. Die alte, fast wertlose Reichsmark wurde durch eine neue, kaufkräftige Währung ersetzt. Und man mußte mir am Monatsende mein Junigehalt voll in der neuen Währung auszahlen. Ein gutes Omen, dachte ich. Und verließ den Osten für immer.

Noch bevor ich den Berliner Rundfunk verlassen hatte, war ich mit dem RIAS in Verbindung getreten. Dort kannte ich einige Leute, die auch erst beim Berliner Rundfunk gearbeitet hatten. Zu ihnen gehörte Ivo Veit, der nun beim »Rundfunk im amerikanischen Sektor« große Unterhaltungssendungen machte. Auch Werner Oehlschläger, Regisseur und Autor der Unterhaltungsabteilung, war vom NWDR-Berlin zum RIAS übergewechselt. Dort zog es mich also hin.

Und da ich in den letzten Monaten meiner nominellen Zugehörigkeit zum Berliner Rundfunk schon unbeschäftigt und schließlich beurlaubt war, bot ich mich dem RIAS als freier Mitarbeiter an.

Offiziell durfte ich dort aber noch nicht arbeiten, bevor mein Arbeitsverhältnis in der Masurenallee gelöst war. Also dachte man sich für mich ein Pseudonym aus: Haro Spann, zusammengesetzt aus den ersten Silben meines Namens und der ersten Silbe meines Wohnortes Spandau. Noch heute liegen alte Hörspiele, die ich als Aufnahmeleiter betreut hatte, in den RIAS-Archiven und im »Abspann« ist »Haro Spann« als Aufnahmeleiter genannt.

Ab 1. Juli 1948 durfte ich dann auch beim RIAS Hans Rosenthal heißen. Doch vor die Festanstellung setzte die amerikanische Bürokratie die hohen Hürden ihrer Fragebögen.

Es war unendlich mühselig, das Mißtrauen zu zerstreuen, dem ich bei den Amerikanern begegnete – ich kam ja vom kommunistischen Berliner Rundfunk! Ich geriet in die Mühle, die bei den Amerikanern »Investigation« genannt wurde. Dutzende von Zeugen mußte ich nennen, die bekundeten, daß ich keineswegs plante, Stalins Geist in die Kufsteiner Straße einzuschleppen, in der der RIAS Unterkunft gefunden hatte – in dem alten Gebäude eines ehemaligen Stickstoffsyndikats. Aber eines Tages war es geschafft. Auf Herz und Nieren, Kopf und Gesinnung geprüft, durfte ich eintreten.

Der RIAS war damals schon sehr beliebt in Berlin. Er hatte klein angefangen: als »DIAS« in der Winterfeldstraße. »DIAS« hieß »Drahtfunk im amerikanischen Sektor«. Eigentlich war der Drahtfunk eine »Errungenschaft« der Nazis gewesen. Über verkabelte Radioanschlüsse hatten sie die Warnungen vor Luftangriffen gesendet. Dieser Einrichtung hatten sich die Amerikaner also zunächst bedient, bevor sie eine »richtige« Station, eben den RIAS, etablierten. Er war klein, verglichen mit dem mächtigen Funkhaus der Russen in der Masurenallee, aber hatte es bereits damals in sich.

*

Alles war atemberaubend neu für mich, alles bereitete mir unendlich mehr Vergnügen als im Berliner Rundfunk, denn ich war frei, arbeitete unzensiert und unbeschränkt in meiner jugendlichen Kreativität.

Damals tauchte erneut ein Name auf, der mir aus meinem »anderen« Leben in Erinnerung war: Werner Krauß, der große Schauspieler, den ich so gerne bewundert hätte, wäre nicht sein Name mit jenem Film verbunden, den ich damals in Torgelow, ich kann nicht anders sagen, als: durchlitt. Ich meine den Nazi-Film »Jud Süß«. Mehrere Rollen hatte Krauß in diesem Film übernommen, der sicher sein Teil dazu beitrug, auch den letzten Rest an Mitgefühl mit den Juden zu ersticken. Werner Krauß, so las ich, sollte auf Einladung des Senats nach Berlin kommen und im Theater am Kurfürstendamm spielen. Gegen seinen Auftritt war eine Demonstration angesagt worden.

Unser amerikanischer Direktor Gordon Ewing, der von meinem

besonderen Verhältnis zum Nazi-Reich wußte, bot mir an, mich und meine Frau mit zum Theater zu nehmen – im Auto, was uns mit nicht geringem Stolz erfüllte. Es gab nämlich zu der Zeit noch kaum Autos. Wir wollten durch unsere Anwesenheit vor dem Theater unser Mißfallen zum Ausdruck bringen, auch darüber, wie schnell man zu vergessen, wenn nicht sogar zu vergeben bereit war.

Eine riesige Menschenmenge hatte sich eingefunden. Ein fast ebenso großes Polizeiaufgebot stand den Wartenden gegenüber. Gordon Ewing, der ahnte, was sich abspielen würde, bat die Frauen, im Auto zurückzubleiben. Kurz darauf kam es zu den ersten Zusammenstößen. Man prügelte sich mit der Polizei. Und, wie ich sehr schnell bemerkte, die Polizei prügelte sich mit uns. In einem Handgemenge, in dem die Polizeiknüppel nur so droschen, erkannte ich meinen Freund Konrad. Als ich ihn, der am Kopf blutete, aus dem Gewühl freizubekommen suchte, erhielt ich selbst Tritte. Obwohl ich die Namen der beiden Polizisten, die zuerst ihm, dann auch mir übel zusetzten, in Erfahrung bringen konnte, kam es nie zu einer Anklage. Ich nehme an, sie hatten in »Notwehr« gehandelt.

Zusammen mit der Frau des Rabbiners Levinsohn brachte ich den Verletzten dann zu einem Notarzt.

Es erscheint mir heute fast wie Ironie, daß diese Demonstration von der Freien Universität organisiert worden war, von der später ganz andere Demonstrationen ihren Ausgang nehmen sollten; und daß einer der damaligen Anführer und Organisatoren – Gerhard Löwenthal hieß.

Auch hier gab es für mich noch ein Nachspiel: Der Schriftsteller Curt Riess, der offenbar die Namen Löwenthal und Rosenthal verwechselte, beschuldigte mich, die Anti-Krauß-Demonstration organisiert zu haben. Und dafür bezahlt worden zu sein. Es war das einzige Mal in meinem Leben, daß ich jemandem mit einer einstweiligen Verfügung eine Behauptung untersagen lassen mußte.

*

Die Siegermächte hatten sich zu jener Zeit schon »auseinandergelebt«. Die fast schwärmerische Zeit der Waffenbrüderschaft war in Ernüchterung umgeschlagen und schließlich in Gegnerschaft. Die Amerikaner, Engländer und Franzosen erkannten, daß Stalin sie getäuscht hateine Arbeitsbuchersatzkarte mit Stempel der »Visokü« – dem Arbeitsamt für Künstler, das es heute in dieser Form nicht mehr gibt. Interessant als Dokument einer »Karriere«: 1945 Regieassistent mit einer 56-Stundenwoche – im sozialistischen Sender! –, 1947 Aufnahmeleiter mit 48 Stunden und ab Juli 1948 »Junior Production Organizer« mit einem Stempel der »United States Forces« – ebenfalls 48 Stunden pro Woche. 1947/48.

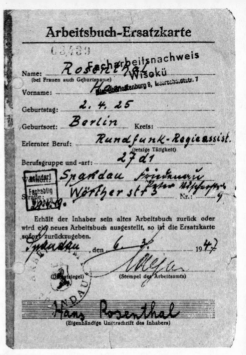

Arbeitsbuch-Ersatzkarte

Fachärbeitsnachweis Visokü

Name: (bei Frauen auch Geburtsname)	Rosenthal
Vorname:	Hans
Geburtstag:	2. 4. 25
Geburtsort:	Berlin — Kreis:
Erlernter Beruf:	Rundfunk-Regieassist.
Berufsgruppe und -art:	27 d1
Straße:	Spandau, Wörtherstr 3 Nr.:

Erhält der Inhaber sein altes Arbeitsbuch zurück oder wird ein neues Arbeitsbuch ausgestellt, so ist die Ersatzkarte sofort zurückzugeben.

Spandau, den 6. 3. 1947

(Dienstsiegel)   (Stempel des Arbeitsamts)

Hans Rosenthal

(Eigenhändige Unterschrift des Inhabers)

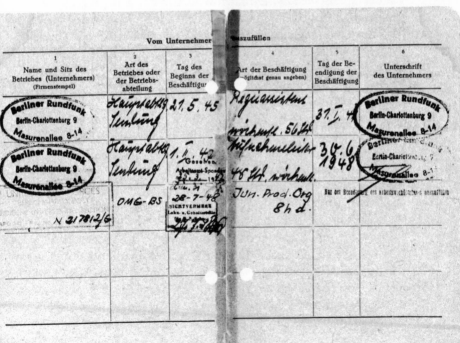

Vom Unternehmer auszufüllen

1 Name und Sitz des Betriebes (Unternehmers) (Firmenstempel)	2 Art des Betriebes oder der Betriebsabteilung	3 Tag des Beginns der Beschäftigung	4 Art der Beschäftigung (möglichst genau angeben)	5 Tag der Beendigung der Beschäftigung	6 Unterschrift des Unternehmers
Berliner Rundfunk Berlin-Charlottenburg 9 Masurenallee 8-14	Hauptabtlg Sendung	21. 5. 45	Regieassistent wöchentl. 56 Std.	31. I. 4	Berliner Rundfunk Berlin-Charlottenburg 9 Masurenallee 8-14
Berliner Rundfunk Berlin-Charlottenburg 9 Masurenallee 8-14	Hauptabtlg Sendung	1. II. 47	Aufnahmeleiter 48 Std. wöchentl.	30. 6. 1948	Berliner Rundfunk Berlin-Charlottenburg 9 Masurenallee 8-14
N 317812/6	OMG-BS	28-7-48	Jun. Prod. Org 8 h d.		Nur bei Beendigung des Arbeitsverhältnisses auszufüllen

te. Der Leidensweg der europäischen Länder, die unter sowjetischem Einfluß um die Freiheit geprellt wurden, für die die Westmächte einst in den Krieg gegen Hitler gegangen waren, begann. Auch die Sowjetisierung der deutschen Besatzungszone lief 1948 schon auf hohen Touren. Und aus dem immer klarer sich abzeichnenden Gegensatz zwischen Freiheit und Diktatur, Demokratie und Zwang, entwickelte sich zu jener Zeit der »kalte Krieg«. Kalt wie ein Morgenfrost legte er sich über die Nachkriegszeit, die so hoffnungsvoll begonnen hatte.

Der RIAS, der sich seinen Hörern als »eine freie Stimme der freien Welt« vorstellte, nahm die Herausforderung an; schlug die ideologischen Angriffe zurück; widerlegte und rückte zurecht. Der RIAS nahm den Kampf auf und focht mit scharfer Klinge. Und die kommunistische Propaganda begann sich auf ihn einzuschießen.

Unser Sender war überaus beliebt bei seinen Hörern. Und seine politische Haltung entsprach der Überzeugung aller, denen es um die Freiheit ging – auch meiner. Zwar gab es amerikanische Direktoren, aber es gab keine Zensoren. Der Unterschied zum Berliner Rundfunk war der Unterschied zwischen den Welten, die sich fortan gegenüberstehen sollten. Im RIAS erfuhren wir, wie tolerant die Amerikaner in ihrer demokratischen Haltung waren. Und auch die Menschen in der sowjetischen Besatzungszone betrachteten RIAS bald als »ihren« Sender.

*

Als ich bei RIAS vor der Festanstellung begann, warf die russische Blockade des freien Berlin schon ihre Schatten voraus. Wenn ich auch nicht das geworden war, was ich mir in meinem Winkel bei Frau Jauch in der »Kolonie Dreieinigkeit« vorgenommen hatte, nämlich politischer Rundfunkjournalist, so fühlte ich mich doch ganz zugehörig zur politischen Auseinandersetzung. Zumal nichts in jener Zeit völlig unpolitisch war.

Das heißt: Es gab doch etwas, für mich und meine Zukunft sogar Entscheidendes, das geradezu unpolitisch war. Im RIAS begegnete ich zum ersten Mal in meinem Leben einem Phänomen, das uns Deutschen gänzlich unbekannt gewesen war: der Quiz-Sendung. Die Amerikaner hatten diese Unterhaltungsform mitgebracht – und ich war dabei, als sie ihren Siegeszug auch in Deutschland begann.

Unsere Quiz-Sendung – Ivo Veit leitete sie – hieß »Mach mit«. Die

156

Kandidaten mußten Fragen beantworten, und die Gewinner bekamen entweder eine Torte oder ein Kleid. Die Berliner Modefirma Fugmann stellte die Textilpreise zur Verfügung. Und das verhalf mir zu meiner ersten eigenen und auch verwirklichten Show-Idee: Modeschauen in die Sendung einzubeziehen und den Gewinnerinnen die Kleider, die von den Mannequins vorgeführt worden waren, als Preis zu geben. Es war ein Riesenerfolg. Schließlich veranstalteten wir »Mach mit« in der Berliner Waldbühne, und über Zwanzigtausend kamen in das große Freilichttheater.

*

Aber es war durchaus nicht die Zeit ungetrübten Jubels. Bald mischten sich andere Töne in unseren Berliner Alltag, Töne der Besorgnis um unsere gefährdete Freiheit: Die Sowjets versuchten, das freie Berlin durch eine Blockade auszuhungern und seinen Freiheitswillen damit zu brechen. Die Land- und Wasserwege zwischen Berlin und Westdeutschland wurden gesperrt. Wir waren von der Lebensmittelversorgung abgeschnitten. Die Elektrizitätswerke hatten keine Kohlen mehr, die Menschen froren in ihren Wohnungen, es gab kaum Essensvorräte; man richtete sich wieder auf den Hunger ein.

Doch es sollte anders kommen. Diesmal hatten wir Freunde. Diesmal vergaß man uns nicht. Die Tage der Luftbrücke begannen. Wieder hörte ich Tag und Nacht das Brummen von Flugzeugmotoren über mir. Es war ein vertrautes Geräusch. Nicht anders klang es als damals im Schrebergarten der Kolonie »Dreieinigkeit«. Aber diesmal waren es keine Bomben, die herangetragen wurden, sondern Lebensmittel. Trockenkartoffeln, Trockenmilch, Schokolade, Butter, Fleisch, Konserven, Kohlen, Mehl und Rosinen. Die Berliner nannten die Flugzeuge der Luftbrücke daher »Rosinenbomber«. Die Kinder winkten ihnen zu, wenn sie über der Stadt auf geringer Höhe hereinschwebten und zur Landung in Tempelhof ansetzten, eine Maschine nach der anderen, pausenlos landend, startend, landend, startend.

Ernst Reuter, der unvergessene, große Bürgermeister Berlins, sprach im RIAS, und seine Stimme wurde gehört. Über den RIAS sprach General Clay, der Vater der Luftbrücke, den Berlinern Mut zu. Man wußte damals, was auf dem Spiel stand – und harrte aus.

Es war eine dramatische, historisch prägende Zeit. Und wer wissen wollte, was in jenen bewegten Tagen der Bedrohung und der Solidarität geschah, schaltete den RIAS ein. Und ich war dabei. Ich sage das, offen gestanden, nicht ohne Stolz.

Ein kleiner, persönlicher Vorteil, den ich nur als Kuriosum erwähne, kam für mich hinzu: Die Kabelstränge unserer Wohnung waren an die Leitung angeschlossen, die den Spandauer Schlachthof mit Strom versorgte. Da die Energie damals nicht mehr ausreichte, gab es ständig Stromsperren. Nur zweimal zwei Stunden, morgens und abends, wurde der Strom für die Haushalte eingeschaltet. In den übrigen Stunden blieben die elektrischen Herde und Öfen kalt, und nachts brannten die Kerzen. Aber der Spandauer Schlachthof mußte – wahrscheinlich wegen des Kühlhauses – rund um die Uhr mit Strom versorgt werden – und daran also hing unsere Wohnung. Wir brauchten keine Kerzen . . .

*

In jener Zeit lernte ich Erik Ode kennen. Er war Leiter der Abteilung »Besondere Sendungen« beim RIAS. Darunter verstand man jene kabarettistischen, politisch stark akzentuierten Sendungen, die der Gegenseite ein besonderer Dorn im Auge waren. Erik Ode hatte die Angewohnheit, am liebsten nachts zu arbeiten. Wenn er um 20 Uhr mit der Arbeit an einer Aufnahme begann, dann konnte man sicher sein, daß man nicht vor vier oder fünf Uhr morgens ins Bett kam. Daß man dabei natürlich eine Menge lernen konnte, versteht sich von selbst. Bald war ich Aufnahmeleiter bei Erik Ode. Wir produzierten eine Sportkabarett-Sendung mit dem Titel »KO – OK«, brachten die »Animal-Farm« von Orwell für den Hörfunk – sie war von Günter Neumann bearbeitet worden und hatte einen solchen Erfolg, daß sie sogar in Ballettform im Titania-Palast aufgeführt wurde.

Erik Ode, der Nachtarbeiter, war auch ein leidenschaftlicher Raucher. Selbst in einer Zeit, in der Zigaretten acht bis zehn Mark kosteten, rauchte er in jeder Nacht dreißig bis vierzig Stück – wenn ich richtig gezählt habe. Zwischendurch auch mal das Doppelte. Unsere Zusammenarbeit endete, als Bill Heimlich, unser damaliger Direktor, in die Vereinigten Staaten zurückging. Ode, der ein besonders gutes Verhältnis zu ihm gehabt hatte, verließ daraufhin den RIAS. Die Abteilung »Besondere Sendungen«, die zu »seiner« Abteilung geworden war, wurde aufgelöst.

Auch die Geschichte eines anderen Kollegen gehört hierher. Seinen

158

Namen möchte ich nicht nennen, weil die Episode ihm ein wenig peinlich sein könnte. Für uns war sie jedenfalls sehr erheiternd. Er berichtete im RIAS über die wiederauflebende Kino-Welt. Und schrieb Überstunden auf. Jede Menge Überstunden.

Er hatte sich, zumal es draußen kalt und in den Wohnungen finster war, ganz im RIAS einquartiert, schlief auf einer alten Couch in seinem Arbeitszimmer, hatte einen kleinen Kocher, mit dem er sich versorgte, und gab als seine Privatadresse »RIAS, Kufsteiner Straße« an.

Nun wäre das Ganze vielleicht glimpflich ausgegangen, wenn er »nur« die 24 Stunden verbucht hätte, die er im Funkhaus verbrachte. Aber in der Verwaltung fiel eines Tages auf, daß er für manche Tage mehr als 24 Stunden Arbeitszeit aufgeschrieben hatte. Ich kann mir leicht vorstellen, daß ihm die Nächte im RIAS mit der Zeit lang geworden sind, daß sich aber auch die Tage über die übliche Stundenzahl hinausdehnten, war bis dahin wahrscheinlich nur ihm aufgefallen.

Menschen, die »aus dem Rahmen fielen«, gab es damals viel häufiger als heute. Zu ihnen gehörte auch Sammy Drechsel, unser Sensationsreporter. Als die Hochseilartisten der »Traber-Truppe« ein Seil zur Turmruine der Gedächtniskirche spannten, witterte er seine Sensation: Sammy ging zur Kirche, sprach kurz mit den Artisten, bestieg ein kleines Wägelchen, das – auf Rollen laufend – an jenem Seil hing und in rasender Fahrt erdwärts sausen sollte. Und sauste mit. Das machte Sammy keiner nach.

Oder: Er legte sich mit dem Mikrophon unter einen Zug, ließ sich überrollen und schilderte dem entsetzten Publikum, während er »überfahren« wurde, was er erlebte.

Es gab nichts, was für ihn zu riskant gewesen wäre. Nichts, wovor er zurückschreckte. Und das wurde ihm im RIAS zum Verhängnis.

In den Ruinen Berlins wurde damals nach der gefährlichen Munition gesucht, die noch unter dem Schutt lag. Nicht nur für die Sprengmeister, die Blindgänger aufspüren und entschärfen oder Handgranaten und Artilleriemunition einsammeln mußten, war das eine riskante Sache. Sammy Drechsel war natürlich mit von der Partie. Und verzichtete darauf, Abstand zu halten oder in Deckung zu gehen. Er wollte ja sehen, berichten, faszinieren!

Eines Tages kam die Putzfrau, die Sammys Arbeitszimmer aufgeräumt hatte, aufgeregt zu einem der Direktoren gelaufen: »In Herrn

Drechsels Schreibtisch liegt etwas ganz Komisches, das sieht aus wie eine Bombe!«

Amerikanische Militär- und Kriminalpolizei erschien. Man fand eine Handgranate. Sammy hatte sie bei einer Reportage über die Munitionssuche einfach mitgenommen. Risikobewußtsein war ihm ja gänzlich fremd. Und da es eine hektische Zeit war, in der man in solchen Dingen keinen Spaß verstand, flog Sensationsreporter Drechsel raus. Eine Bombe im RIAS – weiß Gott, was damit hätte passieren können. Sammy Drechsel wurde später der erfolgreiche Regisseur und Leiter der »Lach- und Schieß-Gesellschaft«. Und Sportreporter. Handgranaten gegenüber soll er sich seitdem sehr reserviert verhalten ...

Ja – und Christina Ohlsen! Von Beruf Schauspielerin, blond und herzerfrischend anzuschauen; und dazu die Freundin unseres amerikanischen RIAS-Direktors Heimlich, der sich natürlich gewünscht hatte, daß seine Christina es auch zu Rundfunkruhm bringen sollte. So wurde Christina zur »Stimme Berlins«. Erik Ode und Günter Neumann dachten sich für sie kleine, populäre Drei-Minuten-Geschichten aus – die Texte sollten die Stimme des Volkes auf lustige Weise wiedergeben. Die Sendung lief abwechselnd mit einer anderen, damals ebenfalls sehr beliebten Sendung, die ein Ungar namens Varady schrieb und sprach: »Varady funkt dazwischen« hieß sie.

Christina Ohlsen machte ihre Sache zwar sehr gut, hatte aber ein Problem, von dem sie keine Macht der Welt befreien konnte: sie lispelte. Nur Günter Neumann, der ihre Texte schrieb, konnte ihr helfen: Indem er ihr so wenige Wörter wie möglich in die Manuskripte schrieb, in denen ein »s« vorkam.

Christinas immer wiederkehrender Refrain, zu dem Leierkastenmusik sie begleitete, war: »Det vasteh ick nich, det vasteh ick nich, dazu bin ick noch zu kleen«. Darin kam zwar zweimal ein Wort mit »s« vor – aber das verkraftete sie gerade noch. Einmal jedoch wollte Günter Neumann, der sie so gern mochte, wie wir alle, sich einen Jux mit ihr machen.

»Hans«, rief er mich geheimnistuerisch an, »komm doch mal heute zu der Aufnahme mit Christina, und paß auf, daß alles gut läuft.«

Er schmunzelte. Die Aufnahme begann. Zu spät bemerkte Christina, was Günter angerichtet hatte: Fast jedes Wort ihres Textes enthielt ein »s«. Weinend kam Christina aus dem Studio.

160

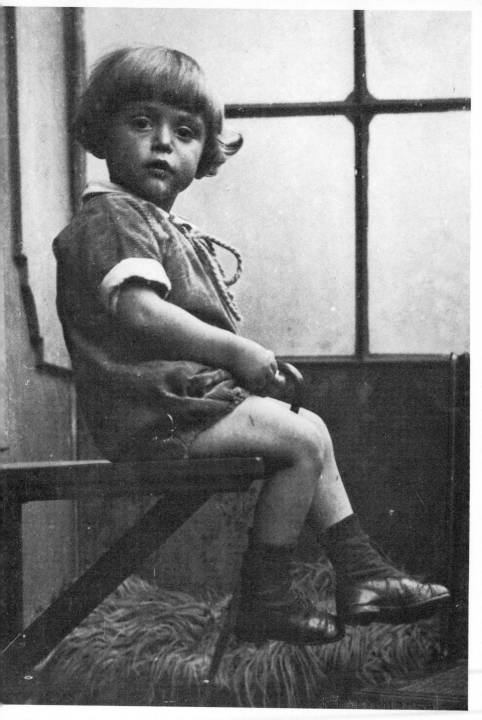

vierjährige Hansi auf dem Balkon der Wohnung Winsstraße 63. 1929.

Hansi, etwas schüchtern, beim Photographen. 1929.
(oben links)

Der junge Kurt Rosenthal mit modischer Krawatte, aufgenommen vom Berliner Hofphotographen Conrad. ca. 1914 *(unten links)*

Die Aufschrift auf der Rückseite dieser Photographie lautet: »Zum Andenken an Bad Wildungen 1931 – Else, Kurt und Hansi Rosenthal«. *(unten rechts)*

Die dritte Klasse der
58. Volksschule in Berlin
auf Klassenausflug. Hansi
in der Frontreihe, zweiter
von links. Im Hintergrund
kündet eine Fahne von
der vollzogenen Macht-
ergreifung. 1933. *(oben)*

Berliner »Milljöh«:
Die Winsstraßen-Bande
mit Hansi im Schneider-
sitz und dem dreijährigen
Gert an seiner Seite. 1936.
(unten)

In der ersten Klasse, 58. Volksschule Berlin.
Hansi rechts hinter dem Klassenlehrer. 1931. *(oben)*

Hansi, der Viertkläßler, mit dem Schalk in den Augen.
1934/35. *(unten)*

Das kleine Brüderchen ist da!
Gert im Arm des zärtlichen Bruders. 1932. *(links)*

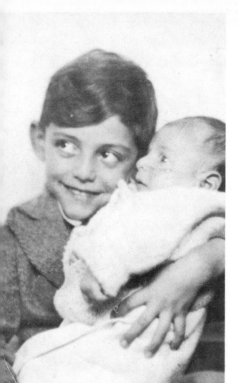

Hansi und Gert, verlegen lächelnd, am neuen Grabstein
des Vaters. 1938. *(unten)*

MEIN GELIEBTER MANN
UNSER GUTER VATER
UND SOHN
KURT ROSENTHAL
20. 11. 1900 – 17. 9. 1937

In der Quarta der Jüdischen Mittelschule, Große Hamburger Straße.
Hansi in der Frontreihe, dritter von links. 1938. *(oben)*

Vor dem Jüdischen Friedhof mit Mutter und Bruder Gert. 1938. *(unten)*

drei Rosenthals zum letzten Mal gemeinsam beim Photographieren.
nsi steht kurz vor der Einziehung ins Umschulungslager Jessen. 1940.

Hans Rosenthal beim Rundfunk – noch in der letzten
Reihe und auf Zehenspitzen. Vorn am Mikrophon der
spätere Oberspielleiter des Fernsehens, Hanns Fahren-
burg. 1946. (PBS-Foto) *(oben)*

Traudl Schallon, zukünftige Frau Rosenthal, bei der
Arbeit im Labor des Berliner Rundfunks. 1946. *(unten)*

Die – noch – mageren Jahre: Beim ersten Jüdischen
Sportfest nach dem Krieg.
Hans Rosenthal im 3000 Meter-Lauf *(oben)*
und als Sieger im 800 Meter-Lauf. 1947. (Schirner)

Die »indische Kinderehe«. Hans und Traudl Rosenthal in geborgter Hochzeitskleidung. 1947.

Ansage im neuen Zwei-
reiher bei der »RIAS-
Kaffeetafel« an der Havel.
1952. *(oben links)*

Hans Rosenthals offi-
zielles RIAS-Pressephoto.
1953. (RIAS-Rothe)
(oben rechts)

»Wer fragt, gewinnt« –
Hans Rosenthal vor der
Zeituhr mit Assistentin
Gerda Neumann und
»Zwerg Allwissend« Horst
Kintscher. 1955. *(links)*

Am achten Hochzeitstag
mit Tochter Birgit. 1955.
(oben links)

Regie bei der »Rück-
blende« mit Curth Flatow.
1954. *(oben rechts)*

Als Trauzeuge auf
»Bubis« Hochzeit, links
neben der Braut. 1955.
(rechts)

Mit Ernst Lemmer im
»Prälaten« in Schöneberg.
Gewisse Anzeichen des
Wirtschaftswunders sind
unverkennbar! 1956.
(oben)

Mit O. E. Hasse beim
Himmelfahrtsausflug im
Eisenbahnwaggon durch
Berlin. 1957. *(links)*

Bei einem Studio-Wett-
kampf SFB gegen RIAS.
1957/58. *(oben)*

Zur 100. »Insulaner«-
Sendung ein Interview
mit dem Regierenden
Bürgermeister Willy
Brandt. 1957. *(unten)*

Mit Turnschuhen, Wind-
jacke und gemischten
Gefühlen bei der Probe
im Olympiastadion. Vorn
mit Hut Kapellmeister
Egon Kaiser. 1961.
(Reissmann) *(links)*

Der dreijährige Gert auf
dem Arm des stolzen
Papa. 1961 *(unten links)*

Regie bei der »Rück-
blende« mit Grethe
Weiser als »Frau Carola«
am Telephon. 1962.
(Weisse) *(unten rechts)*

Sonntagmorgen am
Gardasee. Schnappschuß
vom Italienurlaub. 1963.
(rechts)

Mit dem neunjährigen
Ilja Richter bei der
»Rückblende«. 1961.
(unten)

Mit Curd Jürgens, dem »Kleiderschrank«, bei
»Wer fragt, gewinnt«. 1957. (RIAS-Schubert) *(links)*

Gruppenbild beim Robert-Kennedy-Besuch im RIAS:
(von rechts nach links) Hans Rosenthal, US-Direktor
Robert Lochner, Robert Kennedy, seine Frau Ethel,
hinter ihr, halb verdeckt, Edward »Teddy« Kennedy.
1962. (RIAS-Schubert) *(unten)*

»Gut gefragt, ist halb
gewonnen« mit dem Ehe-
paar Zatopek und dem
Läufer Manfred Germar.
1968. (linke Seite oben)

»Gut gefragt, ist halb
gewonnen« mit Joachim
Hansen, Hans Rosenthal,
Paul Klinger, Max Eckard
(stehend); Inge Meysel,
Marianne Hoppe, Käthe
Haack. 1967. (Kinder-
mann) (linke Seite unten)

Mit Theo Lingen bei der
Doppelconférence für das
»Schlagerfestival der
zwanziger Jahre«. 1977.
(Berger) (oben)

Im Händedruck mit dem
»Mann im Mond«. Hans
Rosenthal und Neil Arm-
strong in der Peter-
Alexander-Show. 1979.
(rechts)

Zwei Freunde graben in Erinnerungen. Hans Rosenthal und Günter Neumann beim Bier. 1970. (RIAS-Schubert) *(oben)*

Beim Improvisieren am Klavier: Heinrich Riethmüller, Hans Rosenthal, Günter Neumann. 1971. (RIAS-Schubert) *(links)*

Immer am Ball – bei einem Wohltätigkeitsspiel in der Prominentenmannschaft. 1975. *(rechte Seite)*

Als Direktoriumsmitglie[d]
auf einer Tagung des
Zentralrats der Juden in
Deutschland. 1979. *(link[s)*

Auf Minister Genschers
Knie sitzt sich's gut! Bei[m]
Bier auf dem Bonner
Kanzlerfest mit Amerika[s]
Ex-Außenminister Henr[y]
Kissinger. 1978. *(unten)*

»KO–OK« mit Tochter
Birgit als Assistentin. 19[
(rechte Seite)

Die Rosenthals heute: (v. rechts nach links) Vater Hans, Gert, Mutter Traudl und Birgit vor ihrem Berliner Haus.

»Das kann ich nicht, Günter«, schluchzte sie. »Du machst mich vor allen lächerlich!«

»Mach man ruhig, Christinchen, det klingt sehr, sehr niedlich.«

Sie fügte sich. Und die Sendung wurde ein besonderer Erfolg. Das Berliner Publikum bewunderte Christina Ohlsen, wie fabelhaft sie der Aufgabe gerecht geworden war, ein Berliner Mädchen darzustellen, zu dem eben auch das Lispeln ganz besonders gut paßte.

Heute lebt sie mit ihrem Mann, dem Oberst Heimlich, glücklich und zufrieden in Amerika. Sie wird es mir nicht übelnehmen, daß ich die kleine Lispel-Geschichte preisgegeben habe. Sie weiß ja, wie gern wir uns alle an sie erinnern.

Die Leierkastenmusik wurde übrigens auf einem Akkordeon gespielt. Und dieses Akkordeon gehörte Heinrich Riethmüller, »meinem« Heinrich Riethmüller, der bei allen »Dalli–Dalli«-Sendungen am Klavier sitzt.

Er war einer der beiden Pianisten des BRT-Orchesters, des Berliner Rundfunk-Tanzorchesters gewesen. Der andere war Erwin Lehn. Und die Gesangssolisten waren Rita Paul und Bully Buhlan. Kein Berliner, der diese Zeit bewußt erlebt hat, wird ihre Namen jemals vergessen. »Ja, ich bin perfekt im Küssen – und erteile Unterricht . . .« sang Rita. Und Heinrich Riethmüller begleitete sie am Klavier.

»Wer fragt, gewinnt«

Günter Neumann war ein bescheidener, dabei hochbegabter, wenn nicht genialer Künstler. Sein Talent vereinte Komposition und Dichtung, das eine zog mit Notwendigkeit das andere nach sich. Saß er nicht am Flügel, so konnte man ihn sicher am Schreibtisch finden, wo er Texte auf seine Melodien dichtete. Und schrieb er nicht gerade Chanson-Texte, Sketche, Monologe, politische Satiren – nun, dann war er sicher am Notenpult beschäftigt, um zu vertonen, was er zuvor geschrieben hatte. Ich habe keinen Menschen kennengelernt, der eine ähnliche Produktivität entfaltet hätte, bei der das Handwerkliche der Ausführung niemals hinter der Originalität des Einfalls zurückstand.

Ich habe Günter Neumann zuerst, wie konnte es anders sein, am Berliner Rundfunk kennengelernt. Um dann beim RIAS sein Freund zu werden. Wie er zu seinem großen Erfolg beim RIAS kam, ist wert, erzählt zu werden: Seinem vielseitigen Talent entsprechend, hatte Günter Neumann sich eines Tages zur Herausgabe einer Zeitschrift entschlossen, die ihrem satirischen Inhalt gemäß »Der Insulaner« heißen sollte. Auf der Titelseite fand sich das Erkennungszeichen des Projekts, das gleichzeitig den etwas befremdlichen Titel erklärte: Ein einsamer Mensch auf einer kleinen Insel – mitten in einem roten Meer. Dieser »Insulaner« war also nicht nur er selbst, sondern jeder Berliner – und für jeden Berliner war die Zeitschrift auch gemeint. Nur, daß nicht jeder das zu wissen schien. »Der Insulaner«, so witzig er aufgemacht war, so sehr ließ er an Absatz zu wünschen übrig.

Da kam mein Chef Werner Oehlschläger auf die Idee einer Rettungsaktion für das gefährdete Blatt: Zwei Kabarettsendungen von Günter Neumann sollten unter dem Titel »Der Insulaner« Werbekraft entfalten. Gesagt, getan. Günter komponierte Lieder, suchte Texte aus seinem Blatt zusammen und zauberte eine Sendung ins Studio, die uns allen den Atem verschlug. Auch dem Publikum. Unvergessen ist der Refrain des Erkennungslieds: »Der Insulaner hofft unbeirrt, daß seine Insel wieder 'n schönes Festland wird«. Anfangs sang das Ethel Reschke, später dann Edith Schollwer.

Eine der großen Attraktionen im »Insulaner«, der bald zur festen Einrichtung wurde, war Walter Gross. Dieser umwerfend komische Volksschauspieler und Kabarettist hatte uns alle bei Geburtstagsfeiern und ähnlichen Anlässen Tränen lachen lassen: Er stieg auf einen Stuhl, gestikulierte stumm und sagte dann, im Berliner Dialekt und dem herablassenden Tonfall eines Vorstadt-Funktionärs: ». . . und nun, Jenossinnen und Jenossen, will ick euch mal die politische Lage aklärn.«

Und dann erklärte er sie in einer Mischung aus Hilflosigkeit, Bauernschläue, Naivität und Schalkhaftigkeit.

Diese Rolle wurde bald Walter Gross' Standardauftritt im Insulaner: Er wurde zum »Funzionär«, der in einem aussichtslosen Kampf die Parteilinie gegen Wahrheit und Wirklichkeit, gegen Widersprüche und Widerstand, gegen Vernunft und Logik zu verteidigen sucht. Würde Lächerlichkeit wirklich töten, dann hätte Walter Gross mit

186

diesen Auftritten ganzen Heerscharen von SED-Funktionären die Existenzgrundlage entzogen . . .

Und da war auch Bruno Fritz als »Herr Kummer«. Er führte Telefongespräche mit einem eingebildeten Partner, in denen er die politischen Zusammenhänge – immer neuen, unentwirrbaren Mißverständnissen zum Opfer fallend – zu erhellen sich bemühte. Diese Figur lehnte sich an Tucholskys berühmten »Wendriner« an und hatte ein lebhaftes Publikumsecho.

Die meisten Sender in der Bundesrepublik übernahmen schließlich die »Insulaner«, deren Aufnahmeleiter und späterer Regisseur ich war. Die Zeitschrift Günter Neumanns ging leider trotz unserer Rundfunkhilfe ein. Blockade, Papierknappheit, ein Alltag des Mangels – vielleicht auch unsere Radiokonkurrenz – hatten ihr das Leben zu schwer werden lassen. Fortan lebte »Der Insulaner« also im Äthermeer.

Manchmal – vor allem, wenn wir mit der Sendung auf Tournee in Westdeutschland waren und sie öffentlich produzierten – kam ich ganz schön ins Schwitzen: Günter komponierte immer die Musik zuerst. Die Texte ließen auf sich warten. Das Manuskript für den »Funzionär« Walter Gross brachte er manchmal erst in der Pause an. Dann reichte die Zeit nicht einmal für eine einzige Probe, sondern nur noch zu flüchtigem Durchlesen. Aber gerade dieser Zeitdruck, der häufig zu Improvisationen zwang, hat der Sendung viel von ihrem Esprit gegeben.

*

So komisch und erheiternd die »Insulaner« waren, so ernst, ja niederdrückend war die Zeit. Erschüttert erlebten wir im RIAS den 17. Juni 1953. Unsere Landsleute von drüben, denen wir uns so sehr verbunden fühlten und die zu Hunderten in den RIAS kamen, um zu berichten, was geschehen war, hatten das Regime, das ihnen aufgezwungen war, satt.

In unserem Funkhaus in der Kufsteiner Straße erschienen schon am 16. Juni Bauarbeiter von der Baustelle in der »Stalinallee« in Ost-Berlin. Sie berichteten von ihrem Streik, von der Absicht, für den nächsten Tag einen Generalstreik in der ganzen sowjetischen Besatzungszone auszurufen, die sich seit 1949 »DDR« nannte.

Wir wissen heute alle, wie diese letzte Erhebung des Freiheitswillens endete – wie sie niedergezwungen wurde von Panzern der Roten

Armee, nicht anders, als später die Erhebungen in Ungarn und in der Tschechoslowakei. Nur eben nach dieser blutigen Niederschlagung waren alle Illusionen genommen, daß wir in absehbarer Zeit wieder ein geeintes Volk sein würden, das in Freiheit sein eigenes Schicksal in die Hand nehmen konnte.

Im Grunde war die einzige Möglichkeit, die uns geblieben war, um unseren Unmut über die Zustände auszudrücken, die Satire. Irgendwann hatte ich, viele Jahre später, die Idee, den traurigen Zustand Berlins, eine eingeschlossene Stadt zu sein, und die Schikanen, die mit allen Ein- und Ausreisen zusammenhingen, darzustellen. Ich weiß nicht mehr, wie ich darauf gekommen war, nehme also an, daß es die Not war, die Not eines an den Zuständen Leidenden, die mich erfinderisch gemacht hatte und den Gedanken nahelegte, mit einem Eisenbahnwaggon durch Berlin zu fahren. Ja, mit einem Eisenbahnwaggon – dem Symbol der Freiheit, der Bewegung, des Weltbürgertums – wollte ich mit meinen Freunden und allen, die sich uns anschlossen, durch unsere »Insel« fahren und damit gegen das Inseldasein demonstrieren. Es schlossen sich viele an. Auf einem Tieflader – er hatte einen Waggon der »Deutschen Waggon- und Maschinenfabrik« einfach huckepack geladen – fuhren wir auf einer sorgfältig ausgetüftelten und vermessenen Strecke durch Berlin. Zuerst vom Hammarskjöld-Platz am Funkturm über die Heerstraße zur Stößenseebrücke. Auf der anderen Seite des Flusses wurde der Schlepper umgekuppelt, da ein Wenden wegen der Länge des Tiefladers nicht möglich war, und wir rollten den Kaiserdamm hinunter. Vor dem Schillertheater gaben einige mitgereiste Staatsschauspieler den Wartenden noch eine kleine Sondervorstellung.

Alle Zeitungen Berlins berichteten über unsere ungewöhnliche Fahrt. Man hielt es, so glaube ich mich zu erinnern, vor allem für einen Jux, wie wir an den erstaunten Bürgern vorbei in einem Eisenbahnwaggon durch die Straßen fuhren. Aber es war nicht nur Jux. Ich empfand es als eine Demonstration unseres Überlebenswillens: Wir waren noch da! Man hatte uns den Humor noch nicht ausgetrieben.

*

Auch ich sollte noch meine Chance beim RIAS bekommen: Ich erinnere mich noch gut an jenen Amerikaner, der eines Tages zu uns in den Sender kam und einen Vorschlag in gebrochenem Deutsch unterbreitete. Dieser Vorschlag betraf eine neue Quizsendung: »Twenty Questions«, »Zwanzig Fragen« also, sei in Amerika ein unvergleichlicher Knüller. Warum sollte man die Idee nicht ins Deutsche übertragen. Ich fühlte meine Stunde gekommen. Da Ivo Veit mit »Mach mit« genügend beschäftigt war und Dr. Brock, unser zweites As im Quizbereich, mit dem neuen Projekt sich nicht so recht anfreunden konnte, begann ich mir über die neue Ratesendung Gedanken zu machen. Nachdem Dr. Brock nach einer Testsendung Mißfallen an der Form geäußert hatte, mußte um die ganze Sendung, die »Ich weiß was« heißen sollte, gefürchtet werden. Ich entschloß mich kurzerhand, sie zu retten.

Übers Wochenende dachte ich intensiv darüber nach, wie die Sendung ansprechend präsentiert werden konnte. Am meisten zerbrach ich mir allerdings den Kopf darüber, wie ich selbst darin Verwendung an exponierter Stelle finden würde. Ich war jung und wollte weiterkommen. Außerdem machte mir das Ganze einen Riesenspaß, so daß ich voller Tatendrang war und mich schon vor den Kandidaten sah. Ich gab mir also einen Ruck und ging zu unserem Programmdirektor Eberhard Schütz. Bei Eberhard Schütz mußte man sich sogar einen ganz besonderen Ruck geben, denn er war im ganzen Sender wegen seines häufig geäußerten Mißfallens gefürchtet.

Schütz, ein großer, gutaussehender Mann mit sonorer Stimme, war in früheren Jahren Kommunist gewesen. Als Emigrant in Moskau war er in die gnadenlose Mühle der Stalinschen »Säuberungen« geraten und hatte, wie man wußte, schlimme Zeiten erlebt. In GPU-Haft hatte man ihn nachts aus seiner Zelle geholt, an die Wand des Gefängnishofes gestellt und Anstalten gemacht, ihn zu erschießen. Das sollte ihn für die Verhöre gefügig machen. Irgendwie mußte er dann nach England entkommen sein. Dort produzierte und sprach er Sendungen der BBC für Deutschland. Auch jene, die ich in meiner Laube nachts nach zwei Uhr in einer Flut von Störgeräuschen empfangen hatte.

Zu diesem Eberhard Schütz, dessen Erlebnisse in Stalins Rußland wahrscheinlich traumatisch weiterwirkten, ging ich also. Und bat ihn, mich als Spielmeister für »Ich weiß was« einzusetzen.

Er hörte mich gnädig an. Seine Art war es, die Lippen skeptisch zu schürzen, die Stirn zu runzeln, ein undeutbares Schmunzeln in seine

Züge zu legen und zunächst einmal gar nichts zu sagen. Man bibberte dann immer ein bißchen, und daran schien ihm auch gelegen zu sein. Aber Schütz war mir – zumindest an diesem Tage – wohlgesonnen. Ich durfte eine Probesendung aufnehmen. Das geschah. Ich hatte den Titel geändert. Die Sache hieß nun »Wer fragt, gewinnt«.

Rückblickend kann ich sagen: Ich hatte gefragt – und gewonnen! Meine Sendung lief mit dreihundert Folgen. Unter dem Titel »Gut gefragt, ist halb gewonnen« habe ich sie später auch ins Fernsehen gebracht. Sie läuft nun wieder im Hörfunk, etwas variiert als »Frag mich was«.

Am Anfang hatte ich im RIAS dreißig Minuten für die Sendung. Das war recht knapp. Es reichte gerade für das Raten, und es blieb kein Raum für schmückendes Beiwerk.

Also klopfte ich wieder an die Tür des mächtigen Eberhard Schütz: »Wir bräuchten dringend eine Band, die für Musik sorgt. Und außerdem fünfzehn Minuten mehr Zeit.« Es wurde gewährt.

Nach geraumer Zeit gelang es mir, die Sendezeit zu verdoppeln; in den letzten zehn Jahren ihres Bestehens war sie sogar anderthalb Stunden lang.

Bei meinem Debüt in »Wer fragt, gewinnt« stand ich – abgesehen von kleineren Sendungen, die mir zuvor beim Berliner Rundfunk und beim RIAS anvertraut worden waren – zum ersten Mal vor Publikum am Mikrophon. Ich hatte Herzklopfen, aber kaum Lampenfieber. Eigentlich war ich mir meiner Sache trotz meiner Unerfahrenheit ziemlich sicher. Angst hatte ich jedenfalls nicht, und ein wahrscheinlich angeborener Optimismus verhalf mir zu einer gewissen Unbefangenheit. Ich »schaukelte« die Sendung, zu aller – ich glaube sogar: zu Schützens – Zufriedenheit; genau wie ich es mir ausgemalt hatte.

Als besonders ermutigend empfand ich, daß meine Sendung so gut beim Publikum ankam, daß man mir Anerkennung zollte und – offen gestanden – auch, daß ich sehr schnell bekannt wurde.

*

In dieser Rätselsendung begegnete ich meinem späteren Freund Peter Frankenfeld. Er war damals schon der berühmte Mann mit der karierten Jacke und an jenem Abend unser prominenter Gast »hinter der Wand«.

Ich konnte nicht ahnen, worauf ich mich eingelassen hatte: Peter, dem ja meist der Schalk im Nacken saß, wollte mir offenbar beibringen, was ich bis dahin noch kaum gekannt hatte: Lampenfieber.

Der jeweilige prominente Gast wurde, nachdem das Rateteam den Saal verlassen hatte, hereingebeten, von mir dem Publikum vorgestellt, interviewt, hinter die Stoffwand geleitet und dann von der zurückgekehrten Mannschaft erraten – oder auch nicht. So weit die Spielregeln.

Frankenfeld betrat den Saal. Jubel beim Publikum. Ihn brauchte ich nicht vorzustellen. Man kannte ihn.

Wie ich später erfuhr, hatte er vor der Sendung zu den Technikern gesagt: »Heute werde ich Hänschen mal in Schwierigkeiten bringen. Ich lasse ihn nicht zum Fragen kommen bei dem Interview. Mal sehen, wie der sich aus der Affäre zieht.«

Auftritt Frankenfeld also. Ich konnte eben noch sagen: »Guten Abend, Herr Frankenfeld«, da legte er schon los: »Guten Abend, Herr Rosenthal, sagen Sie mal, Sie sind doch Berliner?«

»Ja, gewiß, aber . . .«

»Wie sind Sie eigentlich zum RIAS gekommen?«

»Ach, ich habe mich hier beworben und . . .«

»Gefällt es Ihnen hier?«

»Doch, ja, es gefällt . . .«

»Macht Ihnen diese Sendung Spaß hier?«

Noch bevor ich überhaupt geantwortet hatte, kam schon die nächste Frage. Ich bemerkte mit Schrecken, daß ich in eine Zwickmühle geraten war. Der Mann, den ich interviewen sollte, interviewte mich – zum Vergnügen des Publikums, das das Ungewöhnliche der Situation natürlich sofort bemerkt hatte.

»Und Ihnen, Herr Frankenfeld, gefällt es Ihnen eigentlich beim Fernsehen?«

Nun mußte er antworten. Er konnte ja nicht einfach weiterfragen. Von da an prasselten meine Fragen auf ihn ein, er kam kaum mit den Antworten nach und nur die abgelaufene Zeit rettete ihn vor meinen »Attacken«.

Nach der Sendung saßen wir noch gemütlich beisammen, und Peter machte mir ein Kompliment. Das Ganze sei ein Test gewesen – und ich hätte ihn bestanden . . .

Eine andere Episode mit einem berühmten Gast erregte im Kollegen-kreis große Heiterkeit. Prinz Louis Ferdinand war bei mir in der Sendung zu Gast, der Mann, der heute deutscher Kaiser wäre.

Es war in Oldenburg, wo wir mit »Wer fragt, gewinnt« gerade Station machten. Ich hatte mir vorgenommen, den Chef des Hauses Hohenzollern protokollgerecht mit »Kaiserliche Hoheit« anzureden. Zwar bin ich ein überzeugter Republikaner, aber Höflichkeit bedeutet mir viel, und es schien mir auch ein Gebot des Taktes zu sein, die höfische Anredeform zu wahren. Schließlich war Prinz Louis Ferdinand ein liebenswürdiger und bescheidener älterer Herr, den ich nicht brüskieren wollte.

Nach der Sendung gab es dann haufenweise Proteste und Leserbriefe in »linken« Zeitungen wegen meiner vermeintlich »monarchistischen« Verhaltensweise. Aber das war nicht das Malheur, von dem ich erzählen wollte.

Zu den Ratenden gehörte die bekannte und erfolgreiche Buchautorin Barbara Noack, die Verfasserin der »Zürcher Verlobung«. Als Kaiserliche Hoheit erraten war, saßen wir Beteiligten anschließend mit ihm noch etwas zusammen; immerhin über dreißig Personen.

Barbara Noack wußte, daß Louis Ferdinand leidenschaftlich gern komponierte und die Melodie für ein Glockenspiel geschrieben hatte, das täglich von der Gedächtniskirche erklang. Und so wollte sie ihm ein Kompliment machen: »Ihr Glockenspiel, Kaiserliche Hoheit, finde ich besonders schön.«

Sie wußte nicht, daß der Begriff »Glockenspiel« im Berliner Jargon leider eine zweideutig-eindeutige und überaus unanständige Bedeutung hat, die ich hier – trotz möglichen Wissensdranges der Leser – nicht erläutern möchte.

Kaiserliche Hoheit, der an seine Komposition dachte, fühlte sich geschmeichelt und fragte zurück: »Kann man es denn hören?«

Barbara Noack stürzte sich nun leider noch tiefer in die ungewollte Doppeldeutigkeit:

»Wenn der Verkehr nicht allzu stark ist, Kaiserliche Hoheit, kann man es hören.«

Ich stopfte mir ein Taschentuch in den Mund und verließ auf schnellstem Wege den Saal. Anderen anwesenden Berlinern sei es genauso ergangen, hörte ich später.

Noch heute sage ich zu Barbara Noack, wenn ich sie treffe: »Kaiserliche Hoheit lassen grüßen.«

Nach der Veranstaltung wurde mir eine besondere Freude zuteil. Prinz Louis Ferdinand sagte mir: »Herr Rosenthal, ich wünschte, meine Söhne würden einmal so wie Sie!«

*

Für unsere Sendung teilten wir die zu erratenden Begriffe in Gruppen ein: »Mineralreich«, »Pflanzenreich«, »Tierreich«. Mit letzterem bekam ich leider Ärger. Es hagelte von kirchlicher Seite her Proteste, als wir Menschen unter dem Begriff »Tierreich« erraten ließen. »Tierreich« wurde also, um dem theologischen Einwand entgegenzukommen, in den Bereich »Lebewesen« umgetauft.

»Sofa« war einmal der zu erratende Begriff. Das Sofa gehörte wegen der Sprungfedern, also des Metalls, das an ihm ist, zum »Mineralbereich«, wegen des Polster- und Bezugmaterials aber auch zum »Pflanzenreich«.

Ilse Trautschold war an der Reihe, den Begriff zu erraten, den das Publikum ja kannte.

»Dient es dem Verkehr?«, fragte sie arglos, weil sie glaubte, es könnte sich um ein Auto handeln. Die Leute schrien vor Lachen. Da rief sie spontan: »Dann kann es nur ein Bett sein!«

Ich habe dann meine Vorgesetzten gefragt, ob wir das rausschneiden sollten, denn damals war man ja noch ziemlich prüde. Aber das dem Verkehr dienende Sofa durfte drinbleiben.

Ebenfalls erheiternd für das Publikum, aber keineswegs für mich, war der Tag, an dem ich als Spielmeister auf klägliche Weise versagte. Es galt den Begriff »Kartoffelpuffer« zu erraten.

Die erste Mannschaft war mit siebzehn Fragen auf die Lösung gekommen. Heinrich Riethmüller spielte die Zwischenmelodie. Die zweite Mannschaft erschien. Ich waltete meines Amtes:

»Also Sie sollen einen Begriff erraten, der ein bißchen zum Pflanzenreich, ein bißchen zum Tierreich und ein ganz klein wenig auch (wegen des Salzes) zum Mineralreich gehört. Ihre Gegenmannschaft hat den Kartoffelpuffer mit siebzehn Fragen herausgefunden!«

Das Publikum quittierte mein Künstlerpech mit Lachen. Es sei, so sagte man mir später, der beste Gag des Abends gewesen.

193

»Allein gegen alle«

So zufrieden ich mit meiner neuen Arbeit als Spielleiter war, so wenig wollte ich auf meine Ideen als Regisseur verzichten. Ich plante also nebenbei eine neue Kabarettserie. Sie sollte möglichst alles Satirische, Komische, Ausgefallene über den jeweils laufenden Monat enthalten: die letzte Umfrage des Monats, das Sportereignis, die beste und schlechteste Nachricht, das witzigste Wort ... ein echtes Monatsmagazin also, aber mit kabarettistischem Einschlag. Der ideale Autor für so etwas war damals schon Curth Flatow. Leider hatte er vor einiger Zeit dem RIAS, für den er viel geschrieben hatte, wegen einer Unstimmigkeit den Rücken gekehrt. Ich entschloß mich, ihn wegen meines Plans anzusprechen – ihn gleichzeitig als Autor dafür zu gewinnen und mit dem RIAS wieder zu versöhnen.

Es gelang. Bald schon brüteten wir über einem Titel. Seine Idee war: »Das Beste aus RIAS Digest« – in Anlehnung an »Das Beste aus Reader's Digest«.

Ich war Feuer und Flamme, erlitt dann aber in der Programmsitzung eine Niederlage:

»Für Berlin und Westdeutschland ist der Titel prima. Aber drüben versteht ihn kein Mensch. Die kennen doch »Reader's Digest« nicht, können also auch das Wortspiel nicht begreifen.«

Wenn bei uns von »drüben« die Rede war, waren immer die Landsleute in der »DDR« gemeint – und sie sprachen wir ja mit unseren Sendungen ganz besonders an. Daran hatte ich nicht gedacht. Wir einigten uns also auf einen anderen Titel: »Die Rückblende«.

»Die Rückblende« lief viele Jahre. Curth Flatow wurde später von Horst Pillau als Autor abgelöst. Auch Günter Neumann schrieb einige Texte. Und obwohl wir in der Sendung – was die Tagespolitik betraf – manchmal ziemlich angriffslustig waren, bin ich in all den Jahren nur einmal zu einem Widerruf gezwungen gewesen: Wir hatten den Bundesminister Oberländer wegen seiner Vergangenheit in der Nazizeit aufs Korn genommen. Und da ein Gericht ihn freigesprochen hatte, mußten wir uns öffentlich bei ihm entschuldigen.

Eines Tages erhielt ich Besuch vom Fernsehen. Henri Regnier kam eigens nach Berlin, um mir einen Vorschlag zu machen:

»Wir brauchen eine kabarettistische Sendung fürs Fernsehen. Nicht zu bissig und möglichst ohne daß viele Klagen oder gar Prozesse kommen. Könnten Sie sich vorstellen, daß Ihre Hörfunksendung ›Die Rückblende‹ in eine Fernsehform zu bringen wäre?«

Ich konnte es mir vorstellen und schrieb ein Exposé. Es basierte auf einem einfachen Prinzip: Wir wollten kritisch-witzige Songs schreiben, die sich – nach bewährter Methode – auf besondere Ereignisse eines Monats bezogen. Horst Kintscher, mein Mitarbeiter – heute ist er im RIAS mein Nachfolger als Leiter der Unterhaltungsabteilung –, flog mit den Texten nach Hamburg und suchte aus »Tagesschau«-Aufzeichnungen geeignetes Illustrationsmaterial heraus. Das ganze lief recht gut. Wir bebilderten jede einzelne Textzeile, und es ergaben sich immer recht amüsante Pointen.

Zwei Jahre lief die »Rückblende« im Fernsehen, dann war es aus. Es machten sich erste Regungen eines vermeintlichen Tauwetters zwischen Ost und West bemerkbar, Vorläufer des späteren »Wandels durch Annäherung«. Das merkte man weniger an einer Verbesserung der politischen Lage als vielmehr an neuartigen Rücksichten, die auf den, ach so empfindlichen Osten genommen werden mußten.

Es wurde an einzelnen Beiträgen herumgemäkelt. Ich mußte immer häufiger etwas herausnehmen, das in Moskau oder Ost-Berlin Anstoß erregen konnte.

Als der große Krach zwischen der Sowjetunion und China sich ereignete, schrieb mir Günter Neumann eine Nummer in Form eines Kasperletheaters, in dem sich ein russischer und ein chinesischer Kasper mit Feuereifer stritten und rauften.

Abends sah ich mir zu Hause die Sendung an, die ich abgeliefert hatte. Der Beitrag mit dem russisch-chinesischen Kasperletheater fehlte. Er war herausgeschnitten.

Ich ging zu meinem Schreibtisch, schrieb einen kurzen Telegrammtext auf ein Blatt Papier, zog mir meinen Mantel an, fuhr zur Post und gab das Telegramm auf. Es enthielt die Mitteilung, daß es die »Rückblende« von nun an im Fernsehen nicht mehr geben würde.

*

Eine andere Sendung aus der »Mach mit«-Serie ist mir wegen eines kleinen Zusammenstoßes besonders in Erinnerung geblieben. Stargast unserer Sendung war einmal Vico Torriani, der damals schon ganz oben war.

Ivo Veit war Quizmeister und Regisseur, ich hatte die Aufnahmeleitung. Zu meinen Aufgaben gehörte die Einteilung des Probenplanes: Musikproben von 14 bis 18 Uhr. 14 bis 15 Uhr Orchesterprobe. 15.00 der erste Solist, 15.30 bis 16 Uhr der zweite Solist, 16 Uhr Vico Torriani und 16.30 Probe des Musikratens mit Olaf Bienert.

Die Proben begannen und liefen gut. Es wurde 16 Uhr. Alles wartete auf Vico. Ich wartete als Verantwortlicher mit besonderer Nervosität. Vico kam nicht.

So warteten wir eine halbe Stunde. Der Star war immer noch nicht erschienen.

»So, Olaf«, sagte ich, »jetzt warten wir nicht länger. Wir fangen an.« Die Musikprobe begann. Fünf nach Fünf öffnete sich die Studiotür. Ohne ein Wort der Erklärung oder gar der Entschuldigung kam der große Torriani hereinspaziert. Er trat in die Bühnenmitte und sagte nur: »Ich möchte jetzt probieren.«

Alles hielt in der Arbeit inne. Man sah auf mich, wartete gespannt, wie Hänschen reagieren würde. Hänschen sagte folgendes: »Wir waren für 16 Uhr verabredet, Herr Torriani. Jetzt ist es nach 17 Uhr. Es tut mir leid. Ich kann Sie nicht mehr probieren lassen.«

Vico war wütend. So etwas hatte er offenbar noch nicht erlebt. Er protestierte.

Olaf Bienert kam zusammen mit Wilfried Krüger, dem Orchesterleiter, zu mir herüber.

»Das kannst du nicht machen, Hans«, sagten sie, »Vico ist der Star. Der läßt sich nicht so behandeln. Nimm ihn dran.«

Ich sah das anders. »Was heißt das: er ist ein Star? Daß er nicht pünktlich zu sein braucht? Daß andere es ausbaden müssen, wenn er nicht zuverlässig ist? Das sehe ich nicht ein.«

Ich wandte mich Vico Torriani zu, der ungehalten vor dem Orchester stand: »Wenn ich am Schluß noch Zeit habe, Herr Torriani, dann können Sie anschließend gern probieren. Das heißt, wenn Sie so lange warten möchten . . .«

Es gab einen Riesenkrach. Manche hielten mich für größenwahnsinnig. Aber Vico wartete.

Nach der Probe, für die es tatsächlich noch etwas Zeit gegeben hatte,

196

ging Vico, ohne mich eines weiteren Blickes zu würdigen, in die Garderobe.

Kurz nachdem die Veranstaltung begonnen hatte, kam Vico hinter die Bühne und klopfte mir freundschaftlich auf die Schulter: »Nichts für ungut – ich hätte pünktlich sein sollen! Wollen wir uns wieder vertragen?«

Seitdem sind wir befreundet – unser »Du« begossen wir noch am selben Abend.

*

Henri Regnier, der mir den Weg ins Fernsehen geöffnet hatte, ist Unterhaltungschef beim NDR in Hamburg. Er sollte mir auch zu meinem größten Hörfunkerfolg verhelfen:

»Hansi«, rief er mich eines Tages an, »ich habe eine phantastische Idee gekauft: Ein Hörer stellt schwierige Fragen an eine ganze Stadt. Kann die Stadt fünf Fragen innerhalb von fünfzehn Minuten beantworten, dann hat sie gewonnen. Löst die Stadt die Mehrzahl der Aufgaben nicht, dann gewinnt der Fragende. Diese Sache gab es schon in Frankreich und in Belgien. Aber seltsamerweise ging das dort sehr bald ein.«

»Wie lange dauerten diese Sendungen?« fragte ich Henry.

»Dreißig Minuten.«

Ich nahm das Exposé der Sendung mit, das ein gewisser Jean Paul Blondeau geschrieben hatte. Ich konnte nicht ahnen, daß ich das Exposé für meine zukünftige Erfolgssendung »Allein gegen alle« in der Hand hielt.

Übrigens habe ich Herrn Blondeau nur einmal kurz gesehen, als er sich die Sendung anschaute. Pro Sendung erhielt er – ohne sein weiteres Zutun – einige tausend Mark Lizenzgebühr – und das monatlich, fünfzehn Jahre lang!

Darüber habe ich mich, offen gestanden, nicht so sehr geärgert, als darüber, daß ich, der das Projekt mit harter Arbeit durchsetzte, von ihm niemals auch nur eine Weihnachtskarte erhielt. Ich brütete also über dem Exposé. Dann rief ich bei Henri an:

»In dieser Form hat die Sendung folgende Schwächen: Bei Blondeau hat die Stadt zu jeder der fünf Fragen nur jeweils eine Antwort. Ist die erste Antwort falsch, dann gibt es fünfzehn Minuten lang keine Spannung mehr. Die Stadt würde nicht schnell und spontan antworten, sondern sich viel Zeit nehmen – jedenfalls mehr als der Spannung dient. Also müssen jeweils drei Antworten zugelassen sein. Dann brauchen wir auch noch mehr Aktion, zum Beispiel ›Sonderaufgaben‹. Wie wäre es, wenn die Bürger der Stadt selbst mitmachten?«

Meine entsprechenden Vorschläge ließen sich meist verwirklichen: Elmshorn, die Teppichstadt, mußte den Marktplatz mit Teppichen auslegen; in Eckernförde machten wir eine Sperrmüllaktion, die ganze Schiffsladungen mit Gerümpel füllte; in einer anderen Stadt mußte der Bürgermeister mit Schokolade aufgewogen werden, die später an ein Waisenhaus verschenkt wurde.

»Außerdem brauche ich ein Orchester«, sagte ich damals zu Henri, »dazu Showeinlagen. Und das Ganze soll nicht nur eine, sondern gleich drei Städte hintereinander bringen, damit es mehr Spannung gibt.«

Henri schluckte an diesen dicken Brocken. Aber er schluckte nicht lange, rief mich zurück und sagte: »Wird gemacht, Hans! Ab Januar 1963 läuft die Sache. Und zwar live!«

So startete ich mein erstes Live-Programm über den RIAS und den NDR.

Zum ersten Mal hatte ich Lampenfieber. Es raubte mir den Schlaf. Aber die Show ging ausgezeichnet. Zufällig hörte Willi Grüb, der Abteilungsleiter für Unterhaltung beim Süddeutschen Rundfunk, die Sendung. Er kam zu mir und sagte: »So etwas suchen wir schon lange. Wir schließen uns an.«

So ging es weiter. Der Saarländische Rundfunk kam hinzu und der Südwestfunk. Es folgten die Hessen und schließlich auch der große WDR.

Nur der Bayerische Rundfunk schloß sich nicht an, weil seine Nachrichtenzeiten zu unserer Sendezeit »quer lagen«. Außerdem fehlten Bremen, wegen der Nähe Hamburgs, und der SFB, der ja nicht dasselbe wie der RIAS senden konnte.

Ich wurde also über Berlin hinaus bekannt. Nicht nur beim Publikum, sondern auch in den Unterhaltungsabteilungen der ARD-Sender. Und das war überaus wichtig für mich.

Die Spielregeln bei »Allein gegen alle« sahen vor, daß der einzelne, der es mit einer ganzen Stadt aufnahm, zuerst gegen eine Stadt mit 25 000 Einwohnern antrat, dann, wenn er gewonnen hatte, gegen eine

Stadt bis 100 000 Einwohner und nach seinem dritten Sieg gegen eine Großstadt. Zuletzt ging es gegen eine Millionen- oder Landeshauptstadt. Und wenn er viermal gewonnen hatte, wurde er zum »Männeken Quiz« ernannt.

Eine Stadt, die dreimal gesiegt hatte, beförderten wir mit Tamtam zur »Unschlagbaren Rätselstadt«.

*

Eines Tages trat ein Mann, der beim Gericht beschäftigt war, gegen eine Kleinstadt an. Er verlor auf Anhieb und schied, den Spielregeln gemäß, aus dem Wettbewerb aus.

Für den niedersächsischen Landsmann war der Fall damit durchaus nicht erledigt: Henri Regnier bekam von ihm einen Brief, in dem er mich beschuldigte, seine niemals zu erratenden Fragen nicht richtig wiedergegeben und ihm so jene Niederlage beigebracht zu haben. Da ich keinen entsprechenden Fehler begangen hatte, entwarf ich einen höflichen Antwortbrief, den Henri ihm schickte.

Nach zwei Wochen wurde ich zum Intendanten des RIAS gerufen. Da habe ein Herr geschrieben, er sei in der Sendung schlecht behandelt worden, habe nicht genug Zeit zum Nachdenken gehabt und fordere, noch einmal zugelassen zu werden. Ich entwarf wieder einen Antwortbrief. Inzwischen hatte sich der Gekränkte an den Intendanten des NDR gewandt. Auch von ihm bekam er ein Antwortschreiben, das ich entworfen hatte.

Dieses Mal dauerte es weniger als zwei Wochen bis ich abermals von ihm hörte. Der amerikanische Direktor des RIAS bat mich zu sich. Er hielt die Aufforderung an den amerikanischen Stadtkommandanten in den Händen, mir die reumütige Einladung zu einer neuen Runde mit dem Ehrverletzten zu befehlen, da der RIAS den Amerikanern unterstehen würde. Er, der schmählich Benachteiligte, fordere Gerechtigkeit, nachdem er derart um seinen Sieg gebracht worden sei.

Ich entwarf einen dritten Antwortbrief, den der Direktor dem Stadtkommandanten gab.

Dann war Ruhe. Ich atmete auf. Jedoch zu früh. Nach vier Wochen stand ich wieder vor meinem amerikanischen Direktor. Der Verlierer, der nicht verlieren konnte, hatte die steile Leiter der amerikanischen Militärhierarchie bis zu ihrem oberen Ende erklommen: Ein Brief an den Oberkommandierenden der amerikanischen Streitkräfte in Europa lag vor. Auch ihm diente ich mit einigen schriftlichen Anregungen für eine liebenswürdige Absage. Ich nehme an, der Erzürnte hat sich dann direkt an den Präsidenten der Vereinigten Staaten gewandt. Ich selbst jedenfalls habe nicht mehr von ihm gehört.

*

Eines anderen Vorfalls in »Allein gegen alle« erinnere ich mich ebenfalls mit gemischten Gefühlen: Eine Stadt sollte ihren Bürgermeister in Papier aufwiegen, so wie Aga Kahn einst mit Gold aufgewogen worden war.

Es klappte vorzüglich. Obwohl nur eine Viertelstunde Zeit dafür vorgesehen war, meisterte die Stadt diese Aufgabe. Eine Woche danach bekam ich einen Brief des Chefredakteurs einer Zeitung, der beim Intelligenz-Team im Rathaus an der Sendung mitgewirkt und mitgeraten hatte.

Er schrieb: »Liebe Kollegen vom Funk! Während ich bei Euch in der Sendung saß, klingelten einige junge Leute bei meiner Frau. Wir wohnen in dem Hause, in dem auch die Redaktion unserer Zeitung beheimatet ist. Die jungen Leute baten um Papier, möglichst in großen Mengen, um den Bürgermeister aufzuwiegen. Meine Frau öffnete ihnen, und ehe sie sich's versah, haben sie uns das ganze Archiv ausgeräumt und auf den Marktplatz geschleppt. Einiges haben wir wiederbekommen, vieles blieb verloren. Wir werden noch viele Wochen brauchen, um das Material wieder einzuordnen.«

*

Eine andere Panne brachte mich ebenfalls in große Verlegenheit: Eine Stadt sollte den Namen des Pferdes erraten, das im ersten deutschen Derby gewonnen hatte. In meinem Manuskript stand der Name: »Ebony«.

So etwas mußten unsere Rechercheure immer vorher genau nachprüfen. Aus zwei voneinander unabhängigen Quellen mußte die richtige Antwort belegt werden.

Die Sendung lief. Die Stadt meldete sich zur Antwort und sagte: »Der Name des Pferdes, das im ersten deutschen Derby siegte, ist ›Bambus‹.«

200

»Tut mir leid«, antwortete ich nach einem Blick in mein Manuskript, »diese Antwort ist nicht richtig.«

Die Stadt verlor.

Als die Sendung vorüber war, riefen Freunde des Pferdesports an: »Die Stadt hatte recht! ›Bambus‹ gewann das erste deutsche Derby!«

Zwei Tage später traf ein Brief des deutschen Trabrennvereins ein. Ich ahnte den Inhalt, bevor ich ihn geöffnet hatte: »Bambus!!«

Mir wurde mulmig. Ich rief den Mitarbeiter an, der die Frage recherchiert hatte. Er beruhigte mich: Er habe ein Programm vom 75jährigen Jubiläum des Trabrennvereins, und da stehe als erster unter allen darin genannten Namen der Siegerpferde einwandfrei »Ebony«.

Ich bat um Vorlage des Dokuments. Und da entdeckten wir etwas, das uns Schweißperlen auf die Stirn trieb: Auf Seite drei stand unter der Überschrift »Derbysieger« zwar wirklich ganz oben links, also am Anfang, »Ebony«. Auf der Seite zwei unten aber hatte die Liste bereits begonnen, und da fanden sich die Namen der ersten beiden Sieger – das erste von ihnen: »Bambus«.

Ich mußte mich in der folgenden Sendung bei der Stadt entschuldigen, die wir um ihren verdienten Sieg gebracht hatten – sie wurde zum Wettbewerb erneut zugelassen.

*

Durch ein anderes Erlebnis, das uns mit einem gewissen Stolz erfüllte, wurden wir dafür entschädigt. Bei Recherchen zur Frage: »Wie viele Tage lebte Peter Paul Rubens?« hatten wir herausgefunden, daß sowohl in Meyers Lexikon als auch im Brockhaus ein falsches Todesdatum des großen Malers vermerkt war. Wir schrieben an die Lexikonverlage und bekamen ein liebenswürdiges Dankschreiben. Wir hatten recht gehabt!

Die Frage war der Stadt, die sie beantworten sollte, leicht erschienen. Dort meinte man, nur das Geburts- und Todesdatum von Rubens nachschlagen zu müssen und daraus die Anzahl seiner Lebenstage leicht errechnen zu können. Doch die Stadt verlor: Nicht wegen der fehlerhaften Daten in den Lexika, sondern der fabelhaften Cleverneß unseres Fragestellers: In die Lebenszeit des Peter Paul Rubens fiel nämlich die Umstellung des Gregorianischen Kalenders – und sie bedeutete eine Differenz von zehn Tagen, an die natürlich niemand im »Brain-Trust« der Rätselstadt gedacht hatte.

Fragen dieser Art, die an Pfiffigkeit nichts zu wünschen übriglassen, sind nicht sehr häufig.

Um so erstaunter war ich, als eines Tages ein sechzehnjähriger Junge Fragen dieser »Preislage« einsandte. Ich lud ihn ein, und er kam, weil er ja noch nicht volljährig war, mit seinem Vater zur Sendung. Gegen eine Kleinstadt gewann er spielend.

Dann ging es weiter. Die Städte wurden größer und der Junge immer besser. Schließlich besiegte er eine Millionenstadt.

Insgesamt gewann er fast fünftausend Mark. Das kam höchstens alle zwei Jahre einmal vor. Für den Sieg über die Kleinstadt gab es 250 Mark und dann steigerte sich das allmählich. Reinhard Stein, so hieß der Wilhelmshavener Junge, gefiel mir gut, und ich fragte ihn, was er werden wollte. Zum Rundfunk zu gehen, war sein Herzenswunsch. Ich stellte ihm Mitarbeit in Aussicht. Die Eltern kamen zu mir und fragten, ob der Junge nicht doch erst studieren sollte. Er wollte nicht. Mit aller gebotenen Vorsicht stand ich ihm bei. Ich wußte, er würde Karriere machen. Mit achtzehn könne er beim RIAS anfangen.

Dann kam ein Brief: Er war zur Bundeswehr eingezogen worden. Traurigkeit seinerseits und meinerseits wegen der verpaßten Chance. Aber ich versprach: Wenn er nach seiner Dienstzeit noch Lust hätte, würde ich zu meinem Wort stehen. Er besuchte dann an Wochenenden jede unserer Sendungen, saß da in seiner Uniform und wartete darauf, selber Profi zu werden. Er wurde es. Seine Laufbahn beim RIAS bestätigte meine Erwartungen. Heute macht Reinhard Stein über hundert unterhaltende Jugendsendungen im Jahr. Außerdem ist er Sportexperte und könnte Sportchef eines jeden großen Senders sein.

*

Um das Kapitel »Allein gegen alle« zu beenden: Fast wäre ich damit auf die Fernsehschirme gekommen. Aber nur fast. Als ich längst schon meine großen Chancen mit »Gut gefragt, ist halb gewonnen« und »Dalli – Dalli« bekommen und genutzt hatte, rief mich Henri Regnier an: Eine meiner »Allein gegen alle«-Sendungen sollte aufgezeichnet und den Fernsehunterhaltungschefs der ARD vorgeführt werden. Es geschah. Und sie beschlossen: Das machen wir auch auf der Mattscheibe. Das wird beim Fernsehpublikum gut ankommen.

Die Vorbereitungen wurden getroffen. Wieder ein Anruf von Henri: »Hans, wollen Sie es selbst für das Fernsehen machen? Wollen Sie der Spielleiter sein?«

Das Angebot war verlockend. Einen Zwei-Jahres-Vertrag hätte ich bekommen. Und schließlich war die Sendung ja »mein Kind« – 161 mal hatte ich sie beim Rundfunk über die Runden gebracht, fünfzehn Jahre lang, fast jeden Monat, und jedes mal zwei Stunden live!

Ich zögerte. Der Preis wäre gewesen, »Dalli-Dalli« aufzugeben und dem Zweiten Deutschen Fernsehen adieu zu sagen. Das brachte ich nicht fertig – und sagte schweren Herzens ab.

Nun ging Wolfgang Spier »in den Ring«, mein guter Freund, ein großartiger Theaterregisseur und Schauspieler. Aber in »Allein gegen alle« fühlte er sich nicht so recht wohl. Das war offenbar nicht ganz maßgeschneidert für ihn. Er gab die Sendung wieder ab.

Ich war gerade im Urlaub, da war Henri wieder am Telefon: »Hans, wissen Sie nicht einen neuen Spielleiter?«

Ich dachte an Max Schautzer vom WDR Köln. Er hatte bei mir schon als Reporter mitgewirkt, kannte die Sendung und war genau der richtige Mann: intelligent und reaktionsschnell.

»Glauben Sie, daß der das schafft?« fragte Henri.

Ich glaubte es. Und sollte mich nicht getäuscht haben. Max Schautzer machte die Sendung so gut, daß sie – schon dicht am Grabesrand der Einstellung – fortgeführt wurde, bis heute. Und mit Erfolg.

Die Rosenthals

Daß es in meiner Arbeit aufwärts ging, war natürlich nicht nur für mich, sondern auch für meine Familie eine große Freude. Meine Familie! Wenn ich das schreibe, als wäre es für mich eine Selbstverständlichkeit, eine Familie zu haben, dann täuscht das. Nach dem frühen Tod meiner Eltern, dem noch heute schmerzenden Verlust meines Bruders und dem Tod meiner Großeltern, hatte ich praktisch aufgehört, eine Familie zu haben. Familie – das ist für mich Geborgenheit, eine Schutzzone der Ruhe und des Miteinander. Ich habe meine Familie gerade in den schwersten Jahren meines Lebens verloren. Daß ich jetzt wieder eine Familie habe, ist für mich vielleicht das Schönste an meinem neuen Leben.

Ich liebe zwar meinen Beruf, bin dafür Feuer und Flamme, wäre ohne diese Arbeit, die rasant zunahm und mich mehr und mehr beanspruchte, ganz gewiß nicht so glücklich – aber vor dieser Arbeit steht für mich die Familie.

Als unsere Tochter 1950 zur Welt kam, wohnten wir in der Peter-Vischer-Straße 9 in Berlin-Friedenau. Das Auguste-Victoria-Krankenhaus lag nur ein paar hundert Meter entfernt, was mich sehr beruhigte, als es soweit war.

In meiner fast kindlichen Sorge um meine Frau unterschied ich mich sicherlich nicht von anderen Vätern. Bei aller Vorfreude auf das kommende Kind plagten mich gelegentlich beklemmende Visionen, was ihr oder dem Kind alles zustoßen konnte. Frauen sind darin viel gelassener als Männer, und meine Frau war es auch.

Wir hatten uns die Geburt eines Sohnes erhofft. Und er sollte Gert heißen. Wie mein Bruder. Als würde ich damit etwas von dem wiederbekommen, was mir durch Gewalt genommen worden war, und würde damit meine erste Familie in meiner neuen weiterleben.

Dann war der Tag gekommen, und wir gingen zum Krankenhaus. Ich kam mir fast wie ein Verräter vor, als ich mich von meiner Frau mit einer Umarmung verabschiedete und sie ihrem Schicksal überlassen mußte. Mein Bestreben, möglichst alles zu regeln, für alles und alle da zu sein, in allen Situationen hilfreich zuvorzukommen, sah sich plötzlich blockiert. Das, was sich da ankündigte, mußte ich meiner Frau allein überlassen. Und wenn ich es recht bedachte, war ich der Hilflose von uns beiden.

Meine Frau jedenfalls lächelte mit verständnisvoller Überlegenheit und drückte mir zum Trost noch einmal fest die Hand.

Schon am Nachmittag erschien ich wieder in der Klinik, zappelig und mit flatternden Nerven. Das Ereignis ließ noch auf sich warten.

Auch am Abend war ich umsonst gekommen. Eine Schwester hatte mich besänftigt: Es dauere erfahrungsgemäß immer länger, als das die Ärzte oder die »werdenden Väter« erwarteten. Ich solle unbesorgt nach Haus gehen und mich schlafen legen. Man würde sich schon bei mir melden.

Ich gehorchte, ging ins Bett und schlief erschöpft ein.

Nachts um eins klingelte das Telefon. Schlaftrunken nahm ich den Hörer ab.

Die Schwester war am Apparat: »Herr Rosenthal, ich gratuliere, Sie haben eine gesunde Tochter«.

Ich weiß nicht mehr, was in jenem Augenblick in mir vorging. Was ich hörte, lähmte mich, lähmte meine Stimme, so daß ich kaum ein »Dankeschön« über die Lippen brachte. Und ich legte auf.

War es die übergroße Spannung, in die ich mich hineinmanövriert hatte, der Schlaf, aus dem ich noch nicht ganz erwacht war? Sekunden später begriff ich: Ich mußte sofort wieder in der Klinik anrufen! Meine Frau sprechen! Meiner Frau danken! Erst jetzt kam es mir ganz zu Bewußtsein, daß ich Vater geworden war.

Ich hatte die Schwester wieder am Apparat. Wollte erklären – aber das Malheur war schon passiert. Die Schwester war in der Zwischenzeit schon zu meiner Frau gegangen, um ihr zu sagen, daß die wichtige Botschaft nunmehr dem jungen Vater übermittelt sei.

Meine Frau wollte natürlich sofort meine Reaktion wissen. Und die Schwester hatte wahrheitsgemäß geantwortet: »Eigentlich hat er gar nichts gesagt. Nur Dankeschön. Dann hat er wieder aufgelegt.«

Traudl mußte in diesem Moment glauben, es sei meine Enttäuschung über das Ausbleiben des erhofften Sohnes gewesen, die mich so hatte reagieren lassen. Sobald ich mit ihr sprechen konnte, habe ich alles erklärt, und Traudl hat mir gern verziehen. Aber irgendwie geht es mir noch heute nach: Ob ich nicht doch damals über die Tochter weniger glücklich war, als ich es bei einem Sohn gewesen wäre . . .

Gelegentlich werde ich mit dieser Geschichte noch in der Familie gefrotzelt. Meine hilflosen Bekundungen des Gegenteils scheinen einen familiären Unterhaltungswert zu haben, der sich auch durch Wiederholungen nicht verbraucht.

Eine Woche nachdem Birgit auf die Welt gekommen war, holte ich Mutter und Kind nach Hause. Nun waren wir eine Familie.

Das war im Jahre 1950. Zwei Jahre zuvor hatte es die Währungsreform gegeben. Der Wiederaufbau lief auf vollen Touren. Die Berliner Blockade war erfolgreich überstanden. Es ging aufwärts. Und dieses Gefühl, das vom langsam beginnenden, spürbar wachsenden Wohlstand beflügelt wurde, hat diese Zeit für uns besonders glücklich werden lassen.

Ich glaube, ich war der kleinen Birgit immer ein liebevoller Vater. Zwar habe ich meine Tochter nie trockengelegt und nie gewickelt – weshalb ich mich auch anderen Vätern, die es verstanden, unterlegen fühlte –, aber ich half im Haushalt, kümmerte mich um das Kind, schob stolz den Kinderwagen, gab Birgit die Flasche, trug sie auf meinen Armen umher und sang sie in Schlaf.

Da Traudls Eltern zu jener Zeit in Südamerika lebten, wohin mein Schwiegervater versetzt worden war, um dort Telefonzentralen aufzubauen, war meine Frau tagsüber mit dem Kind allein. Aber in unserem Hause wohnte eine liebe Nachbarin, Frau Koglin, die sich um Traudl und Birgit kümmerte.

Wenn etwas Außergewöhnliches sich ereignete, war ich sofort zur Stelle. Wenn Birgit sich etwa ihren kleinen Finger eingeklemmt hatte, fuhr ich mit ihr zum Arzt, hielt das Kind auf meinem Schoß, tröstete sie und erzählte ihr Späßchen.

Birgit hat sich später, als mein Name weithin bekannt geworden war, immer geniert, einen so populären Vater zu haben. In der Schule versuchte sie ihr »Verwandtschaftsverhältnis« zu mir geheimzuhalten. Niemand sollte sie anders ansehen als die anderen Kinder. Auch den kleinsten Vorzug, den mein Bekanntheitsgrad ihr hätte verschaffen können, verschmähte sie aufs energischste.

Manchmal wurde sie natürlich gefragt, ob sie mit mir verwandt sei. Sie nickte dann nur. Daß ich ihr Vater war, kam nicht über ihre Lippen. Birgit, so habe ich das verstanden, wollte mich nicht mit Fremden teilen müssen.

Ich selbst muß gestehen, daß mir der Rundfunk- und Fernseh-»Ruhm« keinerlei Beschwerden machte. Im Gegenteil. Ich genoß und genieße ihn. Es macht mir große Freude, bekannt zu sein, Popularität errungen zu haben. In dem Wort »errungen« liegt wohl die Erklärung für meine Zufriedenheit mit dem »öffentlichen Dasein«, das sich natürlich auch bis in die privaten Bereiche meines Lebens auswirkt.

Ich finde es unaufrichtig, ein halbes Leben lang dafür zu arbeiten, bekannt und also auch erkannt zu werden, um dann eine dunkle Brille aufzusetzen, sich der Anhänglichkeit des Publikums zu entziehen und darüber kokett zu klagen, daß man »behelligt« werde. Anderen Publikumsgünstlingen, die so verfahren, mißtraue ich, offen gestanden. Ich nehme ihnen das nicht ab. Sie genießen den Ruhm, ohne es – auch sich selbst gegenüber – zuzugeben. Ich aber möchte ehrlich bleiben. Mir macht es eine Freude, die sich, glaube ich, durch große Dankbarkeit legitimiert.

*

Aus Birgits Schulzeit erinnere ich mich einer Geschichte, bei der Privatleben und »öffentliches« Dasein in Konflikt gerieten:

Ich hatte mich bereit erklärt, im Olympiastadion ein Quiz zu veranstalten, bei dem aus zehn ausgelosten Teilnehmern der Gewinner ermittelt werden mußte. Rahmen dieser Veranstaltung war der »Tag der offenen Tür«. Für das Quiz standen nicht mehr als zwanzig Minuten zur Verfügung – dann mußte der Gewinner einer Traumreise nach Hollywood feststehen.

Abgesehen von der Akustik eines Riesenstadions, die den Sprecher zu sehr langsamen, artikulierten Sätzen zwingt, hatte ich nicht wenig Lampenfieber vor einem Publikum, das wahrscheinlich sehr launisch sein würde und dessen Stimmung leicht umschlagen konnte – einem Publikum, das mindestens 80 000 Köpfe zählen würde.

Schon ganz in Gedanken bei meinem Quiz, saßen wir beim Mittagessen; Birgit war gerade aus der Schule gekommen: »Vati, weißt du, daß unser Fräulein Schödel bei dir mitmacht? Beim Quiz, wo es die Reise zu gewinnen gibt!« Ich glaubte, nicht recht zu hören. Fräulein Schödel war die Klassenlehrerin meiner Tochter. Was geschähe, wenn sie die Reise gewänne? Würde man mich nicht sofort der Begünstigung bezichtigen? Sie durfte auf keinen Fall gewinnen. Ich schärfte Birgit ein, mit niemandem darüber zu reden. Und erfand eine Quizform, bei der niemand bevorzugt werden konnte. Für den Fall, daß ...

Der Tag war gekommen. Im gewaltigen Rund des Stadions verlor sich die kleine Bühne, auf der meine zehn Kandidaten – einschließlich Fräulein Schödel – Aufstellung genommen hatten. Sie standen in einer Warteschlange an und beantworteten meine Fragen. Wer die Antwort wußte, der durfte sich wieder hinten anstellen. Wer nicht, der erhielt einen Trostpreis.

Es kamen also die ersten Fragen, und zwei waren gleich ausgeschieden – Fräulein Schödel noch dabei. Bei den nächsten Fragen kippten wieder drei – Fräulein Schödel, die Zuversicht ausstrahlte, blieb im Rennen. Eine milde Form von Panik bemächtigte sich meiner, als schließlich nur noch zwei übrig waren – und endlich nur noch eine:

Fräulein Schödel. Sie hatte gewonnen. Riesiger Beifall, Blumen. Und dann, als sie im Triumph das Podium verließ, war es mir, als hätte sie mir zugezwinkert. Nur ganz leicht . . .

Von Stund an begann ich zu zittern. Während Fräulein Schödel ihre kalifornischen Ferien genoß, durchblätterte ich allmorgendlich die Zeitung: Irgend jemand mußte es doch herausfinden. Aber man hat es nie herausgefunden.

*

Zurück zu Birgit. Sie war eine außergewöhnlich gute Schülerin. Nur einmal hatte ich ihretwegen in einer Schule eine schlimme Auseinandersetzung.

Wie ich schon erwähnte, bin ich – auch in Glaubensfragen – ein sehr liberaler Mensch. Also sagte ich mir, es würde gut sein, Birgit in den ersten Schuljahren am christlichen Religionsunterricht teilnehmen zu lassen, um ihr das Gefühl zu ersparen, nicht dazuzugehören. Das hielt ich für psychologisch wichtig und schließlich wird ja in den ersten Volksschuljahren im Religionsunterricht ohnehin das alte Testament besprochen, in dem der jüdische Glaube sich vom christlichen bekanntlich kaum unterscheidet.

Eines Tages kam Birgit weinend von der Schule nach Hause: »Habe ich wirklich eine Schlange in der Brust?« Ich verstand zunächst nicht, was sie meinte. Nachdem sie sich etwas beruhigt hatte, erzählte sie uns, daß die Religionslehrerin den Kindern gesagt hätte, alle, die an Jesus Christus glauben, seien gute Menschen; alle anderen aber, die nicht im Zeichen des Kreuzes stünden, hätten eine Schlange am Herzen. Birgit, die damals immerhin schon wußte, daß wir jüdischen Glaubens sind, litt unter dieser absurden Vorstellung, und es dauerte seine Zeit, bis wir sie davon überzeugt hatten, daß es eine Unwahrheit war, eine dumme Erfindung.

Natürlich ging ich in die Schule und besuchte diese Lehrerin. Sie war offenbar nicht ausgebildet und erteilte den Religionsunterricht nur aushilfsweise. Meinen Zorn habe ich ihr nicht verborgen. Aber schließlich wurde dieses Ärgernis dann doch gütlich beigelegt. Denn wenn mich ein Mensch um Entschuldigung bittet – und das hat die Lehrerin getan –, kann ich ihm nicht länger böse sein. Auch gegenüber Birgit brachte sie die Angelegenheit in Ordnung.

Birgit erwies sich schon früh als mathematische Begabung. Da sie ihren Mathematiklehrer sehr verehrte, gerieten ihre Leistungen in diesem Fach weit überdurchschnittlich und führten schließlich zu ihrem Berufswunsch. Sie studierte Mathematik und erwarb ihr Diplom mit Auszeichnung und Note Eins.

Als mir bei »Allein gegen alle« eine Assistentin ausfiel, sprang Birgit ein. Wenn sie eine Aufgabe übernimmt, kann man sich felsenfest auf sie verlassen.

Es sprach sich herum, daß die junge Frau an meiner Seite meine Tochter war. Auch in einigen Zeitungen stand es. Wie nicht anders zu erwarten, bekam ich böse Briefe: Es sei unmöglich, die eigene Tochter zu beschäftigen – »Sippen-Protektion«! Aber sie war nun einmal gut und zuverlässig. Ich hätte keine bessere Assistentin als sie finden können – und hätte ich auf sie verzichten sollen, nur weil sie meine Tochter war? Ich beschäftigte sie ja nicht deshalb, sondern trotzdem.

Obwohl ihr die Sache, bei der sie wirklich nicht viel verdiente, großen Spaß machte, schied sie bald wieder aus. Sie bekam ihr erstes Kind. Ich wurde Großvater!

In solchen Augenblicken spürt man, wie die Zeit vergeht. Ich bin mir des Wertes der Zeit, der Lebenszeit, die ja bemessen ist, immer bewußt gewesen. Deshalb mochte ich auch nie den Begriff »Zeitvertreib«, schon gar nicht im Zusammenhang mit meiner Arbeit.

Nein, ich will den Menschen die Zeit nicht »vertreiben«. Wer hin und wieder Zeit mit Spiel und Spaß verbringt, nützt sie auf eine heitere, Entspannung bringende Weise.

Schon bald kündigte sich ein zweites Enkelkind an. Und mein Schwiegersohn Hans-Georg erwies sich erneut als besonders »begabter« Vater. Er nahm sogar an Wickelkursen teil. Damit hat er mich, was das väterliche Engagement betrifft, zweifellos überrundet.

Birgit hatte ihn während ihrer Studienzeit in einem Chor kennengelernt. Ich glaubte in meiner väterlichen Naivität alles über meine Tochter zu wissen. Aber in den Liebesangelegenheiten ihrer Kinder sind Eltern meist völlig ahnungslos.

Sie schrieb uns von einer Reise, die der Chor nach Amerika unternommen hatte, wir sollten uns auf eine Überraschung gefaßt machen. Dann kam sie – und nicht allein. Sie hatte beschlossen, den jungen Mann, mit dem sie befreundet war – den wir noch nicht einmal kannten –, zu heiraten.

Er war Ingenieur, und Assistent an der Universität. Er gefiel meiner Frau und mir sofort. Es war ganz leicht für uns, ihn in unser Herz zu schließen und als Mitglied in unserer Familie aufzunehmen.

Als Birgit dann ihr erstes Kind erwartete, fragte ich sie, wie es denn heißen würde.

»Es soll«, war die Antwort, »ein Vorname sein, bei dem du nicht – wie so oft, wenn du Autogramme gibst – fragen mußt, wie er sich schreibt.«

Ja, ich mußte oft fragen: Stefan oder Stephan? Kurt oder Curt? Klaus oder Claus? Matthias oder Mathias? Hans oder Hanns? Günter oder Günther?

Es kam ein Sohn. Er wurde Felix genannt, der Glückliche. Prompt schrieb ich dem Säugling einen Brief, Adresse: Fähliks Hofmann. Dann kam die Enkeltochter. Beate hieß sie, die Glückliche. Ich verzichtete auf den Jux mit einer falschen Schreibweise . . .

*

Am 29. August 1958 ist unser Sohn Gert geboren. Es war ein Tag großer Freude und Dankbarkeit. Das Schicksal hatte einen meiner sehnlichsten Wünsche erfüllt. Nun waren wir vier – wie damals zu Hause.

Als die Nachricht kam, daß ich Vater eines Sohnes geworden war, hatten wir gerade Probe in der Waldbühne. Ich strahlte. Alle klopften mir auf die Schulter, schüttelten mir die Hand. »Wie soll er denn heißen?« wurde ich gefragt. Und ich antwortete: »Gert heißt er – das steht seit langem fest.« Natürlich wurde im Büro weitergefeiert. Durch die Preise, die unsere Quiz-Gewinner bekamen, hatte ich auch Beziehungen zu einer alten, weithin bekannten Berliner Firma, die geistige Getränke herstellte: Firma Meyer. »Keine Feier ohne Meyer« war ihr Werbespruch. Auch auf unsere kollegiale Feier auf das Wohl des neugeborenen Gert traf das zu. Denn ich besaß ein »Meyer-Baby«. Diese Bezeichnung paßt zwar zu dem Ereignis, auf das es anzustoßen galt, aber die Parallele war nur unvollkommen – das »Meyer-Baby« war eine Riesenflasche Schnaps!

Ich entkorkte sie. Meine Sekretärin Renate Schulz wollte gerade einschenken, als ihr das »Meyer-Baby« aus der Hand fiel und auf dem Boden zerbrach. Der alte Teppich sog die drei Liter Schnaps wie nichts auf. Der ganze RIAS stank. Ich besorgte ein zweites »Meyer-Baby«, aber es reichte nicht. Der Geruch zog so viele Kollegen an, daß ich laufend »nachlegen« mußte. Das halbe Haus hatte sich bald eingefunden und feierte mit.

Sobald ein günstiger Moment gekommen war, verließ ich das feucht-fröhliche Geschehen und fuhr zum Krankenhaus. Den Fehler vom letzten Mal wiederholte ich jedenfalls nicht. Ich war der stolzeste Vater der Welt!

*

Spätestens seit damals war es mein Traum gewesen, ein Häuschen im Norden zu haben und dort einen familiären Treffpunkt zu schaffen; ein Heim, in dem wir uns mit unseren Kindern und Enkeln ungestört treffen und harmonisch beieinander sein können.

Diesen Traum habe ich mir seit kurzer Zeit erfüllt. Das Haus steht auf der Insel Föhr, in klarer Seeluft und fern allen großstädtischen Getriebes. Es verschafft mir ein Gefühl der Geborgenheit und der Sicherheit, und ich weiß, daß es da noch stehen wird, wenn ich selber nicht mehr leben werde und die Kinder und Kindeskinder dort glücklich sind.

Der Lacher von der traurigen Gestalt

Ich saß eines Mittags in der RIAS-Kantine und löffelte einen Nudeleintopf.

»Herr Rosenthal, bitte zum Telefon!« Unsere Sekretärin Irmgard Neumann war am Apparat: »Da ist ein Mann, der dich unbedingt sofort sprechen will«, sagte sie und fügte flüsternd hinzu: »Er sieht allerdings unmöglich aus.«

»Laß ihn doch in die Kantine kommen. Ich esse gerade«, sagte ich.

Kaum zwei Minuten waren vergangen, da öffnete sich die Tür, und ein seltsam aussehender Mensch betrat den Raum. Sein Mantel reichte bis zu den Knöcheln und hatte die Wohltat einer Reinigung offenbar während vieler Jahre nicht erfahren.

Das mußte wohl mein Besucher sein. Ich winkte ihm, er stellte sich vor:

»Lille ist mein Name«, sagte er mit einer heiseren, fremdländisch akzentuierten Stimme, die sehr an Jiddisch erinnerte. Er nahm Platz. »Möchten Sie etwas essen?« fragte ich ihn. Ja, er mochte, und ich bestellte eine Suppe für ihn.

»Kurt Pratsch-Kaufmann hat mich zu Ihnen empfohlen«, sagte mein seltsamer Gast noch, bevor er sich mit Hingabe dem Eintopf widmete.

Wenn er mit einer Empfehlung von Kurt kam, mußte ich mich seiner mit besonderer Freundlichkeit annehmen. Pratsch-Kaufmann war ein beliebter und bekannter Berliner Schauspieler, der auch als Conférencier arbeitete und den ich sehr gut kannte.

Ich ermunterte meinen Gast, der langsam die Aufmerksamkeit anderer Kantinenbesucher auf sich zu ziehen begann, mit einem freundlich fragenden Blick, mir sein Anliegen zu offenbaren. Er schluckte den letzten Löffel Suppe hinunter und sprach dann mit pathetisch erhobener Stimme:

»Ich bin e Lacher.«

»Wie bitte?«

»E Lacher bin ich.«

»Was darf ich darunter verstehen?«

»Sie machen doch öffentliche Veranstaltungen. Da engagieren Sie mich. In der Vorstellung sitz' ich drin und lache. Und wenn ich lache, lachen alle. Und Sie haben 'ne gute Sendung.«

Ich habe ihn wahrscheinlich etwas hilflos angelächelt. Hastig und für jedermann hörbar setzte er hinzu:

»Ich komme nämlich aus Israel, verstehn Se? Wenn Se mich nehmen, werden Se Erfolg haben. Das kann ich Ihnen garantieren!«

Nun hatte ich mich gefangen:

»Vielen Dank für Ihr Angebot«, sagte ich, »aber dafür, daß die Leute in meinen Sendungen lachen, habe ich selbst zu sorgen. Wenn es mir nicht gelingt, ist das mein Problem. Schließlich bezahlen wir auch niemanden dafür, daß er klatscht. Es tut mir leid, ich kann Sie nicht gebrauchen.«

Herr Lille ließ sich nicht entmutigen.

»Se wissen, ich komme aus Israel. Irgendwas muß ich ja machen, nich wahr? Und der Herr Pratsch-Kaufmann schickt mich doch. Wenn Se mich nicht als Lacher brauchen, dann vielleicht als was anderes?«

»Ja, was, um Himmels willen?«

»Ich kann auch Kommentare sprechen«, krächzte er, »Politik versteh' ich. Wär das nich was? Wirtschaftskommentare? Sportreportagen?«

Unser Bedarf an Kommentatoren sei gedeckt, wandte ich ein und spürte das Nachlassen meiner Widerstandskräfte. Dann gab ich mir einen Ruck, überreichte ihm zwanzig Mark und empfahl:

»Gehen Sie zur Jüdischen Gemeinde, Herr Lille. Die läßt keinen untergehen, der aus Israel kommt. Wenden Sie sich an Herrn Heinz Galinski, den Vorsitzenden, und grüßen Sie ihn von mir.«

Herrn Lilles Gesicht verfinsterte sich, und seine Mimik verfiel in komödiantischen Trübsinn. Ich reichte noch einen Schein für das Fahrgeld nach. Auch das half nicht. Herr Lille, der arme Israeli, blickte zum Himmel auf und seufzte.

»Das geht nicht«, sagte er resignierend. »Der Galinski gibt mir keine Arbeit und auch keinen Pfennig. Ich bin nämlich katholisch!«

Der Lacher Lille war also konvertiert. Und saß zwischen den Stühlen. Mit einer letzten Anstrengung gelang es mir, meinen sonderbaren Besucher hinauszukomplimentieren. Im stillen schwor ich Kurt Pratsch-Kaufmann Rache.

Als ich ihn wiedersah, war meine erste Frage: »Wie konntest du mir diesen komischen Kerl schicken, Kurt? Einen Lacher. Mir war gar nicht zum Lachen zumute.«

»Bitte verschone mich mit diesem Menschen – ich kann seinen Namen nicht mehr hören, Hans! Entschuldige, daß ich ihn an dich abgeschaufelt habe, aber ich wußte mir nicht mehr zu helfen.«

Und dann erzählte er, wie der Lacher ihn zur Verzweiflung gebracht hatte:

»Ich war auf Tournee mit Zarah Leander. Als ich die Conférence begann und meine ersten Witze erzählte, erscholl im Publikum ein heiseres, meckerndes Lachen. Lange vor der Pointe, wo es überhaupt noch nichts zu lachen gab. Der Mann lachte immer wieder, krächzend, mit einer Grabesstimme, die jede Heiterkeit im Keim erstickte. Das Publikum wurde unruhig. Ich auch. Einzelne riefen ›Ruhe!‹, ›Psst!‹,

›Unerhört!‹ Der Mann lachte weiter. Völlig entnervt brachte ich die Vorstellung über die Runden. Dann ließ ich mich in meiner Garderobe auf einen Stuhl fallen. Es klopfte: ›Herein‹, sagte ich mit matter Stimme. Es erschien der Lacher. Und bot mir seine Dienste an. Ich dankte vielmals. Mit zwanzig Mark und der floskelhaften Versicherung, ich würde mich auf ein Wiedersehen freuen, verabschiedete ich ihn.«

Kurts Geschichte war aber noch nicht zu Ende.

»Drei Wochen nach diesem Erlebnis in Düsseldorf gastierten wir in Frankfurt. Ich beginne meine Conférence. Da krächzt im Parkett dieser Lacher, steigert sich, zerlacht mir alles, was ich vortrage. Das Publikum wird unruhig, Rufe werden laut. Wieder in der Garderobe. Wieder ein Klopfen. Wieder Herr Lille. ›Bitte nicht‹, stöhnte ich, ›ich kann nichts für Sie tun. Ich flehe Sie an, lachen Sie nicht mehr in meinen Vorstellungen.‹ Herr Lille blieb ungerührt. Eine Empfehlung verlangte er nun, irgendeine Empfehlung an einen anderen, den er in den Wahnsinn treiben konnte. Ich war am Ende. Und gab ihm deine Adresse, Hans, verzeih mir. Aber ich dachte, Berlin ist so weit weg, dort wird er nicht auch noch hinreisen.«

Trotz eines gewissen Verständnisses für Kurts Notlage und seinen Fluchtweg auf meine Kosten, nahm ich mir vor, ihm bei nächster Gelegenheit auch einen Streich zu spielen.

Die Gelegenheit kam früher, als ich gedacht hatte. Sie kam in Gestalt einer älteren, seriös wirkenden Dame. Sie ließ sich ebenfalls nicht abweisen und nahm mit einer huldvollen Geste bei mir Platz. Witze, verriet sie mir mit ernster Stimme, wolle sie verkaufen, Geld brauche sie. Und eine große Witzesammlung nenne sie ihr eigen.

Aber ich arbeite nicht mit Witzen, ich sei kein Conférencier. Die Dame blieb unbeeindruckt. Ihre Witze hätten noch niemandem geschadet. Da kam mir die rettende Idee:

»Gnädige Frau«, sagte ich, »wenn es mir auch leider nicht möglich ist, Ihre gewiß vorzüglichen Witze zu erwerben, so kenne ich doch jemanden, der dringend Witze braucht und sie Ihnen mit Freuden abkaufen wird: Kurt Pratsch-Kaufmann!«

Die Dame ging. Die Adresse – Hohenzollerndamm – hatte ich ihr gegeben, sogar das Taxi bezahlt. Kurts Frau Marianne öffnete die Tür. Auf ihre Frage, was sie zu ihnen führe, antwortete die Dame, sie rede nicht mit dem Personal, sondern nur mit dem Hausherrn: Noblesse oblige! Kurt sprach mit ihr, oder besser, sie mit ihm. Seine Abwehr wurde matt und matter. Um es kurz zu machen: Er kaufte Witze für hundert Mark. Den ersten Lacherfolg hatte er damit – zumindest bei mir – schon errungen.

*

Aber schon bald wurde ich wieder zum Opfer einer Schelmerei. Ich leitete zu dieser Zeit ein Quiz, in dem auch ein Telephonspiel vorkam. Der Pförtner rief mich eines Tages an:

»Herr Rosenthal, hier ist eine Dame, die möchte sich ihren Preis bei Ihnen abholen.«

»Welchen Preis?«

»Na, Sie haben doch diese Dame gestern abend angerufen und ihr drei Fragen gestellt. Und die konnte sie alle richtig beantworten. Da haben Sie ihr gesagt, sie soll kommen, ihren Preis abholen.«

Ich war gespannt, was mich da wieder erwartete. Was der Pförtner erklärt hatte, war natürlich Unsinn. Ich bat sie zu mir herauf.

Es stellte sich heraus, daß die Gute einem Witzbold aufgesessen war, der sich am Telefon als Hans Rosenthal ausgegeben, leichte Fragen gestellt und sie mit der Vorfreude auf einen Preis zu mir geschickt hatte. Und ich mußte erneut erfahren, wie schwer es ist, Menschen, die glauben, sie hätten etwas gewonnen, vom Gegenteil zu überzeugen.

Dieser Telefonwitz mit meinem Namen mußte in Berlin zu einem Geheimtip für Witzbolde – und Berlin ist voll davon – geworden sein. Denn es gab ganze Scharen angeblicher Preisgewinner, die bei uns auftauchten. Einer von ihnen bestand darauf, seinen Gewinn ausgehändigt zu bekommen. Er war nicht davon abzubringen, eine Waschmaschine gewonnen zu haben. Als ich mich außerstande sah, ihm zu helfen, drang er bis zum Justitiar des RIAS vor und versuchte, das begehrte Gerät auf dem Rechtswege zu erlangen. Um ihn zu trösten, habe ich ihm wenigstens seine Taxispesen – zweimal 17 Mark 50 – aus eigener Tasche ersetzt.

Jahrelang kamen noch vermeintliche Gewinner. Einige von ihnen hatten auf Geheiß am Telefon drei Lieder vorgesungen und erbaten nun ihre Prämie von mir. Und ich mußte ihnen beibringen, daß man sie zum Narren gehalten hatte ...

A propos »zum Narren halten«:

Unsere Programmdirektorin, Frau Dr. Gambke, hatte mich einmal nach der Arbeit rufen lassen: »Hänschen Rosenthal«, begann sie mit Unschuldsmiene, »da schickt uns der Professor Dofivat einen Studenten. Seinen allerbesten. Er hat immer nur die Note Eins gehabt. Dieser Wunderknabe will zum Rundfunk. Und Sie sind der geeignete Mann, ihn anzulernen und in die Praxis einzuweisen.«

Ich sagte zu. Professor Dofivat war eine Koryphäe der Publizistischen Wissenschaften, ein berühmter und hochangesehener Gelehrter. Seiner Empfehlung konnte man sich kaum entziehen.

Schon am nächsten Tag erschien ein blonder, selbstbewußter Studiosus, eine schwarze Aktentasche unterm Arm. Ich unterhielt mich mit ihm. In jedem zweiten Satz bemerkte er: »Herr Professor Dofivat sagt...« Er wußte alles. Und alles von Professor Dofivat. An meinen Ausführungen schien er nicht interessiert. Er war gekommen, um mich über das, was ich tat, aufzuklären. Ich hörte zu. Zuerst interessiert, dann, mit dem Blick auf die Uhr, pressiert. Mein Student war in Fahrt gekommen. Seine Lesefrüchte flogen mir um die Ohren. Ob er praktische Erfahrungen habe? Ach was, das sei doch wirklich sekundär!

Am zweiten Tage kam er zu mir und fragte, wie wir eigentlich feststellten, welche zeitliche Länge unsere Tonbänder jeweils hätten. Das sei, seiner Meinung nach, sehr wesentlich – wahrscheinlich wären wir noch gar nicht darauf gekommen.

»Unsere Bänder haben eine Laufgeschwindigkeit von 76 cm in der Sekunde«, begann ich wahrheitsgemäß. Heute laufen die Bänder in den Rundfunkanstalten nur noch mit 38 cm pro Sekunde. Dann verließ ich den Boden der Wahrheit:

»Da die Bandmessung tatsächlich ein hochwichtiges Unternehmen ist, beschäftigen wir speziell geschulte Bandmesser. Wenn Sie sich diese verantwortliche Arbeit zutrauen, können Sie's ja mal versuchen. Das geht so: Sie nehmen ein Lineal und messen jeweils zehn Minuten ab, wobei eine Minute 60 mal 76 cm dauert. Sie multiplizieren das Resultat mit zehn. Es bedarf dazu allerdings großer Konzentration, sie müssen ja jeweils am Band nachmessen. So können Sie auf die Minute genau herausfinden, wie lange ein Band läuft.«

Er ging mit überlegenem Lächeln und nahm Maß. Unsere Tonträgerräume haben große Scheiben, durch die man hineinsehen kann. So wurde sein Tun schnell entdeckt. Bald hatte der messende Student eine Schar von Zuschauern, die ihm gute Ratschläge gaben, wie er den Bandsalat ordnen und gleichzeitig zu seinen Meßergebnissen kommen konnte – wenn sie nicht gerade hinausgegangen waren, um sich auszulachen. Stolz teilte er mir später mit, wie lange unsere Bänder laufen.

Schon am nächsten Tag erschien unser Praktikant bei den erfahrenen Nachrichtensprechern Gerhard Heydebreck und Rudolf Günter Wagner: »Sie betonen die Nachrichten völlig falsch, meine Herren. Darauf muß ich Sie aufmerksam machen. Professor Dofivat sagt . . .«

»Woher kommen Sie eigentlich?«

»Aus dem Büro von Herrn Rosenthal«, war die Antwort. Anruf der Kollegen bei mir: »Sag mal, Hans, was hast du da für einen komischen Vogel? Kannst du dem nicht ein bißchen die Federn stutzen?«

Ich versprach es. Zuerst aber versuchte ich den seriösen Weg. Ich bat ihn um ein gründliches Gespräch. Kaum hatte ich begonnen, ihm den Unterschied zwischen Theorie und Praxis – und auch das Spielchen, das ich mit ihm getrieben hatte – zu erläutern, da erklärte er mir, er wolle Nachrichtensprecher werden, verspräche vorzügliche Leistungen und würde selbstverständlich die notorischen Fehler der anderen vermeiden. Es erschien aussichtslos, ihm seine Grünschnäbelei auszureden. Was hätte ich tun sollen!

Wieder ritt mich der Teufel:

»Sie müssen dann bei Rudolf Günter Wagner Unterricht nehmen. Dieses Metier ist sehr kompliziert. Denn es gibt Menschen, deren Stimme nur von einem Nierenmikrophon gut wiedergegeben wird. Andere brauchen dagegen unbedingt ein Spulenmikrophon. Es kann sehr lange dauern, bis ihre Stimme« – ich erfand ein neues Wort – »eingebiegelt ist.«

»Was ist das bitte, einbiegeln?«

»Sie werden es sogleich erfahren.«

Wir begaben uns zu Rudolf Günter Wagner, den ich eingeweiht hatte.

Rudolf begann mit seinem Vortrag auf der Stelle: »Das wichtigste ist, die richtige Brustresonanz beim Nachrichtensprechen herauszufinden. Einige unserer Sprecher entwickeln sie nur, wenn sie im Stehen sprechen. Andere im Sitzen. Einer muß sogar, mit dem Bauch auf einem Kissen, unter dem Tisch liegen, um seine Brustresonanz zur vollen Entfaltung zu bringen. Also – dann wollen wir's mal mit Ihnen versuchen.«

Das »Einbiegeln« begann. Wir gaben unserem ahnungslosen Opfer das Manuskript eines Wirtschaftskommentars. Er las ihn wider Erwarten gut. »Das ist schon ganz nett«, sagte Rudolf, »aber der interessante Vortrag lenkt uns zu sehr ab. ›Einbiegeln‹ können wir nur bei größter Konzentration auf das rein Akustische.«

Er möge doch den Text bitte von hinten lesen, Wort für Wort, das erleichtere die Aufgabe.

Er tat es. Die Tontechniker krümmten sich vor Lachen an ihren Reglerpulten. »War ich nicht gut?« fragte er uns am Schluß. »Sogar sehr gut. Aber eines dürfen Sie nie vergessen«, fügte Rudolf hinzu. »Sie gehen nun mit magnetisierten Tonbändern um, deshalb müssen Sie jeweils vor dem Essen und vor dem Nachhausegehen ihre Hände entmagnetisieren – aus Gesundheitsgründen. Wir alten Funkhasen brauchen das nicht mehr, wir sind daran gewöhnt. Aber bei Neulingen ist es nötig.«

Und so stellte sich der Praktikant, wann immer es Zeit war, an die Maschine, mit der wir unsere alten Bänder löschten, hielt seine Hände darunter und glaubte, dadurch schweren Schädigungen zu entgehen.

Je gelehriger unser Schüler wurde, um so bereitwilliger führten wir ihn ein in die Geheimkunst des Nachrichtensprechers, der komplizierten Proben am Galgenmikrophon, der Unterwasserreportage – in einem Eimer stehend –, des Stegreifkommentars.

Unser Spiel nahm ein vorzeitiges Ende. Professor Dofivat trat auf den Plan.

Er schrieb einen geharnischten Beschwerdebrief an Frau Dr. Gambke. Sie bestellte mich zu sich und bat mich, das Band mit der Unterwasserreportage zu holen und ihr auszuhändigen. Sie verschloß es in einen Tresor. Ich selbst sollte den jungen Meisterschüler unverzüglich über unsere Späße aufklären, wozu ich ihn zum Essen in die Kantine einlud.

Er nahm meine Beichte gelassen auf. Ja, es schien mir fast, als hätte er schon vorher etwas geahnt. Dem war aber nicht so. Ich hatte vergessen, ihm auch das »Entmagnetisieren« der Hände als Ulk zu enthüllen.

218

Von unserer Unterredung ging er schnurstracks an die Maschine, hielt seine Hände darunter und ließ sich kaum davon überzeugen, daß auch dies nur ein Jux gewesen war.

Eine enttäuschte Liebe

Dreißig Jahre habe ich für den RIAS gearbeitet, dem ich viel verdanke und für den ich mich auch mit Haut und Haaren, mit Leib und Seele eingesetzt habe. Manche können es nicht verstehen, daß ich dem Hause, mit dem ich so verbunden war, nach dieser langen Zeit ade gesagt habe.

Nun, es gab viele Enttäuschungen. Wo gibt es die nicht? Man soll sie nicht überbewerten, aber man soll sie auch nicht verschweigen. Da waren natürlich auch Kollegen, die meine Erfolge beim Fernsehen nicht mit kollegialem Wohlwollen bedachten; obwohl ich sicherlich bescheiden und kollegial geblieben bin – einige gingen zu mir auf Distanz.

Das mag unter anderem auch an meinen politischen Überzeugungen gelegen haben. Nachdem viele Mitarbeiter im Zuge der neuen Ostpolitik eine Drehung um hundertachtzig Grad vollzogen hatten, galt ich ihnen – wegen meiner antikommunistischen Haltung, an der ich nichts ändern wollte – als »kalter Krieger«.

Mein Vorschlag, für unsere Hörer jenseits der Mauer eine Art Fernsehmagazin mit dem Titel »Sieh fern im Hörfunk« zu senden, fand noch gnädige Aufnahme und wurde ins Programm genommen. Ihr Sinn war, den Landsleuten, die unsere Programmzeitschriften nicht bekommen können, im Rundfunk das TV-Programm zu annoncieren.

Ich denke auch bei meinen »Dalli–Dalli«-Sendungen immer an die Menschen drüben, begrüße sie besonders, vor allem ihretwegen wiederhole ich, wann meine nächste Sendung ist und gebe auch einmal diese oder jene Information für sie. Das scheint mir keine unerlaubte Politisierung meiner Unterhaltungssendung zu sein.

*

Zurück zum RIAS: Er hatte und hat bekanntlich kein Fernsehprogramm. Da er nicht unmittelbar zur ARD gehört, beschränkt er sich auf Hörfunk-Arbeit.

Doch eines Tages gab es eine Chance: Das ZDF beschloß, Peter Frankenfeld wieder groß herauszubringen, nachdem dieser einmalig begabte Entertainer einige Zeit pausiert hatte. Seine neue Sendung sollte »Musik ist Trumpf« heißen. Peter Gerlach, der Unterhaltungschef des ZDF, der ein Mann mit Fingerspitzengefühl ist und weiß, was ankommt, erzählte es mir.

Da machte ich einen Vorstoß zugunsten »meines« RIAS und fragte: »Peter, könnten wir das nicht zusammen machen? Das RIAS-Tanzorchester ist – im Gegensatz zum SFB-Tanzorchester mit Paulchen Kuhn – nie im Fernsehen. Aber es ist vorzüglich. Laß uns eine Koproduktion machen.«

Peter Gerlach sagte zu.

Nicht ohne einigen Stolz erschien ich auf der RIAS-Programmsitzung und berichtete von meinem Erfolg. Die frohe Botschaft wurde eher gelangweilt aufgenommen.

»Wir haben eine Chance, endlich in eine große überregionale Fernsehsendung einzusteigen. Bis heute kennt man uns noch relativ wenig in Westdeutschland. Das würde sich mit einem Schlage ändern!«

Ich muß hier einfügen: Viele Menschen in Westdeutschland kannten den RIAS schon – aber nur aus den Sendungen, die auch von den anderen ARD-Anstalten übernommen wurden. Meistens waren es unsere Unterhaltungsproduktionen.

Ich erreichte also schließlich, daß man mir sagte: »Na schön, Herr Rosenthal, dann sollen die Herren vom ZDF mal nach Berlin kommen.«

Sie reisten an. Ihr Angebot: Koproduktion von »Musik ist Trumpf«.

Der Programmdirektor hörte sie gnädig an. Im übrigen sei er aber nicht interessiert. Die Herren reisten wieder ab.

Ich ging sofort zu ihm, denn ich konnte es nicht glauben.

»Herr Rosenthal«, sagte er, »das ist ein Hörer-Wunschkonzert. Eine KdF-Sendung gewissermaßen. Unter unserem Niveau. So etwas haben wir nicht nötig. Außerdem ist es zu teuer für uns.«

Aus. Erledigt. Wir sollten, glaube ich, pro Sendung dreitausend Mark beisteuern. Ein Betrag, über den Fachleute nur lächeln können.

Aber es war nichts zu machen. Ich gab auf und schämte mich vor den bereitwilligen Mainzern.

Anderthalb Jahre später traf der RIAS-Programmdirektor einen Mann von der ZDF-Unterhaltung. Das Gespräch kam auf »Musik ist Trumpf«. Und unser Programmdirektor fragte: »Könnten wir das nicht zusammen machen? Es läuft doch bei Ihnen ganz vorzüglich und kommt beim Publikum hervorragend an.«

Er bekam eine Zusage. Stolz erschien er auf der Sitzung. Er habe über einen großen Erfolg zu berichten. Koproduktion mit dem ZDF!

Ich begab mich zum RIAS-Intendanten, einem sehr freundlichen und netten Menschen. Und fragte: »Warum plötzlich? Als ich es vor anderthalb Jahren vorschlug, wurde hochmütig abgewinkt.«

»Sie haben recht, Herr Rosenthal. Es war Ihre Idee. Aber damals war die Zeit wohl noch nicht reif dafür.«

*

Zur Zeit der APO-Krawalle 1968 kam eine weitere Enttäuschung hinzu, die mich nachhaltig negativ beeindruckte.

Die »Studentenrebellion« jener Zeit war in Berlin besonders lautstark und gewalttätig. An der Freien Universität und der Technischen Universität gab es Krawalle, Professoren wurden gedemütigt, Lehrveranstaltungen gesprengt, Akten vernichtet.

Über den Kurfürstendamm zogen skandierende Demonstrationszüge, es gab schwere Zusammenstöße mit der Polizei; ich erinnere mich, wie einem Polizeipferd mit einer Eisenstange die Vorderbeine gebrochen wurden.

In der Anfangszeit dieser Ausschreitungen war Heinrich Albertz Regierender Bürgermeister gewesen. In seine Amtszeit fiel die tragische Erschießung des Studenten Benno Ohnesorg durch einen Polizeibeamten in Zivil, der – von der Menge bedrängt – die Nerven verloren hatte.

Als Albertz im Wirbel der Ereignisse zurücktreten mußte, folgte ihm Klaus Schütz. Eine der Parolen der Studenten war: »Brecht dem Schütz die Gräten, alle Macht den Räten!«

Im RIAS, der sich immer durch eine gemeinsame politische Überzeugung der Mitarbeiter ausgezeichnet hatte, bahnte sich das Ende dieser Übereinstimmung an. Die einen sahen in den jugendlichen

Massen den Beginn einer neuen und besseren Zeit, die anderen den Niedergang der Universitäten, schweren Schaden am Ansehen unserer Stadt und die Gefahr eines Ausuferns der Gewaltakte.

Mit Gewalt und Intoleranz hatte ich in meinem Leben schon genügend Bekanntschaft gemacht. Ich wollte nicht, daß irgend jemandem wieder »die Gräten gebrochen« würden. Gegen Ideologien aller Art – seien sie nun braun oder rot – hatte ich eine ausgeprägte Abneigung.

Als im Juni 1967 ein Zug von APO-Demonstranten zum Hochhaus des Axel-Springer-Verlages marschierte, dort Scheiben einwarf, Feuer legte und die Auslieferung von Zeitungen blockierte, beteiligten sich daran einige RIAS-Mitarbeiter in den ersten Reihen. Unter ihnen war auch eine mir bekannte Redakteurin und Kommentatorin. Und da ich nie im Leben ein Blatt vor den Mund genommen habe, wenn es um meine Überzeugungen ging, sagte ich ihr, wie wenig sich, meiner Meinung nach, ihr politisches Benehmen und die Aufgabe unseres Senders vertrugen. Kommunismus und »die freie Stimme der freien Welt« – das paßte nicht zusammen.

Dafür bekam ich einen schriftlichen Verweis. Es war mir angesichts der Zustände, die in unserer Stadt damals herrschten, unmöglich, mich ausschließlich auf meine ganz unpolitischen Unterhaltungssendungen zu beschränken. Irgend etwas mußte getan werden, um wenigstens unseren Unmut darüber auszudrücken.

Da hatte ich die Idee, mit Günter Neumann wieder einmal einen »Insulaner« zu produzieren, eine Neu- und Sonderauflage jener unvergeßlichen Sendereihe. Und Günter reimte:

»O alte Burschenherrlichkeit,
wohin bist du entschwunden?
Heut macht sie sich auf Straßen breit
in kriegerischen Überstunden ...

Der Herrenmensch geht nicht mehr zur Mensur –
heut will er die Studentendiktatur.
Er will die Freiheit feiern
mit Steinen und faulen Eiern ...

Auch ich war ein Jüngling im lockigen Haar
und wollt' die Welt mal verbessern –

doch deshalb zerschlug ich noch kein Mobiliar
und hielt nichts von Steinen und Messern.
Der Geist sollte siegen und nicht der Radau.
Ich denk', wenn ich eure Kristallnacht beschau',
das gab's schon einmal, nun kommt es wieder ...

Und der Haifisch, der hat Zähne,
aber sonst nicht viel Gesicht,
und Studenten protestieren,
zum Studieren kommen sie nicht ...«

So weit Günter Neumann. Und da sich damals erst die Anfänge der
Gewaltdemonstrationen abspielten, denen noch Schlimmeres folgen
sollte, waren Günters Verszeilen geradezu prophetisch.

Doch im RIAS gab es einen Riesenkrach. Alte Kollegen, mit denen
wir uns in unserer Überzeugung von der Verteidigung der Freiheit und
der rechtsstaatlichen Ordnung einig geglaubt hatten, griffen Günter
und mich wutentbrannt an. Walter Gerhard, ein Redakteur der alten
Garde, den wir »Gerhardchen« nannten, schrieb in einem Brief, Günter Neumann und ich wären »faschistoid« und dem »Führerdenken«
verhaftet.

Das gab einen Knacks. Zu unerwartet hatte mich das getroffen, zu
ratlos war ich, um das so ohne weiteres verkraften zu können.

Was war geschehen? Wer oder was hatte sich so entscheidend geändert? Ich prüfte mich. Ich konnte an mir und auch an dem freien Land,
das zur Zielscheibe der Angriffe wurde, keine Veränderung entdecken.
Andere hatten sich geändert.

Langsam entfernte ich mich damals schon innerlich von dem, was
im RIAS einmal eine wunderbare Gemeinschaft gewesen war und was
nun zu zerfallen begann. Das galt – aus meiner Sicht – auch für das Programm. Der RIAS hatte sich tapfer gegen die kommunistische Über-
macht geschlagen, die Berlin umgab und bedrängte. Aber nun war die
Parole ausgegeben worden, der kalte Krieg sei vorüber. Das hielt ich
für einen Irrtum. Inzwischen hat sich meine Skepsis leider bestätigt.

Damals aber, Ende der sechziger und Anfang der siebziger Jahre,
glaubten einige Mitarbeiter im RIAS, es sei ein für allemal die große
Versöhnung mit dem Osten ausgebrochen. Und stellten sich um
– man könnte auch sagen, sie hängten ihre Mäntel nach dem Winde.

Und da gleichzeitig die Studentenrevolte eine Welle der Staatsverachtung gegen die Bundesrepublik entfesselte, wurde in vielen Sendungen des RIAS das freie Deutschland, dem sich Millionen unserer Hörer jenseits der Mauer so sehr verbunden fühlten, zu einer Karikatur aus Mißständen und Ausbeutung verzerrt.

Ich empfand diese Entwicklung mit großer Bitterkeit. Da ich meine Meinung immer offen sagte, begegnete mir Feindseligkeit. Manche gingen an mir vorüber, als hätte ich durch meine Haltung die bürgerlichen Ehrenrechte verwirkt.

Natürlich blieben gute Freunde an meiner Seite. Nicht alle waren »umgeschwenkt«. Aber die Atmosphäre war vergiftet.

Ich war und blieb der Meinung, daß unsere freiheitlich demokratische Ordnung eine ganz ausgezeichnete, verteidigungswerte politische Lebensform ist, die nur erhalten werden kann, wenn ihre Bürger sich zu ihr bekennen. Darin haben die Rundfunkanstalten beispielhaft voranzugehen. Das schließt Kritik wahrhaftig nicht aus, im Gegenteil: Freiheit muß sich bewähren, nicht sich selbst in Frage stellen. Unsere Freiheit, davon bin ich fest überzeugt, ist das höchste Gut, das wir haben. Und wir haben es, weiß Gott, noch nicht lange. Unsere Freiheit ist, davon lasse ich mich nicht abbringen, auch exportierbar. Die Völker im kommunistischen Osten verlangen nach ihr. Viele Menschen dort bringen große Opfer, um die Grundrechte, die wir haben, für sich und ihre Landsleute zu erkämpfen. Es war mir unerträglich, erleben zu müssen, wie unsere Demokratie in Sendungen geringgeschätzt, verspottet und verworfen wurde. Es wurde Mode, Deutschland mit Füßen zu treten. Wenn man aber in jener Zeit – und das ging fast zehn Jahre so – etwas gegen die Menschenrechtsverletzungen, die Unfreiheit, die Erziehung zum Haß in der »DDR« sagte, galt man als »kalter Krieger«. Man kam überhaupt nicht mehr in Betracht.

*

Ich hätte den RIAS nach dreißig Jahren der Zugehörigkeit gewiß nicht verlassen, wenn es nicht diese Entwicklung gegeben hätte – obwohl es nicht unbedingt gut ist, jahrzehntelang und bis an sein Lebensende die Sicherheiten und sozialen Garantien der Anstellung in einer Anstalt öffentlichen Rechts zu genießen. Die Leistungsbereitschaft leidet darunter, die Bequemlichkeit nimmt zu, das berüchtigte »Rundfunkbeamtentum« entsteht. Im RIAS gab es Mitarbeiter, die kamen vormittags erst um halb zwölf, gingen dafür aber schon um halb vier. Sie sagten, sie arbeiten »zu Hause«. Es gab leitende Mitarbeiter, die einmal in der Woche einen Fünfminutenkommentar schrieben. Da hatte ich allerdings eine andere Auffassung von Leistungsbereitschaft.

Und als mich immer mehr Aufträge westdeutscher Rundfunk- und Fernsehanstalten erreichten, legte ich großen Wert darauf, trotzdem dem RIAS uneingeschränkt in der vorgeschriebenen Arbeitszeit – und dabei immer noch produktiver als andere – zur Verfügung zu stehen.

Gleichwohl warf man mir immer häufiger Knüppel in die Beine. Ich paßte nicht mehr ins Bild – politisch nicht, und wohl auch nicht mit meinen überregionalen Erfolgen, von denen ich naiverweise gemeint hatte, sie müßten im RIAS mit einer gewissen kollegialen Freude aufgenommen werden.

Aus dem alten RIAS sind Mitarbeiter hervorgegangen, deren Namen weit über Berlins Grenzen hinaus bekannt wurden. Unter ihnen so unterschiedliche Persönlichkeiten wie Egon Bahr und Gerhard Löwenthal, Ulrich Dübber, der Bundestagsabgeordnete, und Matthias Walden, Klaus Bölling und Hans Werner Schwarze.

Zurück blieb ein verdienter Sender, der eine bessere Entwicklung, ein höheres Maß an Überzeugungstreue und Format verdient hätte. Denn was der RIAS – vor allem in den ersten zwanzig Jahren seines Wirkens – für Berlin und für unsere Landsleute drüben geleistet hat, kann gar nicht hoch genug eingeschätzt werden. Ich liebe ihn heute noch. Aber es ist eine enttäuschte Liebe geworden.

Was ist eine »erkennungs- dienstliche Behandlung«?

Zu dem, was uns beim RIAS bis zu der Zeit der inneren Konfrontationen und des Gesinnungswandels vieler Kollegen verbunden hatte, gehörte der Haß, der uns vom SED-Regime entgegenschlug. Einige Zeit war ich die bevorzugte Zielscheibe der recht abenteuerlichen Angriffe:

225

Wir schnitten die Sendungen des Ostberliner Rundfunks mit, soweit sie für uns von politischem Interesse waren. Und eines Tages zeichneten unsere Aufnahmegeräte eine Meldung auf, die ich hier im Wortlaut zitieren will:

»Eine Atmosphäre der Nervosität und des gegenseitigen Mißtrauens herrscht gegenwärtig unter den Mitarbeitern des in Westberlin stationierten amerikanischen Hetzsenders RIAS. Ursache dafür sind die wie eine Bombe eingeschlagenen Enthüllungen von Radio DDR über die geplante Verlagerung des RIAS nach Luxemburg. Wenige Stunden nach der Veröffentlichung des bisher nur wenigen RIAS-Mitarbeitern bekannten Umzugsplanes in unserem 19.00 Uhr-Nachrichten-Dienst vom Donnerstag, verlangten zwei Offiziere des amerikanischen Geheimdienstes von der Leitung des Senders eine sofortige strenge Untersuchung darüber, wie es zu dieser Indiskretion kommen konnte. Die Offiziere erklärten, alle verdächtigen Personen müßten überprüft und überwacht werden, um das Durchsickern weiterer Einzelheiten des streng geheimen Umzugsplanes zu verhindern. Während der Beratung wurde festgelegt, zu den Enthüllungen von Radio DDR auf keinen Fall öffentlich Stellung zu nehmen, um die allgemeinen Unsicherheiten in der Frontstadt nicht noch zu erhöhen.

So wurde nicht bestritten, daß der Leiter der politischen Hauptabteilung des RIAS, Peter Herz, und die ebenfalls in dem Sender angestellte Mitarbeiterin des Geheimdienstes, Frau Stein, nach Luxemburg gefahren sind, um die Verlagerung des USA-Senders vorzubereiten, und daß auch der Kommentator Heinz Frenzel und der homosexuelle Quizmeister Hans Rosenthal in die Umzugspläne des RIAS eingeweiht wurden.

Nicht angefochten und damit bestätigt hat der RIAS ferner den Hinweis, daß vor dem 13. August die Agentin Stein mehrfach aus der DDR abgeworbene junge Männer nach eingehenden Vernehmungen dem abartig veranlagten Quizmeister Rosenthal für seine nächtlichen Orgien zugeführt hat.«

Daß die Kommunisten den RIAS haßten und ihm zu schaden suchten, wo sie konnten, war nichts Neues. Auch daß sie logen, war uns längst geläufig. Die »Ente« von einer Verlagerung des Senders nach Luxemburg sollte Unruhe in die Mitarbeiterschaft bringen. Wir lachten sehr über diese Märchenstunde unserer Widersacher.

226

Aber daß ich als Homosexueller angeschwärzt wurde, war ein besonders starkes Stück. Es zeigte, daß sie offenbar gegen mich nichts anzuführen wußten – es sei denn, sie erfänden es erst.

Und da sie glaubten, mir einen besonderen Tiefschlag versetzen zu müssen, scheinen sie die Beliebtheit meiner Sendungen bei den Menschen in ihrem Herrschaftsbereich offenbar sehr hoch eingestuft zu haben. In der beabsichtigten Denunziation lag also ein verschlüsseltes Kompliment – ich versuchte es jedenfalls so aufzufassen. Ich wurde zwar von den Kollegen geneckt und einige stelzten mit wackelnden Hüften um mich herum – dennoch, ich nahm das Ganze gelassen auf und hätte diese taube Blüte am giftigen Stamm der SED-Propaganda sicher bald wieder vergessen, wenn es nicht zu einem Nachspiel gekommen wäre, das mich meiner Gelassenheit in dieser Sache leider beraubte.

Die »DDR« hatte die Lügenmeldung nicht nur über ihren Rundfunk verbreitet, sondern auch in der »Neuen Bildzeitung« abgedruckt. Dieses miese Blatt der SED lag in den Kontrollbaracken an den Zonengrenzen aus. Und da man als Durchreisender noch zur Abfertigung in die Holzbuden der Kontrolleure hineingehen mußte, hofften die SED-Leute, daß möglichst viele davon beeinflußt würden. Also war die Nachricht von meiner angeblichen Homosexualität nunmehr auch schwarz auf weiß zu lesen.

Es mochten zwei Wochen vergangen sein – ich hatte die Sache so gut wie vergessen –, da bekam ich einen Anruf von der Kriminalpolizei in der Grunewaldstraße. »Abteilung Sitte«. Der Beamte sprach in korrektem, unterkühltem Amtsdeutsch:

»Herr Rosenthal, wir möchten Sie bitten, zu uns zu kommen. Es handelt sich um eine Vernehmung.«

Nichtsahnend versprach ich sofort zu kommen, signalisierte staatsbürgerliche Kooperationsbereitschaft. Die Stimme am polizeilichen Ende der Leitung blieb sachlich und unbeteiligt:

»Wir machen Sie darauf aufmerksam, daß wir Sie nicht als Zeugen, sondern als Beschuldigten vorladen.«

Ich erschrak nun doch.

»Worum handelt es sich eigentlich?« fragte ich etwas bestimmter.

»Das kann ich Ihnen am Telefon leider nicht sagen. Kommen Sie bitte zu uns.«

Sonnabend
11. November
1961
Nr. 311
17. Jahrgang

Berliner 🛡 Zeitung

8 Seiten 1
16 S
(ausw.) 2

Panik im RIAS

Verlagerung des NATO-Senders nach Luxemburg geplant

Berlin (ADN/BZ). Eine Atmosphäre der Nervosität und des gegenseitigen Mißtrauens herrscht gegenwärtig unter den Mitarbeitern des in Westberlin stationierten amerikanischen Hetzsenders RIAS. Ursache dafür sind die Enthüllungen von Radio DDR über die geplante Verlagerung des NATO-Senders nach Luxemburg, die in aller Stille von leitenden Mitarbeitern des RIAS vorbereitet wird.

Wie aus Kreisen des von den USA ausgehaltenen Spionagesenders bekannt wurde, erhielten die beiden Hauptagenten — der Leiter der politischen Hauptabteilung im RIAS, Peter H e r t z , und die skrupellose Interviewerin des RIAS, S t e i n alias T h u m — in einer Geheimbesprechung einen entsprechenden Auftrag. In die Umzugspläne wurden auch der Kommentator Heinz F r e n z e l und der Quiz-Meister Hans R o s e n t h a l von der Chefagentin Stein eingeweiht. Der homosexuelle Rosenthal steht mit der Spionin Stein in enger Verbindung, da sie ihm mehrfach nach Westberlin gelockte junge DDR-Bürger nach Spezialvernehmungen für den CIA für seine nächtlichen Orgien zugeführt hat.

Inzwischen haben amerikanische Geheimoffiziere von der Leitung des Senders eine sofortige strenge Untersuchung darüber gefordert, wie es zum Bekanntwerden des Verlagerungsplanes kommen konnte. Die Offiziere selbst begannen sofort mit zahlreichen Verhören.

Eine hektische Betriebssamkeit bestimmt gegenwärtig auch das Geschehen in den Dienststellen des amerikanischen Geheimdienstes CIA in den Westberliner Stadtbezirken Dahlem, Schöneberg und Zehlendorf. Die Offiziere haben die Untersuchungen über das Durchsickern des geheimen Umzugsplanes in die Dienststellen des Geheimdienstes außerhalb des Hauses verlegt. Sie beabsichtigen damit, im Funkhaus keine weiteren Anlässe zur Unruhe unter den aufgeregten Mitarbeitern zu geben.

Die CIA-Offiziere konzentrierten sich jetzt bei ihren Vernehmungen auf den männlichen Bekanntenkreis des abartig veranlagten Quiz-Meisters Rosenthal, da sie vermuten, daß Rosenthal während einer seiner nächtlichen Sexualorgien über die geheimen Umzugspläne gesprochen hat. Alle Agenten und Vertrauensleute des amerikanischen Geheimdienstes im RIAS wurden angewiesen, sofort alle verdächtigen Mitarbeiter noch stärker als bisher zu überwachen.

Wie Freitag aus dem RIAS-Gebäude bekannt wird, befindet sich der langjährige Mitarbeiter und Sprecher der wöchentlichen Locksendung „Schlager der Woche", Fred I g n o r , seit mehreren Tagen nicht mehr in Westberlin. Die letzte Sendung dieser Art wurde bereits von einer unbedeutenden Mitarbeiterin des RIAS geleitet.

Ausschnitt aus der (Ost-) »Berliner Zeitung« vom 11. November 1961.

Bei der Sittenpolizei – das Gefühl, das ich beim Betreten des Gebäudes hatte, möchte ich nicht beschreiben – eröffnete man mir dann folgendes: Ein Untersuchungshäftling im Gefängnis Waldshut habe zwanzig Personen der »gleichgeschlechtlichen Unzucht« beschuldigt – darunter auch mich. Als Adresse hatte er Straße und Hausnummer genau so – und zwar unrichtig – angegeben, wie es in der diffamierenden Veröffentlichung aus Ost-Berlin gestanden hatte. Der Zusammenhang lag auf der Hand. Aber es gab ein »Beweismittel«. Der Denunziant hatte behauptet, von mir – aus Dankbarkeit sozusagen – ein Photo bekommen zu haben. Man zeigte es mir. Es war eines jener Autogrammphotos, die ich zu Tausenden verschenke: »Alles Gute wünscht Hans Rosenthal«.

Ich erklärte, daß dies eben der übliche Text sei, und glaubte, damit frei zu sein. Aber etwas Erstaunliches geschah.

»Bevor Sie gehen, Herr Rosenthal, müssen wir Sie erkennungsdienstlich behandeln.«

Ich war wie vor den Kopf geschlagen. Noch einmal erklärte ich den Zusammenhang, die infame SED-Lüge. Man blieb amtlich, nicht ohne einen Anflug von Sympathie. Einer der Beamten bemühte sich sogar um einen besonders verbindlichen Tonfall:

»Ich verstehe Sie schon, Herr Rosenthal. Aber sehen Sie: Solange dieser Mann bei seinen Beschuldigungen bleibt, wird er auch in Untersuchungshaft bleiben. Sie hat Vorzüge gegenüber einer Strafhaft. Deshalb wird der Kläger seine Aussage kaum widerrufen. Und wir sind gezwungen, sie nachzuprüfen.«

»Bitte sehr«, sagte ich, »prüfen Sie!«

»Dazu gehört aber eben die erkennungsdienstliche Behandlung«, erwiderte der Sittenkommissar mit einem Achselzucken.

»Was heißt das?« fragte ich zurück. Ich war, wieder einmal, in die Mühlen der Bürokratie geraten.

»Nun also, Sie werden photographiert, Fingerabdrücke werden von Ihnen genommen, das Übliche, mehr nicht. Ist halb so schlimm.«

Man lachte. Mir war zum Weinen. Konnte man nicht auf diese Brandmarkung verzichten? Alles, was man für mich tun konnte, war, die anderen erkennungsdienstlich zu Behandelnden aus dem Kellerraum zu entfernen, in dem die Prozedur vonstatten ging. Man versprach, mich mit Kriminellen zu verschonen.

Ich stieg also hinab, saß auf einem harten Stuhl, ließ meine Finger schwärzen, drückte sie auf Folien, präsentierte mich dem Blitzlicht des Photographen, von vorn, von der Seite. Dann gingen wir wieder hinauf – denn die polizeiliche Pflichterfüllung war damit noch nicht am Ende.

Sie begann eigentlich erst. Denn man schritt nun zur Vernehmung.

»Der Mann behauptet, Sie hätten im Eldorado – Sie wissen, das ist ein Lokal, in dem Homosexuelle verkehren – mit ihm . . .«

Ja, natürlich kannte ich den Namen dieses Etablissements, jeder Berliner kannte ihn.

»Dort also hätten Sie auf der Toilette unzüchtige Handlungen mit ihm begangen. Wie steht es damit?«

»Völliger Unsinn«, sagte ich.

»Das genügt nicht, Herr Rosenthal. Was können Sie zu Ihrer Entlastung sagen?«

»Moment mal«, sagte ich, »wann soll denn das gewesen sein?«

»Im Februar.«

Ich sah in meinem kleinen Terminkalender nach, der damals schon randvoll gekritzelt war. In der ersten Februarwoche war ich zu Rundfunkaufnahmen in Westdeutschland. Das war nachprüfbar.

»Bleiben immer noch drei Wochen«, sagte der Beamte. Da fiel mir etwas ein. Im Februar hatte das Kabarett »Die Wühlmäuse« Premiere. Sie fand in einem unzerstörten Raum der alten ausgebombten »Scala« statt. Gegenüber ist das »Eldorado«. Bei der Premiere der »Wühlmäuse« war ich gewesen. Und nun erinnerte ich mich: Das Gebäude gegenüber, in dem das »Eldorado« war, hatte ein Gerüst vor der Fassade gehabt. Das Lokal muß geschlossen gewesen sein!

Ich war erleichtert. Die Beamten baten um fünf Minuten Geduld, um es nachzuprüfen. Das Resultat:

Ich hatte recht – bis zum 25. Februar war das »Eldorado« wegen Renovierung geschlossen gewesen. Ich atmete auf. Zu früh.

»Da bleiben aber noch drei Tage frei. Wo waren Sie da, Herr Rosenthal?«

Ich sah wieder nach. Rundfunkarbeit in Berlin. Ich könnte also im »Eldorado« gewesen sein. Und da kam sie auch schon, die Frage:

»Waren Sie überhaupt schon einmal in diesem Lokal, Herr Rosenthal?«

»Ja. Irgendwann war ich mal dort gewesen. Ein Freund hatte mich mitgenommen, um dort – Pardon – die Schwulen anzusehen. Daß wir gleich wieder gegangen sind, brauche ich wohl nicht zu betonen.«

»Wer war der Freund?«

»Bubi Scholz.«

Das Gesicht des Beamten verzog sich. Der Name des berühmten Berliner Boxers und Europameisters gefiel ihm in diesem Zusammenhang gar nicht.

»Können wir den nicht aus dem Protokoll herauslassen?« fragte er.

»Bitte«, sagte ich, »lassen Sie ihn heraus. Er ist mein Freund. Aber er ist ja auch zugleich mein Zeuge.«

Die Vernehmung war beendet. Ich unterschrieb ein Protokoll. Als ich mich zum Gehen wandte, rief mich der Beamte noch einmal zurück:

»Einen Moment noch, Herr Rosenthal! Ich habe Sie im RIAS angerufen, damit ihre Frau nichts erfährt. Die Sache wird von uns natürlich vertraulich behandelt. Auch Ihre Frau wird nichts erfahren.«

»Vielen Dank«, sagte ich, »das ist sehr nett von Ihnen. Aber Sie hätten ruhig bei mir zu Hause anrufen können. Ich habe vor meiner Frau nichts zu verbergen.«

Fassungslos kehrte ich in mein Büro im RIAS zurück und erzählte Werner Oehlschläger und Ivo Veit, was vorgefallen war. Sie sagten, ich müßte unbedingt etwas unternehmen, um aus der Kartei wieder herauszukommen. Sonst hinge mir die Sache womöglich ein Leben lang an. Sie empfahlen den prominenten Berliner Rechtsanwalt Dr. Roos aufzusuchen. Natürlich brauchte ich einen Rechtsanwalt, warum war ich nicht eher darauf gekommen!

Ich bat ihn, den Denunzianten in Waldshut sofort wegen falscher Anschuldigungen zu verklagen. Rechtsanwalt Roos erhob sich von seinem Schreibtisch und begann auf und ab zu gehen:

»Bloß das nicht! Wenn es ein Verfahren gibt, kommt das in die Öffentlichkeit. Der Osten würde sich sofort wieder anhängen und die Sache herumdrehen – ›Rosenthal wegen Homosexualität angeklagt.‹ Und unsere Zeitungen würden es aufgreifen. Viele Menschen würden, wie das nun mal so ist, denken: Irgend etwas wird schon daran sein. Nein. Eine Klage kommt nicht in Frage.«

»Was denn?« fragte ich.

»Gar nichts machen«, sagte Herr Roos. »Still bleiben, alles auf sich beruhen lassen. Das ist das einzig Richtige.«

Ich fügte mich. Aus dem Dilemma gab es keinen Ausweg.

Zwei Tage nach meiner »erkennungsdienstlichen Behandlung« rief mich meine Frau mittags um zwei Uhr im RIAS an:

»Hans, hier waren eben zwei Kriminalbeamte bei mir und wollten mich sprechen.«

Ich wurde stutzig: Was wollten die denn bei Traudl? »Sie zogen ein Photo aus der Tasche, gaben es mir und fragten mich, ob ich den darauf Abgebildeten kenne. Es war so ein Polizeiphoto mit einer Nummer, und ich mußte ganz genau hinsehen, um dich überhaupt zu erkennen. Du sahst so anders aus als sonst. Aber dann war ich mir sicher und sagte denen, ›Das ist mein Mann‹. Dann gingen sie wieder.«

Noch heute weiß ich nicht, wie es dazu kommen konnte. Noch heute empört mich diese Gedankenlosigkeit der Polizisten. Ich erinnerte mich damals des Ratschlages von Rechtsanwalt Roos, gar nichts mehr zu unternehmen. Trotzdem wollte ich nicht ganz untätig bleiben. Ich ging zu unserem amerikanischen Direktor Lochner und bat ihn, die amerikanische Kriminalpolizei einzuschalten. Die schlimme Akte mußte einfach vernichtet werden. Man bemühte sich auch. Und eines Tages kam ein Bescheid vom Landgericht, in dem es hieß:

»Das gegen Sie wegen Verdachts auf gleichgeschlechtliche Unzucht eingeleitete Ermittlungsverfahren habe ich eingestellt.«

Unterschrift des Generalstaatsanwalts.

Mir genügte das nicht. Wieder erschien ich bei meinem Rechtsanwalt:

»Ich muß den Zusatz haben ›wegen erwiesener Unschuld‹. Und außerdem möchte ich wissen, was aus meinen Fingerabdrücken wird.«

Die Auskunft, die ich bekam, war niederschmetternd: Wer erst einmal in dieser Kartei drin ist, kommt nie wieder heraus. Unabhängig davon, ob das Verfahren gegen ihn eingestellt wurde oder nicht. Und wenn wieder einmal wegen einschlägiger Delikte nach Verdächtigen gesucht wird, kann man immer wieder in das Räderwerk der Polizei geraten. Damit mochte ich mich nicht abfinden. Da mir der Anwalt nicht helfen konnte, erbat ich noch einmal Hilfe von den Amerikanern. Wochen vergingen. Dann endlich bekam unser Direktor Lochner ein Antwortschreiben des Chefs der Berliner Kriminalpolizei, Sangmeister, in dem ausnahmsweise und der besonderen Umstände des Falles wegen eine Vernichtung der erkennungsdienstlichen Unterlagen bewilligt werde.

Diese Wochen der Verdächtigung und des Kampfes gegen absurde Vorschriften und belastende Unterlagen waren nicht spurlos an mir vorübergezogen. Auch nicht an meiner Frau. Und die Witze, mit denen uns viele Kollegen damals wohl hatten aufheitern wollen, die Anspielungen und »Freundschaftsbeweise«, haben uns leider gar nicht geholfen.

Noch immer stehe ich den Geschehnissen dieser Tage fassungslos gegenüber. Ein Gedanke, am Schreibtisch eines Journalisten niedergeschrieben und – in diesem Fall in den »DDR«-Medien – verbreitet, kann den Ruf eines Menschen, kann seine Existenz, sein Selbstvertrauen – sein Leben zerstören.

*

»DDR«-Angriffen war ich in der Folgezeit immer wieder ausgesetzt — wenn auch nicht mehr in so drastischer Form. Daß 1968 Emil Zatopek, den ich ja aus der Nachkriegszeit kannte, in »Gut gefragt, ist halb gewonnen« auftrat, wurde von einem »DDR«-Kommentator acht Jahre später sehr eigentümlich interpretiert. Der Kommentar erschien in einer Serie »Äthertäter«, und man kann sich denken, daß ich als ein solcher entlarvt werden sollte:

»In jener Zeit des offenen ›kalten Krieges‹, als die US-Zeitung ›New York Herald Tribune‹ zum Beispiel dem RIAS als wahrscheinlich einzigem unter den größeren Rundfunksendern der Erde einen ›unschätzbaren Spionagedienst‹ sowie die Aufgabe bescheinigte, Funken ins Pulverfaß zu werfen, registrierten RIAS-Mitarbeiter befriedigt, daß noch 1968 mit der Gala-Vorstellung eines RIAS-Quiz- und Showmasters namens Rosenthal und unter Hinzuziehung von ›Frontstadtkabarettisten aus der Mottenkiste‹ (so das kritische BRD-Blatt ›Deutsche Volkszeitung‹) der genannte RIAS-›Schnelldenker‹ einen tschechischen Schnelläufer namens Emil Zatopek – als Show-Ehrengast – auf dessen zeitlich folgende Unterzeichnung des zur Beseitigung des Sozialismus in der CSSR ausgearbeiteten konterrevolutionären ›Manifestes der 2000 Worte‹ einstimmte, in dessen Gefolge, so die schon erwähnte sowjetische Untersuchung, der RIAS über seine

147-Meter-Hauptantenne Instruktionen an die Agenten des US-Geheimdienstes und die anderen konterrevolutionären Kräfte ...«

Ich erspare dem Leser den Rest des Satzes. Verstehe ich ihn recht, so wird darin behauptet, ich hätte Emil Zatopek auf seinen Protest gegen die Besetzung der CSSR durch Warschauer-Pakt-Divisionen »eingestimmt«. Und zwar mit »Gut gefragt, ist halb gewonnen« ...

Ein vorübergehender Untergang

Wie bin ich eigentlich zum Fernsehen gekommen? Nun, der SFB hatte mir einen Auftrag gegeben. »Raus ins Grüne – rein ins Lokal« hieß die Sache. Und es war ein großer Tag für mich, diese erste Fernsehshow, wenn auch keine große Sendung: Ein harmloser Spaß mit einer Familie, die im Grünen picknickt, von Regen überrascht wird, in ein Lokal flüchtet und sich dort amüsiert. Den Text hatte Horst Pillau geschrieben.

Ihn hatte ich 1948 im RIAS kennengelernt. Werner Oehlschläger, unser Abteilungsleiter, war zu mir gekommen und hatte gesagt:

»Draußen steht ein Junge mit seinem Manuskript. Er ist zwar erst sechzehn Jahre alt, aber sein Text gefällt mir ganz gut. Sie wollten doch immer schon mal Regie führen. Setzen Sie sich mit dem zusammen – vielleicht bringt ihr beiden was zustande.«

Horst Pillau betrat das Zimmer. Er trug kurze Hosen und machte eine tiefe Verbeugung. Wir setzten uns zusammen. Und brachten was zustande. Es war ein Jugendkabarett, das gut gefiel und von dem mehrere Folgen gesendet wurden. So lernten wir uns kennen. So begann auch unsere Freundschaft.

Horst Pillau wurde sehr schnell sehr erfolgreich. Mit Curth Flatow schrieb er das Stück »Das Fenster zum Flur«; auch »Der Kaiser vom Alexanderplatz« und viele Fernsehspiele kamen aus seiner Feder. Auch viele »Dalli–Dalli«-Szenen und -Songs übrigens.

Durch die ansonsten kaum der Rede werte Fernsehsendung »Raus ins Grüne – rein ins Lokal« lernte Horst Pillau auch seine Frau kennen: Sie war Bildmischerin beim SFB, und ich kannte sie, seit sie ein kleines Mädchen war. Ihr Vater war Techniker beim Berliner Rundfunk gewesen, sollte gefeuert werden, weil ein SED-Genosse seinen Platz einzunehmen wünschte, und ich hatte als Betriebsratsmitglied für ihn gesprochen. Er hatte sieben Kinder. Eines von ihnen war Susanne.

Nach der Sendung saßen Horst und ich beisammen und feierten, weil unsere Arbeit gelungen und gut angekommen war. Als wir spät in der Nacht aufbrachen, bot ich Susanne, die sich zu uns gesellt hatte, an, sie im Auto nach Hause zu bringen.

Das war die Stunde meines Freundes Horst. Mit entschlossener Miene sagte er: »Nein, Hans, dieses Mädchen bringe ich nach Hause.«

»Ist das dein Ernst?« fragte ich.

Es war sein Ernst. Er brachte Susanne nach Hause. Zuerst zu ihren Eltern und dann, etwas später, zu sich selbst – als seine Frau.

*

Nach diesem Fernsehdebüt – das für Horst Pillau ein lebenslanger Erfolg geworden ist – wurde mir das nächste Angebot vom SFB gemacht. Man war offenbar zufrieden mit meiner Arbeit gewesen; und da man zu jener Zeit – wie ich erst viel später erfuhr – einen Hauptabteilungsleiter für die Fernsehunterhaltung suchte, dachte man an mich. Und beschloß, mich einem Härtetest zu unterziehen. Ahnungslos und freudestrahlend lief ich in meinen vorübergehenden Untergang.

Es sollte eine große Sendung zur Berliner Industrieausstellung werden. Neunzig Minuten Unterhaltung – live. Die Regie hatte ein anderer. Ich sollte die Leitung und die Zusammenstellung übernehmen. Ich übernahm sie gern. Und übernahm mich dabei erheblich. Nach der Blamage schrieben die Zeitungen: »Das war die schlechteste Fernsehsendung, die jemals über einen Bildschirm gelaufen ist!«

Zuerst hatte ich mir etwas ausgedacht, was zur Industrieausstellung paßte – ich erfand den Titel: »Leichte Muse – schwere Maschinen«, nach Zilles »Schwere Jungs und leichte Mädchen«.

Dann fragte ich beim SFB, wie viele Tage wir für die Proben hätten.

»Sie können einen Tag im SFB probieren. Einen weiteren Tag drüben im Palais am Funkturm. Aber da müssen Sie eine große Pause einlegen. Denn mittags kommen dort die Besucher zum Essen. Und da können Sie natürlich nicht probieren.«

Im Palais am Funkturm sollte die Live-Sendung laufen. Da ich fast keine Erfahrung mit dem Fernsehen und überhaupt keine mit einer Live-Sendung – von der Neunzig-Minuten-Dauer ganz abgesehen – hatte, erschien mir die Probezeit erschreckend kurz. Aber ich dachte, die müssen es ja wissen, und wollte als Neuling auch nicht widersprechen. Also akzeptierte ich, mit flauem Gefühl im Magen.

Dann begannen die Vorbereitungen: Die Ansagerin sollte in einem kleinen Boot sitzen, das auf einem Gewässer vor dem Palais am Funkturm schwamm – mit einem Springbrunnen im Hintergrund.

Roberto Blanco sollte über eine Brücke kommen, die wir eigens bauen ließen.

Günter Keil, der die Conférence hatte, sollte etwa zwanzig komische Erfindungen vorstellen, darunter einen Vorhang vor dem Fernsehgerät, der zugezogen werden konnte, wenn die Sendung nicht gefiel. Bei unserer Sendung wären Hunderttausende solcher Vorhänge zugezogen worden. Das wußte ich nur zu diesem Zeitpunkt noch nicht, sondern schwamm im herrlichen Gefühl des Alleskönnens.

Eine Woche vor Probenbeginn kam ein Anruf von SFB: »Sie können leider doch nicht am Tage vor der Sendung im Palais am Funkturm probieren. Die Ausstellungsleitung sagt, es wären dann zu viele Besucher da. Sie könnten höchstens am Abend vorher für vier Stunden hinein – von 20 bis 24 Uhr. Tut uns leid. Aber Sie schaffen es bestimmt trotzdem.«

In meiner Ahnungslosigkeit fügte ich mich. Da nicht alle Künstler so spät abends noch probieren wollten, nutzte ich die Zeit auch dazu, einige Mikrophone aufstellen zu lassen. Sechzehn Mikrophone sah mein Plan vor, vier Kameras standen zur Verfügung.

Am nächsten Morgen, dem Tag der Live-Sendung, waren wir zur Stelle. Aber da saßen ganze Heerscharen herum und frühstückten in aller Seelenruhe. Ich bat um Aufklärung. Ja, das seien Aussteller, die dürften nicht gestört werden. Erst um zehn würden sie mit ihrem Frühstück fertig sein.

Ich schnappte nach Luft. Der nächste Schlag kam, bevor ich noch etwas sagen konnte:

»Mittags müssen Sie den Saal von 13 bis 15 Uhr wieder verlassen. Dann wird hier nämlich« – ich konnte es mir schon an zwei Fingern abzählen – »gegessen«.

Es war nichts zu machen. Wir probten zwischen Tür und Angel, Frühstück und Mittagsmahl. Die Sänger sangen nur kurz an, zum Durchsingen fehlte die Zeit. Dann wurde es ernst. Günter Keil und Roberto Blanco absolvierten ein kleines Vorprogramm für das Publikum im Saal. »Anwärmen« nennen wir das.

Draußen im Boot saß die Ansagerin und wartete auf ein vereinbartes Zeichen. Sie saß im grellen Scheinwerferlicht. Sobald wir »auf Sendung« waren, sollte sie sprechen.

Ich ging im Saal herum, kontrollierte noch ein bißchen, während Roberto »zum Anwärmen« sang. Da erblickte ich auf einem Monitor die wartende Ansagerin, stumm, gottergeben.

»Was ist los?« fragte ich erschrocken.

»Wir sind schon anderthalb Minuten auf Sendung, Hans!« flüsterte mir ein Techniker zu, »Warum sagt die denn nichts?«

Ich sprang in Panik auf die Bühne und unterbrach Roberto Blanco mitten in seinem Lied:

»Aufhören! Wir fangen an!«

Der Toningenieur riß vor Schreck den Regler so weit auf, daß die Stimme der Ansagerin, die nun endlich ihr Zeichen bekommen hatte, über den ganzen Messeplatz dröhnte. Die Ansage erreichte die Fernsehteilnehmer allerdings verstümmelt. Ein Wackelkontakt gab ihr einen humorvollen Anstrich.

Dann, endlich, Musik. Werner Eisbrenner dirigierte. Filmmaterial illustrierte die Klänge. Das ging gut.

Auftritt der ersten Sängerin. Sie sollte verträumt eine Treppe herabkommen. Anmutig stieg sie über die Stufen. Und sang. Ohne Ton.

Ihr Mikrophon war kaputt. Der Aufnahmeleiter rannte durchs Bild, riß irgendwo ein Mikrophon aus seiner Halterung, reichte es ihr – unter Anteilnahme des Fernsehpublikums – und rettete, was zu retten war. Soweit ich mich erinnere, war es nicht viel . . .

Als nächstes folgte ein kleiner Sketch, links auf der Bühne. Aber gerade von dort hatte der Aufnahmeleiter das Mikrophon entliehen. Man hörte wieder nichts. Brachte von einer anderen Stelle ein anderes Mikrophon, das prompt bei der nächsten Darbietung fehlte.

Der Toningenieur verzweifelte.

»Herr Rosenthal, ich kann nicht mehr! Ich weiß mir keinen Rat mehr. Was soll ich denn tun?«

Ich zuckte mit den Achseln. Das Schicksal hatte wieder einmal seinen Lauf genommen.

Nach dem Debakel rief ich meine Frau an, die damals gerade Gert erwartete.

»Wie war es? Furchtbar, was?«

»Na ja«, sagte sie, »ihr hattet eben Pech. Aber davon wird die Welt nicht untergehen. Nimm's nicht so schwer, Hans.«

*

Die Welt ging wirklich nicht unter. Aber ich war erst einmal untergegangen. Nicht nur, daß die Chance, Hauptabteilungsleiter für Fernsehunterhaltung beim SFB zu werden, verpatzt war – was ich zu diesem Zeitpunkt, wie gesagt, noch gar nicht wußte –, sondern auch, daß weitere Angebote für mich ausblieben, und zwar sehr lange, lassen das Wort »Untergang« nicht übertrieben erscheinen.

Das Fernsehen kam dann doch eines Tages – von mir zunächst unerkannt – in Gestalt des Dr. Jedele wieder auf mich zu.

Wir feierten die hundertste Sendung des »Insulaners« in einem Berliner Lokal, Martin-Luther-Straße, Ecke Augsburger Straße. Es waren auch einige Herren vom Südfunk Stuttgart da und unsere RIAS-Chefin Frau Dr. Gambke natürlich. Günter Neumann war Hauptperson. Neben mir saß beim Abendessen jener Dr. Jedele. Daß er Programmdirektor beim Fernsehen des Südfunks war und sich anschickte, Chef der »Bavaria« zu werden, wußte ich zu diesem Zeitpunkt nicht. Wir unterhielten uns gut an jenem Abend.

Zwei Wochen später schrieb er mir. Die »Bavaria« war zu 51 Prozent ihrer Anteile vom WDR und SDR gekauft worden. Dort wurde nun Fernsehen produziert. Und Dr. Jedele war der Boß.

Es stellte sich heraus, daß er nur nach Berlin gekommen war, um mich kennenzulernen. Ich konnte als sein Tischnachbar keinen allzu schlechten Eindruck auf ihn gemacht haben, denn er fragte schriftlich an, ob ich nicht Lust hätte, bei ihm Unterhaltungsserien zu entwickeln.

Lust hatte ich schon. Aber ich war hin- und hergerissen. Was ich aufgab, wußte ich: gut eingefahrene Sendungen, ein erfreuliches Publikumsecho und ein sicheres Einkommen. Zwar winkten mir bei Dr. Jedele 1200 Mark im Monat, was ich damals als beachtlich empfand –

aber wenn es nun nicht gutging? Dann hätte ich zwischen den Stühlen gesessen.

Ich sprach mit Werner Oehlschläger und fragte ihn um Rat. Es stellte sich heraus, daß er das »Komplott« mit Dr. Jedele geschmiedet hatte. Er wollte mir diese Chance eröffnen.

Frau Dr. Gambke, die ich ebenfalls konsultierte, machte mir einen Vorschlag:

»Hänschen, wir würden dir ein Jahr unbezahlten Urlaub geben. Nach neun bis zehn Monaten könntest du entscheiden, ob du in München bleiben oder zurückkommen willst. Deine Sendungen ›Die Rückblende‹ und ›Wer fragt, gewinnt‹ könntest du ja hier weitermachen, wenn Dr. Jedele es erlaubte. Drei Tage im Monat in Berlin, das müßte er eigentlich verkraften.«

Ich folgte ihrem Rat und nahm traurigen Abschied von Berlin. Horst Pillau, der eine Zweitwohnung in München besaß, hatte auch mir eine verschafft: in der Sachranger Straße, direkt neben dem Gefängnis Stadelheim.

Bei der »Bavaria« tummelte sich die »Stuttgarter Mafia«, wie die Scharen von Mitarbeitern humorvoll genannt wurden, die Dr. Jedele mitgebracht hatte; darunter Regisseure wie den hervorragenden Franz Peter Wirth, Redakteure, Sekretärinnen.

Dr. Jedele wies mich ein:

»Zu Ihrer Abteilung gehören drei Regisseure. Mit denen werden Sie Modelle für Sendungen entwickeln. Ein vierter gehört zwar auch zu Ihnen, aber der wird direkt mit mir zusammenarbeiten. Den habe ich mir aus Stuttgart mitgebracht. Er heißt Michael Pfleghar.«

Pfleghars Assistent war Dr. Heinz Liesendahl, vormals Kinderarzt, der später, als ich die »Bavaria« wieder verließ, mein Nachfolger wurde. Er hat dann eine beachtliche Karriere gemacht.

Zu meiner Abteilung gehörte auch Rolf von Sydow, den ich aus Berlin vom RIAS kannte. Und Michael Braun, der Sohn des berühmten Harald Braun. Es begann eine lustige, überaus produktive und für mich sehr lehrreiche Zeit. Damals entstanden unter Pfleghars Regie die berühmten Hazy-Osterwald-Sendungen.

Als Redakteur konzipierte ich selbst einige erfolgreiche Shows, darunter »Hotel Victoria« – mit Vico Torriani.

Ich nutzte dabei jede freie Minute, um mir die Studio-Arbeit anderer anzusehen. Ich wollte lernen. Und ich lernte. Zu Michael Pfleghar ging ich in den Schneideraum, um zu erleben, wie er seine Sendungen schnitt. Franz Peter Wirth beobachtete ich bei seiner Regiearbeit. In den täglichen Arbeitsbesprechungen mit Dr. Jedele erlebte ich seine schwäbische Gründlichkeit, die mir sehr imponierte. Gründlich waren wir beim RIAS zwar auch. Aber so viel – im guten Sinne – Pingeligkeit hatte ich bisher weder erlebt noch praktiziert.

Wenn ich mit dem Manuskript für »Hotel Victoria« zu ihm kam, lobte er es zunächst einmal. Dann ging er es Zeile für Zeile durch. Er fand immer etwas, das geändert werden mußte. Auch am nächsten Tag feilte er noch daran herum.

So ging das bis zur Aufnahme, bis zur letzten Minute. Kleinigkeiten, ja Winzigkeiten wurden verbessert. Es war strapaziös, aber äußerst lehrreich.

*

Noch heute profitiere ich von jener Zeit. Damals begriff ich, daß bei einer Fernsehsendung alles akkurat vorbereitet sein muß, nichts dem Zufall überlassen bleiben darf, jede Einzelheit stimmen und stehen muß. Ich hatte da schon gewisse Erfahrungen ...

Doch es ergaben sich zwei Gründe für mich, die »Bavaria« nach einem Jahr wieder zu verlassen. Der erste der beiden Gründe: Mir bekam das Klima nicht. Bei Föhn litt ich furchtbar. Ich bekam Atemnot, ging zum Arzt und erfuhr, auf gut Bayerisch, daß mein Blutdruck »unter aller Sau« war. Nach Auskunft des Arztes stand ich dicht vor einem Herzinfarkt.

Der zweite Grund: Ich hatte viel mehr Ideen, als verwirklicht werden konnten. Mein Aufgabengebiet als Redakteur reichte einfach nicht mehr aus. Ich wollte mehr leisten, wollte produktiver sein, wollte selber produzieren.

Auch ergaben sich ganz bestimmte Schwierigkeiten, die in einer Eigenart des durchaus liebenswerten Dr. Jedele lagen. Zum Beispiel: Er beauftragte mich, für eine Produktion Heli Finkenzeller zu engagieren. Ich rief sie an, überredete sie mitzumachen, handelte die Termine mit ihr aus. Am nächsten Tage sagte Dr. Jedele beiläufig: »Ich hab's mir überlegt, Hans. Wir nehmen doch nicht die Finkenzeller. Rufen Sie sie wieder an, und sagen Sie ab.«

Man kann sich meine Verlegenheit vorstellen. Und diese Fälle wiederholten sich. Einmal war es Georg Thomalla, dem ich mit tausend Entschuldigungen das geänderte Konzept Dr. Jedeles erklären mußte. Schließlich war der Punkt gekommen, an dem ich mich entschloß, Dr. Jedele anzusprechen. Und dabei brachte ich dann auch vor, wie ich, ganz abgesehen von meiner angeknacksten Gesundheit, nun doch wieder zurück nach Berlin wolle.

»Ich habe genug gelernt. Ich gehe in Dankbarkeit!«

Mein Verhältnis zu Dr. Jedele ist heute von Respekt und Sympathie geprägt. Ich glaube, es war das einzig Richtige gewesen, nach der »schlechtesten Sendung der Welt« mein Geschäft – meine neue Leidenschaft Fernsehen – von der Pike auf zu lernen.

Dafür war ich ein Jahr von meiner Familie getrennt gewesen – mit endlosen Wochenendfahrten. Berlin hatte mich wieder.

Von werdenden und gewesenen Stars

Was mir in meiner Arbeit eigentlich die meiste Freude macht, ist der Umgang mit Menschen. Tausenden bin ich in den Jahrzehnten begegnet. Sie alle bedeuteten einen Gewinn an Erfahrung, an Freundschaft, Vergnügen, Nachdenklichkeit oder auch – wenn es gelegentlich unerfreuliche Begegnungen waren – einen Gewinn, der in der Übung lag, tolerant zu sein, Verständnis auch für weniger angenehme Zeitgenossen zu haben; oder – sich durchzusetzen. Auch das bedarf der Übung.

Zu den angenehmen Begegnungen gehörte Dr. Alfred Biolek. Die Umstände unserer ersten Bekanntschaft waren höchst amüsant: In Stuttgart saß als Jury-Mitglied für »Allein gegen alle« der liebenswerte Amtsgerichtspräsident Dr. Otto Jauch. Er wachte darüber, ob die Fragen richtig beantwortet wurden. Mit ihm verband mich bis zu seinem Tode eine herzliche Beziehung.

Eines Tages rief mich Dr. Jauch an und machte mir eine erstaunliche Mitteilung: »Auf dem Berliner Juristenball werden wir Stuttgarter Juristen etwas Besonderes vortragen: Ausschnitte aus ›My Fair Lady‹. Interessiert Sie das?«

Ich verstand nicht gleich. Singende Juristen? Ein amerikanisches Musical in deutschen Amtsroben?

Fast so war es. Eine Staatsanwältin würde die Eliza sein. Ein Referendar der Professor Higgins. Mein Gespür für Attraktionen brachte mich auf einen Gedanken: Auf der nächsten Programmsitzung im RIAS schlug ich vor, das aufzuzeichnen und zu senden:

»Noten statt Paragraphen, heitere Muse statt Gerichtsurteile! Das müßte lustig werden.«

Einige rümpften die Nase, andere lachten. Den meisten schien das Unternehmen wenig aussichtsreich zu sein. Aber ich setzte mich durch. Wir schickten einen Aufnahmewagen hin. Die Juristen sangen. Es war nicht gerade überwältigend, aber dafür, daß die Sänger Amateure waren, hatte es schon seinen Reiz. Am Schluß der Vorstellung kam »Professor Higgins« zu mir und stellte sich vor:

»Ich bin Dr. Alfred Biolek, Gerichtsreferendar.«

Ich sah mir den Diener Justitias genauer an. Sein Haar war schon etwas gelichtet. Er trug eine große dunkle Brille. Aber durch ihre Gläser entdeckte ich einen Schalk, der in den Lachfalten seiner Augenwinkel saß. Er gefiel mir.

»Wissen Sie eigentlich«, sagte Biolek, »wie sehr ich Sie beneide. Ich selbst würde tausendmal lieber beim Rundfunk arbeiten, als in Akten zu wühlen!«

»Ich weiß nicht recht, Herr Dr. Biolek, ihre Justizlaufbahn ist eine gesicherte Existenz. Wenn es schiefgeht beim Rundfunk, dann hätten Sie viel aufgegeben und nichts gewonnen.«

Er blieb hartnäckig und war voller Optimismus.

»Wenn ich Ihnen helfen kann, will ich das gerne tun. Sie sollten sich auf jeden Fall einmal mit einigen Sendern in Verbindung setzen – das Klügste wäre, Sie versuchten es über die Rechtsabteilung. Gelänge Ihnen dieser Schritt, dann dürfte auch der nächste nicht mehr allzu schwer sein!«

Ein paar Wochen später rief mich Dr. Biolek ganz aufgeregt beim RIAS an: Er hätte die Chance, beim ZDF in die Rechtsabteilung zu kommen. Was ich davon hielte?

Ich hielt sehr viel davon: Sofort zugreifen, meinte ich. Dr. Biolek, der Higgins aus »My Fair Lady«, gehörte bald zum Justitiariat des ZDF. Ich konnte nur noch gratulieren.

Dann ging es sehr schnell vorwärts im Sinne seiner Sehnsucht. Wieder ein Anruf: »Ich könnte in der Unterhaltungsabteilung eine Serie als Redakteur betreuen!« Die Sendung hieß »Schaufenster Deutschland«. Heinz Hollmann war für die Moderation vorgesehen. Alfred Biolek sollte seine erste redaktionelle Arbeit leisten. Er machte das. Und er machte es gut. Die Rechtsabteilung verlor ihn. Bald war er stellvertretender Abteilungsleiter Unterhaltung.

Dann wechselte er vom ZDF zur »Bavaria«, dann zum WDR. Eine Zeitlang betreute er die Sendung »Am laufenden Band«. Und eines Tages hatte er seine eigene Show: »Bio's Bahnhof«. Endstation seiner Sehnsucht.

Heute gehört der ehemalige Amateur-Higgins in die erste Reihe der Fernsehunterhaltungsstars. Eine erstaunliche Karriere, die ich von Anfang an begleiten konnte.

*

Nach meiner Rückkehr aus München ließ die nächste Fernsehchance nicht lange auf sich warten – es war »Die Rückblende«. Inzwischen war ich auch Abteilungsleiter geworden. Werner Oehlschläger war eines Tages zu mir gekommen und hatte gesagt:

»Hans, du wirst mir allmählich zuviel mit deinen Ideen und Plänen – mach eine eigene Abteilung auf, ja?«

So geschah es. Und zum Hörfunk war nun durch die »Rückblende« auch das Fernsehen hinzugekommen. 22-mal lief diese Sendung, fast zwei Jahre, jeden Monat. Und dann platzte sie mit einem Knall – wegen des russisch-chinesischen Kasperletheaters!

Diese Sendung, ich sage es noch einmal, war kontrovers. Sie sollte zum Nachdenken anregen, wollte sich nicht an die gängigen, »zeitgemäßen« Ansichten über Deutschland und seine neue Beziehung zur Sowjetunion anschließen. Das konnte auf die Dauer nicht gutgehen. »Die Rückblende« machte sich Feinde.

Schon Monate vorher hatte sich ein Konflikt wie durch Wetterleuchten angekündigt. In der ZEIT schrieb ein »Momos« wütende Kritiken gegen die »Rückblende«, die er als Fossil einer – für ihn längst vergangenen – Zeit des kalten Krieges geißelte.

Ich hatte bei der Redaktion gefragt, wer denn der Herr »Momos« sei. Man gab mir keine Auskunft. Der Autor wünsche es nicht. Ein solcher Mangel an Zivilcourage erschien mir bedauerlich. Später erfuhr ich dann, daß sich hinter diesem Pseudonym der Literaturprofessor Jens verbarg, der so weit nach links segelte, daß sich – aus meiner Sicht jedenfalls – eine Tuchfühlung mit den Kommunisten gar nicht mehr vermeiden ließ.

Obwohl wir mit der »Rückblende« immer versucht hatten, fair zu bleiben, sah ich diese Arbeit zu Ende gehen. Natürlich hatten wir auch dem Osten gegenüber kein Blatt vor den Mund genommen. Aber das eben war bald nicht mehr erwünscht.

*

Einmal hatte ich einen Song über Walter Ulbricht in der Sendung. Links im Manuskript standen meine Regieanweisungen für die filmische Bebilderung: »Ulbricht Bruderkuß gebend. Ulbricht am Rednerpult, geifernd«. Und so weiter. Eine Schmeichelei war es sicher nicht.

Mit diesem Manuskript fuhr ich, von allen guten Geistern verlassen, mit dem Auto von Hamburg nach Berlin zurück. Hinten im Rückfenster lag zu allem Überfluß noch ein Plakat, auf dem stand: »NDR: Spaß muß sein – eine Veranstaltung mit Hans Rosenthal vom RIAS«.

Das fiel einem Vopo-Kontrolleur auf. Er filzte mich prompt. Und das Manuskript der Rückblende fiel in seine Hände. Er schlug es auf. Sein und mein Blick fielen auf die Seite mit den Anmerkungen zu Walter Ulbricht:

». . . Ulbricht am Rednerpult, geifernd.«

Der Kontrolleur vereiste.

»Was ist denn das?« fragte er.

»Eine Sendung des Norddeutschen Rundfunks«, antwortete ich, wahrheitsgemäß, »ist aber längst gelaufen.«

»Soso – längst gelaufen. Das ist Hetze, wissen Sie das?«

»Das finde ich nicht«, sagte ich in einem Anfall von Risikofreudigkeit. Der Uniformierte wies auf das Plakat:

»Vom RIAS sind Sie also? Das ist ein übler Hetzsender!« Ich wartete ganz einfach seine weiteren Reaktionen ab – was hätte ich sonst tun sollen? Und machte mich auf das Schlimmste gefaßt. Die Stimme des SED-Armisten erklang wieder, streng, aber – wie ich herauszuhören meinte – mit einem Unterton geheimen Einverständnisses:

»Packen Sie das ein, und fahren Sie sofort weiter!«

Ich ließ mir das nicht zweimal sagen. Natürlich konnte der Mann in der Zwischenzeit seine Vorgesetzten in Berlin informieren und vor der Grenze würden sie mich schnappen. Ich war ja bis dahin auf »DDR«-Gebiet.

Sollte ich das Manuskript wegwerfen? Lieber nicht. Sie könnten dann behaupten, ich hätte es einem Agenten gegeben. Drei Stunden lang fuhr ich dem, was noch kommen sollte, entgegen, wütend über meine Unvorsichtigkeit, fuhr durch die nächtliche Landschaft zwischen Lauenburg und Staaken. Ein Wagen überholte mich. Würde ich von ihm gestoppt? Er fuhr weiter. Einer, der es eilig hatte. Die Schatten der Chausseebäume huschten vorüber. Ich suchte einen Ausweg, fand ihn aber nicht.

An der Kontrollstelle wartete ich auf den Schicksalsschlag. Aber nichts geschah. Erleichtert fuhr ich ins freie Berlin hinein. Dachte an den Vopo, der Menschlichkeit gezeigt hatte – oder einfach, wie Millionen andere, Sympathie für das freie Deutschland.

*

Nach dem Ende der »Rückblende« war ich also wieder ohne Fernseharbeit. Nichts gegen das alte »Dampfradio«. Niemals habe ich die Hörfunkarbeit gering geschätzt. Aber Mikrophon plus Kamera, hören und sehen – das ist eben doch mehr, es erweitert die Möglichkeiten, den Ideenspielraum, die Beziehungen zum Publikum. Man hat nicht nur die Ohren der Menschen, für die man arbeitet, sondern auch deren Augen. Es ist ganz bestimmt am wenigsten die Eitelkeit, die dazu drängt, möglichst auch gesehen und nicht nur gehört zu werden. Wer das einmal mit Leib und Seele gemacht und Erfolg damit gehabt hat, wird mich verstehen. Man kommt nicht los davon. Und deshalb saß ich da und wartete auf eine neue Chance.

Sie kam, kam von der Berliner »Allianz-Film«, die den Auftrag vom ZDF hatte, ein Vorprogramm im Unterhaltungsbereich zu produzieren. Sie suchten eine Idee und einen Mann, der sie verwirklichen konnte. Und fragten bei mir an.

Ich schlug »Wer fragt, gewinnt« vor, nach dem amerikanischen Modell der »Twenty questions«, eine ziemlich sichere Sache, mit der ich bereits Erfahrung hatte.

Das Ganze hatte nur einen Haken: 25 Minuten Sendezeit waren sehr knapp. Wenn meine Kandidaten zu lange Denkpausen machten, lief mir die Uhr davon. Es war dann fast unmöglich, über die Runden zu kommen, ohne zu überziehen.

Die Spielregeln lauteten: Zwei Mannschaften von je drei Personen traten gegeneinander an. Es war immer nur eine Mannschaft im Studio. Sie hatte Begriffe zu erraten, wie zum Beispiel die Beine Marlene Dietrichs. Ich sagte dann, wie ich bereits erzählt habe, den Bereich »Lebewesen« an, worauf die Fragen kamen: »Ein Tier?« »Nein.« »Ein Mensch?« »Ja – ein Teil davon.« Und so weiter. Die Mannschaft, die am wenigsten Fragen brauchte, um den Begriff zu erraten, hatte gewonnen.

Das Publikum sollte von vorne herein schon die Lösung kennen. »Klüger« zu sein als die Kandidaten hebt erfahrungsgemäß die Stimmung der Zuschauer.

Im ersten Teil der Sendung entschied immer die Zahl der Fragen über Sieg oder Niederlage der Mannschaften. Im zweiten Teil rieten sie nach Zeit: Tempo-Raten. Wer nach Stoppuhr am schnellsten auf die Lösung kam, war Sieger. Ich schaffte in den 25 Minuten Sendezeit kaum mehr als zweimal zwei zu erratende Begriffe.

Dennoch wurde die Sendung, unter dem Titel »Gut gefragt, ist halb gewonnen«, zu einer der erfolgreichsten Fernsehsendungen. Im Anhang dieses Buches ist die Liste sämtlicher Mitwirkender abgedruckt: 66 x 6 Prominente, unter denen kaum jemand fehlen dürfte, der in jener Zeit in Deutschland Schlagzeilen oder Geschichte machte.

*

Organisatorisch wurde die Sendereihe von Joachim Krüger betreut. Er war außerordentlich begabt darin, Prominente zur Teilnahme an dem Spiel zu gewinnen. Eines Tages kam er freudestrahlend zu mir: Es war ihm gelungen, Jan Kiepura, der in Amerika lebte, zu verpflichten. Er würde uns auf einer Deutschlandreise zur Verfügung stehen. Einfach phantastisch, dachten wir: Der große Gesangsstar der zwanziger und dreißiger Jahre, ein Name, der internationalen Glanz verbreitete.

Am Abend vorher sollte eine Vorbesprechung sein, am Nachmittag des Tages der Aufzeichnung eine Probe. Jan Kiepura kam nicht zur Vorbesprechung. Er kam auch nicht zur Probe. Meine Nerven waren zum Zerreißen gespannt. Fünf Prominente – die Sängerin Lisa Otto, der Wagnertenor Ludwig Suthaus, die Dirigenten Hans von Benda,

Richard Krauss und Wolfgang Sawallisch – warteten mit mir. Dann kam er. Schon sein Erscheinen war ein Auftritt. Jeder Zoll ein Weltstar.

»Ich habe mein Toupet vergessen«, sagte er zur Begrüßung, »bitte beschaffen Sie eins. Ohne Toupet trete ich nicht auf.«

Joachim Krüger flitzte los. Atemlos kam er mit einer Handvoll künstlicher Haarpracht zurück. Sie war eigentlich für einen jugendlichen Menschen gedacht. Und Jan Kiepura war nicht mehr der Jüngste. Das Ding paßte zwar auf seinen Kopf, aber er sah auf komische Weise flott und keß aus. Zum Glück schien ihn das nicht zu stören. Doch es gab noch weitere Hürden.

Der große Kiepura nahm den kleinen Rosenthal zur Seite:

»Wie lauten die Lösungen ihrer Rätselaufgaben?«

Ich dachte, er macht einen Scherz und antwortete lächelnd:

»Tja, das wüßten Sie gern, Herr Kiepura. Sie werden es auch bald wissen – wenn Sie's erraten haben oder die gegnerische Mannschaft darauf gekommen ist.«

Er sah mich mit einer Mischung aus Erstaunen und Empörung an. Dann wurde er deutlicher:

»In Amerika erfahren die prominenten Kandidaten immer vor der Sendung die Lösungen. Dort will man nicht riskieren, daß sie sich blamieren. Wollen Sie das etwa?«

»Herr Kiepura«, sagte ich, »bei uns ist das anders. Wenn Sie die Lösung nicht erraten, dann wird das keine Blamage sein. Zudem sind Sie nicht allein, da Sie zu einem Team gehören. Es ist eben ein Spiel. Und unsere Spielregeln, die müssen wir einhalten.«

Er murrte kopfschüttelnd. Dann fiel ihm etwas Neues ein:

»Ich brauche übrigens einen Monitor, meine Herren«, rief er den Technikern zu, »ich muß sehen, wie ich aussehe.«

Kameramann Hinz brachte einen Monitor.

Jan Kiepura betrachtete sich auf dem Bildschirm.

Üppiges Haar umlockte seine Stirn.

»Das ist zu dunkel, meine Herren«, sagte er nun. »Ich brauche viel mehr Licht.«

Es wurden zwei der Scheinwerfer auf ihn gerichtet – auf Kosten der anderen Mitwirkenden.

»Das reicht noch lange nicht, meine Herren!« dröhnte Kiepuras Stimme.

247

Kameramann Hinz wagte einen Einwand:

»Es tut mir sehr leid, aber Frau Kammersängerin Lisa Otto, die neben Ihnen sitzen wird, Herr Kiepura, braucht auch noch ein bißchen Licht.«

Kiepura reckte sich auf:

»Wer ist Frau Otto? Und was heißt hier ›Kammersängerin‹? Wenn die Kammersängerin ist, bin ich Kammerprofessor!« Leider war Lisa Otto längst im Saal und hörte das. Ich wäre am liebsten in den Boden versunken.

Die Aufnahme begann. Der erste zu erratende Begriff war der Bart des Kaisers Barbarossa. Neben Jan Kiepura saßen Lisa Otto und der Kammersänger Ludwig Suthaus.

Die ersten Fragen – nach dem Hinweis »Bereich Lebewesen« – lauteten: Ein Lebewesen? Ja. Ein Mensch? Ja. Ein Europäer? Ja. Ein Deutscher? Ja.

Da ergriff Jan Kiepura das Wort:

»Ich bin Amerikaner. Wenn es sich um einen Deutschen handelt, kann ich nicht mitraten. Da muß ich mich jetzt hier ausschließen.«

Er tat es. Die beiden anderen rieten weiter. Die Freundlichkeit auf ihren Gesichtern war nur noch gespielt. Sie unterdrückten ihren Groll und kamen mit achtzehn Fragen auf die Lösung.

Bei der nächsten Runde war die Trompete von Louis Armstrong der Begriff, der gefunden werden mußte.

»Mineralreich«, sagte ich. »Aus Metall?« »Ja.« »In Deutschland?« »Nein, doch es kann auch mal in Deutschland sein.« »Also gehört es zu einer Person?« »Richtig.« »Zu einem Europäer?« »Nein.« »Zu einem Amerikaner?« »Ja.«

Das war der Moment, in dem Ludwig Suthaus nach der ausgleichenden Gerechtigkeit griff:

»Nun, dann können wir uns ja ausschließen, Frau Otto. Für Amerika ist doch wohl Herr Kiepura zuständig. Er wird es bevorzugen, allein weiterzuraten.«

Es trat ein endlos scheinender Moment der Verblüffung ein. Herr Kiepura vibrierte zornig unter seinem Toupet. Da entschlossen sich Frau Otto und Herr Suthaus zu meiner großen Erleichterung, doch weiter mitzuraten. Ich atmete auf.

Da wir üblicherweise zwei Sendungen nacheinander aufzeichneten, mußte ich mich zwischendurch umziehen, weil Zuschriften aus dem Fernsehpublikum gekommen waren, in denen man höflich anfragte, ob ich eigentlich nur einen Anzug und eine Krawatte besäße. Die Sendungen wurden in zeitlichem Abstand ausgestrahlt, und die Leute wußten nicht, daß wir sie an ein und demselben Tage aufgenommen hatten.

Ich ging also in meine Garderobe. Nach zehn Minuten kam ein Bühnenarbeiter herein:

»Herr Rosenthal, Herr Kiepura ist jetzt abgeschminkt. Er verlangt ein Taxi.«

»Ich kann jetzt nicht«, sagte ich und griff nach den Hosen von Anzug Nummer zwei. »Kann Herr Krüger mal kommen?«

Er kam. Ich bat ihn, das Taxi für den Superstar zu bestellen.

»Mach ich, Hans«, sagte er, »kümmere du dich nur um deine Sendung.«

Ich nahm die zweite Folge auf. Verabschiedung. Beifall. Die Gäste verließen das Studio. Ich war sehr müde geworden – gottlob brauchte ich mit Herrn Kiepura kein weiteres Quiz mehr zu machen! Da kam wieder ein Bühnenarbeiter in die Garderobe:

»Herr Rosenthal! Der Herr Kiepura steht noch immer am Ausgang und wartet auf sein Taxi. Er ist sehr ungehalten!«

Mit letzter Kraft rief ich nach Joachim Krüger.

»Was ist mit dem Taxi für Kiepura?« fragte ich ihn.

»Hast du das nicht bestellt?« fragte er zurück.

»Wieso ich? Du wolltest das doch machen?«

»Ich, nee. Hab' ich nicht gemacht. Ich dachte, du . . .«

Ich rang nach Atem.

Ein Grinsen zog sich über sein Gesicht.

»Dieser Mann hat uns nun fünf Stunden lang traktiert. Ich habe alles ertragen, bis die Aufnahme im Kasten war. Nun soll er mich mal . . .«

»Dalli-Dalli, Hänschen«

»Gut gefragt, ist halb gewonnen« lief und lief und lief. Wir kamen bis zur 66. Sendung. Dann kam Herr Dr. Öpen und sagte, es sei nunmehr Schluß mit dieser Serie. Er war damals Hauptabteilungsleiter für Unterhaltung beim ZDF, und ich hatte immer das Gefühl gehabt, in ihm nicht gerade einen Gönner und Förderer gefunden zu haben.

Die Hiobsbotschaft vom Ende unserer erfolgreichen Reihe ging aber, wie er beteuerte, nicht auf seinen Entschluß zurück. Der Herr Programmdirektor Viehöver habe gesagt, das habe sich totgelaufen und müsse endlich eingestellt werden. 1969 war dann Schluß.

Das war ein harter Schlag für mich. Ich überlegte, ob ich mich an Herrn Viehöver wenden und versuchen sollte, ihn umzustimmen. Aber ich war zu stolz, ihm zu schreiben, und blieb stumm.

Irgendwann traf ich ihn dann noch einmal. Er kam erfreut auf mich zu und fragte: »Wollen Sie nicht mal wieder Fernsehen bei uns machen?« »Nichts lieber als das!« antwortete ich.

Gegenwärtig sei sein Programm zwar voll, meinte Herr Viehöver, aber sobald sich eine Möglichkeit ergäbe, würde ich von ihm hören. Die Möglichkeit ergab sich eher als gedacht.

Im ZDF lief eine neue Quiz-Sendung mit dem Titel »Der Schwarze Peter«. Der Erfolg blieb aus.

Schon nach der zweiten Folge rief mich Herr Viehöver an. Er bat mich um einen Besuch in Mainz. Ich flog unverzüglich hin.

Ein sehr sympathischer junger Mann empfing mich, Peter Gerlach, persönlicher Referent des Programmdirektors – heute Chef der Unterhaltung beim ZDF. Er blieb bei dem Gespräch, das ich mit Herrn Viehöver führte, dabei. Und wurde Zeuge einer für mich aufschlußreichen Entdeckung.

Herr Viehöver fragte mich:

»Warum haben Sie eigentlich damals mit ›Gut gefragt, ist halb gewonnen‹ aufgehört? Das lief doch so prima.«

Ich war überrascht:

»Ich hätte selbstverständlich weitergemacht. Herr Dr. Öpen hat mich allerdings wissen lassen, daß Sie, Herr Viehöver, die Einstellung der Sendung wünschten.«

Er gab mir sein Ehrenwort, daß er nichts dergleichen gesagt hatte. Wäre ich doch damals zu ihm gegangen! Das würde mir viel Kummer erspart haben. Denn ich habe doch sehr an dieser Sendung gehangen. Herr Viehöver zeigte sich daran interessiert, sie wiederaufleben zu lassen. Aber davon riet ich ab. Eine Neuauflage hätte den Eindruck erweckt, daß mir nichts Neues einfiele. Das wollte ich nicht.

Wir berieten dann, was wir machen konnten. Ich sollte eine Neunzig-Minuten-Sendung im Abendprogramm bekommen. Eine echte Chance! Viehöver hielt mir dann ein kurzes, eindrucksvolles Referat über das Interesse des ZDF an einer Abendsendung, die weder zu »progressiv« war – dafür hätte man Dietmar Schönherrs »Wünsch dir was« –, noch ein Ballett benötigte – dafür gäbe es die »Starparade« –, noch ein großes Orchester – dafür sei Wim Thoelkes »3 x 9« da; statt dessen brauchte man eine Unterhaltung, die Entspannung bringen sollte ohne große Kulissenkunststücke. Bestes Beispiel für eine solche Sendung wäre Robert Lembke.

*

Damals hatte ich gerade für den Hörfunk des WDR bei Ernst Kalthoff eine Sendung entwickelt, die noch nicht lange lief. Ich war ohnehin im Begriff, sie aufzugeben. Erstens wurde sie nur vom WDR gesendet und zweitens schwoll auch dort die »progressive« Welle an, so daß ich nicht mit einer langen Laufzeit rechnete.

Ich nahm dieses Modell und setzte es in die Fernsehform um. Als Mitarbeiter wünschte ich mir meine bewährten Berliner Kollegen und Freunde. Vor allem aber Günter Neumann für den Kleinkunstanteil. Er war als »kalter Krieger« kaltgestellt worden, und sein großes, herrliches Talent lag ungerechterweise brach.

»Willst du da immer hin und her reisen, Hans?« fragte er mich.

»Die Sendung soll in Berlin produziert werden«, antwortete ich, »und es soll auch eine Berliner Sendung werden. Wir haben das bedrückende Image einer Rentnerstadt. Das wollen wir ändern. Berliner Pfiffigkeit soll bei uns Trumpf sein. Das Publikum soll erleben, daß wir nicht nur ›Herz und Schnauze‹, sondern auch Tempo haben, Lebenslust und Fröhlichkeit.«

Günter nickte mir hocherfreut zu.

»Wir brauchen möglichst gleich einen Titel«, sagte ich. Günter Neumann war zwar ein künstlerischer Mensch von hohen Graden, aber er war auch ein Profi, ein Handwerker, der nicht lange auf Eingebungen wartete und sich nicht grübelnd versenkte, bis Erleuchtungen kamen. Er handelte lieber sofort.

»Moment mal, Hans, das werden wir gleich haben«, sagte er und ging zum Bücherregal. Er griff sich das Buch »Der deutsche Wortschatz« und begann vorzulesen, was er alles unter »schnell« fand!

»Fliegen, hetzen, jagen, galoppieren, hasten, huschen, laufen, loslegen, eilen . . .« Plötzlich ein Wort, das mir aus meiner Kindheit sehr vertraut war: »Stopp!« sagte ich, »da war doch was: ›Dalli!‹ Das haben wir zu Hause auch immer gesagt, wenn was eilig war: ›Dalli–Dalli, Hänschen!‹«

Und »Dalli–Dalli« wurde unser Titel.

Ich schrieb ihn über mein Exposé, das ich an Josef Viehöver abschickte. Nicht an den Unterhaltungschef – ich hatte ja jetzt einen direkten Draht zum Herrn Programmdirektor.

Die Antwort ließ nicht lange auf sich warten:

»Wir machen das. Am Donnerstag, dem 13. Mai, live!« Das war im Jahre 1971. Ein Glücksjahr! Der Knoten schien nun gerissen.

Mir war immer bewußt gewesen, daß ich Geduld haben mußte. Nie habe ich mir vorgemacht, ein Typ zu sein, der die Herzen des Publikums mit der linken Hand erobert, der nur an die Rampe zu treten braucht, um Begeisterungsstürme zu entfachen. Ich mußte erst Sympathien erwerben, Schritt für Schritt. Ohne hingerissen von mir selbst zu sein, wie es andere von sich waren. Ich mußte vor allem eines: überzeugen.

Und weil Selbstüberschätzung nie zu meinen Eigenarten gehört hat, erschien mir auch der Vorschlag, mit der ersten »Dalli–Dalli«-Sendung live zu starten, viel zu riskant. Konnte denn eine neuartige Sendung dieses Umfanges auf Anhieb gelingen? Sollte man nicht die Möglichkeit nutzen, durch eine Aufzeichnung schneiden, korrigieren, Schwächen und Pannen tilgen zu können?

Ich bedankte mich für die Zusage, bat aber das ZDF, am Vortage aufzuzeichnen.

Josef Viehöver widersprach:

»Sie können das, Herr Rosenthal. Sie haben doch gründliche Rundfunkerfahrung. Ich jedenfalls traue Ihnen die Live-Sendung zu. Geben Sie sich mal einen Ruck – nach der ersten Show nur noch live!«

Zwar lagen noch ein paar Monate zwischen diesem inneren Ruck und der Sendung, aber mein Lampenfieber setzte sofort nach dem Sprung über den eigenen Schatten ein. Mein Halt war Günter. Hatte er nicht »Wir Wunderkinder« geschrieben, diesen großartigen, preisgekrönten Film? Und »Herrliche Zeiten«? Und die »Berliner Ballade«? Mit ihm konnte es eigentlich nicht schiefgehen. Ich vertraute auf ihn.

Es kam noch eine erfreuliche Nachricht: Österreich wollte mitgehen. Also noch ein paar Millionen Zuschauer mehr – live ... Angst vor meiner eigenen Courage stellte sich ein. Aber das Glücksgefühl überwog. Etwas mehr als ein Vierteljahrhundert war nun vergangen, seit ich aus meinem Winkel in der Berliner Schrebergarten-Laube hervorgekrochen war und den ersten Russen zugewinkt hatte. Eigentlich waren sie schnell vergangen, die zweieinhalb Jahrzehnte. Und wie hatten sie mein Dasein verändert!

Eines Tages traf ich den Unterhaltungschef des Schweizerischen Fernsehens:

»Wir haben Ihre Sendung gesehen. Sie gefällt uns ausgezeichnet. Aber für das Schweizer Publikum ist sie viel zu schnell!«

Ich glaubte es, denn er mußte es ja wissen. Heute allerdings weiß ich aus unzähligen Briefen, die ich aus der Schweiz bekomme – von Zuschauern, die das deutsche Fernsehen empfangen können – daß »Dalli–Dalli« für sie keineswegs »zu schnell« ist.

Es kam der Tag der ersten Sendung, für mich die Stunde der Wahrheit. Keine Panne. Etwa dreißig Prozent Sehbeteiligung. Gratulationen. Zufriedenheit beim ZDF. Aber schlechte Kritiken! In Österreich sogar verheerende. Lag das daran, daß ich ein »Preuße« war? Ich wurde unsicher.

Josef Viehöver hielt zu mir. Und beruhigte mich: »Das muß sich einlaufen. Die Sendung wird sich durchsetzen. Nicht die Kritiken sind entscheidend, sondern das Publikumsecho.«

Das half mir. Aber ich blieb besorgt – und irritiert. Das wurde, muß ich gestehen, erst besser, als ich den »Goldenen Bildschirm« bekam, einen Preis, der durch Publikumsabstimmung entschieden wurde. 1973 erhielt ich den »Bambi«. Von da an ging's bergauf. Bis zur »Silbernen Kamera« 1979 für den zweitbeliebtesten deutschen TV-Star aller Zeiten.

Solche Preise sind durchaus nicht nur Reizmittel für die Eitelkeit.

Sie bedeuten Ermutigung. Ebenso hatte ich mich auch gefreut, als mir das Bundesverdienstkreuz für meine Arbeit im RIAS verliehen worden war. Ich trage es zwar nicht zur Schau und bin auch kein Ordensfanatiker. Aber die Anerkennung, die eine solche Ehrung bedeutet, trägt eben doch zum Selbstvertrauen bei. Und ohne Selbstvertrauen geht im Showgeschäft nichts.

Nachdem ich meine ersten beiden Fernsehpreise bekommen hatte, wurden plötzlich auch die Zeitungskritiken freundlicher. Die Herren Kritiker waren offenbar doch nicht ganz so unabhängig vom Publikumsgeschmack . . .

Die langsamen Vorbereitungen eines schnellen Ratespiels

Das ZDF besitzt in München eine hundertprozentige Tochtergesellschaft, die FSM. Und um deren Studios auszulasten, wurden wir, nach fünf »Dalli–Dalli«-Sendungen in Berlin, nach München umquartiert. Zu jeder »Dalli–Dalli«-Sendung reiste die »Berliner Mafia« an:

Ekkehard Fritsch, Heinrich Riethmüller, Oskar und ich. Und in den ersten Jahren auch Günter Neumann, sozusagen als Seele des Ganzen.

Immer am Sonntag ging die Reise los. Es spielte sich – und spielt sich noch – alles nach einem feststehenden Schema ab:

Bereits im Flugzeug bereiten wir die Interviews vor, die Fragen, die ich an die Prominenten stellen möchte. Man muß ja wissen: Ist jemand geschieden? Hat er Preise bekommen? Was hat er für Hobbys? Solche Punkte schreibe ich mir aus dem Archivmaterial heraus.

Montag vormittag sehe ich noch einmal im Manuskript den Ablauf durch. Um 12.00 Uhr ist Redaktionssitzung. Sie dauert bis 15.00 Uhr. Da wird besprochen, was ich mir vorstelle, welche Bilder noch besorgt werden müssen, welche Kostüme nötig sind, welcher Künstler etwas später kommt und anderes.

Anschließend wird die Post durchgegangen. Die Briefe mit Vorschlägen für den »guten Zweck«. Die wichtigsten Fälle werden dem Rechtsanwalt gegeben, Herrn Dr. Heindl, der dann entweder mit der

Sozialbehörde, mit der Polizei oder mit der Schule abspricht, ob die geschilderten Fälle wirklich standhalten.

15.30 Uhr findet eine musikalische Probe ohne Kameras in einem Nebenraum statt. Mit den Sängern wird abgesprochen, ob das Tempo richtig oder die Nummer zu lang ist, so daß wir ohne Kameras und ohne großes Team schon unsere Musik fertig haben. Auch die Auftrittsmusiken der Mannschaften werden mit Heinrich Riethmüller abgehört und durchgesehen.

Ich gehe, wenn die musikalischen Proben beginnen, um 16.30 Uhr ins Atelier und probiere mit vier Studenten unsere optischen Spiele. Sie müssen ja wirklich spielbar sein für die Kandidaten in der Sendung.

Ich gehe dann am Montag gegen 17.30 Uhr schlafen bis zwischen 19.30 und 20.00 Uhr. Dann sehe ich noch einmal mein Manuskript durch. Inzwischen weiß ich, wie ich die Spielerklärungen formulieren werde. Es ist so wichtig, alles ohne Umschweife, aber verständlich zu erläutern. Ich versuche, die kürzesten Formulierungen für die Spielerklärungen zu finden, aufzuschreiben und im Kopf zu behalten.

Ich wohne immer im »Tele-Hotel«, das nur 250 Meter vom Studio entfernt ist. Unten im Restaurant sitze ich mit den Kollegen zu weiteren Besprechungen: Ob einem noch etwas eingefallen ist, ob wir noch etwas zusätzlich machen können. So geht der Montag herum.

Dienstag morgens um 9.00 Uhr fangen wir wieder an. Wir arbeiten nun mit Kameras. Bis 10.30 Uhr werden die Songs gestellt.

Dann beginnen wir, meine Auftritte exakt festzulegen. Es wird genau geprobt, wo, wann und wie aufgebaut werden muß, an welchen Stellen ich mich nach rechts wende, damit inzwischen links umgebaut werden kann. Dann gehe ich nach links, damit rechts abgeräumt werden kann. Das muß alles vorher genau festgelegt werden. Bis 14.30 Uhr nimmt uns das am Dienstag in Anspruch. Anschließend kann ich mich dann ins Hotelzimmer zurückziehen, um jetzt alles noch einmal zu notieren, was für den Ablauf wichtig ist. Inzwischen wird im Studio die »fehlerhafte« Szene probiert.

Mittwoch, der Tag vor der Sendung! Wir beginnen um 9.30 Uhr mit einem gesamten Durchlauf der Sendung. Studenten als Prominente, Studenten als Publikumskandidaten. Das dauert ungefähr bis 12.00 Uhr. Es folgt die Kritik des Regisseurs.

13.00 Uhr müssen wir uns umziehen. Alle müssen tragen, was sie am nächsten Abend in den Sendungen anhaben werden. Diese Kostümprobe könnte nicht am Donnerstag vor der Sendung sein, denn durch die Hitze der Lampen, die im Studio sind, wird alles durchgeschwitzt. Es muß Zeit sein, Hemden noch einmal zu waschen und zu bügeln. So kann man also vom Nachmittag des Vortages bis zum nächsten Tag alles wieder in Ordnung bringen. Der Chefkameramann will ja genau sehen: Flimmert ein Anzug? Passen die Farben zueinander?

Wir haben als Kostümberaterin Margot Schönberger. Meist ruft sie meine Frau vorher an, weil ich in Kleidungsfragen keine Ahnung habe. Darin bin ich der letzte Muffel. Trotzdem bin ich schon zweimal für meine Kleidung ausgezeichnet worden. Meine Frau lachte sehr darüber. Sie, nicht ich, hätte das Lob verdient. Was sie mir einpackt, sehe ich meistens erst, wenn ich in München bin.

Gegen 13.30 Uhr erscheinen die Pressefotografen. Für sie haben wir zwanzig Minuten.

14.00 Uhr nachmittags beginnt der zweite Durchlauf. Er enthüllt immer wieder kleine Fehler. Dann wird angehalten, noch einmal korrigiert, zurückgegangen. Meist hat man ja während der Probe noch Einfälle. So wie ich die Sendung am Dienstag probiere, beim erstenmal, so läuft sie Donnerstag abend eben nur in groben Umrissen.

Auch Spiele werden bis zum Schluß umgebaut. Und wenn am Mittwoch die Probe vorbei ist, mache ich anschließend noch mit meinen Kollegen von der Bühne einen Schnelldurchlauf. 17.00 Uhr ist es Zeit für mich, ein Stündchen schlafen zu gehen. Ich gehe meinen Text in Gedanken noch einmal durch.

Donnerstag: Die Arbeit beginnt 11.00 Uhr. Ich gehe immer um 9.00 Uhr frühstücken. 10.00 Uhr bade ich bis 10.30 Uhr. Dann lege ich mich noch eine halbe Stunde hin. Kurz nach 11.00 Uhr werde ich abgeholt.

11.15 Uhr ist der Prominente zur Stelle, der im »Spiel für Zwei« die Fragen stellt. Mit ihm gehe ich die Fragen durch, die wir ausgearbeitet haben.

11.35 Uhr kommen die Publikumskandidaten ins Studio. Mit ihnen unterhalte ich mich, damit ich einiges von ihnen weiß. Jeder Mensch hat vor der Kamera Lampenfieber. Es wäre ein leichtes für einen Quizmeister, jemanden nervös zu machen. Ich versuche meist, die Leute zuerst nach ihrem Beruf zu fragen, also einem Bereich, der ihnen vertraut ist und auf dem sie mir überlegen sind. Das nimmt ein wenig das Lampenfieber.

Punkt 12.00 Uhr ist Generalprobe. Es beginnt die letzte Phase des Countdowns.

Dabei sind nun schon die beiden Publikumskandidaten. Als Test benutze ich zehn Ersatzfragen aus früheren Sendungen oder Fragen, die wir aussortiert haben, weil sie uns als zu leicht oder zu schwer erschienen waren. So verlieren die Publikumskandidaten ihre Scheu vor der Kamera. Ich kann sie genau plazieren, kann dem Frager sagen, wo er steht und wie er auf den Knopf drücken muß. Dieser Durchlauf geht bis ungefähr 14.00 Uhr.

Inzwischen sind oben in einem Sitzungszimmer die Prominenten eingetroffen. Ich gehe direkt aus dem Atelier zu ihnen und erkläre ihnen erst einmal, daß es nicht darauf ankommt, zu gewinnen, da es eine Unterhaltungssendung sei; man verliere nicht die Ehre, wenn man nur Zweiter oder Dritter wird.

Dann legen wir gemeinsam mit dem Rechtsanwalt fest, wer das Geld dieser Sendung bekommt. Die Prominenten entscheiden. Der Rechtsanwalt trägt die Fälle vor, die von ihm recherchiert sind und welche Familien es verdienen, unterstützt zu werden.

Achtzig Prozent der Briefe, die Vorschläge machen, sind gar nicht zu gebrauchen. Meist schreiben Leute: »Ich habe Abzahlungsschulden und brauche dringend dieses Geld. Aber geben Sie meinen Namen nicht bekannt.« Für solche Fälle haben wir einen Standardbrief. Wir schreiben, daß öffentliche Gelder nur mit Namensnennung vergeben werden können. Gegen Leute, die sich selbst vorschlagen, haben wir immer schon Bedenken. Anders ist es, wenn Nachbarn schreiben oder der Pfarrer oder die Lehrerin. Solche Fälle nehmen wir auf und lassen sie prüfen.

Es dauert manchmal eine Stunde, bis wir uns geeinigt haben, wer das Geld bekommt. Das wird in jedem Falle – ich habe noch nie eine Ausnahme gemacht – von allen ernsthaft durchdiskutiert.

Dann probiere ich mit den Kandidaten das »Ping-Pong-System«. Sie kennen sich ja oft noch gar nicht. Wir proben das wieder mit Fragen aus alten Sendungen.

Schließlich gehen wir ins Studio, und ich zeige ihnen, wo man heraustritt und wo die Tür aufgeht. Im entscheidenden Moment sind auch kleinste Dinge von Bedeutung. Auch spiele ich einmal mit ihnen »Dalli-Klick«. Aber mit alten Photos, damit sie das Prinzip kennenlernen. Ich sage ihnen, wo der Monitor ist und wo man auf den Knopf drückt.

Um 16.30 Uhr verabschieden wir die Prominenten. Sie gehen dann in ihre Garderoben und werden ab 17.30 Uhr geschminkt.

Ich selbst mache noch einen letzten Kurzdurchlauf. Manchmal muß ein Lied noch einmal probiert werden, muß der Aufbau eines Spiels noch einmal wiederholt werden, damit es auch wirklich schnell geht in den paar Sekunden, die uns dafür zur Verfügung stehen.

So gegen 17.00 Uhr bin ich fertig, gehe in meine Garderobe, setze eine Schlafbrille auf, ein Rat, den mir Inge Meysel gab. Draußen ein Schild: »Ruhe!«

Dann schlafe ich. 18.35 Uhr werde ich geweckt. Es geht hinunter zur Maske, denn leider geht es nicht ganz ohne Schminke. Anschließend Anziehen. Schließlich kommt der Tonkollege, der mir den Sender gibt und das Mikrophon ansteckt.

19.10 Uhr spielt die Jochen-Brauer-Band zur Unterhaltung. Nun gehe ich hinein zum Publikum, stelle mich vor und bitte darum, nicht in die Kamera zu winken; zeige, wo die Notausgänge sind und verteile unsere Kabel für »Spitze«. Zehn Schnüre sind das, und wenn acht Personen zur gleichen Zeit auf den Knopf drücken, dreht sich das grüne Licht. Wenn nur sieben der Meinung sind, »das war Spitze«, dreht sich das grüne Licht nicht.

Und dann geht's los! Rotlicht an den Kameras! Sendung!

Hinterher wird immer ein bißchen gemütlich zusammengesessen, wenn die Sendung um 21.00 Uhr vorüber ist. Das »Bißchen« hinterher geht meistens bis um 2.00 oder 3.00 Uhr morgens.

Dieser Ablauf ist, seit »Dalli-Dalli« begann, immer gleich und doch immer wieder anders. Die Sendung wird ja von Menschen für Menschen gemacht. Das bedeutet jedesmal Spannung, Ungewißheit, Überraschungen.

Eine Liste sämtlicher prominenter Mitspieler habe ich im Anhang angefügt.

*

258

Monika, meine erste Assistentin in »Dalli–Dalli« hatte ich schon bei »Gut gefragt, ist halb gewonnen«. In dieser Serie kam es zwischen zwei Aufnahmen zu einem tränenreichen Zwischenfall, den ich nie vergessen werde. Monika, mit der ich heute noch zusammenarbeite, weinte ganz bitterlich. Und um zu verstehen, warum, muß man natürlich die ganze Geschichte kennen:

Da ich zwar gutaussehende Assistentinnen bevorzuge, aber keine Modepüppchen mag, denen es nur darum geht, sich ins Bild zu drängen und den Pressephotographen zu präsentieren, hatte ich nach einer gesucht, die bescheiden war und etwas leistete.

Ich hatte meinen Freund Rudi Flatow um Rat gefragt, den Bruder von Curth Flatow. Er konnte mir helfen. Ein Mädchen, das bei einer Bank beschäftigt war, für ihn aber Hausverwaltungen, Mietabrechnungen und Steuererklärungen erledigte, erschien ihm als geeignet.

So stellte sich eines Tages eine Blondine bei mir vor, die mir gut gefiel. Sie war zurückhaltend, intelligent, hellwach und von sehr angenehmem Äußeren – Monika.

Ich fragte sie, wieviel sie denn bei uns zu verdienen gedächte.

»Sechzehn Mark«, antwortete sie nach einer kurzen Denkpause. Später hat sie mir erzählt, wie sie auf diesen Betrag gekommen war: Zwei Stunden würde sie jedesmal beschäftigt sein, 4,75 Mark Stundenlohn bekam sie für ihre andere Arbeit. Zweimal 4,75 Mark waren 9,50. Kurz entschlossen und in der Annahme, besonders geschäftstüchtig zu sein, hatte sie 6,50 Mark draufgeschlagen. Als sie den Betrag nannte, lachte ich schallend:

»Wie wäre es mit 35 Mark?«

Sie war begeistert. Damals ging es allerdings noch um die Hörfunksendungen. Aber trotzdem war es nicht gerade eine Stargage.

Monika war zu dieser Zeit mit einem jungen Mann aus der Modebranche verlobt. Sie hätte ihn auch geheiratet, aber der war ein Fußballfan und schleppte sie immer mit ins Stadion. Auch zum Training der Mannschaft. Dadurch wurde seine Zukünftige eines Tages zu seiner Ehemaligen. Denn Monika verliebte sich in den Hertha-BSC-Spieler Jürgen Sundermann.

Sie war ihm durch Zufall begegnet. In der Nähe des alten Hertha-Platzes in Berlin-Gesundbrunnen war ein kleines Feld, auf dem sich die Mannschaft immer vor dem Match warm spielte. Daneben lag ein

Parkplatz. Als Monika dort parkte und ausstieg, rollte ihr der Ball vor die Füße. Jürgen Sundermann holte ihn, sah Monika und sagte:

»Donnerwetter! So ein Anblick vor dem Spiel – da müssen wir ja gewinnen!«

Monika ist rot geworden und davongegangen. Nicht ahnend, daß Jürgen Sundermann sich ihre Autonummer notiert hatte. Drei Tage später rief er bei ihr an. Die Folge war eine Ent- und eine Verlobung.

Es kam der Hertha-Skandal. Es kamen Spiele, in denen es um den Wiederaufstieg und die Wiederaufnahme in die Bundesliga ging, aus der Hertha herausgeflogen war. Und es kam der Abend eines Spieles, an dem sich entscheiden würde, ob Hertha das Comeback gelang. Gelang es nicht, dann sollte Jürgen Sundermann nach Genf verkauft werden. Das hatte Herr Holst, die »graue Eminenz« des Vereins, angekündigt.

An jenem Abend hatten wir wieder zwei Aufzeichnungen von »Gut gefragt, ist halb gewonnen«. Monika war ein Nervenbündel. Ich ordnete an, daß alles zu tun sei, um sie in der Pause zwischen beiden Aufzeichnungen nicht das Ergebnis von Hertha erfahren zu lassen.

Als wir zur zweiten Sendung auf die Bühne mußten, fehlte Monika. Ich lief in ihre Garderobe. Da saß sie vor dem Spiegel und heulte fürchterlich. Hertha hatte verloren!

Die Wimperntusche lief ihr über die Wangen, das Make-up zerfloß. Sie sah aus, wie eine Indianerin auf Hochzeitsreise.

»Jürgen muß weg!« schluchzte sie, »Alles ist aus! Ich kann nicht mit auf die Bühne, es geht nicht!«

Ich tröstete sie, redete ihr gut zu. Alles werde bestens ausgehen. Dann rief ich nach der Schminkmeisterin:

»Maske, bitte! Alles noch einmal bei Monika. Bitte schnell, wenn's geht. Wir müssen raus!«

Die Retuschen begannen. Make-up satt, Tusche, was das Zeug hielt. Dann auf die Bühne. Wir haben es hinter uns gebracht. Und das Publikum hat nichts gemerkt. Monika war tapfer. Und ist dann mit ihrem Jürgen sehr glücklich geworden. In Genf. Zwei Kinder haben die beiden inzwischen. Aber Monika blieb mir in unserer Arbeit treu. Noch heute sitzt sie mir in »Dalli–Dalli« zur Seite.

*

260

Meine zweite Kollegin, Mady, hatte ich nur vom Fernsehschirm gekannt. Sie war Ansagerin, und ihre Ausstrahlung beeindruckte mich stark. Ihre Natürlichkeit, Frische und Freundlichkeit gefielen mir. Mein Eindruck bestätigte sich, als sie dann zu uns kam. Und da Österreich bei »Dalli–Dalli« mitging, lag es nahe, auch eine Österreicherin in die Jury aufzunehmen. Die ORF in Wien bat mich, zu kommen und eine Dame auszusuchen. Man hatte schon einige Bewerberinnen, und ich sollte die Entscheidung treffen.

So etwas mache ich gar nicht gern. Man muß ja diejenige, die man ablehnt, enttäuschen. Mir ist es schon peinlich, wenn meine Frau mich mitnimmt, um sich ein Kleid zu kaufen. Werden von ihr die ersten Vorschläge der Verkäuferin abgelehnt, dann beginne ich schon unruhig zu werden. Wenn ich selbst ein Geschäft betrete, um etwas zu kaufen und nicht finde, was ich suche, kaufe ich oft irgend etwas – oft Dinge, die ich gar nicht brauche –, nur um keine Enttäuschung zu hinterlassen. Ich glaube, Männer sind in solchen Dingen viel – fast hätte ich gesagt »sensibler« – aber ich sage lieber: »schüchterner« als Frauen.

Ich reiste also nach Wien. Nach der dort vorgenommenen Vorauswahl waren nur noch zwei Bewerberinnen übriggeblieben. Man informierte mich: Die eine sei Staransagerin beim Österreichischen Fernsehen, eine bildschöne Frau. Die andere heiße Brigitte Xander und arbeite »nur« beim Hörfunk. Beide würden um elf kommen.

Halb elf kam jemand und sagte, die Staransagerin habe angerufen und mitgeteilt, daß sie sich etwa eine dreiviertel Stunde verspäten werde. Sie sei noch beim Friseur.

Punkt elf erschien Brigitte. Später erfuhr ich, daß sie sich eigentlich gar nicht vorstellen wollte. Einem Kollegen hatte sie gesagt:

»Wenn die andere sich darum bewirbt, kann ich doch gleich zu Hause bleiben. Ihr bestellt mich doch nur, um noch eine Zweite zu präsentieren. Fair finde ich das nicht gerade.«

Dann war sie also doch gekommen. Pünktlich – und unausgeschlafen, denn sie hatte Frühdienst gehabt, Ansagen von fünf Uhr morgens bis in den Vormittag.

Ich unterhielt mich mit ihr und fragte, ob sie stenographieren könne. Sie konnte es. Mir ist das wichtig, denn in der Jury muß manches blitzschnell notiert werden. Brigitte machte einen sehr guten Eindruck auf mich. Sie war offen, bescheiden und anscheinend auch sehr intelligent. Ich bedankte mich und sagte ihr, daß wir voneinander hören würden.

Es war inzwischen dreiviertel zwölf geworden. Von der Staransagerin noch keine Spur. Wir warteten in der Garderobe des Wiener Ronacher-Theaters, in dem auch die ersten in Österreich veranstalteten »Dalli–Dalli«-Sendungen über die Bühne gegangen waren. Die Zeiger der elektrischen Uhr rückten unaufhaltsam vor. Zwölf Uhr fünfzehn erhob ich mich und sagte, nun würde ich gehen.

Da erschien in der Tür eine sehr elegante Dame mit einem tellerartigen, großen Hut. Sie war es. Und nahm Platz mit den Worten: »Was soll ich da eigentlich tun in dieser Sendung?«

In diesem Augenblick war die Sache für mich eigentlich schon entschieden. Trotzdem führte ich das Gespräch eine Weile. Erstens, um nicht unhöflich zu sein, und zweitens, um mir ganz sicher zu werden. Ich überlegte: Diese Dame war schon ein Star in Österreich. Einen Star wollte ich aber in der Jury gar nicht haben. Sondern eine Mitarbeiterin, einen Kumpel, einen Menschen, der mit uns durch dick und dünn geht, ohne Allüren und Ambitionen, nur aus Freude am Spiel und eben an der Arbeit, die mit diesem Spiel für uns in hohem Maße verbunden ist. Und dann war da eben das Erlebnis mit Brigittes Pünktlichkeit und der anderen Unpünktlichkeit. Ob ein Mensch pünktlich ist oder nicht, hängt doch sehr mit seiner allgemeinen Zuverlässigkeit zusammen. Und so wie sich meine Mitarbeiter und Teamkollegen auf mich verlassen können, möchte ich mich auch auf sie verlassen dürfen.

Also sagte ich, nachdem der Star wieder entschwebt war, zu den Herren von der ORF:

»Vielen Dank. Ich habe mich für Frau Xander entschieden.«

Allgemeines Erstaunen. Ich erklärte meine Beweggründe. Und ich glaube, sie wurden verstanden.

*

Es war in der Zeit, als die deutsche Öffentlichkeit vom Terrorismus schockiert und aufgewühlt war. Da bekamen wir kurz vor einer »Dalli–Dalli«-Sendung eine Bombendrohung. Und zwar aus Wien. Bekanntlich richteten sich Anschläge auch gegen Israel und gegen jüdische Menschen, die im öffentlichen Leben standen. Ich war zu jener Zeit schon stellvertretender Vorsitzender des Direktoriums des

Zentralrates der Juden in Deutschland und Vorsitzender des Jüdischen Parlaments in Berlin. Um so ernster war die Drohung zu nehmen. Sie erreichte mich buchstäblich im Schlaf. Um 17 Uhr hatte ich mich, am Tage der Sendung, wie immer hingelegt. Schon um 18 Uhr wurde ich geweckt. Das war noch nie vorgekommen.

Es hatte geklopft, ich war schlaftrunken zur Tür gegangen und hatte geöffnet. Unser Studiochef Wolf Posselt stand da mit einem mir unbekannten Herrn. »Hans, wir müssen Sie mal stören«, sagte Wolf, »wir wollten Sie nämlich fragen, ob die Sendung heute stattfinden soll.«

»Wieso soll sie denn nicht stattfinden?« fragte ich verwundert.

»Wir haben eben von der Wiener Kriminalpolizei einen Hinweis bekommen, daß heute in unserer Live-Sendung eine Bombe gezündet werden oder ein Attentat stattfinden soll. Wir wollen deshalb absagen und die wahre Begründung nennen.«

Ich war plötzlich sehr wach. Gedanken schossen mir durch den Kopf, ordneten sich. Wahrscheinlich kam mir dabei zugute, daß ich einst hatte lernen müssen, mich blitzschnell auf Gefahren einzustellen.

»Wir werden die Sendung nicht absagen«, antwortete ich, »das würde die Gefahr nur vervielfältigen.« Meine Besucher verstanden.

»Es gibt immer Nachahmungstäter, die durch solche Vorgänge, sobald sie öffentlich werden, erst Anregungen empfangen und auf schlimme Ideen kommen – entweder auf die schlimmsten oder nur darauf, mit einem blinden Alarm eine große Live-Sendung platzen zu lassen.« Ich gab deshalb die folgende Empfehlung: »Was wir brauchen, sind gründliche und umfassende Sicherheitsmaßnahmen. Aber keine Absage der Sendung.«

Es wurde beraten. Von der Polizei wurde vorgeschlagen, acht Beamte in Zivil im Publikum zu verteilen, die ihr Augenmerk ganz auf die Gäste richten sollten.

»Das finde ich nicht gut«, sagte ich, »was nützt es, wenn Beamte in der fünften und in der achten Reihe sitzen und in der zehnten Reihe erhebt sich einer mit einer Pistole und schießt? Ich schlage vor, daß die Polizisten hinter der »Waben«-Dekoration stehen und durch die Löcher das Publikum von vorn beobachten. Einige können in den obersten Reihen Platz nehmen und aus der Gegenrichtung aufpassen. Außerdem müssen wir die Zuschauer kontrollieren, bevor sie den Saal betreten. Schön ist das zwar nicht, aber es zu unterlassen, wäre unverantwortlich.«

Meine Vorschläge fanden Zustimmung. Als das Publikum im Saal versammelt war und die Phase des »Anwärmens« begann, ging ich auf die Bühne, lächelte so freundlich und unbeschwert wie nur möglich und sagte im Plauderton:

»Meine Damen und Herren, liebe Gäste! Sie werden sich gewundert haben, daß Sie heute bei uns so abgecheckt worden sind, wie Sie das sonst nur von Flugreisen kennen. Aber das soll künftig bei allen großen Veranstaltungen so sein. Wir leben ja in schweren Zeiten. Nehmen Sie bitte diese Behelligung als ein notwendiges Übel hin. Sie geschieht ja zu Ihrer eigenen Sicherheit. Und lassen Sie sich die gute Laune nicht verderben!«

Beifall. Dann Musik. Ich verließ die Bühne und war mit meinen Gedanken schon wieder ganz beim Ablauf der Sendung. Als ich durch die Kulissentür trat, stand ich einem Mann mit einer Maschinenpistole gegenüber.

»Guten Abend«, sagte ich, und im vorübergehen: »Danke, daß Sie da sind.«

Die Sendung lief wie am Schnürchen. Solange ich auf der Bühne war, dachte ich keinen Augenblick an das Besondere der Situation. Aber jedesmal, wenn ich nach hinten abtrat, lief ich wieder dem bewaffneten Beschützer in die Arme. Und dann fiel mir erst wieder unser »Ausnahmezustand« ein.

Es ging alles gut. Die Drohung war leer gewesen. Es war richtig, die Sendung veranstaltet und dennoch die Warnung ernst genommen zu haben.

Terroristen – ob nun arabische oder »einheimische« – wollen meist spektakuläre und dramatische Aktionen. Sie wollen Öffentlichkeit und Aufsehen. Und da hätte sich vielleicht doch eine Live-Sendung mit einem Millionenpublikum in Stadt und Land und mit einem Repräsentanten des höchsten jüdischen Gremiums in Deutschland, mit mir also, »angeboten«. Ein Versuch mit »Fernseh-Terrorismus« hatte zumindest im Bereich des Möglichen gelegen.

»Wenn ich an wahre
Freunde denke...«

Bei »Dalli–Dalli«, ich sagte es bereits, war Günter Neumann von Anfang an dabei. Und ich glaube, ohne ihn – seine Ideen, seinen Rat, seine Mithilfe – wäre »Dalli–Dalli« nicht das, was es ist.

Viele Geschichten erinnern mich an Günter Neumann. Heitere und traurige. Zu den heiteren gehört jene aus der Zeit der ersten Berlinflüge. Günter Neumann hatte zu dringenden Filmverhandlungen nach Düsseldorf gemußt und war erst in letzter Minute am Schalter der Air France angekommen. Der Flug, so erfuhr er, sei restlos ausgebucht. Ein einziges Ticket sei noch frei, das allerdings in der ersten Klasse. Was blieb ihm anderes übrig, als es zähneknirschend zu kaufen.

Günter war also sauer, denn er sah nicht ein, warum sein Platz, der kaum merklich von den anderen, billigeren unterschieden war, so viel mehr kosten sollte.

Kurz nach dem Start bot die Stewardeß ihm ein Fläschchen Champagner an, das er ablehnte: noch mehr Geldverschwendung! Nach fünf Minuten wurde ihm eine Schachtel mit erlesenem Konfekt gereicht: gefüllte Schokoladenplätzchen. Nein! Günters Geldbeutel sollte nicht weiter strapaziert werden. Aber die Versuchungen gingen weiter: Das nächste war ein warmes Essen mit Rotwein. »Nein« war alles, was er dazu sagte.

Als das Flugzeug zur Landung ansetzte, stand die Stewardeß wieder neben ihm. »Sie wollen kassieren?«, fragte Günter. »Ich habe aber nichts genommen!« Grimmiges Lächeln, der Triumph des Standhaften.

»Das wollte ich Sie eben fragen: Warum haben Sie eigentlich nichts genommen?«

»Ich hatte absolut keinen Hunger.«

»Schade«, sagte die Stewardeß im Weggehen, »wo doch alles im Preis inklusive war ...«

*

Günter Neumann war ein passionierter Postkartenschreiber. Wenn ihm irgendwo etwas aufgefallen war, schrieb er einen witzigen Kommentar auf eine Postkarte – ein Vergnügen für uns, die Adressaten.

Bei der Fußballweltmeisterschaft 1966 bat er mich um Vermittlung in einer wichtigen Angelegenheit. Ob ich ihm mit meinen sportlichen Beziehungen zu einer Bekanntschaft verhelfen könne: Es gebe da einen Masseur im brasilianischen Team, der wahre Wunder an seinen Leuten tue. Die Spieler können so verletzt sein, wie sie wollen – können sich überschlagen und wie tot liegenbleiben oder die schmerzlichsten Wehlaute ins Stadion schreien –; wenn der glatzköpfige Masseur ihnen nur etwas ins Ohr flüstere oder auf den Schenkel klopfe, sprängen sie augenblicklich wieder auf die Beine, gesund und munter wie zuvor. Da er selbst an Rheuma leide, hätte er gern die Bekanntschaft dieses Wunderheilers gemacht ...

*

Mein Verhältnis zu Günter Neumann, das immer heiter war und für mich unendlich lehrreich, ist in Worten schwer zu beschreiben. Es erinnerte mich nach seinem Tode, der mich furchtbar erschütterte, an ein Märchen, das ich aus meiner Kindheit kannte:

Ein Junge hat von einer guten Fee ein kleines Schlüsselchen. Es besitzt Zauberkraft. Immer, wen er es bei sich hat, kann er in der Schule gut rechnen, schreiben und lesen. Vergaß er den Schlüssel einzustecken, dann wußte er keine Antworten und war ganz hilflos. Nach einem Jahr verlor er diesen Schlüssel. Er war untröstlich. Bedrückt ging er in die Schule und erwartete Schlimmes. Aber er gab sich Mühe. Und da erlebte er: Es ging plötzlich auch ohne das Zauberschlüsselchen!

So ging es mir mit meinem Freund Günter. Immer hatte ich geglaubt, ohne ihn würde ich verloren sein. Und obwohl ich unendlich viel durch seinen so frühen Tod verlor, war ich doch nicht verloren. Er hatte mir genug mitgegeben auf meinen Weg. Ich konnte ihn dann alleine weitergehen.

Anfangs war Günter Neumann bei »Dalli-Dalli« immer dabei. Er versäumte keine Probe. Noch im Hotelzimmer schrieb er Manuskripte um, fügte Einfälle ein, warf neue Manuskriptseiten wieder in den Papierkorb. Deshalb bezweifle ich, daß er ein Routinier war, denn trotz seiner unermeßlichen Erfahrung verfiel er nie der Routine, jener schlimmsten Feindin aller kreativen Menschen.

Es war an einem Münchener Montag. In einer Probenpause ging ich mit Günter noch ein wenig spazieren. Er bat mich, anzuhalten. Atemnot befiel ihn. Wir kamen jeweils nur fünfzig Meter weit. Dann mußten wir wieder stehenbleiben. Ich riet ihm, sich hinzulegen, und wir verabschiedeten uns. Weder er noch ich ahnte, daß es ein Abschied für immer war.

Am Dienstag um neun waren wir verabredet. Vorher sollte ihn unser treuer Fahrer, Herr Tonn, abholen; ihn von seiner Münchener Wohnung, mich vom Hotel.

Früh halb sechs klingelte das Telefon. Brigitte war am Apparat, Günters Lebensgefährtin. Schluchzend stammelte sie: »Hans! Hörst du mich? Günter liegt in seinem Zimmer – im Bett – er ist – er ist tot!!!«

Ich erstarrte und brachte kein Wort über die Lippen. Wie gelähmt hielt ich den Telefonhörer umklammert. Brigitte sprach weiter, weinend, schwer atmend: »Komm, bitte, sofort, Hans. Er ist tot, Hans, er ist tot!«

Wie in einem Alptraum zog ich mich an, lief die Treppen im Hotel hinunter, hörte meine eigenen Schritte in der Stille dieser furchtbaren Morgenstunde.

Der Wirt, Heini Reichlmaier, kam. »Was ist los, Hans?« fragte er.

»Günter ist tot«, sagte ich und mochte meinen eigenen Worten nicht glauben.

»Komm, ich fahr dich hin«, sagte er.

Durch die stille, halbdunkle, menschenleere Stadt fuhren wir zur Maximilianstraße, in der Günters Münchener Wohnung lag. Wir gingen hinauf und klingelten.

Im Vorraum standen zwei Polizisten. Sie sagten nichts. Brigitte kam mir entgegen. Blaß, die Augen rot vom Weinen. »Setz dich erst einmal hin, Hans«, sagte sie nur. Ich setzte mich, stand aber gleich wieder auf, um zu Günter hinüberzugehen. Mein Herz schlug mir bis zum Hals.

Er lag still und mit einem Ausdruck inneren Friedens auf seinem Bett. Nur für wenige Minuten stand ich bei dem Freund, sah ihn an, nahm Abschied.

Dann rief ich ein Bestattungsinstitut an und regelte – in seltsamer Nüchternheit – das, was jetzt zu geschehen hatte. Die Polizisten kamen schließlich zur Tür herein und fragten mich, ob sie – da ich nun da sei – gehen könnten.

»Warum waren Sie überhaupt hier?« fragte ich zurück.

Einer von ihnen nahm mich zur Seite und sagte mir leise, sie hätten dableiben müssen, damit Brigitte – sie sagten »diese Dame« – sich nichts »antäte«. Ja, sie konnten nun gehen.

Günter war geschieden. Seine Frau, die berühmte Kabarettistin Tatjana Sais, hatte wieder geheiratet, den Generaldirektor der BBC London, Sir Hugh Carlton Green. Ihretwegen hatte er seine Stellung verloren, denn ein geschiedener Mann galt damals in England noch als nicht tragbar für ein hohes öffentliches Amt.

Mir war klar, daß ich Tatjana anrufen mußte, die auch jetzt noch seine künstlerische Beraterin war und die Günter nie aufgehört hatte zu lieben. Ich wählte die Londoner Nummer. Sir Green war am Apparat. Er sprach hervorragend deutsch. Dann sagte ich Tatjana, was geschehen war.

Tatjana ging die Trauerbotschaft sehr nahe. Ich fragte sie, ob Günter nach Berlin übergeführt werden sollte, um dort beigesetzt zu werden, wo die Gräber seiner Eltern waren. Ja, man sollte.

Bald kamen die Männer des Bestattungsinstituts. Sie legten mir Kataloge vor. Ich mußte bestimmen, was für ein Totenhemd bestellt wurde, welche Farbe der Sarg haben und aus welchem Holz er sein sollte. Auch über die Preise sollte ich entscheiden. Ich erfüllte diese Pflichten in einem Dämmerzustand.

Dann wurde Günter geholt. Der Sarg – ich sah es wie durch einen Schleier – ging nicht waagerecht durch die Tür. Sie kippten ihn an und stellten ihn hoch. Dann war ich mit Brigitte allein.

Ich saß da und sah vor mich hin. Und dann erst habe ich geweint. Ich erinnere mich nicht, als erwachsener Mensch jemals geweint zu haben. Doch über Günters Tod vergoß ich viele Tränen. Auch noch in der folgenden Nacht, die ich schlaflos verbrachte.

Zunächst war ich bei Brigitte geblieben. Um neun Uhr hatte es geklingelt. Herr Tonn war zur Stelle: »Herr Rosenthal, Sie sind ja hier und nicht im Hotel? Ich will Herrn Neumann abholen.«

»Günter wird nie mehr mitkommen, Herr Tonn. Er ist heute früh gestorben.«

Herr Tonn sah mich nur stumm und fassungslos an. Äußerlich kühl sagte ich noch: »Fahren Sie zu den anderen. Sagen Sie ihnen, sie sollen schon anfangen mit der Musikprobe. Ich komme dann halb elf.«

*

Günter Neumann war nur 58 Jahre alt geworden. In zwei Wochen hatten er und Brigitte heiraten wollen. Sie war viel jünger als er, was ihm immer ein bißchen peinlich gewesen war. Das Aufgebot war schon bestellt. Und nun saß sie da auf ihrem Stuhl, allein, ratlos, reglos. Ich mußte mich von ihr verabschieden und zur Probe gehen.

Als ich ins Studio kam, wurde ich mit der Frage bedrängt, ob wir die Sendung überhaupt machen sollten. »Ich mache sie nur, wenn ich etwas zu Günters Tod sagen kann«, antwortete ich.

Wir probten. Ich arbeitete mechanisch. Alles war anders geworden. Ich sehnte das Ende der Probe herbei! Abends dann im Hotel kam mir zu Bewußtsein, was ich verloren hatte: Der Schlüssel war mir verlorengegangen. Ohne ihn würde nichts mehr gehen.

Am Mittwoch standen die Meldungen über Günters Tod in den Zeitungen. Auch, daß er mein bester Freund war. Man fragte sich, was ich in der Sendung nun machen würde. Vor allem fragten es meine Mitarbeiter.

»Zunächst muß die Sendung laufen, als ob nichts geschehen wäre«, sagte ich, »denn wenn ich eingangs etwas zu Günters Tod sagen würde, könnte ich nicht anschließend neunzig Minuten lang den Heiteren mimen.«

Es war in der Sendung immer an zwei Flügeln gespielt worden. An einem von ihnen hatte Günter Neumann gesessen. Wir beschlossen, seinen Flügel im Studio stehen zu lassen. Am Ende der Sendung sollten erst Blumen darauf gelegt werden, damit ich sie nicht während der Sendung immer sehen mußte.

Als Schlußmusik wollten wir keine Orchesterfassung bringen, sondern Heinrich Riethmüller sollte die ›Insulaner‹-Melodie spielen. Ich machte die Sendung. Wer mich nicht sehr genau kannte und nicht wußte, was geschehen war, wird mir nichts angemerkt haben. Ich wußte, daß es in Günters Sinne war, diese Arbeit zu tun.

Das Ende der Sendung war gekommen:

»Diese Sendung endet anders, als Sie es gewohnt sind. Ich habe meinen besten Freund verloren. Er hat diese Sendung mitgeschaffen. Wir kannten uns seit vielen, vielen Jahren. Mit seinem unvergeßlichen ›Insulaner‹ hat er Millionen Menschen Freude und Hoffnung gegeben. Lassen Sie uns seiner gedenken, mit einer Melodie, die seine Melodie gewesen ist.«

Heinrich Riethmüller spielte die »Insulaner«-Melodie in Moll. Es war ganz still im Saal. Und ich stand sehr allein da vorn. Dann erloschen die roten Lampen an den elektronischen Kameras.

*

Ich flog nach Berlin zurück, kümmerte mich um die Beerdigung, gab meinem Freund das letzte Geleit. Noch immer gehe ich einmal im Jahr zu Günters Grab. Dann unterhalte ich mich stumm mit ihm – und habe das Gefühl: er versteht mich immer noch. Und ich verstehe ihn.

Nicht alle haben ihn immer verstanden. Die Größe seiner Begabung, die Genialität seiner Arbeit, die Güte seines Herzens, die ihm seine Ideen eingab, sein Verständnis für andere, die Überlegenheit seiner augenzwinkernden Texte, seine große Musikalität, seine Vielseitigkeit, seine Menschlichkeit – wer hatte das alles so kennengelernt wie ich? Wer hätte es würdigen können?

Zu den schönsten Andenken, die mir von ihm blieben, gehört sein Buch »Berlin«, das Fritz Busse illustrierte. Ungezählte Male habe ich die Widmung gelesen: »Wenn ich an wahre Freunde denke, dann fallen mir eigentlich nur Ihr beide, Hans und Traudl, ein. Euer Günter.«

Wir vom »Dalli–Dalli«-Team sprechen oft von ihm – Heinrich Riethmüller und Oskar, unser Schnellzeichner, Monika und Ekkehard Fritsch, der ja leider unsere »Dalli–Dalli«-Runde vor geraumer Zeit verließ. Sie gehören zu dem engen, in Erinnerungen gebetteten Kreis, der an Günter Neumann in Freundschaft und Liebe hing. Heinrich kenne ich schon seit Jahrzehnten. Oskar, der Karikaturist, war schon in »Gut gefragt, ist halb gewonnen« dabei.

Es ist nicht »Freunderl-Wirtschaft«, die mich auch in der Arbeit zu diesen Kollegen halten läßt. Wir sind aufeinander eingespielt – im wahrsten Sinne des Wortes. Und es ist so wichtig für das Gelingen einer Fernsehsendung, daß die Mitwirkenden sich auch außerhalb des Studios gut verstehen. Da gibt es keinen Neid, keine Intrige, kein eifersüchtiges Drängen in den Vordergrund. Nichts ist – gerade im Unterhaltungsbereich – so schädlich und so zerstörerisch für den Erfolg, wie solche Ambitionen. Und nichts ist leider so häufig wie sie. Bei uns gibt es das nicht. Wir gehören zusammen, denn wir sind den Weg von unten nach oben gemeinsam gegangen, und das hat ein Vertrauen wachsen lassen, dessen Früchte unbezahlbar sind.

270

Drei Monate nach Günters Tod bekam ich die erwähnten Fernsehpreise. Da erfüllte sich das Märchen von dem Jungen und dem Schlüsselchen. Auch ohne den großen Freund – aber in seinem Sinne und
von ihm ausgerüstet für den weiteren Weg – hatte ich es geschafft.

Pannen

Es gibt einen alten Berliner Spruch, den jeder in der Stadt kennt: »Der
alte Brauch wird nicht gebrochen – hier können Familien Kaffee
kochen«. Gemeint ist die Berliner Tradition, Gäste von Ausflugsloka-
len im Grünen Kaffee kochen zu lassen. Nach diesem Motto gab es
beim RIAS eine erfolgreiche Sendereihe, die »RIAS-Kaffeetafel«.
Geladene Gäste tranken Kaffee – nicht Selbstgekochten: Sie bekamen
ihn fertig serviert –, konnten Kuchen essen, Musik wurde gespielt und
zwischendurch geplaudert. Diese Sendung betreute ich jahrelang.
  Normalerweise wurden nicht Einzelpersonen eingeladen, sondern
Mitglieder von Verbänden und Organisationen, Betrieben, Gewerk-
schaften oder Vereinen. Einmal war der »Bund der Hirnverletzten« zu
Gast. In dieser Vereinigung wird segensreich und aktiv gearbeitet, um
Menschen, die an Hirnverletzungen leiden, nicht abseits stehen, sondern sie auch am Leben außerhalb ihres privaten Alltages teilnehmen
zu lassen.
  Vielleicht hatte ich falsche Vorstellungen von diesem »Bund der
Hirnverletzten«, jedenfalls ordnete ich vor der Sendung an: Keine
»Idiotenwitze«, keine »Stotterwitze«, überhaupt keine Späße, die auf
menschliche Gebrechen zielen. So etwas mag ich ohnehin nicht, aber
in diesem Falle schien es mir ganz besonders fehl am Platze zu sein.
Nur die Musiktitel des Orchesters Wilfried Krüger hörte ich mir nicht
vorher an. Die stehen ja ohnehin auf dem Programmzettel, dachte ich.
  Die Sendung begann. Auf dem Programmzettel stand: »1. Ansage.
2. Orchester Wilfried Krüger: »Fatinitza«-Marsch von Suppé«.
  Der Ansager trat auf und verbeugte sich:
  »Die RIAS-Kaffeetafel! Ein buntes Programm für jung und alt
mit dem Orchester Wilfried Krüger. Liebe Hörerinnen und Hörer,

271

heute sind wir mit den Mitgliedern des ›Bundes des Hirnverletzten‹ beisammen. Ich wünsche Ihnen allen viel Freude und Spaß an unserer Sendung!«

Wilfried hebt den Taktstock. Das Orchester beginnt zu spielen. Ich erkenne die Melodie und erstarre. Es war die Melodie des in Berlin und über Berlin hinaus bekannten Liedes:

»Du bist verrückt, mein Kind, du mußt nach Berlin.
Wo die Verrückten sind, da gehörst du hin«.

Im Schock verließ ich den Saal, lief hinaus auf die Straße, irrte zwanzig Minuten durch Berlin. Alles ist aus, dachte ich, ich habe die »Kaffeetafel« ruiniert. Und ich als Verantwortlicher werde wohl gehen müssen. So eine schlimme Panne kann ja der zuständige Abteilungsleiter gar nicht übersehen.

Dann schlich ich mich doch wieder in den Saal. Ich hörte Musik, frohes Lachen und viel Beifall. Ich atmete auf.

Nach der Sendung ging ich zum Vorsitzenden des »Bundes des Hirnverletzten« und sagte: »Ich glaube, ich muß mich bei Ihnen entschuldigen ...«

Er unterbrach mich:

»Wieso entschuldigen? Ich wüßte nicht, wofür Sie sich entschuldigen müßten. Im Gegenteil. Es war doch großartig. Uns hat es jedenfalls viel Freude gemacht.«

*

An eine Panne, die ich selbst verursachte, erinnere ich mich heute noch mit Schmunzeln. Damals aber, als sie sich ereignete, war mir gar nicht zum Lachen zumute.

Wir hatten im RIAS das »Schlagermagazin« mit Werner Müller, das wir scherzhaft »Magerschlagazin« nannten. Von Henri Regnier bekam ich den Auftrag, das in eine Fernsehfassung zu bringen, was ich auch tat. Regnier wollte zusätzlich noch ein Musik-Quiz eingebaut haben. Auch das übernahm ich mit Vergnügen.

Aber schon bald sollte etwas geschehen, das als Folge meine Verabschiedung aus dieser Sendung nach sich zog.

Ich spielte das Quiz immer mit vier Personen aus dem Publikum und nannte es »Hammel raus«. Die Sache ging so:

Es mußten zum Beispiel Vornamen nach dem Alphabet genannt

werden. Der erste sagte »Albert«. Dann kam der zweite, wiederholte das und nannte den Vornamen »Bruno«, der dritte mußte beides wiederholen und fügte »Christian« hinzu. So ging das weiter, bis einer eben nicht weiterwußte. Der war dann der »Hammel« und mußte raus. Wer übrigblieb, hatte gewonnen.

Weil es ja nun ein Musik-Quiz war, machte ich dieses Spiel auch einmal mit Komponistennamen. Voraussetzung für das Gelingen war natürlich, daß ich die Namen der genannten Komponisten selber kannte, um zu entscheiden, ob die Kandidaten richtig antworteten. Es saß zwar unser Musikchef im Saal, zu dem ich manchmal hinüberschielte, aber fragen konnte ich ihn ja während der Sendung nicht.

Es ging also los. »Adam«, »Beethoven«, »Chopin« und dann: »Dibelius«. Ich ließ weiterraten. Niemand im Saal merkte etwas.

Aber hinterher ging die Hölle los! Anrufe, Empörung, Protest: »Dibelius« sei evangelischer Bischof und keineswegs ein Komponist!

Kritiker stürzten sich auf mich. Nun waren sie alle klüger als der vermessene Quiz-Meister, dem es an Bildung fehlte, seine Sendung korrekt über die Runden zu bringen.

Es nützte mir gar nichts, eine Erklärung für die Panne gefunden zu haben: In meinem Kopf mußten sich die Komponistennamen Delibes und Sibelius zu »Dibelius« vereinigt haben, als ich dem Kandidaten, der den Bischofsnamen ins Spiel gebracht hatte, aufmunternd und anerkennend zugenickt hatte.

Es blieb dabei: Ich hatte versagt, und Anmaßung war es gewesen, überhaupt als Spielführer auf die Bühne gegangen zu sein. Unter dieser Niederlage litt ich sehr.

Doch die Pointe der Geschichte kommt erst noch: Als das Gewitter bereits samt Konsequenzen über mich hereingebrochen war, bekam ich einen Brief von einem Mitarbeiter des Bayerischen Rundfunks:

»Lieber Hans Rosenthal! Ich habe die vernichtenden Kritiken über Ihre Einlage im ›Schlagermagazin‹ gelesen. Kopf hoch! Die Kritiker haben alle unrecht. Der Bischof Dibelius hat einen Neffen, der für uns als Komponist arbeitet. Es gibt also in der Tat einen Komponisten Dibelius!«

Tröstlich war das. Aber helfen konnte es auch nicht mehr. Denn ich war aus dieser Sendung bereits wie mit spitzen Fingern herausgenommen worden. Und kam nicht wieder hinein.

Auch in »Dalli–Dalli« geschah einmal ein Mißgeschick, zugegebenermaßen: ein kleines. Mein Garderobier in Wien hatte mich angezogen. Ich war hinaus auf die Bühne gegangen und hatte nichtsahnend gearbeitet. Schon nach der zweiten Runde glühten die Telefondrähte: Anrufe über Anrufe. Und alle mit der gleichen Frage: Ist es jetzt etwa Mode geworden, zu einer dunkelblauen Jacke eine schwarze Hose zu tragen? Mein Garderobier hatte sich vergriffen.

Ich hatte es nicht mehr ändern können. In meine falsche Hose war der Sender eingebaut. Umziehen war nicht möglich. Sehr verlegen und mit schweißnassen Händen brachte ich die Sendung über die Runden.

Es ist überhaupt erstaunlich, wie viele Fernsehzuschauer auf Einzelheiten der Kleidung achten. Menschen, die bestimmt nicht viel Geld haben, investieren hohe Beträge in ein Ferngespräch, um mir über Hunderte von Kilometern mitzuteilen, daß meine Krawatte ein bißchen schief sitzt. Aus Hamburg, Bremen oder Osnabrück rufen sie an, um darauf aufmerksam zu machen, daß ein Knopf meines Anzuges nicht richtig geknöpft ist.

Da ich gerade bei meinen Anzügen bin:

Eine bekannte Programmzeitschrift wollte Photos von mir machen lassen. Ich fuhr dazu in ein altes Münchener Atelier, gekleidet in einen funkelnagelneuen Bühnenanzug, der 1800 Mark gekostet hatte. Für die Fotos sollte ich mich aber umziehen. Eine richtige Garderobe gab es dort nicht. Ich zog meinen Bühnenanzug aus und fragte, wo ich ihn hinhängen könnte. Man wies auf einen Spiegel, der von bunten Glühbirnen umgeben war. Dicht daneben befand sich ein Haken. Ich benutzte ihn, zog einen anderen Anzug an und ging ins Atelier.

Die Photographiererei begann. So etwas dauert meist endlos lange. Es werden Hunderte von Einzelaufnahmen gemacht, um die eine gute herauszufinden. Amateure sollten nicht traurig sein, wenn ihre Schnappschüsse nicht der Qualität von Illustriertenphotos entsprechen. Manche freuen sich schon, wenn von 36 Bildern dreißig gelingen. Für eine einzige Titelaufnahme verschießen Profis bis zu zweihundert Bilder.

So ging das also auch bei mir, und die Zeit verrann. Als ich in die Ersatzgarderobe zurückkam, erfüllte Qualm den Raum. Ich tastete mich zu meinem Anzug. Einige der Glühbirnen strahlten mir besonders hell entgegen – sie hatten sich durch mein Jackett gebrannt. Der Anzug war hin. Aber ich wurde entschädigt. Der Chefredakteur der Zeitschrift hörte von der traurig-komischen Geschichte und schrieb mir:

»Lassen Sie sich einen neuen Anzug machen, Herr Rosenthal. Wir bezahlen ihn.«

*

Und noch eine Panne – mit einem »unersetzlichen« Verlust:

Walter Gross hatte einen Auftritt in meiner »Dalli–Dalli«-Sendung. Er sollte ein Chanson singen. Nun ist das bei uns nicht so wie bei Sängern, die mit einem längst geprobten und oft dargebotenen Repertoire durch die Lande fahren und schon ganz genau wissen, an welchen Stellen sie die begehrten Pointen haben, was beim Publikum ankommt und was nicht. Bei uns wird kurzfristig vorher geprobt und auch die Zeit fürs Lernen ist für die Künstler recht kurz.

Walter kam also während der Proben zu mir und sagte: »Hans, der Text ist schwierig. Ich kann und kann mir manche Stellen nicht merken.«

So sehr ich auch nachdachte, mir fiel in der Eile nichts ein. Aufregung machte sich breit.

Doch er, der immer gute Laune um sich verbreitete, blieb heiter und gelassen:

»Ich habe eine Idee, Hans. Es ist doch ein Lied über das Oktoberfest. Da könnte ich doch mit einem Luftballon auf die Bühne kommen.«

Ich verstand noch nicht:

»Na und? Singen mußt du ja trotzdem.«

»Ja doch«, sagte Walter, »aber hinten auf den Luftballon kann ich mir den jeweiligen Textanfang schreiben! Ist das nicht fabelhaft?«

Ich beglückwünschte ihn zu seinem rettenden Einfall. Bei den Proben klappte alles vorzüglich – dann die Sendung; der Augenblick seines Auftritts kam. Er griff nach seinem Luftballon, und ich sagte ihn draußen, vor Publikum und Kamera, an:

»Und nun singt für Sie: Walter Gross!«

Heinrich Riethmüller spielte die ersten Takte. Walter Gross ging durch die Tür, kam mit dem Ballon an einen Nagel und ...

Das Weitere ist leicht zu erraten. Geplatzt war nicht nur die bunte Gummihülle, sondern auch die rettende Idee des armen Künstlers.

Selbst das konnte Walter nicht aus der Ruhe bringen. Er dichtete aus dem Stegreif, reimte flott – und manchmal etwas unverständlich – drauflos, kam aber bis zum Schluß seines Chansons und erschien dann, schweißgebadet, hinter der Bühne. Wahrscheinlich hat man unser Lachen bis ins Publikum gehört . . .

Aber es war nur hinterher komisch – für uns jedenfalls. Denn wenn so etwas in einer Live-Sendung passiert, schwitzt man Blut und Wasser. Nur ein sehr erfahrener Künstler kommt einigermaßen heil durch eine solche Situation.

*

Viel schlimmer aber, geradezu alptraumhaft, war für mich die Sache mit der »Palma Christi«.

Nach einer Redaktionssitzung kam unser Produktionsleiter Werner Heyn zu mir und sagte:

»Du, Hans, ich habe da etwas sehr Interessantes gehört. Vielleicht könntest du das verwenden: Es gibt eine Wunderbohne. Pflanzt man sie in die Erde eines Blumentopfes, dann treibt sie sehr schnell, und es wächst eine Pflanze im Zeitraffertempo, so daß man beinahe zusehen kann. Nach wenigen Monaten kann sie schon über zwei Meter hoch sein. Sie heißt Palma Christi. Könnte man das nicht in irgendeiner Form für die Sendung . . ?«

»Das ist großartig! Das machen wir. Da haben wir eine originelle Publikumsaufgabe. Die Leute sollen sich solche Bohnen kaufen, einpflanzen, und wer nach drei Monaten die höchste und längste Palma Christi aufweisen kann, ist Sieger; die ersten drei bekommen eine schöne Reise.«

Ich glaubte ganz vorsichtig und gewissenhaft zu sein, als ich dafür sorgte, daß der Zentralverband der Blumen- und Samenhändler benachrichtigt wurde und gewährleistet war, daß die Geschäfte auch genug solcher Bohnen am Lager hatten, wenn nach der Sendung mit dem »Startschuß« für die Palma Christi der zu erwartende Ansturm einsetzen würde.

Gesagt, getan. Ich trat auf und erzählte meine Story von der Palma Christi. Wer die höchste Pflanze nach drei Monaten zu haben glaubte, sollte uns ein Photo mit Maßangaben schicken. Wir würden dann einen Mitarbeiter in die Wohnungen der Rekordverdächtigen entsenden und die Angaben nachprüfen lassen.

276

Nach der Sendung saß ich etwas abgekämpft in meiner Garderobe und ruhte mich ein wenig von der Hektik der Live-Sendung aus. Plötzlich stand unsere Redakteurin Gundula Walter in der Tür:

»Du, Hans, da hat ein Zuschauer angerufen, ein Doktor, wahrscheinlich Arzt. Der hat gesagt, deine Aufforderung wäre unverantwortlich und könnte entsetzliche Folgen haben. Die Bohnen dieser Palma Christi sind nämlich giftig! Wenn Kinder sie schlucken, kann das tödlich enden.«

Ich war zwar irritiert, aber nicht wirklich beunruhigt.

»Das wird wieder so ein Irrer sein, Gundula«, sagte ich, »bei uns in Deutschland kann ich mir das gar nicht vorstellen – wo hier doch alles so streng überwacht wird und reglementiert ist. Jedes bißchen Farbstoff muß sogar auf Bonbontüten notiert sein. Da lassen die doch nicht den Verkauf giftiger oder gar lebensgefährlicher Bohnen zu. Wenigstens nicht ohne den entsprechenden Aufdruck auf der Packung.«

Einen Tag später kam ein aufgeregter Anruf vom Tropeninstitut: »Sind Sie wahnsinnig geworden? Wenn diese Bohnen bei den Leuten in der Wohnung herumliegen und die Kinder sie nur in den Mund nehmen, kann es schon zu einer Katastrophe kommen!«

Die nächsten vier Wochen verbrachte ich unruhig: Was würde geschehen? Ich hatte eine Presseerklärung veröffentlicht, in der dringend empfohlen wurde, diese Bohnen nicht für Kinder greifbar herumliegen zu lassen. Von der hochgradigen Giftigkeit hatte ich nichts erwähnt, um die Leute nicht hysterisch zu machen oder Selbstmördern unfreiwillig Anregungen zu geben.

In der nächsten Sendung warnte ich dann vor fahrlässiger Handhabung der Bohnen und wies eindringlich auf gesundheitliche Risiken hin.

Eines Nachts wachte ich schweißgebadet auf, weil ich geträumt hatte, daß die Todesnachricht eines Palma-Christi-Opfers eingetroffen war. In einem anderen Traum sah ich mich Beileidsbesuche bei Eltern machen, die ihre Kinder durch diese Bohne verloren hatten. Selbst wenn es nicht zum Schlimmsten käme, sondern nur eine Erkrankung die Folge wäre, sah ich meine »Dalli–Dalli«-Sendung schon der Palma-Christi-Bohne zum Opfer gefallen.

Aber es ging, Gott sei Dank, gut! Nur einen einzigen Fall bekamen wir gemeldet. Man hatte einem Kind, das Palma-Christi-Bohnen verschluckt hatte, den Magen vorsorglich ausgepumpt. Mehr war nicht. Aber mir reichte es trotzdem schon.

Daß schließlich ein Palma-Christi-Aufzüchter eine Pflanze von fast zweieinhalb Metern Höhe vorzeigen konnte und damit Sieger wurde, hat mir keinen großen Jubel mehr abgewinnen können: Mein Enthusiasmus für dieses Gewächs war gründlich erloschen.

*

Neben »Dalli–Dalli« war ich immer darauf bedacht, andere Sendungen zu bringen, um nicht einseitig zu sein. So gab es achtmal die Sendung »Schlagerfestival«, bei der wir jedesmal eine Hitparade der zwanziger Jahre nachspielten, also »Schlagerfestival 1925, 1926 usw.« Wir brachten mit Wochenschauausschnitten, gespielten Witzen und Szenen echte Atmosphäre in diese Show.

Und da passierte eine andere Panne, nicht so schlimm wie die Wunderbohne, aber immerhin bezeichnend:

Wir hatten für zwei Songs Karel Gott verpflichtet. Dieser bei uns so überhaus beliebte und hochbegabte Sänger aus Prag sollte zusammen mit anderen am Schluß einen Vers des Liedes »Durch Berlin fließt immer noch die Spree« singen. In einer Textzeile dieses Liedes kommt aber der Name des alten pommerschen Ostseebades Zoppot vor:

»Zoppot, Ostende, das hat für den ein Ende,
der nicht mehr blechen kann!
Gleichfalls im Winter, das schöne Skigelände,
das geht uns nichts mehr an!

Muß man denn immer die Jungfrau sehn?
Schließlich, der Kreuzberg ist ja auch ganz schön!
Und wenn auch die andern bis Honolulu wandern,
dann laßt sie ruhig gehn!

Durch Berlin fließt immer noch die Spree,
dichte bei ist noch der Müggelsee,
rings herum blüht noch der Grunewald,
wo's was Grünes gibt für jung und alt !....«

Zoppot ist heute polnisch und hat auch einen etwas veränderten Namen. Karel Gott, dem Noten und Text schon vorher zugeschickt worden waren, kam vor den Proben zu mir und sagte: »Dieses Lied kann ich nicht mitsingen – tut mir leid, etwas anderes gerne . . .«

Zuerst verstand ich nicht, was ihn dazu bewogen haben könnte. Dann erfuhr ich den Grund: Das war schon einmal der Name, der seinen Begleitern revanchistisch klang. Aber Zoppot hieß in den zwanziger Jahren, in denen dieses Lied entstanden war, eben Zoppot und nicht anders. Die Erwähnung des Namens dieser Stadt in einem harmlosen, unpolitischen Lied aus den zwanziger Jahren konnte doch nicht provozierend sein! Daran auch nur zu denken erschien mir abwegig. Aber Karel durfte nicht.

Heute erscheint mir die ganze Sache als ein Mißverständnis: Daß Zoppot und Ostende, beliebte Seebäder, damals für viele ein Ende hatten, lag eben daran, daß die Inflation und der Zusammenbruch der deutschen Wirtschaft 1923 viele Leute, die vorher Geld besessen hatten, zu armen Leuten werden ließ. Sie konnten, wie es in der saloppen Sprache hieß, »nicht mehr blechen«. Für alle, die davon betroffen waren, bot das Lied den Trost an:

»Wenn die tollsten Dinge in der Welt passieren,
der Berliner wird nicht den Humor verlieren,
er hält stolz die Nase in die Höh':
Denn durch Berlin fließt immer noch die Spree!«

Wahrscheinlich bezogen die Begleiter Karel Gotts das »nicht mehr blechen können« auf die heutige Wirtschaftslage des Ostblocks.

Ich war zuerst sehr ungehalten darüber. Aber dann wurde mir die Tragödie der Entmündigung erwachsener Menschen, der Jammer einer solchen Freiheitsberaubung in kleinsten Dingen bewußt, und ich stimmte einer Textänderung an dieser Stelle – allerdings mit Kopfschütteln – zu.

Bei diesem »Schlagerfestival« gab es eine Doppelconférence, die ich beim Hörfunk mit Günter Neumann, beim Fernsehen mit wechselnden Partnern durchführte – zweimal habe ich Axel von Ambesser, mehrere Male Theo Lingen zur Seite gehabt.

Theo Lingen war für mich seit der Vorkriegszeit ein großes Filmidol; nicht nur als Komiker, als der er von vielen eingestuft wurde, sondern vor allem auch als großer Schauspieler und Regisseur.

Wir verabredeten uns, daß wir in den Wochen vor den Proben uns jeweils zwei Stunden vormittags und nachmittags trafen, um unsere Conférencen einzustudieren – sie mußten ja, über volle neunzig Minuten, so klingen, als wären sie aus dem Handgelenk geschüttelt.

Ich hatte mir vorgenommen, mit Theo Lingen ungefähr fünf Seiten pro Treffen zu erlernen. Aber als er kam, hatte er den ganzen Text schon im Kopf, Wort für Wort. Dabei war die Aufnahme erst zwei Wochen später.

Mir war es fast peinlich, ihn immer wieder um die Wiederholung dieser oder jener Stelle zu bitten, da ich sie noch nicht so sicher beherrschte.

Theo Lingen zwang jeden Mitarbeiter, genau und frühzeitig zu lernen. Er selbst hatte nicht nur die Worte präsent, selbst die einzelnen Betonungen oder Hervorhebungen brachte er beim ersten Mal nicht anders als beim zehnten. Dennoch klang alles, was Lingen sprach, genauso, als wäre es ihm eben erst eingefallen.

Gerade jüngeren Kollegen würde ich empfehlen, sich an Theo Lingen, einem echten »Theaterpferd« der alten Schule, ein Beispiel zu nehmen. Sie kommen zur Probe, ohne den Text zu kennen, und mit dem festen Vorsatz, beim nächsten Mal gelernt zu erscheinen . . .

Theo Lingen hat mich dazu gebracht, jede Nuance, jedes Wort ernst zu nehmen und rechtzeitig vor den Proben den Stoff intus zu haben. Ich habe es nie bereut.

*

Eine letzte Panne – die kleinste von allen – zum Abschluß. Sie passierte nicht mir, sondern dem damaligen Regierenden Bürgermeister von Berlin, Klaus Schütz.

Ihn hatte ich zu einer Ratesendung eingeladen, und er war gerne gekommen. Die Aufgabe war, bestimmte Speisen und Getränke den Städten zuzuordnen, aus denen sie stammten oder zu denen sie gehörten. Also: Pilsener Bier zu Pilsen, Königsberger Klopse zu Königsberg (da hätte ein russischer Gast schon wieder nicht mitspielen dürfen, weil ja Königsberg heute Kaliningrad heißt – und Kaliningrader Klopse noch auf keiner Speisekarte zu finden sind), Lübecker Marzipan zu Lübeck, Kieler Sprotten zu Kiel – und so weiter.

Bei der Zuordnung passierte es dann: Der Regierende Bürgermeister von Berlin wußte nicht, wohin er mit einem Glas Berliner Weiße gehen sollte. Er stand ratlos auf der Bühne, das Berliner »National«-

Getränk in der Hand, und suchte die erlösende Stadt. Er hat sie nicht gefunden. Es gab erboste Zuschriften. Nicht nur an das ZDF und an mich, sondern auch an Klaus Schütz selbst.

Doch er hat Humor und schrieb mir aus seinem Urlaub in Grindelwald, in dem er sich auch von den Zuschriften der erzürnten Berliner erholte, einen ganz herzlichen Brief. Es habe ihm großen Spaß gemacht, dabeisein zu dürfen – eine solche Panne werde sich, gerade was die köstliche Berliner Weiße betrifft, nie mehr wiederholen . . .

Von Boxern und Nasenbeinbrüchen

Mit Gustav »Bubi« Scholz bin ich seit vielen Jahren eng befreundet. Wir stammen aus derselben Berliner »Gegend« – er aus Berlin NO 58, ich aus Berlin NO 55. Er hat, wie er mir erzählte, in unserer Winsstraße als Junge die »BVZ« ausgetragen, die »Berliner Volkszeitung«. Dieses Blatt wurde auch bei uns zu Hause gelesen.

Als ich »Bubi« kennenlernte, war er noch nicht so berühmt. Und so habe ich seinen rasanten Aufstieg unmittelbar miterlebt. Daß ich bei seiner Hochzeit einer der Trauzeugen war, erschien uns selbstverständlich. Ebenso, daß ich bei seinen großen Kämpfen am Ring saß und ihm die Daumen drückte.

Es war nach seinem Kampf in der Dortmunder Westfalen-Halle. Er hatte gegen Resch die Deutsche Meisterschaft gewonnen. Wir fuhren, gemeinsam mit »Bubis« Trainer Taubeneck, im Auto von Dortmund zurück nach Berlin. Bei Helmstedt an der Grenze wartete eine Autoschlange von mehreren Kilometern. »Bubi«, der in bester Laune war, machte einen unerwarteten Vorschlag:

»Komm, Hans, laß uns umkehren und nach Wolfsburg fahren! Hier würden wir ja doch nur stundenlang herumstehen. Wenn wir gegen Abend wiederkommen, ist der Stau abgebaut. Ich habe einen Freund in Wolfsburg. Den werden wir besuchen und eine Runde Skat dreschen.«

Umkehr nach Wolfsburg. Nur, der Freund war nicht anzutreffen.

»Kein Problem«, sagte »Bubi«, »fahren wir nach Braunschweig. Dort kenne ich auch einen guten ›dritten Mann‹, ist ja nicht weit.«

Weiter nach Braunschweig. Vergebliches Klingeln an der Wohnungstür des »Ersatzmannes«. »Bubi« blieb heiter: »Jetzt können wir ebensogut nach Hamburg fahren, Hans, zu einem Reeperbahnbummel. Wenn wir dann morgen früh um sechs nach Berlin fahren, ist die Grenze ganz bestimmt frei!«

Als wir die schöne Hansestadt erreichten, war es fast schon Mitternacht. Hätten wir an der Grenze bei Helmstedt gewartet, wären wir um diese Zeit schon in Berlin gewesen. Aber dem Charme und der Überredungskunst meines Freundes »Bubi« zu widerstehen, ist schon anderen als mir mißlungen.

Ankunft in Hamburg. »Bubi«, dessen guter Stimmung unsere Odyssee keinen Abbruch getan hatte, fühlte sich in seinem Element!

»Paß auf, Hans, wir nehmen nur ein Doppelzimmer in einem Hotel. Der Taubeneck kommt gewiß nicht mit auf die Reeperbahn. Während wir uns mit dem Portier unterhalten, kriecht der unten am Tresen vorbei und geht schon mal rauf. Da wird die Sache billiger. Und außerdem werden wir das Zimmer sowieso nicht brauchen. Heute nacht jedenfalls nicht mehr.«

Der Plan gelang. Taubeneck kam durch – auf allen vieren. Wir trafen ihn dann im Gang wieder. »Bubi« gab ihm den Zimmerschlüssel, und wir beide zogen los.

Es wurde eine feuchtfröhliche Partie. »Bubi« hatte ja Grund zum Feiern. Und es wäre bis in den Morgen gegangen, hätte uns nicht gegen halb vier ein Schläfchen heimgelockt. Unsere Stimmung, in die wir uns mit Hilfe der Reeperbahn versetzt hatten, brachte es bedauerlicherweise mit sich, daß wir den armen Taubeneck mit zwar reduzierten, aber vereinten Kräften aus dem Bett warfen. Er schlief auf dem Vorleger weiter, den Schlaf des Gerechten, wie ich annehme.

»Er liegt da wie ein Hündchen, das für uns Wache hält« – hörte ich mich noch gerührt sagen, dann versank ich in die Nacht des hochprozentigen Tiefschlafs.

Gegen elf Uhr traf ich im RIAS ein. Gähnend, bleich, benommen. Die Welt schien trüb und leer. Und dann auch noch der Anruf meiner Frau, der mir mein schlechtes Gewissen so recht vor Augen führte:

»Traudl, entschuldige, aber ich bin gerade mit ›Bubi‹ äh, aus Hamburg, äh, zurückgekommen. Es hat etwas länger gedauert. Die Grenze war so voll. Da sind wir noch, na ja ... ein bißchen auf der Reeperbahn, weißt du? ... Nein, nein! Nur etwas getrunken ...«

Meine Frau war überrascht. So etwas kannte sie eigentlich nicht von mir. Aber sie kannte »Bubi«. Und sie verzieh.

Weniger lustig war eine andere Begebenheit, die »Bubi« betraf. Eines Morgens gegen zehn Uhr rief er mich an. Seine Stimme war heiser und schwach.

»Hans, ich bin's, Bubi.«

»Wo bist du denn? Was ist los?« fragte ich.

»Ich bin im Paulinenhaus«, antwortete er leise und matt, »sag es aber niemandem, komm her, ja? Und bitte, beeil dich.»

Ich fuhr hin. Das Paulinen-Krankenhaus ist in Berlin-Westend, in der Nähe der Reichsstraße.

Dort erfuhr ich, was »Bubi« widerfahren war: Er hatte einen Blutsturz gehabt. Die Untersuchung ergab, daß er ein großes Loch in seiner Lunge hatte: Tuberkulose. Eine niederschmetternde Diagnose also, gerade für einen Leistungssportler.

Wir berieten, was zu tun sei, um diese schlimme Nachricht nicht an die Öffentlichkeit kommen zu lassen. Vor allem die Zeitungen sollten nichts erfahren.

Das ging auch eine Weile gut. Die Ärzte, seine Frau Helga, Fritz Gretzschel – er war »Bubis« Manager – und ich hielten natürlich dicht. Und als »Bubi« dann einigermaßen wiederhergestellt war, schickte ihn der Arzt in ein Sanatorium in den Schwarzwald. Dort wollte ich ihn besuchen und seine Frau Helga mitnehmen.

Da aber Gerüchte über eine Erkrankung des damals schon berühmten Boxers durchgesickert waren und die Reporter wußten, daß er mit mir eng befreundet war, klingelte bei mir dauernd das Telefon. Man fragte nach »Bubi«. Ich schwieg. Als ich aber mit Helga in den Schwarzwald fuhr, bemerkten wir, daß uns ein Auto folgte: Reporter, die sich angehängt hatten, um auf »Bubis« Spur zu kommen.

Kreuz und quer sind wir gefahren – und es gelang uns, die Verfolger abzuhängen.

»Bubi« hielt sich unter anderem Namen in dem Sanatorium auf.

Bleich sah er aus, als wir ihn wiedersahen, und seine sonst so wachen, flinken Augen – die in den Kämpfen erheblich zu seiner gefürchteten Schnelligkeit beitrugen – waren müde. Er wirkte fast melancholisch, seine Traurigkeit steckte uns an, er schien ein anderer Mensch geworden, dort oben im Sanatorium ...

Niemand glaubte, daß er jemals wieder in den Ring steigen könnte, ich auch nicht. Aber »Bubi« schaffte es. Nicht einmal eine solche Krankheit konnte ihn besiegen.

*

Doch nun zum Fußball, einem Thema, das ich aus Gründen, die bald verständlich sein werden, nur mit einem weinenden und einem lachenden Auge behandeln kann.

Sonntag nachmittag ging ich mit »Bubi« Scholz immer zu den Spielen von »Tennis-Borussia« ins Berliner Mommsenstadion. Fritz Gretzschel, »Bubis« väterlicher Freund, war Vorsitzender dieses Fußballvereins. Mich packte bald das Fußballfieber.

Es dauerte nicht lange, und ich war Vereinsmitglied. Bei den Generalversammlungen meldete ich mich hin und wieder zu Wort. Und als es »Tennis-Borussia« eines Tages ziemlich schlecht ging und die Kasse gar nicht mehr stimmte, trug ich zur Diskussion in der erregten Mitgliederversammlung einiges bei. Fritz Gretzschel war damals schon nicht mehr Präsident.

Als ich einige Sanierungsvorschläge gemacht hatte, nahm ich zu meiner großen Verblüffung wahr, daß ich unversehens zum Spitzenkandidaten geworden war. Es war im denkwürdigen Jahr 1965: Fast einstimmig wurde ich gewählt und war plötzlich Präsident des zweitgrößten Berliner Fußballvereins.

In dieser Eigenschaft vertiefte ich mich in die Aktiva und Passiva des Clubs. Von »Aktiva« konnte nur im ideellen Sinne gesprochen werden: Die Mannschaft verfügte über einige hervorragende Spieler. Finanziell erblickte ich nur »Passiva«.

Alles war gepfändet: das Bankkonto, die zu erwartenden Einnahmen – alles. Es stellte sich heraus, daß der Verein jahrelang keine Krankenkassenbeiträge für die Spieler abgeführt hatte!

Ich suchte den Direktor der Allgemeinen Ortskrankenkasse auf und begann zu verhandeln, um nicht zu sagen, zu feilschen. Und mit Erfolg: Mit dreihundert Mark monatlich durften wir die Schulden abbezahlen.

Ein Besuch beim Vorstand der Bundesversicherungs-Anstalt folgte. Auch bei ihr war der Verein tief in der Kreide. Und auch dort erreichte ich Stundung, milde Nachsicht und die Erlaubnis zum Abstottern.

Drei bis vier weitere solche Stationen der Bußfertigkeit und des Aufschubes hatte ich noch zu absolvieren. Eines Tages war es dann so weit, daß ich wenigstens unsere Einnahmen freigekämpft und damit erreicht hatte, daß unsere Spieler wieder etwas Geld bekamen – und wie wenig war das damals im Vergleich zu heute!

Eigentlich bin ich heute noch stolz auf meine damalige »Präsident-schaft«. Nicht nur auf mein Verhandlungsgeschick, das dem »Pleite«-Verein wieder materiell Luft und damit Auftrieb im Spiel verschaffte, sondern auch auf die sportlichen Erfolge, die »Tennis-Borussia« während meiner Zeit als Vorsitzender errang: mehrere Male Berliner Meister, Pokalsieger und dreimal in der Aufstiegsrunde zur Bundesliga.

Es hat mit Freude gemacht, auf dem Wege eines kameradschaftlichen Managements dem Verein wieder Mut zu geben. Wenn die Spieler nicht wie dumme Jungs behandelt werden, die zu gehorchen und zu gewinnen haben, sondern als Partner, die man respektiert und deren Leistungen man anerkennt, auch wenn sie einmal unterlegen sind, dann kommt das allen – und vor allem auch dem Verein – zugute.

So war ich bemüht, nicht nur meine Pflicht als Vorsitzender zu erfüllen, sondern darüber hinaus auch menschlich für gute Stimmung zu sorgen.

Während eines Berliner Sechstage-Rennens bat ich den damaligen Sportpalast-Direktor Kraeft um Karten für meine Spieler und den Vorstand. Auch die Ehefrauen sollten mitkommen. Die Karten erhielten wir sofort. Und gratis.

Zwischen den Rennen gingen wir mit unseren Damen in den Innenraum, um gemeinsam ein Bier zu trinken.

Als wir am Tresen ankamen, erregten wir die Aufmerksamkeit einiger unangenehmer Typen, die sich zu uns stellten und unsere Damen zu belästigen begannen. Als einer von ihnen versuchte, einen Rock hochzuheben, konnte ich es nicht mehr mit ansehen. Ich stellte mich ihm in den Weg: Wenn er sich nicht sofort zusammennehme . . . Kaum hatte ich's gesagt, traf mich ein Fausthieb. Für einige Augenblicke sah ich Sterne und schließlich gar nichts mehr. Ich sank ohnmächtig zu Boden. Als ich wieder zu mir kam, bemerkte ich, daß meine Nase erheblich angeschwollen war. Ich ging zum Bahnarzt Dr. Tilgner und bat ihn, sich das mal anzusehen.

»Ja, Ihre Nase ist etwas schief, Herr Rosenthal.«

Ich erschrak und fragte ihn, was er damit meine.

»Ihre Nase ist mit Sicherheit schon immer schief gewesen. Sie haben niemals in Ihrem Leben eine gerade Nase gehabt. Wenn sie wieder abgeschwollen ist, wird sie so sein, wie immer – nämlich schief.«

Seltsame Art von Humor, dachte ich.

Da der Faustschlag, der mich getroffen hatte, erst der Auftakt zu einer Schlägerei gewesen war, die sich daraufhin entwickelte, kam die Polizei. Vier der Schläger, die uns provoziert hatten, wurden mit aufs Polizeirevier genommen. Auch jener, der mich niedergeschlagen hatte. Einer von ihnen war wegen Körperverletzung vorbestraft.

Noch vor Beginn der Vernehmung wurde mir eine Warnung zugeflüstert:

»Überlegen Sie sich, ob Sie Anzeige gegen uns erstatten. Wir wissen, wo Sie wohnen.«

Hätten sie das nicht gesagt, wäre ich mit einer Entschuldigung zufrieden gewesen und hätte auf eine strafrechtliche Verfolgung verzichtet. Aber diese Drohung war mir nun doch zuviel. Ich erstattete Anzeige.

Bange machen gilt bei mir nicht. Und erpresserische Drohung schon gar nicht.

Am folgenden Tag war meine Nase noch mehr angeschwollen. Sie sah furchtbar aus. Ich beschloß, ins Krankenhaus zu gehen. Der Arzt schickte mich sofort zum Röntgen. Das Resultat: Trümmerbruch des Nasenbeins.

»Ihre Nase muß sofort gerichtet werden, Herr Rosenthal«, sagte Professor Naumann. »Und damit Ihre Nase nach dem Richten gerade bleibt, bekommen Sie einen Gips darauf.«

»Das geht auf keinen Fall«, sagte ich, »ich habe am Sonnabend die Sendung ›Allein gegen alle‹. Wir haben dazu das ›Theater des Westens‹ gemietet. Eine Absage wäre unmöglich!«

»Sie können dort nicht auftreten und schon gar nicht sprechen«, sagte der Professor.

Ich blieb beharrlich.

»Dann müssen Sie am Montag darauf zu mir kommen. Dann wird es aber schwieriger sein.«

»Wieso schwieriger? Was muß denn Schlimmes an meiner Nase geschehen, um sie zu richten?«

»Ich muß versuchen«, sagte der Professor auf liebenswürdige Weise, »auf die andere Seite Ihrer Nase einen zweiten Faustschlag so zu plazieren, daß er den ersten ausgleicht. Dabei kommt es auf die Treffsicherheit, aber auch auf die Intensität meines Schlages an. Am nächsten Montag muß ich heftiger zuschlagen, als ich es heute müßte, weil dann schon einiges wieder angewachsen ist.«

Nach Lachen war mir bei dieser neuerlichen Kostprobe ärztlichen Humors nicht zumute. Ich ging trotzdem in die Sendung, absolvierte sie mit Anstand und meldete mich am folgenden Montag mit meinem Trümmerbruch wieder zur Stelle. Die Operation – von einem Faustschlag war natürlich keine Rede – verlief problemlos, und meine Nase war bald wieder so schön wie zuvor. Auch auf meine Ehe nahm die Operation einen positiven Einfluß:

Als ich in der Narkose lag und meine Frau, Händchen haltend, neben mir saß, soll ich – wie sie mir anschließend nicht ohne Rührung mitteilte – immer wieder gesagt haben: »Ich liebe dich, ich liebe dich.«

Es fand nun ein Prozeß gegen die Täter statt. Im Urteil gegen den Hauptschuldigen hieß es: »Der Angeklagte wird wegen wiederholter vorsätzlicher Körperverletzung zu einer Gefängnisstrafe von zwei Monaten verurteilt. Er hat die Kosten des Verfahrens zu tragen. Die Strafe wird zur Bewährung ausgesetzt.«

Der Mann zahlte dann schließlich tausend Mark Strafe und damit war auch für mich die Angelegenheit mit dem Trümmerbruch erledigt.

Der hintergangene Vereinspräsident

»Tennis-Borussia« – der Name des Vereins gibt Rätsel auf: wieso »Tennis«? Die Erklärung ist einfach. Es war ursprünglich ein Tennisclub, der eines Tages beschloß, eine Fußballmannschaft anzugliedern. Aber 1917 ging die Tennisabteilung ein. Die Fußballmannschaft blieb. Und spielte weiter unter dem alten Namen »Tennisclub Borussia«.

Bekannt war der Verein aber vor allem als »TB«. Besonders in Westdeutschland. Und so wurde ich nicht nur einmal gefragt: »Können Lungenkranke denn eigentlich neunzig Minuten so ein hartes Spiel durchstehen?«

Spaß beiseite – bald kam für den Club der Erfolg. Wir erreichten die Aufstiegsrunde der Fußballbundesliga. Und eines Tages meldete sich bei mir der Repräsentant einer bekannten Sportartikelfirma.

Er war die Liebenswürdigkeit in Person – und spendabel obendrein:

»Herr Rosenthal, wir gratulieren zum Erfolg Ihres Vereins. Unsere Firma möchte gern jedem Ihrer Spieler ein Paar Fußballschuhe unentgeltlich zur Verfügung stellen. Sollte sich bei Ihnen jemand von der Konkurrenz mit einem ähnlichen Angebot melden, dann rufen Sie uns bitte an. Wir können dann noch einmal miteinander sprechen.«

Da ich in den Beziehungen zwischen Sport und Werbung noch ganz unerfahren war, sagte ich dankend zu. Wir hatten ja so wenig Geld, und Fußballschuhe sind nicht gerade billig. Meine Jungens würden sich freuen. Dachte ich.

Kaum eine Woche war vergangen, da kam der nächste: Ein Vertreter einer anderen Sportartikelfirma meldete sich bei mir im RIAS. Sein Angebot war noch attraktiver: »Herzlichen Glückwunsch zur Aufstiegsrunde, Herr Rosenthal. Wir möchten Ihrem Verein gern für jeden Spieler ein paar Trainingsschuhe, je ein Paar Fußballschuhe, je einen Trainingsanzug, für den Masseur eine Ausrüstungstasche und Ihrem Verein dreitausend Mark überreichen.«

Da wußte ich, daß ich das erste Angebot überschätzt und zu schnell angenommen hatte.

Ich bat den Herrn der zweiten Firma um etwas Geduld, ging hinaus zu meiner Sekretärin Marlies Kahlfeldt und trug ihr auf, den ersten Herrn anzurufen, das Gespräch aber nicht zu mir hineinzustellen, sondern mich herauszurufen.

So geschah es. Der Herr war nicht erreichbar, aber seine Frau war am Apparat. Ihr sagte ich, daß wir – wegen des zeitlichen Vorranges – der Firma ihres Mannes den Vorzug geben würden, falls ihr Mann mir innerhalb einer halben Stunde telefonisch mitteilen könne, daß er mit dem zweiten Angebot gleichziehen würde. Wenn nicht, müßte ich mich für das erste entscheiden.

Es kam kein Anruf der ersten Firma innerhalb der von mir gesetzten Frist. Ich unterschrieb also den Vertrag mit dem freundlichen Herrn. Dreitausend Mark – das war sehr viel Geld damals! Und für unseren armen Verein war es fast märchenhaft.

Abends, nach dem Training, versammelte ich die Spieler um mich und teilte ihnen freudestrahlend mit: »Also paßt mal auf, Jungs, wir werden die Aufstiegsrunde in Schuhen einer ganz bestimmten Sportartikelfirma bestreiten. Ihr bekommt außerdem noch ein Paar Trainingsschuhe und der Verein dreitausend Mark. Prima, was?«

Der erwartete Jubel blieb aus. Ich sah nur lange Gesichter in der Runde.

Einer von den Spielern erhob sich mit einer Schwerfälligkeit, die wohl kaum von den Strapazen des Trainings herrühren konnte und die ich auf dem Spielfeld nie an ihm beobachtet hatte. Er sagte mit einer Stimme, die klang, als ob man ein Tonband zu langsam abspielt:

»Det jeht nich, Herr Rosenthal.«

»Warum denn nicht?« fragte ich.

»Weil ick, also, det is so – ick hab' heute nachmittag... da war so'n Mann von der Konkurrenzfirma bei mir. Und von dem hab' ick schon neue Schuhe bekommen. Und außerdem, na ja, also zweihundert Mark in die Hand!«

Da dämmerte mir, auf welchen Leim ich gegangen war. Der erste Herr hatte sich an meine Spieler gemacht, während ich bei dem zweiten unterschrieb.

»In eurem Vertrag steht, daß der Verein eure Ausrüstung stellt, also müßt ihr auch tragen, was euch gegeben wird.«

Jetzt meldete sich ein zweiter Spieler: Auch er habe das großzügige

Angebot nicht ausschlagen können. Und dann ein dritter: Zweihundert Mark, das sei schon was, da wolle er nicht verzichten. Berliner Jungs sind clever. Ein vierter, der ebenfalls Schuhe der ersten Firma plus zweihundert Mark empfangen hatte, stimmte ein Klagelied an:

»Bei mir is det so, Herr Rosenthal, ick hab' schon mal die Schuhe von der Konkurrenz probiert. Die drücken mir beim Spielen. Tut mir leid, aber die kann ick nich tragen.«

Ich begann zu rechnen und kam zu dem Ergebnis, daß dem Verein immer noch 2200 Mark übrig bleiben würden, wenn ich die vier Spieler »auszahlte«.

»Gut«, sagte ich, »wenn du nun von der Konkurrenz zweihundert Mark bekommst – drücken die Schuhe dann immer noch?«

»Na ja«, sagte er, »dann könnte ick's ja noch mal probieren.«

Der Fall wäre gelöst, dachte ich. Aber da stand ein weiterer auf, sehr verdrossen:

»Heute nachmittag war einer von der zweiten Firma auch bei mir zu Hause. Aber ich war nicht da. Nur meine Frau. Wenn ich da gewesen wäre, hätte der mir ja auch zweihundert Mark geboten. Soll ich das nun büßen und nichts bekommen?«

»Na schön«, sagte ich, »dann bekommst du eben auch zweihundert Mark von dem Geld, das wir vertraglich ausgemacht haben.«

Die Gesichter der anderen wurden immer länger.

Sie fühlten sich verständlicherweise benachteiligt. Ein solches Stimmungstief konnte ich angesichts der Aufstiegsrunde nicht riskieren.

Wieder strapazierte ich meine Begabung im Kopfrechnen: »Wenn ich jedem der Spieler zweihundert Mark gäbe, würde ich sechshundert Mark aus der Vereinskasse drauflegen müssen. Denn achtzehn mal zweihundert ist nach Adam Riese 3600. Aber die neuen Schuhe und die Tasche für den Masseur hätten weit mehr gekostet als sechshundert Mark. Und so blieb noch ein Vorteil für den Verein. Also: Zweihundert Mark für jeden!

Lebhaftes Kopfnicken im Kreise der Spieler. Die Sache schien ausgestanden zu sein. Aber da kam Michael Krampitz zu mir, der vorher bei Hertha BSC gespielt hatte, einer unserer Besten:

»Ich kann nicht in Schuhen dieser Firma spielen. Ein Bein ist bei mir kürzer als das andere. Ich habe Spezialschuhe – und die sind leider von der anderen Firma.«

Nun reichte es mir. Als Vorsitzender entschied ich: »Mach, was du willst, wir spielen in der Aufstiegsrunde in Schuhen der Firma, mit der wir den Vertrag gemacht haben. Und Verträge werden gehalten – wenigstens bei mir. Du kannst es dir ja überlegen, ob du mitspielen willst oder nicht.«

Er zog mit finsterer Miene ab.

Verzichten konnte und wollte ich aber auf Krampitz nicht. Also ging ich zu unserem Zeugwart und fragte ihn, wer denn die Spezialschuhe für Krampitz bezahlt hatte.

»Wir, der Verein«, war die Antwort.

»Kein Werbegeschenk? Alles voll aus unserer Tasche?« fragte ich.

»Nein, wirklich kein Geschenk. Das haben wir alleine bezahlt.«

Mir kam eine Idee: Ich beauftragte den Zeugwart, die Spezialschuhe einfach umzufärben und mit dem Namenszug unserer Vertragsfirma zu versehen. So wurde es auch gemacht.

Trotzdem versuchte ich, die Vereinskasse nicht leer ausgehen zu lassen, und rief noch einmal bei unserem Wohltäter an. Nach meiner lebhaften Darstellung der Episode hatte ich Erfolg: Er war großzügig und verdoppelte die Prämie. Sechstausend Mark ließen mir immerhin 2400 Mark für die Vereinskasse übrig. Ich war zufrieden. Aber vor dem nächsten Spiel kam Krampitz zu mir und beschwerte sich:

»Das sind nicht meine Schuhe. In denen spiele ich nicht.«

»Das sind deine Schuhe«, sagte ich, »wir haben sie nur ›kosmetisch behandelt‹. Verträge müssen nämlich eingehalten werden, verstehst du?«

Er verstand. Und spielte in seinen »neuen« Schuhen.

Der Kampf zwischen den beiden konkurrierenden Firmen gewinnt noch an Interesse, wenn man weiß, daß es die Firmen zweier Brüder waren, die sich dieses Duell geliefert hatten. Und beide Fabriken befinden sich in derselben Stadt.

*

Natürlich waren wir immer bemüht, gute Spieler an »Tennis-Borussia« heranzuziehen. Ein Mitglied machte mich eines Tages auf einen achtzehnjährigen Fußballer aufmerksam, der bei »Alt Holland« spielte. »Der ist große Klasse, Herr Rosenthal! Den müssen Sie zu uns holen.«

Also bin ich mit meiner Frau an einem Sonntag zum Schäfersee in

291

Reinickendorf gefahren und habe mir den Jungen angesehen. Steffenhagen hieß er. Und spielte hervorragend. Arno Steffenhagen.

Meine Anfrage beim Vorstand von »Alt Holland« führte zu einer sehr klaren Antwort: Achttausend Mark Ablösesumme.

Ich war entschlossen, zuzustimmen, erbat aber Bedenkzeit, um meine Vorstandskollegen zu unterrichten und den Trainer zu fragen.

Unser Trainer, »Spinne« Siegert, hatte Bedenken, ob ich die Klasse eines Spielers beurteilen könne – er müsse jedenfalls auch dabeisein.

Also fuhren wir am folgenden Sonntag wieder nach Reinickendorf. Dort saß aber außer uns auch »Fiffi« Kronsbein, der Hertha-Trainer. Auch er hatte inzwischen Steffenhagen anvisiert.

Ich erhöhte unser Angebot auf neuntausend Mark. Mehr konnten wir nicht bezahlen.

Doch Hertha überbot uns. Steffenhagen ging zu Hertha. Dort war er dann sehr erfolgreich – bis er in den Bundesliga-Skandal verwickelt wurde und im Ausland sein Geld verdienen mußte.

*

Alles in allem hatte ich eine Menge Ärger und Verdruß durch mein Ehrenamt bei »Tennis-Borussia«. Aber eines Tages wurde ich auf eine ganz besondere und sehr kuriose Weise ein wenig dafür entschädigt:

Wir spielten immer im Mommsen-Stadion in Eichkamp. Wenn wir aber die Aufstiegsrunde erreichen sollten, das wußte ich, dann würden wir ins Olympia-Stadion einziehen dürfen.

Das war unser Traum. Mein Traum war es jedoch ganz besonders, denn ich stellte mir vor, daß ich dann als Präsident in der Ehrenloge sitzen würde; genau auf dem Platz, den Hitler eingenommen hatte, als er 1936 die Welt zu den Olympischen Spielen empfing. Der würde sich im Grabe herumdrehen, dachte ich mir, wenn er wüßte, daß auf seinem Platz der kleine Hans Rosenthal sitzt – kaum mehr als zwei Jahrzehnte nach seinem unrühmlichen Ende.

Wir kamen also in die Aufstiegsrunde. Ich entwarf eine Sitzordnung für die Ehrengäste. Für meine Frau und mich reservierte ich den Platz in der »Führerloge«. Dort ließ ich mich dann nieder, erhob mich wieder und grüßte nach allen Seiten. Alle möglichen Gedanken gingen durch meinen Kopf. Es war ein seltsames Gefühl für mich. Eine Mischung aus Triumph und Gruseligkeit, Abscheu und Behagen.

Die Genugtuung, die ich doch überwiegend dabei empfand, wird man wohl nur nachempfinden können, wenn man sich bewußt wird, wie sehr ich diesen Mann gehaßt habe. Vergleichbares hatte ich zuvor nur Anfang Mai 1945 bei der heimlichen Besichtigung der zerstörten Reichskanzlei erlebt. Ich sah Hitlers zerbrochenen Schreibtisch. Ich sah auch den zerschlissenen, angekohlten Schreibtischsessel, von dem aus der Tyrann seine Befehle für millionenfaches Sterben gegeben hatte. Ich habe das eine wie das andere nicht vergessen . . .

*

Zurück zum Sport. Eines Tages stellte ich mir die Frage: Wenn der Tennisclub einst eine Fußballmannschaft hatte, warum sollte dann der Fußballverein nicht wieder eine Tennisabteilung bekommen?

Ich bemühte mich beim Bezirksamt Charlottenburg. Nach langen Verhandlungen bekam ich auch Gelände für zwei Plätze. Inzwischen hat »Tennis-Borussia« wieder eine Tennisabteilung und sechs Plätze. Und ich darf heute sagen: Das rührt noch von meiner Tätigkeit als Vereinsvorsitzender her.

Oft kamen die Spieler zu mir und suchten Rat in ganz persönlichen Dingen. Der eine hatte Liebeskummer, weil ein anderer Spieler ihm die Freundin ausgespannt hatte. Die Freundin eines anderen erwartete ein Kind, obwohl er verheiratet war – da mußte ich trösten, raten, beschwichtigen. Doch einmal kam ich selbst in äußerste Verlegenheit:

Es war seinerzeit verboten, den Spielern, die man anwarb, Handgelder zu zahlen, obwohl man sie schon damals nicht mehr umsonst bekam.

Wenn also einer einen Vertrag mit uns unterschrieb und wir ihm fünftausend Mark in die Hand drückten, durfte das nicht durch die Bücher gehen. Der DFB hätte uns sonst auf die Hörner genommen. Das Geld, das wir bei unseren Spielen einnahmen, war zwar versteuert, aber Handgelder mußten »schwarz« ausgezahlt werden, und es war dann – mangels Quittung – oft schwer für mich, die Kasse wieder »weiß« zu machen.

Die Forderungen guter Spieler stiegen dann sehr schnell und steil an – obgleich sie damals bei weitem nicht die Höhen erreichten, die heute üblich sind. Handgelder sind ja jetzt nicht mehr verboten. Als eines Tages ein Spieler, den wir dringend brauchten, 25 000 Mark Handgeld verlangte, erklärte ich im Vorstand, das könne ich nicht verantworten.

Um die Sache nicht platzen und den tüchtigen Spieler unserem Verein nicht entgehen zu lassen, schlug ich den Kollegen vom Vorstand und Beirat folgendes vor: Der Spieler erhält seine 25 000 Mark, aber wenn er zu einem anderen Verein gehen sollte, müßte von dort diese Summe wieder ausgeglichen werden – als Schuldendarlehen deklariert.

Ein Jahr später wollte er zu Bayern München wechseln. Die Unterschrift durfte jedoch erst am 1. Juni geleistet werden. Am Tage des Transfers erfuhr ich, daß dieser Spieler zwar bei Bayern München im Wort stand, aber trotzdem einem Angebot von Schalke 04 gefolgt war und dort unterschrieben hatte. Bayerns Manager Schwan hatte die 25 000 Mark schon an mich abgeschickt, erklärte aber nun, daß er an einem so unzuverlässigen Mann kein Interesse mehr habe. Er solle nur zu Schalke gehen. Also mußte ich die 25 000 Mark an Bayern München zurückschicken. Ich tat es noch guten Mutes, denn nun mußte ich sie ja von Schalke 04 bekommen.

Mit diesem Verein hatte ich jetzt über die Ablösesumme zu verhandeln. Es ging zunächst um die zulässige Höchstsumme von 75 000 Mark. Den Vereinsvorsitzenden, die nach Berlin angereist waren, erklärte ich: »Von dem Manne bekomme ich noch 25 000 Mark ›schwarzes‹ Handgeld. Dafür müßten Sie geradestehen.«

Sie sagten das zu – unter der Voraussetzung, daß meine Forderung sich als berechtigt erweisen würde.

Aber der Spieler leugnete, jemals Geld von mir bekommen zu haben. Und da so etwas, wie gesagt, ohne Quittung geschehen mußte, stand ich als der Betrogene da. Zumal ein Freund dieses Spielers bezeugte, es sei nie etwas gezahlt worden. Schalke weigerte sich nun, die Forderung auszugleichen.

Da habe ich mich beim DFB selbst angezeigt. Ich fand milde Richter. Man wußte dort natürlich, daß Handgelder längst unter der Decke üblich geworden waren.

Es folgte ein Prozeß gegen Schalke, der sich über drei Jahre hinzog. Dann bekamen wir die 25 000 Mark laut Gerichtsbeschluß – mit Zinsen waren es 34 000 Mark – endlich überwiesen. Aber das hat Nerven gekostet! Noch schlimmer aber als die unschönen Prozeduren war die menschliche Enttäuschung für mich.

Damals konnte ich noch nicht wissen, daß es noch viel schlimmer für mich kommen würde.

Drei finanziell gut gepolsterte Mitglieder unseres Vereins kamen zu mir und sagten:

»Wir müssen mit ›Tennis-Borussia‹ vorwärts kommen. Dazu brauchen wir neue und bessere Spieler. Das wird uns 100 000 Mark kosten. Ohne diese Investition würde es abwärts mit uns gehen.«

Aber woher nehmen und nicht stehlen? Ich mußte den drei Leuten sagen, daß 100 000 Mark in der Kasse nicht durch irgendwelche Tricks ausbalanciert werden können. Die drei blieben unverdrossen:

»Das ist doch ganz einfach. Jeder von uns bürgt für 25 000 Mark. Du auch, Hans. Dafür nehmen wir einen Bankkredit auf, das sind dann 100 000 Mark. Davon bezahlen wir Vertragsverlängerungen und kaufen neue Spieler ein. Einige können wir mit Gewinn dann wieder an andere Vereine verkaufen – und so bekommen wir unser Geld wieder herein. Das müssen wir schon tun für ›Tennis-Borussia‹. Gib dir mal einen Ruck.«

Ich gab mir diesen Ruck und bürgte für 25 000 Mark. Nachdem der Kredit von der Berliner Bank zur Verfügung gestellt war, wurden innerhalb eines Tages 97 000 Mark für Vertragsverlängerungen und neue Verträge ausgegeben. Die Sache schien gut gelaufen zu sein.

Am nächsten Tag rief mich der Filialdirektor der Berliner Bank, Depositen-Kasse 17, an, auf der ich mein eigenes Konto hatte. Er wollte mich unter vier Augen sprechen. Und zwar möglichst gleich.

Ich ging hin. Was mir eröffnet wurde, verschlug mir den Atem:

»Herr Rosenthal, es ist mir ja sehr peinlich, aber Sie haben ungedeckte Schecks unterschrieben. Und ich bin eigentlich verpflichtet, jeden, der so etwas tut, unverzüglich allen deutschen Kreditinstituten zu melden. In Ihrem Falle aber habe ich das noch nicht getan. Ich denke mir, Sie werden die Sache schon in Ordnung bringen.«

Ich bestritt das mir zur Last gelegte Vergehen, bezog mich auf den 100 000-Mark-Kredit und rechnete ihm vor, daß 100 000 minus 97 000 immer noch Aktiva in Höhe von 3 000 ergeben. Meine Schecks waren doch durch den Kredit gedeckt!

Da erfuhr ich, was geschehen war. Die drei anderen hatten ihre Bürgschaft in Höhe von zusammen 75 000 Mark kurzfristig und heimlich wieder zurückgezogen!

Ich war hereingefallen. Und zwar gründlich. Nichts anderes blieb mir übrig, als mein sauer verdientes und in vielen Jahren erspartes Berliner Häuschen als Sicherheit zu verpfänden. Das tat ich dann, nicht ohne mir einen baldigen Abschied von »Tennis-Borussia« zu schwören.

Zuerst aber versuchte ich, den Mann, der – zugleich im Namen der anderen – die Bürgschaft heimlich wieder zurückgezogen hatte, aus dem Verein ausschließen zu lassen. Er kam mir aber mit seinem freiwilligen Austritt zuvor. Da erteilte ich ihm Platzverbot. Er ignorierte es und saß sonntags nach wie vor auf der Tribüne. In einem Brief teilte mir der Senat von Berlin mit, das sei sein Platz, und die zehn Prozent Miete, die wir dafür bezahlten, berechtigten mich nicht, Platzverbote auszusprechen. Ich mußte mich fügen. Die Schulden lasteten weiter auf mir.

Als wir dann den Spieler Bernd Gersdorff an Braunschweig abgaben, vereinbarten wir die Zahlung von 25 000 »schwarzem Geld« und 75 000 »weißem Geld« an uns. Ich ging in unseren Vorstand und sagte:

»Ihr wißt ja, wie übel mir mitgespielt wurde. Ich schlage vor, daß wir die 100 000 Mark von Braunschweig zur Ablösung des Kredites verwenden.«

Es wurde zugestimmt. Ich war heraus aus dieser schrecklichen Klemme. Aus jenen schlimmen Tagen bewahre ich noch heute einen Brief der Berliner Bank unter einer Glasplatte auf meinem Schreibtisch auf:

»Sehr geehrter Herr Rosenthal! Wir bestätigen Ihnen hiermit wunschgemäß, daß der Ihnen auf dem obigen Konto bis zum 31. Juni 1969 zur Verfügung gestellte Kredit vorzeitig zurückgezahlt wurde. Sie können daher über die uns gestellten Sicherheiten wieder verfügen. Stets gern zu Ihren Diensten. Unterschrift.«

Mein Haus hatte ich also wieder. Und den Brief bewahre ich seitdem auf, um nie mehr rückfällig zu werden und mich dem Fußball nur noch als leidenschaftlicher Fußballfreund, nie aber in einem Ehrenamt zu ergeben, in dem ich mit so viel Unehrenhaftigkeit konfrontiert worden war.

Bei der nächsten Vorstandswahl habe ich mich nicht mehr aufstellen lassen. Meine Präsidentschaft endete auf eigenen Wunsch.

Aber da wir fast kein Geld in der Kasse hatten und ich den Verein nicht in einem solchen Zustand meinem Nachfolger übergeben und schon gar nicht erleben wollte, daß den Spielern ihre Gehälter nicht ausgezahlt werden konnten, überwies ich nach meinem Ausscheiden noch lange Zeit monatlich ein paar tausend Mark. Das meiste davon habe ich nicht wiederbekommen. Es war mein Abschiedsgeschenk.

Heute ist mein Sohn ein glühender Anhänger von »Tennis-Borussia«. Und wenn ich nach einer Niederlage des Vereins betrübt bin – am Horizont aber schon das nächste Spiel als Lichtblick sehe –, dann ist Gert ganz und gar niedergeschlagen, untröstlich und mit der Welt nicht mehr im reinen.

Er spielt übrigens auch aktiv Fußball – mit mir in der Prominentenelf von »Tennis–Borussia«.

Fußball bulgarisch

Ein in Deutschland lebender Bulgare rief mich eines Tages an und fragte mich, ob »Tennis-Borussia« nicht Lust hätte, einmal in Berlin gegen die bulgarische Nationalmannschaft zu spielen.

Das interessierte mich. Es begannen Vorbesprechungen. Dreitausend Mark plus Reisespesen plus Aufenthalt verlangten die Bulgaren. Ich meinte: Ein derartiges Gastspiel eines Ostblocklandes würde in Berlin – das ja von Ostblockländern auch im Sport weitgehend boykottiert und isoliert wurde – ganz gut in die politische Landschaft passen. Deshalb ersuchte ich den Senat um eine Ausfallbürgschaft. Sie wurde – in Höhe von zehntausend Mark – bewilligt.

Nichts schien dem Ereignis mehr im Wege zu stehen. Sportsenator Korber, der ja als Senatsunterhändler in Ost-Berlin große politische Erfahrungen mit der östlichen Gegenseite gesammelt hatte, unterstützte unser Vorhaben und sagte uns auch noch die Finanzierung eines abschließenden Festessens im Funkturm-Restaurant zu. Zwar gab es eine ganze Menge Papierkrieg. Aber das war mir die Sensation wert. Daß es bald eine Papierkriegs-Erklärung geben würde, ahnte ich nicht.

Es kam der Tag, an dem die Bulgaren mit einem Bus im freien Berlin eintreffen sollten: 19 Uhr an der Sektorengrenze Friedrichstraße. Ich würde sie abholen. Dann wollten wir mit den Spielern und Funktionären essen gehen und die Gäste anschließend in ihre Quartiere begleiten. Am nächsten Vormittag sollte das Training sein.

Am Mittag des Ankunftstermins meldete sich ein Regierungsdirektor telefonisch bei mir. Er bat dringend um eine Begegnung. Sie wurde eilig herbeigeführt. Was ich zu hören bekam, war heikel:

»Bei den Bulgaren gibt es nicht nur Einreisevisa, sondern auch Ausreisevisa. Wenn die bulgarischen Behörden in die Pässe der bei uns Einreisenden ›Westberlin‹ als ›Land‹ eingetragen haben, in das die Ausreise genehmigt wird, dann müssen wir die Gruppe zurückschicken.«

Ich verstand. Der Osten versuchte seit langem, eine deutsche »Drei-Staaten-Theorie« durchzusetzen, nach der die Bundesrepublik, die »DDR« und »West-Berlin« drei »selbständige Staaten« sein sollten. Das widersprach unserer Rechtsauffassung und unseren Interessen. Auch den meinen als Staatsbürger. Aber was sollte ich machen?

Der Regierungsdirektor erläuterte den Stand der Dinge weiter:

»Wenn in den Pässen steht: ›Bundesrepublik Deutschland‹, dann nehmen wir sie sofort auf. Wenn drin steht: ›Europa‹ oder ›die ganze Welt‹, wäre gegen eine Einreise auch nichts einzuwenden. Selbst wenn sie eingetragen hätten: ›Bundesrepublik Deutschland und West-Berlin‹ ließen wir sie noch rein – dann ignorieren wir den ›West-Berlin‹-Vermerk und beziehen uns nur auf das Wort ›Bundesrepublik‹. Aber wenn nur ›West-Berlin‹ in den Pässen steht, dann tut es uns leid – unsere politischen Grundauffassungen sind wichtiger als das Spiel.«

Ich mußte ihm recht geben. Abends fuhr ich zur Grenze, um die bulgarischen Gäste in Empfang zu nehmen. Mit gemischten Gefühlen und mit der schwachen Hoffnung, daß die Pässe unseren Vorschriften entsprechen würden, wartete ich am Übergang.

Pünktlich 19 Uhr rollte der Bus heran. Der Herr Regierungsdirektor war an meiner Seite. Wir hatten vereinbart, daß ich zwei der An- und Einreisenden um ihre Pässe und die anderen um etwas Geduld bitten sollte, damit wir schnell – in einem Privatauto, das in der Nähe parkte – die Eintragungen ansehen könnten.

Mit der Mannschaft und den Sportfunktionären kam auch ein Botschaftssekretär der bulgarischen Botschaft in Ost-Berlin mit herüber, der in den Schlußphasen der Vorbereitungen mein Gesprächspartner gewesen war. Ein schwarzhaariger, lebhafter Mann. Er sammelte gleich alle Pässe ein und übergab sie mir.

Ich bat die Bulgaren um Verständnis und eilte zum Herrn Regierungsdirektor. Gemeinsam prüften wir die Vermerke.

Da stand es: »Einreise nach West-Berlin«.

Wir hatten Pech gehabt. Und es sah ganz so aus, als wollte der Osten dieses Spiel zu einem politischen Testfall machen.

Es wurden Telefongespräche mit dem Senat geführt. Die Gäste warteten und wurden allmählich ungeduldig. Die Spieler wollten essen und ins Bett gehen. Schließlich bekam ich die Erlaubnis, alle nach Glienicke in die Quartiere fahren zu lassen – aber sie durften noch nicht in die Betten gehen, sondern mußten gebeten werden, aufzubleiben, bis die notwendige Klärung herbeigeführt sei.

Der Bus fuhr los. Ich fuhr mit. Wir warteten gemeinsam. Wachsende Ungeduld und Gereiztheit des bulgarischen Botschaftssekretärs konnte ich mit dem Hinweis auf eine Anordnung unserer politischen Behörden dämpfen, an die ich gebunden sei. So etwas verstehen östliche Funktionäre ja auf Anhieb. Fast augenzwinkerndes Verständnis wurde mir zuteil.

Ich wagte eine erste, vorbeugende Andeutung:

»Es ist möglich, daß Sie und Ihre Landsleute wieder nach Ost-Berlin zurückfahren müssen, um dort zu übernachten. Ihre Pässe entsprechen nicht unserer Rechtsgrundlage. Ich hoffe, daß es sich vermeiden läßt und daß – falls es unvermeidlich sein sollte – unser Spiel trotzdem stattfinden wird.«

Der Botschaftssekretär protestierte:

»Das ist unmöglich! Das geht nicht. Wir werden hier übernachten.«

Ich lächelte, redete freundlich auf ihn ein, verwickelte ihn in ein Gespräch – nur um Zeit zu gewinnen.

Die Spieler gähnten um die Wette. Ein zusätzliches, ganz vorzügliches Essen hatte ich servieren lassen, nachdem mir vom Senat die Übernahme der Unkosten zugesichert worden war. Dieses Essen hatte die bulgarischen Reisenden aber nur noch müder gemacht. Sie rutschten allmählich tiefer in ihre Sessel. Nur ich wurde immer wacher und nervöser.

Endlich wurde ich hinausgerufen. Der Herr Regierungsdirektor war wieder da und wollte mich sprechen. Er war übrigens überaus sympathisch und umgänglich. Was ich vor allem hören wollte, hörte ich nun: »Schicken Sie die Leute erst mal in die Betten. Und dann kommen Sie bitte noch mal zu mir, Herr Rosenthal, damit ich Ihnen erklären kann, wie es weitergeht.«

Ich gab den Bulgaren das ersehnte Signal. Sie verschwanden, sichtbar erschöpft und dennoch seltsam beschleunigt, in ihren Schlafzimmern. Dann ging ich zurück zum Regierungsdirektor.

Da erfuhr ich nun, was sich abgespielt hatte: Der Regierende Bürgermeister Willy Brandt war während eines Abendessens im Hotel Kempinski laufend konsultiert worden. Man hatte auch die alliierten Schutzmächte Berlins eingeschaltet. Während die Bulgaren gegähnt hatten, waren die Drähte der Berliner Politik heiß geworden.

Das Resultat war fast genial, auf jeden Fall erfreulich:

»Ich hatte die Idee«, sagte der Regierungsdirektor, »den Bulgaren ein Sammelvisum auszustellen, auf einem gesonderten Blatt. Dann brauchen wir die Pässe nicht zu stempeln. So vermeiden wir, die Eintragung ›West-Berlin‹ zu akzeptieren.« Das war die Lösung! Für Berlin, für die Bulgaren und für meinen Verein. Und für mich selbst auch, offen gestanden. Aber der Regierungsdirektor hatte noch einen Wunsch:

»Wenn die Spieler morgen trainieren, muß ich noch ein Wort mit dem bulgarischen Botschaftssekretär reden. Der wird doch dabeisein?«

»Bestimmt«, sagte ich, »bei Mannschaften aus dem Ostblock sind die obersten Politfunktionäre immer dabei – auf Schritt und Tritt.«

»Wann trainieren sie?«

Ich nannte Zeitpunkt und Ort: Poststadion Lehrter Straße, Nebenplatz, 11 Uhr.

*

Am nächsten Vormittag erschien der Regierungsdirektor auf dem Sportplatz. Während die Mannschaft auf dem Spielfeld trainierte, ging er mit dem bulgarischen Botschaftssekretär außen auf der Aschenbahn entlang – immer um das Fußballfeld herum. Ich ging zwischen ihnen. Der Regierungsdirektor hatte mich darum gebeten. Er brauchte wohl einen Zeugen, als er dem Bulgaren erklärte:

»Wenn Sie wieder einmal mit einer Mannschaft hierherkommen sollten, dann bedenken Sie bitte, daß West-Berlin kein selbständiger Staat ist. Ich muß Ihre Regierung durch Sie darum ersuchen, die Eintragungen in den Pässen diesem Umstand anzupassen.«

Der Botschaftssekretär erwiderte:

»Im Namen der bulgarischen Regierung erkläre ich, daß nach unserer Auffassung West-Berlin nicht zur Bundesrepublik Deutschland gehört, sondern als selbständige politische Einheit . . .«

»Sowohl die Schutzmächte Berlins als auch die Bundesregierung und der Senat von Berlin widersprechen dieser Auffassung entschieden. Nehmen Sie bitte zur Kenntnis, daß . . .«

So ging das weiter. Immer im Kreise – auf der Aschenbahn. Presseleute, die zahlreich zum Training erschienen waren, wurden aufmerksam. Als die beiden Herren ihren unfruchtbaren, aber gewiß unvermeidlichen Dialog beendet hatten, kamen Reporter zu mir und fragten, was sich da eigentlich Seltsames abgespielt habe.

»Ach«, sagte ich, »die Herren sind vom Fußballverband. Sie haben Sportfragen erörtert. Nichts, was Sie interessieren könnte.«

Diese Geschichte erzähle ich hier zum ersten Mal. Es sind so viele Jahre seitdem vergangen, und es hat sich so vieles ereignet – unter anderem auch Revisionen unserer früheren Rechtsstandpunkte, Anerkennungen, die mir recht fragwürdig erscheinen –, daß Geheimhaltung sich gewiß erübrigt hat.

*

Wir haben dann das Spiel 0 : 3 verloren. Und es waren auch nur zweitausend Zuschauer gekommen, so daß wir die Ausfallbürgschaft des Senats in Anspruch nehmen mußten. Aber gelohnt hat es sich doch. Die bulgarische Nationalmannschaft in Berlin, gegen »Tennis-Borussia« spielend – das war die paar tausend Mark schon wert.

Beim Abschiedsbankett hatte sich der bulgarische Botschaftssekretär mir zugewandt und gesagt:

»Sie sind doch beim Rundfunk, Herr Rosenthal, nicht wahr? Wir sollten nicht nur Fußballspiele arrangieren, wir könnten auch einmal Orchester austauschen. Was halten Sie davon?«

Ich zeigte mich interessiert und berichtete im RIAS von diesem ungewöhnlichen Angebot. Ein Orchester aus einem Ostblockland beim »Hetzsender« RIAS – das war noch nie dagewesen. Der Vorschlag fand Anklang. Aber ich mußte mir dieses Orchester, das zu der Zeit in Ost-Berlin gastierte, natürlich erst einmal anhören, bevor wir ein Gastspiel arrangieren konnten. Das hatte ich dem Botschaftssekretär schon bei dem Bankett gesagt. Nun, antwortete er, das sei selbstverständlich.

»Wie komme ich denn durch die Mauer ... das heißt, was muß ich tun, um die Sektorengrenze nach Ost-Berlin zu passieren?« fragte ich.

Die Antwort war einladend:

»Sagen Sie mir, wann Sie kommen wollen, und dann wird ein Passierschein für Sie an der Grenze liegen. Kommen Sie mit Ihrer Frau.«

Auch der Erfüllung meines Wunsches, mit dem Auto einzureisen, stehe nichts im Wege.

An dem Tage, den wir vereinbart hatten, fuhr ich mit meiner Frau in unserem Auto zur Invalidenstraße. Man fragte nach meinem Visum.

»Es muß hier liegen«, sagte ich.

Man sah nach. Es lag wirklich da.

»Aber mit dem Auto können Sie nicht einreisen«, wurde mir erklärt, »das müssen Sie zurücklassen.«

Ich schüttelte den Kopf:

»Das werde ich nicht tun. Ich habe mit der Bulgarischen Botschaft Einreise mit PKW vereinbart. Wenn Sie sich daran nicht halten, werde ich umkehren.«

Es fand ein Telefongespräch statt. Der Grenzwächter kam zurück und legte Großmut in seine Mimik:

»Es geht in Ordnung. Ich erfahre soeben, daß es ein Versehen war. Sie können weiterfahren.«

Wir hörten uns die Kapelle an. Sie spielte nicht gerade überwältigend, aber auch nicht schlecht. Und da sie im Ost-Berliner Café Sofia spielte, ergab sich ein gemütliches Plauderstündchen mit dem Botschaftssekretär. Auch einige Gläser Slibowitz wurden auf das Gelingen des musikalischen Ereignisses konsumiert.

Sehr aufgeräumt wandte sich der Herr Botschaftssekretär uns zu:

»Kommen Sie doch einmal beide zu uns. Im Urlaub. An unsere Goldküste, an den Sonnenstrand Bulgariens.«

Meine Frau setzte das Slibowitzglas mit einem Ruck ab und sah den Botschaftssekretär mit einem skeptischen Blick an:

»Wissen Sie, das werden wir sicher nicht machen. Ich habe gehört, daß bei Ihnen im Osten überall Mikrophone in den Wänden stecken. So etwas haben wir gar nicht gern. Wir reisen lieber in Länder, wo es so etwas nicht gibt.«

Ich erstarrte. Schließlich befanden wir uns in Ost-Berlin. Aber der Herr Botschaftssekretär bewahrte Haltung. Er rang sich sogar mit gespielter Überlegenheit ein Lächeln ab:

»Liebe, gnädige Frau, das ist alles Propaganda. Glauben Sie mir: Bei uns gibt es so etwas nicht. Nicht im Traum. Sie sollten wirklich zu uns kommen!«

Meine Frau konnte er damit nicht überzeugen.

Aber unser Arrangement klappte: Die bulgarischen Musiker kamen zu uns in den RIAS, um mit den Proben zu beginnen. Es dauerte nicht lange, dann kam der Orchesterchef zu mir. Er hatte eine ungewöhnliche Bitte:

»Herr Rosenthal«, sagte er, »können wir unser Geld, bitte, jetzt ausgezahlt bekommen?«

Ich war etwas verwundert:

»Wir haben, wie Sie wissen, um 17 Uhr Aufnahme. Danach bekommen Sie sofort das Honorar. Das ist üblich.«

»Nein, bitte«, sagte der Bulgare, »wir möchten das Geld gern sofort. Und bitte sehr, könnte man uns ein paar Taxis bestellen?«

Ich erwirkte von meinem Direktor die Erlaubnis, das Geld unverzüglich auszuzahlen. Wir bestellten Taxis. Und die bulgarischen Gäste begaben sich alle in Windeseile ins KadeWe. Bis nach Bulgarien war der Ruf dieses Kaufhauses gedrungen, das eines der größten und besten der Welt ist. Für Menschen aus dem politischen Osten aber ist es mehr – ein Paradies, ein Märchen, ein Schlaraffenland. Ich hoffte nur, daß meine Musiker wiederkommen würden. Sie kamen pünktlich zurück, beladen mit den unübersehbaren Resultaten ihrer Einkäufe und spielten am Abend mit doppeltem Eifer.

Bei der Rückreise nach Ost-Berlin wurden sie dann an der Grenze von den Vopos gefilzt. Ich erfuhr später, daß man ihnen vieles von den Schätzen wieder abgenommen hatte, die sie so gerne mit nach Hause gebracht hätten. Bei diesen bulgarischen Bürgern wird das freie Berlin in bester, Ost-Berlin wahrscheinlich in etwas schlechterer Erinnerung geblieben sein ...

Ein Luftschloß in Teneriffa

Hunderttausende deutscher Urlauber kennen die traumhafte, liebenswerte Insel Teneriffa. Ich kenne sie auch. Doch meine Erfahrungen mit dem atlantischen Kleinod üppigster Flora gehen über Ferienerlebnisse weit hinaus. Leider. Obwohl mich die folgende Geschichte mit Teneriffa in der Erinnerung unlösbar verbindet, hat sie doch etwas Trennendes. Nie wieder könnte ich dort mit der gleichen seligen Unbefangenheit in der Sonne liegen, wie so viele meiner Landsleute. Und das kam so:

Meine schon anfangs erwähnte Cousine hatte sich in Teneriffa angesiedelt und ein Restaurant eröffnet. Nichts lag näher für uns, als dort einmal unseren Urlaub zu verbringen. Da ich aber niemals nur träumen, faulenzen und meine Trägheit genießen kann, sondern alles am liebsten mit einer nützlichen Tätigkeit verbinde, hörte ich – nicht ohne fachliches Interesse – auch auf Teneriffa oft Radio. Ich wollte wissen, wie die dortigen Stationen ihre Sendungen gestalten. Dieser Neugier waren allerdings Grenzen gesetzt, denn ich hörte immer nur spanisch – spanisch auf allen Wellen. Da die Insel aber fast das ganze Jahr über eine Invasion deutscher Feriengäste erlebt und man dann auf den Straßen wahrnimmt, was mein Freund und Kollege Matthias Walden mit dem Witzwort »deutsche Laute, lauter Deutsche, laute Deutsche« umschrieb, kam mir wieder einmal eine Idee: Werbesendungen in deutscher Sprache müßten eigentlich enorm geschäftsbelebend sein. Für deutsche Konsumgüterhersteller. Und für Hotels, Pensionen, Restaurants, Geschäfte und Veranstalter aller Art auf der Insel. Vor allem aber für denjenigen, der solche Werbesendungen machte. Und derjenige wollte ich gern selber sein.

Meine Cousine kannte die Adresse vom »Radioclub Tenerife«. Sie ging mit mir hin, stellte mich als »großen und bedeutenden Funkdirektor« aus Deutschland vor und dolmetschte.

Ich entwickelte meinen Plan, den ich inzwischen ersonnen hatte: Täglich von 11 Uhr vormittags bis 12 Uhr mittags und abends von 18 bis 19 Uhr sollten wir deutsche Sendungen mit Werbung veranstalten. In der Vormittagsstunde, weil die Leute dann vom Strand kommen, um essen zu gehen, und sich zuvor in ihre Hotelzimmer begeben. Das gleiche wiederholte sich nach meinen Beobachtungen zwischen 18 und 19 Uhr. Man nahm meine Darlegungen nicht nur mit Interesse, sondern auch mit einer gewissen Begehrlichkeit auf. Ich fragte nach dem Preis für die Sendezeit.

»Fünftausend Mark für zwei Stunden«, war die Antwort.

Das erschien mir mehr als teuer. Mein fragender Blick, verbunden mit einem resignierenden Stirnrunzeln, veranlaßte meinen Gesprächspartner, sich präziser auszudrücken:

»Fünftausend Mark im Monat«, ergänzte er.

Das ließ sich hören. Billiger konnte man Sendezeit eigentlich nicht haben.

Bedingung war, daß mir das zuständige spanische Ministerium eine Lizenz gab.

Ich schrieb nach Madrid. Es klappte. Einzige Bedingung: keine Politik. Das Manuskript für die Zwischentexte und Musikansagen mußte vorher eingereicht werden. Nun gut, warum auch nicht?

Mit einem tüchtigen jungen Deutschen, der etwas von Werbung verstand und mit dem ich schon einmal zusammengearbeitet hatte, packte ich die Sache an.

Wir schrieben an viertausend Firmen. Nicht an solche, die in Teneriffa ansässig waren, sondern überwiegend an deutsche, denen wir darlegten, daß Werbung während des Urlaubs sich besonders tief einprägt und dann nach der Heimkehr zum Kauf der angepriesenen Produkte führen würde.

Pro Stunde wollte ich fünf Minuten Werbung machen. Wenn ich für die Sekunde 2.50 Mark verlangte, waren das 750 Mark. Monatlich ergab das Einnahmen von 45 000 Mark. Abzüglich der fünftausend Mark Gebühren.

Zusätzlich wollte ich eine Art Wunschkonzert einführen. Hotelgäste sollten sich beim Portier eine Melodie bestellen können. Der gab sie an uns weiter. Der Gast mußte fünfzehn Mark pro Musikwunsch bezahlen. Davon sollten die Portiers fünf Mark bekommen. Blieben zehn Mark für uns. Wenn uns täglich zehn Musikwünsche erreichten, wären das rund dreitausend Mark im Monat gewesen. Zusätzlich. Bei zwanzig Wünschen sechstausend Mark. Die Aussichten waren atemberaubend.

Ich engagierte zwei weitere Mitarbeiter und mietete ein Häuschen für sie. Alles in allem ergaben sich zehntausend Mark Unkosten monatlich. Einige der Firmen, die wir angeschrieben hatten, antworteten. Die meisten verwiesen uns an ihre Werbefirmen. Mit denen nahm ich dann die Verbindung auf. Sie setzten mir auseinander, daß sie bei Einschaltungen von Werbung mit mindestens fünfzehn bis zwanzig Prozent beteiligt wären. Bei einer Minute Werbezeit für einen Artikel würde sie – für einen laufenden Monat bei täglicher Präsenz – die Sache 4 500 Mark kosten. Sie müßten ja auch die Tonbänder mit den Werbespots herstellen lassen und mir zuliefern. In solchen Fällen sei ein Mengenrabatt auf dreißig bis vierzig Prozent üblich. Nach aller Rechnerei blieben ihnen dann noch sechshundert Mark Gewinn für eine monatliche Einschaltserie. Das wäre für eine Werbefirma einfach zu wenig.

Aber wir gaben nicht auf. Außerdem hatte ich ja bereits den Vertrag geschlossen. Vom RIAS ließ ich mich also für eine Weile beurlauben, flog nach Teneriffa und begann mit meinem Unternehmen. Ich sagte die Musiktitel an, plauderte ein wenig, paßte mich der Urlaubsstimmung an und hoffte auf Kundschaft.

Vier Monate lang hörte man auf der Insel mein Programm: »DTF« – »Deutschsprachiger Touristen-Funk« –, Lizenträger: Hans Rosenthal. Es gefiel den Leuten. Bald wurden meine Sendungen sehr beliebt im Rundfunkangebot von Teneriffa. Und zwar nicht nur bei den deutschen Urlaubern, sondern auch bei den Einheimischen, die mich ja gar nicht verstehen konnten. Aber die Musik, die ich aussuchte, gefiel ihnen. Werbung war noch recht wenig enthalten. Auch das erregte Wohlgefallen.

Bald meldeten sich einige Firmen von der Insel bei mir und wollten Werbezeit kaufen, obwohl ich überwiegend an deutsche Firmen gedacht hatte. Etwa zweitausend Mark kamen auf diese Weise zusammen. Nur von der Insel. Aus Deutschland aber kam nichts. Die Aufträge blieben aus.

Mir blieb nichts anderes übrig, als den Vertrag wieder zu kündigen.

Mit rund 35 000 Mark Verlust beendete ich meinen Ausflug in die Weidegründe der Werbung, die weniger saftig und nahrhaft waren, als ich gedacht hatte. Daß meine Idee nicht falsch gewesen, sondern nur ein paar Jahre zu früh gekommen war, ist jetzt erwiesen: Auf Teneriffa läuft ein deutsches Werbeprogramm mit großem Erfolg – nicht nur mit ideellem, wie ich ihn geerntet hatte, sondern auch mit materiellem. Aber nun bin ich leider nicht mehr dabei.

*

Übrigens war das nicht das erste Mal, daß ich versuchte, mich auf die eigenen Beine zu stellen. Eigentlich habe ich das von Anfang an gewollt. Ich erinnere mich besonders gern an die »Gastspieldirektion«, die ich mit Horst Pillau und Felix Knemüller, der später Sprecher beim RIAS wurde, aufmachte. Gedacht war an ein ähnliches Unternehmen wie es Franz Otto Krüger und Herbert Grunge betrieben, für die ich ja ganz erfolgversprechend gearbeitet hatte.

Ende der vierziger Jahre beantragten wir beim Senat eine Lizenz und erhielten sie auch, unter der Voraussetzung, daß wir 250 Mark als Sicherheit hinterlegten. Wir entschlossen uns, Kinos zu mieten – die zu dieser Zeit kaum ausgelastet waren – und Nachtvorstellungen mit bekannten Showstars zu geben. Heli Finkenzeller, Peter Mosbacher, Hans Söhnker, Ilse Werner und viele andere waren dabei. Wir präsentierten natürlich auch die »Insulaner«, Edith Schollwer, Tatjana Seis; Pianisten wie Olaf Bienert, Heinz Reinfeld und Heinrich Riethmüller begleiteten die Programme.

An manchen Abenden hatten wir drei Kinos gleichzeitig gemietet, den Mercedes-Palast in Wedding, das Corso-Theater im Norden und den Primus-Palast in Neukölln zum Beispiel. Entsprechend den Wegen, die zwischen den Theatern zurückzulegen waren, stellten wir dann das Programm zusammen. Es begann üblicherweise, wenn die Kinovorstellungen aus waren, also gegen 23 Uhr. Häufig waren wir ausverkauft. Wir verdienten dann in jedem Theater tausend Mark. Es kam aber auch vor, daß wir den Abend mit einem ebenso großen Verlust abschlossen. Per Saldo hatten wir immer sehr viel gearbeitet und sehr wenig verdient.

Und Pannen gab es natürlich auch:

Unsere Künstler mußten möglichst genutzt werden, das heißt, in mehreren Vorstellungen am selben Abend auftreten. Wer um 23 Uhr im Primus-Palast eingeplant war, hatte um 23.45 Uhr seinen Auftritt im Roxy-Palast in Friedenau und um 0.30 Uhr die Schlußnummer im Mercedes-Palast. Fahrtwege mußten also ausprobiert werden, die Nummern eine genau gestoppte Länge haben. Verzögerungen dehnten sich von Show zu Show zu dreiviertelstündigen Zwangspausen. Das war dann die große Zeit der Ansager. Oder besser gesagt, die große Zitterzeit. Ich erinnere mich noch an deren bleiche Gesichter, die alle zehn Minuten zur Seite kamen und flehentlich nach dem nächsten Auftritt fragten. Unsere lakonische Antwort war dann immer nur »Weiterreden, weiterreden«.

Ein RIAS-Kollege namens Dr. Brock, der zu allem Überfluß gar kein gelernter »Ansager« war, hatte ebenfalls eine Vierzig-Minuten-Pause zu füllen. Nach zwanzig Minuten konnte er nicht mehr. Kein Witz fiel ihm mehr ein, keine Pointe, nicht einmal mehr die banalste Geschichte. Dafür eine rettende Idee: »Meine Damen und Herren, ich habe die große Freude, Ihnen jetzt . . .« das Publikum war ganz Erwartung, »– unseren Pianisten Heinz Reinfeld ansagen zu dürfen, der Ihnen ein Wunschkonzert beliebter Melodien präsentieren möchte.« Der Schwarze Peter war damit weitergegeben.

Unsere »Gastspieldirektion« war bald zu einem Begriff geworden. Kein Wunder, daß mich eines Morgens meine Programmdirektorin beim RIAS darauf ansprach.

»Hänschen«, begann Frau Dr. Grambke mit betrübtem Gesicht, »ich habe hier einen Brief des Gastspieldirektorenverbandes. Sie würden den Leuten die Arbeit wegnehmen. Viele stünden schon am Rande der Pleite. Da Sie fest angestellt seien, hätten Sie es doch gar nicht nötig.«

Das hatte ich nun nicht erwartet. Bevor ich noch etwas darauf antworten konnte, teilte sie mir ihren Entschluß mit:

»Hänschen, wir können Ihre Doppelbeschäftigung einfach nicht gestatten. Sie müssen sich entscheiden – RIAS oder Gastspiele.«

Ich war am Boden zerstört. Meine Aktivität war mir zum Verhängnis geworden. Aber ich entschied mich auf der Stelle:

»Gut, ich bleibe beim RIAS. Diese Arbeit ist mir wichtiger. Ich hätte der jüngste Gastspieldirektor Berlins werden können. Sie haben es verhindert.«

Bald darauf hatte ich eine neue Idee, die ich Horst Pillau unterbreitete:

»So ein kleines Kino an der Ecke, das wäre die Rente fürs Alter. Da kann nichts schiefgehen. Das läuft immer.«

Pustekuchen! Reihenweise gingen die kleinen Kinos später ein und wurden zu Supermärkten »umfunktioniert«. Nur gut, daß mein Geld vorher nie gereicht hatte, ein Kino zu erwerben. Ich wäre es längst wieder los. Mit Verlust, versteht sich. Und Supermarktbesitzer wäre dann vielleicht doch nicht ganz das Richtige für mich gewesen.

Allerdings trug ich mich einmal mit einem geschäftlichen Gedanken, der auch ziemlich weit abseits von Rundfunk und Fernsehen lag: Ich wollte mir eine Tankstelle kaufen. Vorbesprechungen bei der Esso-Direktion in Berlin führten zu der Erkenntnis, daß achtzigtausend Mark von mir investiert werden müßten. Zwar hatte ich zu diesem Zeitpunkt schon einige Ersparnisse, aber diese Summe überstieg meine monitären Möglichkeiten. Experten sagten mir auch, daß so eine Tankstelle nur rentabel zu betreiben wäre, wenn man sich selber intensiv darum kümmerte. Das wiederum wollte und konnte ich nicht.

Wie gut, daß ich mir verkniffen habe, zum »Tiger im Tank« zu werden. So viele Tankstellen haben seitdem geschlossen, weil sie pleite gegangen sind. Im übrigen würde es mich heute melancholisch stimmen, die Geldanzeigen der Zapfsäulen alle paar Wochen auf höhere Ziffern umstellen zu müssen . . .

Für mehr Toleranz
Ein Nachwort

Eine der schönsten Seiten meines Berufes ist die Bekanntschaft mit Menschen – nicht nur Stars und Kollegen, sondern auch Bürgern aller Bevölkerungsschichten. Gerade deren Echo auf meine Sendungen ist mir nicht nur wichtig, sondern geradezu Voraussetzung meiner Arbeit. Ihr Lob ist immer eine Ermutigung, weiterzumachen, mir noch mehr Mühe zu geben – mir selbst zu vertrauen. Kritik, die ich von meinem Publikum bekomme, ist meistens konstruktiv, einfallsreich und ein ebenso wichtiges Regulativ meiner Arbeit. Über Mangel an Reaktionen kann ich mich nicht beklagen! Ich weiß, was die Leute über mich denken, ich weiß auch, wie sie mir helfen, Fehler zu vermeiden und das, was gut läuft, noch besser zu machen.

Es gibt aber manchmal auch Begegnungen ganz besonderer Art:

Es war zu der Zeit, in der ich schon »Dalli–Dalli« und noch »Allein gegen alle« machte. Für dieses Städteturnier mußte ich eines Tages nach Süddeutschland reisen. Mein Besuch galt der Kleinstadt Walldürn. Nach der Sendung lud mich der Bürgermeister zum Besuch der katholischen Kirche ein, eine Sehenswürdigkeit aus der Barockzeit.

Leise betraten wir das Kirchenschiff. Ein Geruch von Weihrauch wehte uns entgegen. Im Dämmerlicht nahm ich einen wundervollen Altar wahr. Es war so still, daß unsere Schritte durch das Kirchenschiff hallten. Wir waren vor einer prunkvoll verzierten Kanzel angekommen – Heilige blickten von allen Seiten auf uns herab – als ich eine Nonne entdeckte, die auf der Empore Staub wischte. Als sie uns erblickte, legte sie das Staubtuch beiseite und kam zu uns herunter. Ich lächelte ihr zu, sie erkannte mich und rief – etwas zu laut vielleicht für ein Gotteshaus – meinen Namen:

»Herr Rosenthal! Sie hier in unserer Kirche? Wenn das die anderen Schwestern wüßten!«

Ich freute mich über diese herzliche Begrüßung, die ich kaum erwartet hatte. Als ich weitergehen wollte, schien der freundlichen Nonne ein Gedanke zu kommen. »Ach, warten Sie bitte«, sagte sie, »ich möchte so gerne etwas Gutes für Sie tun. Ja – ich werde die Beleuchtung für Sie einschalten.«

Damit enteilte sie zu den Lichtschaltern und bald beleuchtete strahlende Helle die barocke Pracht. Während ich immer neue Gestalten an den Kirchenwänden und in den Seitenschiffen entdeckte, die erst durch die Beleuchtung aus dem Dunkel getreten waren, hatte sich die Nonne wieder etwas ausgedacht.

»Ihre Sendungen sind so sauber, Herr Rosenthal, wir sehen sie immer. Vieles im Fernsehen ist so peinlich, so taktlos oder brutal. Aber Ihre Sendungen sind frei von diesen Dingen. Ich würde für Sie so gern noch irgend etwas tun, was Sie erfreut. Ich hab's! Ich werde die Glocken für Sie läuten lassen!«

Mein Versuch, die Nonne von diesem Gunstbeweis abzuhalten, der mich nicht nur mit meiner Bescheidenheit in Konflikt brachte, kam zu spät. Sie war schon wieder enteilt.

Und dann läuteten die Glocken. Für Hänschen Rosenthal. Eine gewisse Rührung stieg in mir auf.

»Für Sie, Herr Rosenthal«, sagte die Nonne.

Feierlich schritt sie zum Kirchenportal hinaus. Ich folgte ihr.

Draußen vor der Kirche: blendender Sonnenschein und sonntäglicher Glockenklang. Neugierige blickten herüber. Ein Auto fuhr scharf an uns heran, hielt mit quietschenden Bremsen. Heraus sprang, sehr erregt, ein Priester in Schwarz:

»Um Gottes willen! Warum läuten die Glocken, Schwester?« fragte er. »Was ist passiert?«

Die Nonne strahlte übers ganze Gesicht.

»Herr Rosenthal ist hier bei uns, Pater«, sagte sie, »deshalb habe ich die Glocken läuten lassen.«

Ich trat zurück, verbarg meine Verlegenheit, indem ich zum Kirchturm hinüberblickte, aus dessen Höhe die Glocken in unverminderter Lautstärke dröhnten.

»Ach so. Das ist Herr Rosenthal!« Freundlich schüttelte er mir die Hand. Im Gehen hörte ich ihn noch zur Nonne sagen: »Na dann – wenn Herr Rosenthal hier ist . . .«

Ich habe noch oft an Walldürn zurückgedacht:

Die barocke Kirche, die Glocken, die für mich an einem Werktag geläutet hatten, die freundliche Nonne, den Priester. Ich habe dabei an mein Leben gedacht, das ich im christlichen Deutschland als jüdischer Mensch lebte und lebe.

Und wie sich dies Leben verändert hat. Heute ist es zwar noch nicht »normal«, jüdisch zu sein – aber es ist auch kein Makel mehr. Leider ist die Zahl derer, die sich dessen erfreuen können, sehr klein.

Übrigens hatte ich – das als Nachtrag zu meinem Erlebnis in Walldürn – eine Einladung zum Katholikentag 1980 erhalten und dort an einer Podiumsdiskussion vor Tausenden gläubigen Menschen teilgenommen.

*

180 000 jüdische Bürger hatte es in der Reichshauptstadt gegeben, bevor das Hitlerregime sie vertrieb, deportierte oder ermordete. Nach dem Kriege tauchten zunächst nur 1500 wieder auf. Aber es kehrten auch Juden nach Berlin zurück, die im Ausland überlebt hatten oder zuwanderten. So wuchs die Jüdische Gemeinde schließlich wieder auf etwa sechstausend Mitglieder an – auf etwa 3,3 Prozent dessen also, was sie einmal gewesen war!

Ein Teil von ihnen wanderte auch wieder ins Ausland ab. Es wären heute nicht einmal mehr fünftausend, wenn wir nicht einen starken Zuzug jüdischer Menschen aus Rußland hätten, die ihre Auswanderung aus dem Sowjetstaat erkämpften, aber nicht bereit sind, nach Israel zu gehen.

Die Jüdischen Gemeinden in Deutschland wollen und können keinen, der hier Aufnahme sucht, zwingen, nach Israel zu gehen. Wir erinnern uns nur zu gut daran, wie froh und dankbar wir gewesen wären, wenn uns 1939 jemand aufgenommen hätte und wenn die Bereitschaft des Auslandes größer gewesen wäre, jüdischen Emigranten aus Deutschland eine neue Heimat zu geben.

Es wird in den hiesigen Gemeinden kein Unterschied gemacht, ob einer Zionist ist, ob er zu den orthodoxen Gläubigen gehört oder zu den liberalen. In den Konzentrationslagern hat auch niemand danach gefragt. Da waren alle Juden gleich.

*

Ich selbst halte mich für einen gläubigen Menschen im Sinne unserer Religion. Aber orthodox, also »rechtgläubig« im Sinne von strenggläubig, bin ich nicht. Strenggläubige Juden würden mich wahrscheinlich als »Verlorenen« betrachten.

Das ist aber bei uns nicht anders als in anderen Religionen. Ein strenggläubiger Katholik hält es für unerlaubt, eine Ehe mit einem protestantischen Partner einzugehen. Andere tolerieren es – und hören deshalb nicht auf, Katholiken zu sein.

Manche Eigenarten des orthodoxen jüdischen Glaubens haben dazu beigetragen, bei nichtjüdischen Menschen ein antijüdisches Ressentiment hervorzurufen. Es läßt sich wohl in der Formel zusammenfassen: »Sie sind uns ja so fremd. Sie sind ja so anders.«

Von diesem Gefühl der Distanz bis zur Ablehnung, ja Verfolgung, ist es dann oft nur ein kleiner Schritt.

Man weiß zum Beispiel: Gläubige Juden essen kein Schweinefleisch. Das hat einen historischen Grund. Als Moses einst durch die Wüste zog, um sein Volk nach Israel zu führen, waren andere Nomadenvölker auf dem Weg ins gelobte Land gestorben. Man fand irgendwie heraus, daß der Verzehr von Schweinefleisch eine häufige Todesursache war. Von Trichinen wußte man damals noch nichts. Der Zusammenhang zwischen dem Genuß von Schweinefleisch und der Todesfolge wurde aber erkannt. Also sagte man sich: Gott will nicht, daß wir Schweinefleisch essen. Er bestraft es. Übrigens ist dies für Strenggläubige nach wie vor Gesetz. Und auch die Mohammedaner essen kein Schweinefleisch!

Ähnlich ist es mit dem religiös erklärten Brauch des Schächtens gewesen. Man hatte festgestellt, daß sich das Fleisch geschlachteter Tiere in der Hitze länger hielt, wenn man die Tiere ausbluten ließ. Tat man es nicht, verdarb das Fleisch zu schnell und wer es aß, wurde krank und starb.

Oder das Gebot des Sabbat, am heiligen Feiertag nicht zu arbeiten. Es unterscheidet sich vom christlichen Arbeitsverbot für den Sonntag eigentlich nicht. Die orthodoxen Juden aber schalten am Sabbat nicht einmal das elektrische Licht an – das gilt für sie als »Arbeit«.

Auf Andersgläubige oder Nichtgläubige mag das engstirnig oder verbohrt wirken. Jedoch hat auch das seinen Grund: In alter Zeit war es eben mühsamer, Feuer zu entzünden. Es mußten Steine gegeneinander geschlagen, der Zunder angefacht, Öl nachgegossen werden. Also galt das – zu Recht – als Arbeit. Daß es einmal möglich sein würde, ohne jede Anstrengung eine Lampe anzuknipsen, wußten die Religionsstifter natürlich nicht.

Auch das Fahrverbot am Sabbat ist nur eine Konsequenz des Arbeitsverbotes: Statt wie heute einfach den Motor einzuschalten, mußten Tiere – Pferde oder Esel – aus dem Stall geholt, aufgezäumt, angedeichselt und gezügelt werden. Zudem sollte auch das Tier einen Ruhetag haben.

Ich selbst meine, daß diese Gesetze heute überholt sind. Deshalb halte ich sie auch nicht ein. Als Untreue gegenüber meinem jüdischen Glauben kann ich das dennoch nicht empfinden. Aber ich respektiere die Strenggläubigen, die sich an diese religiösen Traditionen gebunden fühlen, und hoffe natürlich, daß auch sie meine weniger orthodoxe Einstellung respektieren und tolerieren können, ohne mich deshalb für einen Menschen zu halten, der mit seinem Glauben gebrochen hat.

Noch eine Besonderheit des jüdischen Glaubens, die oft von Andersgläubigen als Absonderlichkeit betrachtet wird: Der jüdische Kalender ist im Gegensatz zum Sonnenkalender ein Mondkalender. »Unsere« Monate haben 28 Tage. Deshalb gibt es bei uns alle drei Jahre einen Schaltmonat, während es beim Schaltjahr des Sonnenjahres nur jeweils einen zusätzlichen Tag gibt.

Wegen des Mondes, der abends aufgeht, beginnt der Tag –, übrigens auch in arabischen Ländern, – am Abend. Deshalb fängt der Sabbat – der heilige Sonnabend – auch schon am Freitag an, das heißt am Freitagabend. Hier in Deutschland erscheint uns das seltsam, weil wir es gewohnt sind, daß der Tag mit dem Aufgang der Sonne beginnt.

Dennoch sind Christen und Juden darin nicht so weit voneinander entfernt, wie es scheint: Die Christen feiern am »Heiligen Abend« den Geburtstag Christi und nicht am »Heiligen Morgen« des 25. Dezember, dem eigentlichen »Weihnachtstag«.

Nach allem, was zum Teil aufgrund von mangelnder Kenntnis, die wiederum zu falschen Schlüssen geführt hat, geschehen ist, erscheint es mir wichtig, sich der gemeinsamen Wurzel des jüdischen und des christlichen Glaubens zu erinnern – ohne Eiferertum und in jener Demut, die für jeden dem Frieden, der Menschlichkeit und der Güte verbundenen Glauben wesentlich ist.

314

Wir Älteren haben es damit gewiß schwerer als die Jüngeren und die Jungen. Wenn ich in meiner Eigenschaft als Direktoriumsmitglied der Jüdischen Gemeinschaft in Deutschland einem Taxifahrer sagen muß: »Fahren Sie mich bitte zur Jüdischen Gemeinde«, dann bin ich innerlich immer noch ein wenig befangen, weil ich nicht weiß, wie die Nennung dieses Fahrzieles empfunden und aufgenommen wird.

Überhaupt ertappe ich mich gelegentlich immer wieder dabei, mit einer gewissen Scheu zu prüfen, ob ich von anderen, die nicht jüdisch sind, »trotz meiner Herkunft und meines Glaubens« akzeptiert werde. Mein Verstand sagt mir, daß es eigentlich selbstverständlich ist, einen Menschen nicht seines Glaubens wegen abzulehnen, doch das Gefühl hängt da noch dem Verstande nach. Aber kann das anders sein nach allem, was gewesen ist?

Meine Überzeugung ist, daß der jüdische Glaube zu den besonders toleranten Religionen gehört. Wir haben ja keine Missionstätigkeit. Es gilt bei uns nicht als erstrebenswert, Andersgläubige zu unserer Religion zu überreden, sie mit dem Bestreben zu bedrängen, ihren Glauben abzulegen und den unseren anzunehmen, obwohl Aufnahmen ins Judentum möglich sind.

Mir ist es immer bewußt gewesen, daß Juden und Christen ja doch an ein und denselben Gott glauben und zu ihm beten. Das Verbindende, das darin liegt, halte ich für bedeutender als das Trennende: daß wir Juden nicht an Christus glauben.

In einem christlichen Land wie Deutschland ist das allerdings für uns manchmal mit inneren Komplikationen verbunden. Zumal wenn – wie in meiner Familie – die Ehefrau im christlichen Glauben aufwuchs. Vor allem zu Weihnachten wird das deutlich. Da wirkt es sich auch auf die Kinder aus. Sie wissen, daß alle anderen, aus christlichen Elternhäuser stammenden Kinder sich auf den Weihnachtsbaum freuen und beschenkt werden. Für Kinder ist es nicht leicht, sich da nicht »ausgeschlossen« zu fühlen.

Wir sind deshalb zu Weihnachten meist verreist, sind in ein Hotel gezogen, in dessen Halle auch ein Christbaum stand. Und unsere Kinder bekamen – meine orthodoxen Glaubensbrüder mögen es mir verzeihen – auch immer einige Geschenke.

Dieses christliche Fest der Freude bewirkt ja auch heute noch – trotz aller materiellen Begehrlichkeit – ein Gefühl der Gemeinsamkeit, der

Besinnlichkeit und eines ganz besonderen Friedens. Und wenn ich zur Weihnachtszeit mit meiner Frau durch die geschmückten Straßen Berlins gehe, in denen die beleuchteten Tannenbäume stehen, und wir uns die Schaufenster ansehen inmitten der frohgestimmten Menschen, dann will ich mich dieser Stimmung auch nicht entziehen. Sondern ich sage mir: Auch ein Christ kann, wenn er zu einem religiösen Fest in eine Synagoge kommt, von der innigen Frömmigkeit der betenden und singenden Menschen seelisch beeindruckt sein – und muß doch nicht deshalb aufhören, ein Christ zu sein.

Treue gegenüber der Religion, in der man erzogen wurde, mit der man aufwuchs und glauben lernte, sollte auch immer die Kraft geben, andere Religionen zu würdigen und zu achten. Intoleranz des Glaubens hat in der Geschichte der Menschheit so viel Leid und Unglück bedeutet. Wer wüßte das besser als wir Menschen jüdischen Glaubens.

Religiöse Duldsamkeit ist deshalb für mich auch ein Gebot, das sich aus unserer Leidensgeschichte herleitet. Jeden nach seinem Glauben selig werden zu lassen, gehört für mich zur Menschlichkeit. Und deshalb hört meine Toleranz erst dort auf, wo Glaubensfanatismus beginnt, wo die eine Religion das Existenzrecht der anderen bestreitet und die Verwandtschaft aller Religionen einer Feindschaft und haßerfüllten Entfremdung weichen muß.

Damals in der Laube und in den Trümmern Berlins hatte ich mir geschworen, mich mit allen Kräften dafür einzusetzen, daß das, was mit unserem Volke geschehen war, aus Fanatismus und haßerfüllter Entfremdung, sich niemals wiederholen dürfte. Ich wollte mithelfen, die jüdische Gemeinde wiederaufzubauen, die in den vergangenen Jahrhunderten Deutschland unschätzbare Dienste erwiesen hatte, wofür ihr leider kein Dank geworden ist. Ich wollte wachsam sein gegenüber den Politikern und den ideologischen Strömungen in meinem Vaterland – daß jede Gefahr rechtzeitig erkannt, jede Art von Fanatismus rechtzeitig entlarvt würde.

Deshalb arbeite ich heute für die Jüdische Gemeinde. Und nicht zuletzt deshalb schreibe ich dieses Buch . . .

*

Heute unterhalte ich die Menschen. Ich unterhalte Millionen und gebe ihnen dabei ein Gefühl für Gemeinsamkeit, für Zusammengehörigkeit. Ich versuche zu zeigen, wie der Wettkampf, der die Menschen in Politik und Arbeitswelt allzuleicht den Humor vergessen läßt, ein friedlicher Wettkampf sein kann, bei dem nicht nur der Gewinner gewinnt, sondern auch der gute Verlierer. Und daß bei diesem Spiel der Humor nicht zu kurz kommt, ist mein zusätzliches Anliegen.

Wenn ich gefragt werde, ob der Humor nicht die Probleme überdeckt, die den Menschen wirklich angehen, dann kann ich nur aus eigener Erfahrung antworten: Gäbe es den Humor nicht, wären diese Probleme noch viel größer und ausschließlicher. Wer weiß, wie schwer das Leben dem Menschen werden kann, der weiß Unterhaltung, Humor und unbeschwertes Spiel zu schätzen. Wer weiß, wie leicht Menschen aneinandergeraten und die Kommunikation aufgeben, der versteht die Bedeutung der friedlichen Kommunikation Fernsehen.

Manchmal, wenn ich als Betriebsratsmitglied, auf einer Gewerkschaftstagung oder in einer Sitzung der Jüdischen Gemeinde das Wort erbitte und spreche, bemerke ich einen gewissen Verblüffungseffekt bei den anderen: Man wundert sich ganz offensichtlich, daß ein »Entertainer der leichten Muse« ernst sein kann, zu kämpfen fähig ist, wenn es darauf ankommt, zu lächeln aufhört, nachdenklich wird und vielleicht sogar dann und wann seiner Empörung Ausdruck gibt.

Ephraim Kishon hat einmal gesagt, er schreibe zwar lustige Bücher, aber er sei selbst nicht lustiger als andere Menschen, und so sehr ihm das Schreiben auch Freude bereite, so anstrengend sei es doch zugleich. Er habe keinen Grund fröhlicher zu sein als andere; wer von ihm in Gesellschaft sprudelnde Heiterkeit erwarte, der werde leider enttäuscht.

Auch ich bin nicht immer das Hänschen, das in die Höhe springt, wenn irgend etwas »Spitze« ist oder zu sein scheint. Gelegentliche Traurigkeit ist mir so vertraut, wie jedem empfindenden Menschen. Und während ich mir irgendein lustiges Spiel für meine Kandidaten ausdenke, vergesse ich darüber durchaus nicht, wieviel Not und Gewalt und Bedrängnis in der Welt sind. Terrorismus, kriegerische Verwicklungen, Hunger, Tyrannei, Fanatismus und Angst berühren mich tief. Ich mache meine Sendungen nicht trotzdem – ich mache sie deshalb.

Wo so viel Verbitterung ist, wie in dieser unserer Welt, sollte ein Stück Heiterkeit nicht fehlen, wo so viel Grauen über die Bildschirme in die Stuben der Bürger kommt, sollte auch die andere Seite des Lebens, das Naive, Unbeschwerte, Harmlose eine Chance bekommen. Und wenn einer wie ich das unternimmt, einer, der nur allzu genau aus eigener Erfahrung weiß, wie furchtbar das Leben sein kann, dann hat das, so hoffe ich, eine besondere Legitimation und Überzeugungskraft.

Ich weiß, daß Quiz-Meister eigentlich kein Beruf ist. Bei Robert Lembkes Beruferaten würde ich das nicht als Stichwort gelten lassen. Mein Beruf ist Regisseur. Doch ich schließe nicht aus, daß ich eines Tages noch einen anderen Beruf wähle, einen, den man als »ernsthaft« bezeichnen würde. Eine politische Aufgabe würde mich locken. Nicht aus Geltungssucht, Neigung zur Parteilichkeit oder gar Machtgier. Sondern aus denselben Gründen, die mich damals schwören ließen, für Toleranz zu kämpfen – religiöse, politische, zwischenmenschliche. Das klingt pathetisch, ich weiß. Aber ich kann es nicht anders sagen, weil es so ist.

*

Mich haben Freunde, als sie von meiner Absicht hörten, dieses Buch zu schreiben, gefragt:

»Wieso jetzt? Memoiren schreibt man doch am Lebensende. Hast du schon abgeschlossen?«

Diesen Freunden habe ich geantwortet:

»Ich fühle mich eigentlich noch mitten drin, habe auch noch viel vor. Es sind ja im Grunde keine Memoiren, die ich schreibe. Es sind Auskünfte über mein Leben. Solche Auskünfte kann man in jedem Lebensalter geben. Entweder weil sie ungewöhnlich sind oder weil andere sich in manchem selbst wiedererkennen; oder weil diese Auskünfte gewisse Erfahrungen und Einsichten bedeuten – mindestens jedoch Einblicke in ein Leben, das bis zum Zeitpunkt der Mitteilung durch mehr Höhen und Tiefen gegangen ist als ein ›durchschnittliches‹.«

»Und warum kommt es gerade jetzt, dieses Buch?«

»Weil ich mich freigeschwommen habe. Nach dreißig Jahren als Angestellter bin ich selbständig geworden, ganz unabhängig, auf mich allein gestellt. Bisher war da, wenn ich über das Drahtseil meiner Arbeit ging, ein sicherndes Netz.

Nun gibt es nur noch die Manege. Das Netz ist nicht mehr da. Meine Balancierstange ist meine Erfahrung und mein Vertrauen in mich selbst.«

Der Schritt in die Selbständigkeit ist ein Markierungspunkt im Leben, an dem man nachdenklich wird. Und Mitteilungen über den eigenen Weg verhelfen unter anderem auch zu Resultaten des Nachdenkens. Was man sich »von der Seele« geschrieben hat, dazu gewinnt man Abstand. Und Abstand zu sich selbst ist ja so wichtig im Leben.

*

Ich sagte, ich hätte mich freigeschwommen. Bei einem Menschen wie mir kann es kaum anders sein, als daß bei fast jedem Wort Gedankenverbindungen zur Vergangenheit sich einstellen. So ist es auch mit diesem Begriff.

Ich konnte nämlich, als ich längst schon Familienvater war, immer noch nicht schwimmen. Das hängt mit der Nazizeit zusammen. Wir jüdischen Kinder und Jugendlichen hatten damals keine Gelegenheit, es zu lernen – Juden waren ab 1933 in Schwimmbädern unerwünscht, später wurden sie ihnen sogar verboten.

Da ich aber sportlich bin und meinen Nichtschwimmerstatus als beschämend empfand, beschloß ich, das unfreiwillig Versäumte nachzuholen: Ich wollte mich – diesmal buchstäblich – freischwimmen.

Das war um so wichtiger, als wir uns ein Paddelboot angeschafft hatten und ich im Falle des Kenterns wahrscheinlich kläglich untergegangen wäre. Freunde von uns glaubten mir nicht, daß ich Nichtschwimmer war, schaukelten unser Boot und drohten im Scherz, es umzukippen. Dann verteilte ich Ehrenwörter, um die anderen nicht die Probe aufs Exempel machen zu lassen.

Um diesen kläglichen Zustand zu beenden, meldete ich mich im Stadtbad Schöneberg zu einem Schwimmkursus an. Ich bat um Einzelunterricht, um nicht zum Gespött der anderen zu werden.

Der Schwimmeister fragte mich:

»Können Sie denn wenigstens schon ein bißchen schwimmen, Herr Rosenthal?«

»Doch, doch«, antwortete ich, »so drei bis vier Stöße schaffe ich.«

Er beschloß einen Test zu machen.

»Sie brauchen aber eine Badekappe«, sagte er.

Ich hatte keine. Er holte also eine Wasserballkappe aus einer Kabine.

Ich setzte sie auf und sah aus wie der Stürmerstar der Wasserballmannschaft Spandau 04. Dann schickte er mich ins nasse Element. Ich sollte zeigen, was ich konnte.

Bis zur Brust stieg ich in die chlorhaltigen Fluten, holte tief Luft, stieß mich vom Boden ab und brachte vier Stöße zustande. Dann versank ich. Trotzdem hegte ich die Hoffnung, den Meister damit beeindruckt zu haben.

»Kommen Sie mal wieder raus«, sagte er.

Ich kehrte zu ihm zurück. Er sah mich streng an, runzelte die Stirn, ließ mich ein bißchen auf sein Urteil warten und fragte dann:

»Wissen Sie, was Sie können?«

»Nein«, sagte ich wahrheitsgemäß.

»Sie können gar nichts, überhaupt nichts«, erwiderte er mit einem fast drohenden Unterton.

Er bat mich – nein, er befahl mir – mich auf eine der Stufen ins Wasser zu setzen, bis es mir im doppelten Sinne des Wortes bis zum Halse stand. Dann kommandierte er:

»Die Arme zusammen, eins, nach vorn, Arme auseinander, Wasser zur Seite verdrängen, zwei, Arme zurück, drei, wieder nach vorn . . .«

Ich führte seine Kommandos aus wie eine Marionette an den Fäden seiner Autorität. Und gab mir – gehorsamer Schüler, der ich bin – große Mühe. Nach wenigen Minuten umstand mich eine ganze Schar von Kindern. Sie kreischten vor Lachen.

Da beendete ich meine traurigen Übungen, stieg aus dem Wasser und sagte dem Schwimmeister:

»Also das kann ich nicht. Bei diesem Lärm der Kinder hier und als fünfundzwanzigjähriger Hanswurst und Nichtschwimmer dem Gelächter preisgegeben . . .«

Der Schwimmeister zeigte joviales Verständnis:

»Gut«, sagte er, »es gibt noch eine andere Möglichkeit: Sie kommen mit mir ins Tiefe. Dort springen Sie zunächst mal vom Einmeter-Brett. Sie werden sehen, daß Sie ganz von allein wieder hoch kommen. Dann werde ich Ihnen einen Stock hinhalten und Sie durchs Wasser an den Beckenrand ziehen.«

Die Wahl zwischen beiden Möglichkeiten wurde für mich zur

Qual: Mich entweder dem Gespött der Kinder weiter auszusetzen oder ins tiefe Wasser zu springen. Mein innerer Entscheidungsprozeß, in dem Frau und Tochter für den Bruchteil einer Sekunde als Witwe und Waise erschienen, dauerte nicht lange. Dann sagte ich:»Ich springe.«

Und ich sprang. Das Hinabsinken schien kein Ende zu nehmen, die Phase des Wiederaufsteigens dehnte sich noch länger. Dann schnappte ich nach Luft und packte mit den Händen den Stock des Schwimmlehrers. Er zog mich raus.

Noch ehe ich Erleichterung empfinden konnte, hatte er mich zu einem zweiten Sprung genötigt und auch noch zu einem dritten. Und schon sprang ich aus Vergnügen. Und lernte Schwimmen!

Inzwischen gelang mir die Überquerung zweier mittelgroßer Binnenseen. Zu Rekorden werde ich es gewiß nicht mehr bringen. Aber ich kann mich über Wasser halten – und niemand weiß besser als ich, wie wichtig das ist.

*

Ich habe viel erzählt, es ist spät geworden. Der Weg war schon recht lang, den es nachzuzeichnen galt. Es wird Zeit, Schluß zu machen. Mit dem Buch, nicht mit dem Leben. Denn das Leben ist für mich immer wieder ein Anfang. Und jeder Neubeginn ist für mich ein Glück – wohl auch deshalb, weil ich nicht vergessen habe, wie es gewesen ist, als alles zu Ende schien, und mir die herzensgute Frau Jauch in meinem Gartenlaubenversteck ein Blatt Papier gab, auf das sie in steiler, altdeutscher Schrift den Psalm geschrieben hatte, in dem es heißt:

»Denn er hat seinen Engeln befohlen über dir,
daß sie dich behüten auf allen deinen Wegen.«

Und wenn mir die Kinder der Nachbarschaft »Dalli–Dalli« nachrufen, dann denke ich: Ja, ich habe mich eigentlich immer beeilt in meinem Leben. Nicht um dem Glück nachzulaufen, sondern um dem Unglück zu entgehen.

Und dabei bin ich dann dem Glück begegnet.

Anhang
Lebenslauf in Stichworten

1925   Geboren am 2. 4. 1925 im Jüdischen Krankenhaus in Berlin.

1931   Im April Einschulung in die 58. Volksschule in Berlin.

1932   Geburt des Bruders Gert am 26. 7.

1934   Erkrankung Gerts an Spinaler Kinderlähmung.

1935   Umschulung in die Jüdische Mittelschule in der Großen Hamburger Straße, Berlin

1937   Tod des Vaters Kurt Rosenthal am 17. 9. (geb. 20. 11. 1900).

1940   Im Frühjahr Umschulungslager Jessen/Niederlausitz – Landwirtschaftliche Arbeiten.

1941   Tod der Mutter Else Rosenthal, geb. Isaac am 8. 11. (geb. 10. 3. 1899). Im Sommer Umzug ins Landarbeitslager Neuendorf bei Fürstenwalde – Arbeit als Totengräber.

1942   Im Januar Umzug nach Berlin ins Waisenhaus zum Bruder Gert – Akkordarbeit in der Blechemballagenfabrik. Im September Umzug ins Jüdische Jugendheim in Berlin, da schon zu alt für das Waisenhaus. Im Oktober wird der Bruder im 21. Osttransport der Gestapo nach Riga deportiert. Seine voradressierten Karten erreichen Hans Rosenthal nie.
Im November Umzug nach Torgelow, um das Zweigwerk der Blechemballagenfabrik mit aufzubauen.

1943   Am 27. 3. Flucht aus Torgelow und Beginn der Illegalität – Versteck in der Laubenkolonie »Dreieinigkeit«.

1945	Am 25. 4. Befreiung in Berlin-Lichtenberg. Ab Mai Mitarbeit bei der Polizei. Am 21. 5. Beginn der Mitarbeit beim Berliner Rundfunk.
1947	Am 30. 8. Hochzeit mit Traudl Schallon.
1948	Im Juni Beginn der Mitarbeit beim RIAS. Ab 28. 7. festangestellt. An Weihnachten die erste Sendung von Günter Neumann und seinen Insulanern.
1950	Am 30. 6. Geburt der Tochter Birgit.
1954	Im Frühjahr erste Quiz-Sendung als Spielmeister »Wer fragt, gewinnt«. Gleichzeitig erste Serienregie »Die Rückblende«. Mitglied der Repräsentanten-Versammlung der Jüdischen Gemeinde in Berlin.
1958	Am 29. 8. Geburt des Sohnes Gert. Erste Fernsehsendung beim SFB: »Raus ins Grüne, rein ins Lokal«.
1960	Ab Februar für ein Jahr Unterhaltungschef bei der »Bavaria« in Geiselgasteig.
1961	Im November Beginn der Rufmordkampagne durch die »DDR«. Mitglied des Zentralrats der Juden in Deutschland. »Die Rückblende« als Monatsmagazin im Fernsehen.
1962	Abteilungsleiter Unterhaltung beim RIAS.
1963	Im Januar erste Life-Sendung »Allein gegen alle« im Hörfunk.
1964	Erste Fernsehserie im Vorabendprogramm: »Gut gefragt, ist halb gewonnen«.
1965	Präsident des Fußballclubs »Tennis-Borussia«, Berlin. Einzug ins ersparte Häuschen.
1968	Gründung des Werbesenders auf Teneriffa.
1971	Erste Sendung »Dalli–Dalli«. Vorsitzender der Repräsentantenversammlung der Jüdischen Gemeinde zu Berlin.

1972	Verleihung des Bundesverdienstkreuzes.
1973	Mitglied des Direktoriums des Zentralrats der Juden in Deutschland. Auszeichnungen: »Goldener Bildschirm«, »Bambi«, »Silberne Kamera«.
1974	Auszeichnung: »Goldenes Mikrofon«.
1975	Fernsehserie »Schlagerfestival der Zwanziger Jahre«.
1976	Fernsehserie »KO – OK«.
1980	Auszeichnung: »Silberne Kamera« – Zweitbeliebtester Unterhaltungsstar aller Zeiten. Im März neue Fernsehserie »Rate mal mit Rosenthal«. Beendigung des »Festangestellten-Verhältnisses« beim RIAS. Beginn der Selbständigkeit.

»Gut gefragt, ist halb gewonnen«
Die Mitwirkenden

Politiker – Kabarettisten

Franz Barsig

Dr. Thomas Dehler

Karl Theodor Freiherr
von und zu Guttenberg

Werner Finck

Sammy Drechsel

Walter Gross

2. Schauspieler – Regisseure

Johanna von Koczian

Rudolf Platte

Helmut Käutner

R. A. Stemmle

Luis Trenker

Dieter Hildebrandt

3. Komponisten – Textdichter

Fritz Schulz-Reichel

Gerhard Winkler

Karl Ulrich Blecher

Willi Dehmel

Kurt Schwabach

Peter Kreuder

4. Politiker – Boxer

Ernst Lemmer

Kurt Neubauer

Walter Scheel

Gustav Scholz

Karl Mildenberger

Willi Quator

5. Olympiasieger 1960 – Olympiasieger 1964

Jutta Heine

Charly Kaufmann

Martin Lauer

Helga Mees

Hans Joachim Klein

Willi Holdorf

6. Ehefrauen – Ehemänner

Maxie Herber-Baier

Tatjana Sais

Michi Tanaka

Ernst Baier

Günter Neumann

Viktor de Kowa

7. Sänger – Dirigenten

Lisa Otto

Jan Kiepura

Ludwig Suthaus

Hans von Benda

Richard Krauss

Prof. Wolfgang Sawallisch

8. Radrennfahrer – Turnierspringreiter

Rudi Altig
Hans Junkermann
Rik van Steenbergen

Fritz Thiedemann
Kurt Jarasinski
Hermann Schridde

9. Schauspieler – Politiker

Grethe Weiser
Gustav Knuth
Hans Söhnker

Prof. Siegfried Balke
Dr. Adolf Müller-Emmert
Siegfried Zoglmann

10. Singende Sportler – sportliche Sänger

Hans Frömming
Manfred Schnelldorfer
Charly Dörfel

Fred Bertelmann
Gerhard Wendland
Lawrence Winters

11. Bühne – Film

Ruth Stephan
Heinz Erhardt
Hanns Lothar

Mario Adorf
Horst Buchholz
Hansjörg Felmy

12. Kabarettisten – Politiker

Edith Elsholtz
Hanne Wieda
Günther Pfitzmann

Dr. Ewald Bucher
Dr. Arthur Radtke
Hermann Schmidt-Vockenhausen

13. Wien – Berlin

Gusti Wolff
Rudolf Prack
Anton Karas

Sonja Ziemann
Dieter Borsche
Ralf Wolter

14. Feldspieler – Torsteher

Friedhelm Konietzka
Wolfgang Overath
Heinz Strehl

Wolfgang Fahrian
Horst Schnoor
Hans Tilkowski

15. Sänger – Schauspieler

Sari Barabas
Erika Köth
Josef Metternich

Luise Ullrich
Heinz Drache
Georg Thomalla

16. Schönheitsköniginnen – Quizmaster

Susanne Erichsen
Marina Orschel
Christel Schaak

Marianne Koch
Guido Baumann
Otto Höpfner

326

17. 1 PS – 100 PS
Karin Möller
Jonny Mills
Hans Günther Winkler

Elli Beinhorn
Huschke von Hanstein
Hans Herrmann

18. Münchner Lach- und Schießgesellschaft – Stachelschweine
Ursula Noack
Sammy Drechsel
Jürgen Scheller

Beate Hasenau
Wolfgang Gruner
Rolf Ulrich

19. Wien – Berlin
Rudolf Prack
Hannerl Matz
Gusti Wolff

Sonja Ziemann
Dieter Borsche
Ralf Wolter

20. Oper – Operette
Annabelle Bernard
Martha Mödl
Ernst Krukowski

Margit Schramm
Esther Rethy
Friedrich Schröder

21. Sommersportler – Wintersportler
Helga Hoffmann
Willi Kuhweide
Alwin Schockemöhle

Heidi Schmid-Biebl
Ernst Trautwein
Bodo Bockenauer

22. Borussia Dortmund – München 1860
Siegfried Held
Aki Schmidt
Willy Multhaupt

Peter Grosser
Max Merkel
Manfred Wagner

23. Sänger – Komponisten
Margot Hielscher
Rex Gildo
Bill Ramsey

Hans Carste
Werner Eisbrenner
Norbert Schultze

24. Lokomotive Olympia – Aschenbahn
Emil Zatopek
Dana Zatopkowa
Manfred Germar

Peter Kubicki
Harald Norpoth
Bodo Tümmler

25. Leinwand – Show
Trude Herr
Mara Lane
Ilse Werner

Lou van Burg
Claus Biederstaedt
Joachim Fuchsberger

26. Oper – Film
Elisabeth Grümmer
Vera Little
Sándor Kоńya

Lilian Harvey
Willy Birgel
Gustav Fröhlich

27. Politiker – Wähler
Dr. Hildegard Hamm-Brücher
Dr. Eleonore Lipschitz
Josef Stingl

Sabine Sinjen
Heinz Östergaard
Georg Thomalla

28. Sommersport – Wintersport
Madeleine Winter
Manfred Kinder
Werner von Moltke

Ludwig Leitner
Georg Thoma
Regine Heitzer

29. Chanson – Arie
Lys Assia
Loni Heuser
Greta Keller

Prof. Erna Berger
Hans Beirer
Peter Lagger

30. Oper – Tanzmusik
Prof. Hans Werner Henze
Roman Haubenstock-Ramati
Bruno Maderna

Martin Böttcher
Horst Jankowsky
Michael Jary

31. Ehefrauen – Ehemänner
Helga Bernhold
Loni von Friedl
Anneliese Born

Albrecht Schönhals
Dr. Jürgen Bernhold
Götz George

32. Schauspielerinnen – Schauspieler
Käthe Haack
Marianne Hoppe
Inge Meysel

Max Eckardt
Joachim Hansen
Paul Klinger

33. Schlagersänger – Komponisten
Gretje Kauffeld
Paul Kuhn
Toni Sailer

Werner Bochmann
Klaus-Günter Neumann
Charly Niessen

34. Schiffskapitäne – Flugkapitäne
Helmut Bast
Peter Elsner
Werner Morgenstern

Hans Müller
Walter Schuster
Hermann Terjung

35. Schauspieler – Politiker

Lil Dagover	Hans Dietrich Genscher
O. E. Hasse	Dr. Johann Baptist Gradl
Martin Held	Franz Sommer

36. Trainer – Sportler

Helmut Schön	Hannelore Trabert
Otto Ziege	Boghart Ebert
Wolfgang Thiele	Lothar Emmerich

37. Sängerinnen – Sänger

Renate Holm	Abi Ofarim
Elfie Meyerhofer	Ralf Bendix
Esther Ofarim	Chris Howland

München 1860 – Eintracht Braunschweig

Petar Radenkowicz	Horst Wolter
Bernd Patzke	Jürgen Moll
Hans Rebele	Lothar Ulsass

39. Waterkant – Havelstrand

Lale Andersen	Edith Schollwer
Richard Germer	Jo Herbst
Addi Münster	Willi Rose

40. Fernsehansagerinnen – Fernsehpublizisten

Renate Oehlschläger	Prof. Hans Haber
Mady Riehl	Henno Lohmeier
Ute Zingelmann	Walther Schmieding

Berlinerinnen – Bayern

Brigitte Grothum	Franzl Lang
Cornelia Herstatt	Karl Tischlinger
Manuela	Alfred Wurm

42. Ehefrauen – Ehemänner

Dorthe	René Kollo
Grethe Weiser	Dr. Hermann Schwerin
Maria Schell	Veit Relin

43. Kabarett – Karikatur

Elfie Pertramer	Ole Jensen
Werner Finck	Hans Kossatz
Klaus Havenstein	Manfred Schmidt

44. Manege – Bühne
Karl Sembach-Krone
Franz Althoff
Pater Heinzpeter Schönig

Eva Pflug
Thomas Holtzmann
Josef Offenbach

45. Grenoble – Mexiko
Christa Schmuck
Emmerich Danzer
Erhard Keller

Karin Frisch-Reichert
Uwe Beyer
Michael Sauer

46. Gesang – Tanz
Alexandra
Roy Black
Ivan Rebroff

Annaluise Schubert
Jürgen Feindt
William Milie

47. Dauerwelle – Junge Welle
Gila von Weitershausen
Ilona Grübel
Carola Wied

Werner Enke
Rob Houwer
Alexander May

48. Mittelamerika – Nordamerika
Margarita Cantiro
Roberto Blanco
Claire Watson

Dave Hildinger
Bill Ramsey
Billy Mo

49. Müller – Müller
Lieschen Müller
Detlev Müller
Peter Müller

Hans-Reinhard Müller
Rolf Hans Müller
Walter Müller

50. Bildschirm – Bühne
Karin von Faber
Irene Koss
Lotti Ohnesorge

Eva Renzi
Paul Hubschmidt
Christian Wolf

51. 1. FC Nürnberg – 1. FC Köln
Heinz Strehl
George Volkert
Ferdinand Wenauer

Johannes Löhr
Karlheinz Rühl
Karlheinz Thielen

52. Fiedelbogen – Mundstück
Angelika May
Svend Asmussen
Helmut Zacharias

Fredy Brock
Roy Etzel
Rolf Kühn

53. Niederlande – Belgien

Mieke Telkamp	Tonia
Conny Van den Boos	Bobbe Jan
Rudi Carrel	Louis Neefs

54. Medaille – Pokale

Ingrid Becker	Astrid Bader
Bernd Klingner	Hanni Kaufmann
Klaus Schiprowski	Peter Neubeck

55. Bullen – Ganoven

Kai Fischer	Ann Smyrner
Joachim Fuchsberger	Werner Peters
Erik Ode	Horst Tappert

56. Damen im Licht – Herren im Dunkeln

Margit Nünke	Hans Quest
Marlene Schmidt	Jürgen Roland
Uta Levka	Kurt Wilhelm

57. Schwestern – Brüder

Rosemarie	Peter
Eva	Thomas
Hannelore	Ulrich
Johanna (die Jacob-Sisters)	Viktor (die Gebrüder Schamoni)

58. Tischtennis – Handball

Agnes Simon	Hans-Jürgen Bode
Conny Freundorfer	Herbert Lübking
Eberhard Schöler	Bernd Munk

59. Schauspieler – Autoren

Hilde Weisener	Karin Jakobsen
Dunja Rajter	Horst Pillau
Harald Juhnke	Heinz-Oskar Wuttig

60. Römer – Griechen

Angelina Monti	Costa Cordalis
Cesare Curzi	Panos Papadopulos
Vittorio	Michael Theodore

61. Köln – Mainz

Marieluise Görgens	Rolf Braun
Thomas Liessem	Ernst Neger
Jupp Schmitz	Georg Berresheim

62. Ehefrauen – Ehemänner

Gerti Daub · Carlheinz Hollmann
Christine Görner · Benno Kusche
Winnie Markus · Generalkonsul Adi Vogel

63. Operette – Musical

Gretl Schörg · Monika Dahlberg
Willi Hofmann · Shmuel Rodensky
Heinz Hoppe · Harry Wüstenhagen

64. Leinwandstars – Filmsterne

Gardy Granass · Ruth Gassmann
Margot Hielscher · Anita Kupsch
Margot Trooger · Monika Zinnenberg

65. Komponisten – Textdichter

Franz Grothe · Walter Brandin
Georg Haentzschel · Günther Loose
Peter Igelhoff · Rolf Merz

66. Ehefrauen – Ehemänner

Lotte Hass · Dr. Hans Hass
Barbara Lass · Karl-Heinz Böhm
Zarah Leander · Arne Hülphers

332

»Dalli-Dalli«
Die Mitwirkenden

Sen-dung	Sparte		
1	Film	Lieselotte Pulver	Fritz Eckhardt
	Sport	Ilona Gusenbauer	Manfred Germar
	Politik	Klaus Hübner	Knut Müller
	Wissenschaft	Heinz Haber	Walter Bruch
2	Fernsehen	Johanna von Koczian	Peter Frankenfeld
	Sport	Liesel Westermann	Karl Schranz
	Satire	Ironimus	Manfred Schmidt
	Autoren	Heinz-Oskar Wuttig	Curth Flatow
3	Schauspiel	Loni von Friedl	Eva Pflug
	Sport	Rudi Altig	Bubi Scholz
	Politik	Josef Staribacher	Herbert Stadelmeyer
	Wissenschaft	Hans Haarländer	Leopold Kletter
4	Theater	Luise Ulrich	Ilse Werner
	Sport	Maria Sykora	Astrid Bader-Hossfeld
	Regie	Franz Antel	Hans Quest
	Schauspiel	René Deltgen	Klausjürgen Wussow
5	Theater	Inge Meysel	Friedrich Schoenfelder
	Tanz	Irene Mann	Jürgen Feindt
	Sport	Michael Sauer	Thomas Zacharias
	Politik	Konrad Kraske	Hans-Georg Wolters
6	Theater	Barbara Rütting	Maria Schell
	Bühne	Karl John	Hans Söhnker
	Sport	Peter Lichtner-Hoyer	Harry Boldt
	Politik	Alfred Dregger	Klaus Schütz
7	Humor	Elfi Pertramer	Heinz Schenk
	Komik	Trude Herr	Jean Thomé
	Fußball	Ernst Melchior	Helmut Schön
	Karneval	Rolf Braun	Ferdi Leisten

333

Sendung	Sparte		
8	Hitparade	Marianne Mendt	Dieter Thomas Heck
	Starparade	Peggy March	Rainer Holbe
	Schauspiel	Lotti Krekel	Marianne Schönauer
	Orchester	Max Greger	Johannes Fehring
9	Wort	Hannelore Schütz	Oswalt Kolle
	Sport	Ingrid Mickler-Becker	Uwe Beyer
	Sang	Bibi Johns	Lolita
	Klang	Katja Ebstein	Christian Bruhn
10	Oper	Anneliese Rothenberger	Walter Berry
	Film	Johanna Matz	Horst Buchholz
	Klavier	Fritz Schulz-Reichel	Dr. Peter Wehle
	Mikrophon	Dr. Kurt Jeschko	Dieter Kürten
11	Melodie	Renate Holm	Heinz Hoppe
	Medaille	Eva Janko	Erhard Keller
	Komik	Chris Howland	Bill Ramsey
	Kochtopf	Ulrich Klever	Helmut Misack
12	Rampe	Heidi Kabel	Jane Tilden
	Rhythmus	Lys Assia	Horst Winter
	Theater	Beatrice Ferrolli	Walter Schmieding
	Brettl	Maxi Böhm	Wolfgang Gruner
13	Mozart	Lisa della Casa	Peter Lagger
	Lehar	Margit Schramm	Harald Serafin
	Bildschirm	Wim Thoelke	Dr. Harald Scheerer
	Bühne	Willi Millowitsch	Ernst Waldbrunn
14	Arie	Erika Köth	Benno Kusche
	Serie	Petra Schürmann	Heinz Holecek
	Show	Roberto Blanco	Michael Schanze
	Zoo	Heinz-Georg Klös	Heinrich Windischbauer
15	Fußball	Uwe Seeler	Gernot Fraydl
	Film	Winnie Markus	Gretel Schörg
	Frohsinn	Ruth Stephan	Loni Heuser
	Foxtrott	Peter Igelhoff	Peter Kreuder
16	Kulisse	Sonja Sutter	Axel von Ambesser
	Klappe	Eva Renzi	Hannsjörg Felmy
	Kadenz	Helga Dernesch	René Kollo
	Kamera	Karin von Faber	Karlheinz Hollmann

Sen-dung	Sparte		
17	Charme	Christiane Hörbiger	Marianne Koch
	Melone	Joachim Hansen	Jürgen Roland
	Spiel	Camillo Felgen	Frank Elstner
	Sport	Dieter Quester	Rüdiger Schmidtke
18	Komödie	Chariklia Baxevanos	Karl-Heinz Böhm
	Krimi	Monika Peitsch	Erik Ode
	Kanzel	Dr. Werner Brüning	Pfarrer Sommerauer
	Konzert	Horst Jankowski	Werner Müller
19	Musik	Gundula Janowitz	Waldemar Kmentt
	Musical	Olivia Molina	Peter Kraus
	Dialekt	Edith Hancke	Fritz Muliar
	Dialog	Karl Lieffen	Hans Clarin
20	Schauspiel	Heli Finkenzeller	Rudolf Prack
	Schallplatte	Manuela	Jürgen Marcus
	Stars	Maria Perschy	Mario Adorf
	Starter	Johannes Frömming	Adolf Übleis
21	Kanzone	Ingeborg Hallstein	Ernst Krukowski
	Komödie	Anita Kupsch	Uwe Friedrichsen
	Information	Lothar Dombrowski	Wolfgang Behrendt
	Moderation	Ernst Grissemann	Henning Venske
22	Die Gerhardts	Elfe Gerhardt	Paul Dahlke
	Die Beckers	Alwy Becker	Hans von Borsody
	Die Hielschers	Margot Hielscher	Friedrich Meyer
	Die Kappelsbergers	Ruth Kappelsberger	Fred Bertelmann
23	Komödie	Sissy Löwinger	Heidi Mahler
	Kino	Gardy Granass	Bert Forell
	Kanzel	Pater Diego Götz	Pfarrer Georg Seiffert
	Kurzweil	Günther Schramm	Benno Hoffmann
24	Rezitativ	Anja Silja	Werner Hollweg
	Rhythmus	Cornelia Froboess	Silvio Francesco
	Ballett	Susanne Kirnbauer	Michael Birkmeyer
	Bühne	Pit Krüger	Franz Muxeneder
25	Feder	Barbara Noack	Oliver Hassenkamp
	Fidelitas	Gisela Schlüter	Ernst Hilbich
	Ball	Wolfgang Fahrian	Helmut Haller
	Ballerinen	Alice und	Ellen Kessler

Sen-dung	Sparte		
26	Theater	Ida Ehre	Isebil Sturm
	Tonfilm	Mady Rahl	Franz Grothe
	Minne	Michael Holm	Wolfgang
	Mimik	Felix Knemöller	Hans Richter
27	Komödie	Grit Böttcher	Ingeborg Schöner
	Kabarett	Fifi Brix	Ossy Kolmann
	Klang	Christiane Rücker	Chris Roberts
	Kurzweil	Rainer Brandt	Gerd Duwner
28	Spiel	Gerlinde Locker	Peter Weck
	Sport	Regine Heitzer	Georg Thoma
	Sprint	Heide Rosendahl	Jutta Heine
	Spaß	Iwan Rebroff	Günther Hassert
29	Turnier	Heidi Biebl	Herbert Rettensteiner
	Tonart	Su Kramer	Bernd Clüver
	Tempo	Jochen Maass	Hans Joachim Stuck
	Textbuch	Rainer W. Fassbinder	Wolfgang Spier
30	Bibel	Günter Hegele	Manfred Lubliner
	Brettl	Klaus Havenstein	Dieter Hildebrandt
	Bühne	Helmut Förnbacher	Dagmar Koller
	Beine	Ellen Tittel-Wellmann	Heidi Schüller
31	Die Schneiders	Edith Schneider	Peter Mosbacher
	Die Schlacks	Helga Schlack	Peer Schmidt
	Die Lundis	Monika Lundi	Horst Janson
	Die Krügers	Christiane Krüger	Manfred Bockelmann
32	Rolle	Elisabeth Orth	Eva Pflug
	Rampe	Brigitte Mira	Claire Schlichting
	Rede	Helmuth Bendt	Werner Zimmer
	Refrain	Heintje	Peter Rubin
33	Köpfchen	Anneliese Fleyenschmidt	Robert Lembke
	Kabarett	Lore Lorentz	Klaus-Peter Schreiner
	Kulisse	Dolores Schmiedinger	Kurt Heintel
	Kurzweil	Uschi Glas	Udo Jürgens
34	Mundart	Maria Hellwig	Franzl Lang
	Mode	Susanne Erichsen	Charles Wilp
	Mimik	Louise Martini	Claus Biederstaedt
	Musik	Rolf-Hans Müller	Helmut Zacharias

336

Sen-dung	Sparte		
35	Maske	Heidelinde Weis	Helmut Schmid
	Manuskript	Irene Koss-Drechsel	James Krüss
	Melodie	Anne-Karin	Reinhard Mey
	Meister	Emmerich Danzer	Carsten Keller
36	Rampe	Karin Dor	Roy Black
	Rolle	Simone Rethel	Günter Pfitzmann
	Rondo	Elisabeth Grümmer	Hans Beirer
	Regie	Ruprecht Esberger	Franz Peter Wirth
37	Spannung	May Spils	Werner Enke
	Sport	Liesel Prokop	Klaus Wolfermann
	Spalte	Michael Graeter	Paul Popp
	Spiel	Pinkas Braun	Michael Hinz
38	Boheme	Karin Anselm	Ilse Pagé
	Boulevard	Helga Feddersen	Hans-Jürgen Diedrich
	Burleske	Lore Krainer	Walter Gross
	Ball	Hennes Weisweiler	Udo Lattek
39	Rampe	Senta Berger	Paul Hubschmid
	Refrain	Gitte	Erik Silvester
	Rondo	Wilma Lipp	Edda Moser
	Regie	Rolf von Sydow	Dieter Wendrich
40	Anmut	Brigitte Grothum	Margit Saad
	Anzug	Gerlach Fiedler	Eckart Dux
	Auftritt	Mary Roos	Freddy Breck
	Ausdauer	Ulrike Meyfarth	Hansjürgen Bäumler
41	Die Jacobs	Jacob-Sisters: Johanna	Rosemarie
	Die Kremers	Kremers-Zwillinge: Erwin	Helmut
	Die Böhms	Maxi Böhm	Christine Böhm (Tochter)
	Die Völz'	Wolfgang Völz	Rebecca Völz (Tochter)
42	Komik	Lia Wöhr	Felix Dvorak
	Kurzweil	Angelika Hauff	Horst Jüssen
	Kehle	Jonny Hill	Bruce Low
	Konzerte	Frank Valdor	Günter Noris
43	Kleid	Hannelore Auer	Margit Nünke
	Kulisse	Rosemarie Fendel	Klaus-Maria Brandauer
	Kraft	Eberhard Gienger	Klaus Glahn
	Kamera	Gerhard Riedmann	Horst Keitel

Sen-dung	Sparte		
44	Funk	Marie-Louise Steinbauer	Werner Veigel
	Festspiel	Karin Jacobsen	Lukas Ammann
	Frohsinn	Heidi Brühl	Klaus Wildbolz
	Freistoß	Berti Vogts	Georg Keßler
45	Tonleiter	Felicia Weathers	Karl Josef Hering
	Taverne	Toni Netzle	Heinz Holl
	Thalia	Hannelore Elsner	Kurt Jaggberg
	Tempo	Niki Lauda	Peter Nocke
46	Programm	Hanni Vanhaiden	Eva-Maria Klinger
	Prolog	Ellen Schwiers	Hannes Messemer
	Probe	Claus Wilcke	Christian Wolff
	Prognose	Karl-Wilhelm Berkhan	Manfred Wörner
47	Text	Elisabeth Wiedemann	Volker Lechtenbrink
	Thing	Marie Schley	Hermann Höcherl
	Team	Ehepaar Schröder (Publikum), Kiel	
	Terz	Joana	Gunter Gabriel
48	Blickfang	Lena Valaitis	Vivi Bach
	Singsang	Mike Krüger	Horst Koch
	Vorhang	Topsy Küppers	Luitgard Im
	Gleichklang (Publik.)	Marlies Brüll	Peter Lehmann/Ruhrgebiet
49	Tonkunst	Rita Streich	Helen Donath
	Thespis	Herta Staal	Gusti Wolf
	Training	Klaus Bugdahl	Klaus Steinbach
	Trauschein (Publik.)	Ehepaar Berghofer, Norderstedt	
50	Vorbild	Lieselotte Pulver	Waldemar Kmentt
	Vorstellung	Marlene Charell	Gene Reed
	Vorfahren	Walter Kempowski	Karl Lieffen
	Vorsprung	Elisabeth Demleitner	Toni Innauer
51	Bühne	Maresa Hörbiger	Hannerl Thimig
	Bildnis	Annemarie Düringer	Helmut Le Herb
	Billet	Werner Pochath	Rainer Schöne
	Bandage	Heia Klimpel	Hansi Schmidt

338

Sen-dung	Sparte		
52	Die Palms:	Geschwister Palm – Berlin	
	Die Krausgrubers:	Mutter, Sohn Krausgruber – Mölling b. Wien	
	Die Fleckensteins:	Ehepaar Fleckenstein – Hausen b. Offenbach	
	Die Gebhardts:	Ehepaar Gebhardt – Ulm	
		+ Maria Hellwig, Erhard Keller, Rainer Holbe, Frank Elstner	
53	Fiedel	Helmut Zacharias	Thomas Zacharias
	Fidelitas	Schobert &	Black
	Gleichklang	Inga &	Wolf
	Zwiegesang	Marianne und Michael	
54	Mimik	Ruth Leuwerik	Wolfgang Kieling
	Melodie	Irmgard Seefried	Erich Kunz
	Meister	Annemarie Moser-Pröll	Thomas Nieder (Rollschuh)
	Moritat	Juliane Werding	Georg Danzer
55	Tribüne	Walter Leisler Kiep	Katharina Focke
	Theater	Bruni Löbel	Paul Esser
	Training	Marion Becker	Guido Kratschmer
	Tonika	Roy Etzel	Toni Stricker
56	Kongreß	Josef Ertl	Bernhard Vogel
	Kanzel	Cr. Bernhard Liss	Wolf-Dieter Zimmermann
	Kulisse	Christine Kaufmann	Ralf Wolter
	Kantilene	Waterloo &	Robinson
57	Premiere	Ingeborg Schöner	Lola Müthel
	Pokal	Isabel de Navarre	Xaver Unsinn
	Parlament	Heinz Westphal	Hans Klein
	Partitur	Jack White	Kurt Hertha
58	Kleidung	Lambert Hofer jun.	Werner Machnik
	Stimmung	Gerhard Wendland	Bully Buhlan
	Vorsprung	Annegret Richter	Toni Sailer
	Dichtung	Ruth-Maria Kubitschek	Stefan Behrens
59	Bildschirm	Dagmar Berghoff	Dr. Günter Ziesel
	Bühne	Dagmar Koller	Peter Fröhlich
	Blende	Sabine v. Maydell	Franz Antel
	Balance	Walter Eschweiler	Erich Linemayr

Sen-dung	Sparte		
60	Kurzweil	Margot Hielscher	Elisabeth Volkmann
	Konzert	Fatty George	Erwin Lehn
	Konferenz	Hildegard Hamm-Brücher	Dr. Kurt Biedenkopf
	Kulisse	Dinah Hinz	Frank Hoffmann
61	Vorstellung	Christine Schubert	Vera Tschechowa
	Volkslied	Waltraud Steidl	Gotthilf Fischer
	Vorhang	Klaus Höhne	Gunnar Möller
	Verein	Rudi Gutendorf	Dr. Peter Krohn
62	Dialog	Barbara Valentin	Siegfried Rauch
	Duett	Hilda de Grote	Donald Grobe
	Debatte	Heidemarie Wieczorek-Zeul	Matthias Wissmann
	Düse	Stefan Hess	Othmar Terenyi
63	Boogie	Tony Marshall	Frank Zander
	Bericht	Dr. Siegmund Bergmann	Hanns-Joachim Friedrichs
	Bildschirm	Elfie von Kalckreuth	Eva Maria Lavant
	Bühne	Liane Hielscher	Kurt Heintel
64	Theater	Heidi Brühl, Sylvia Manas	Harald Junke
	Tonika	Gundula Janowitz	Sena Jurinac
	Tierpark	Prof. Hans Psenner	Dr. Arnd Wünschmann
	Tonkunst	Prof. Ulrich Baumgartner	Prof. Siegfried Palm
65	Prolog	Wera Frydtberg	Barbara Rütting
	Premiere	Hildegard Krekel	Stefan Behrens
	Pokal	Jupp Derwall	Erich Ribbeck
	Platte	Jürgen Drews	Chris Roberts
66	Rolle	Uschi Glas	Maria Schell
	Reportage	Chris Lohner	Carmen Thomas
	Rathaus	Jockel Fuchs	Manfred Rommel
	Rampe	Friedrich Schoenfelder	Bela Erny
67	Theater	Lieselotte Pulver	Günther Schramm
	Tonleiter	Erika Köth	Wilma Lipp
	Training	Rosi Mittermaier	Willi Daume
	Tanzmusik	Tina York	Jürgen Marcus

Sen-dung	Sparte		
68	Blende	Anita Gutwell	Winnie Markus
	Bühne	Monika Peitsch	Peter Rapp
	Ballett	Emil Brandl	Herbert F. Schubert
	Brennpunkt	Roman Strusievici (Dolmetscher)	Heinz Weber
69	Probe	Heidelinde Weis	Wolfgang Preiss
	Polka	Margit Sponheimer	Lolita
	Piste	Christian Neureuther	Sepp Walcher
	Paprika	Max Inzinger	Franz Zimmer
70	Auftritt	Joana Maria Gorvin	Almut Eggert
	Auftakt	Roberto Blanco	Ireen Sheer
	Aufzug	Gustl Bayrhammer	Fritz Eckardt
	Aufstieg	Heidi Hetzer	Dieter Müller (Billard)
71	Revue	Alice und	Ellen Kessler
	Rampe	Petra Schürmann	Simone Rethel
	Rolle	Maxl Graf	Wolfgang Spier
	Ritus	Helmut Oess	Hans Wallhof
72	Bleistift	Wolfgang Gerlach	Rudolf Angerer
	Bühne	Brigitte Neumeister	Anita Kupsch
	Barcarole	Caterina Valente	Silvio Francesco
	Ball	Petar Radenkovic	Friedl Koncilia
73	Bayern	Ruth Kappelsberger	Franzl Lang
	Friesen	Helga Feddersen	Knut Kiesewetter
	Hessen	Ilse Werner	Otto Höpfner
	Steirer	Klaus-Maria Brandauer	Lore Krainer
74	Theater	Ruth Maria Kubitschek	Max Böhm
	Tonleiter	Renate Holm	Erich Kunz
	Text	Miriam Frances	Wolfgang Hofer
	Training	Guido Kratschmer	Walter Schachner
75	Klappe	Fritz Umgelter	Judy Winter
	Kamera	Ulrike von Möllendorf	Peter Nidetzki
	Klima	Dr. Karla Wege	Elmar Gunsch
	Karosse	Rolf Stommelen	Harald Ertl

Sen-dung	Sparte		
76	Partitur	Ursula Schröder-Feinen	Karl Ridderbusch
	Politik	Wilfried Hasselmann	Antje Huber
	Predigt	Pastorin Carmen Ceteroni	Pater Berthold Mayr
	Premiere	Vadim Glowna	Gerd Haucke
77	Festspiel	Dagmar Altrichter	Erwin Strahl
	Feder	Georg Lohmeier	Helmut Zenker
	Figur	Dagmar Winkler (Miss G)	Doris Anwander (Miss A)
	Fairplay	Elvira Possekel	Vincenc Hoertnagel
78	Refrain	Katja Ebstein	Roy Black
	Regie	Georg Martin Lange	Dieter Pröttel
	Rolle	Viktoria Brahms	Karin Eickelbaum
	Rondo	Rainer Kückl	Hans Maile
79	Cabaret	Jutta Boll	Horst Buchholz
	Feuerwerk	Elke Sommer	Freddy Quinn
	Gräfin Mariza	Gertrude Jahn	Birgit Pitsch-Sarrata
	Fledermaus	Pit Krüger	Kurt Schmidtchen
80	Frohsinn	Johanna von Koczian	Olivia Molina
	Fernsehen	Ruth Speer	Christa Stampfer
	Füchse	Roberto Blanco	Mike Krüger
	Falle	Otto Böttcher	Robert Köck
81	Theater	Johanna Liebeneiner	Walter Richter
	Tenuto	Pilar Lorengar	Bernd Weikl
	Training	Dagmar Lurz	Herbert Spindler
	Tonleiter	Elisabeth Kales	Christian Bösch
82	Poesie	Maria Schell	Klaus Dahlen
	Phantasie	Erich von Däniken	Rainer Erler
	Strategie	Eva Wilms	Rolf Milser
	Harmonie	Marianne Rosenberg	Peter Orloff
83	Gesang	Peggy March	Rex Gildo
	Gedicht	Alwy Becker	Horst Bollmann
	Gipfel	Reinhold Messner	Peter Habeler
	Germania	Johannes Rau	Lothar Späth
84	Kamera	Helga Guitton	Gerlinde Locker
	Komödie	Jochen Brockmann	Victoria Voncampe
	Kanzone	Siegfried Jerusalem	Hans-Günter Nöcker
	Klampfe	Bernhard Brink	Georg Danzer

342

Sen-dung	Sparte		
85	Spaß	Günter Willumeit	Kurt Lauterbach
	Sprache	Ursela Monn	Sissi Löwinger
	Spiel	Dieter Thomas Heck	Wim Thoelke
	Sport	Cornelia Hanisch	Erich Wolf
86	Probe	Grit Böttcher	Hans Clarin
	Premiere	Anneliese Uhlig	Günter Mack
	Platte	Lena Valeitis	R. H. Müller
	Programm	Dieter Kronzucker	Hellmuth Bendt
87	Vorhang	Carla Lodders	Fredl Fesl
	Vorsprung	Christiane Wildscheck	Rene Weller
	Vorstellung	Dr. Alfred Biolek	Thomas Gottschalk
	Vorgang	Gerhard Löwenthal	Karlheinz Rudolph
88	Bühne	Evelyn Opela	Benno Sterzenbach
	Ballade	Ingrid Peters	Reinhard Mey
	Behörde	Josef Gansbiller	Josef Stingl
	Bewegung	Peter Michael Kolbe	Wolfgang Thüne
89	Fuge	Rita Streich	Jerry Gruber
	Faszination	Renate Schröter	Herbert Fux
	Fernsehen	Magdalena Müller	Erich Weiss
	Fahrplan	Arnulf Maier	Joachim Piefke
90	Rolle	Reinhild Solf	Jutta Speidel
	Refrain	Hanne Haller	Christian Anders
	Rundfunk	Friedrich Nowottny	Claus Seibel
	Rekord	Toni Innauer	Hubert Neuper